上海市浦东新区档案馆
上海市浦东新区文史学会 编

唐国良 ○ 主编

百年浦东的
红色记忆

上海社会科学院出版社
SHANGHAI ACADEMY OF SOCIAL SCIENCES PRESS

编辑委员会

主任 费美荣

委员 祝龙珠 唐国良 顾琼华 顾 通 陈秋平
      周敏法 朱力生 杨 婷

主编 唐国良

编辑部成员（以姓氏笔画为序）
      龙鸿彬 朱力生 乔 漪 庄秀福 李国妹
      杨 婷 沈乐平 张红维 张建明 张莱蕾
      陆晨虹 陈佩芳 陈秋平 周敏法 祝龙珠
      唐丽君 唐国良 潘建龙

前言

上海，是中国革命的发祥地，有着光荣的革命历史传统。2021年，是中国共产党的百年华诞。从石库门到天安门，中国共产党的百年瞬间，有着波澜壮阔的历史画卷。与浦西一江之隔的浦东，也是一块蕴藏着丰富红色记忆的宝地。自中国共产党成立的那一天起，众多革命先烈用鲜血和生命在浦东这块土地上留下英雄的足迹，书写了无数感人肺腑的故事。

上海是党的诞生地，浦东一开始就享受党的阳光雨露。早期党的领袖来浦东工厂、学校演讲，上海工人武装起义在浦东有指挥部，浦东有参加南昌起义的子弟，张闻天在红军生死存亡关头坚持毛泽东的正确指挥，遵义会议成了转危为安、中国革命走向胜利的新起点。抗日战争时期，浦东有党领导的武装，在东海之滨、杭州湾有力地打击日寇、伪军，为创建敌后抗日根据地写下重要一笔。浦东儿女在解放战争各战场及解放上海战役中前赴后继，在抗美援朝战争中浦东赴朝儿女过千，数百人英勇牺牲。在社会主义革命和建设中，浦东粮棉油生产、乡镇企业改革、出口创汇等冲在全国领跑位置。进入改革开放后，市区带郊区，城乡共发展。作为国家战略的浦东开发开放，给了浦东千载难逢的良机，经过30年奋斗，浦东如鲲鹏腾飞，成了"上海现代化建设的缩影，中国改革开放的窗口"。

当你走进庄严肃穆的革命烈士陵园，看到长长一串为了共和国的诞生献出生命的英雄名字，就会想起在浦东土地上战斗过的3 000多烈士，他们中不少还不到20岁，为了革命理想，无私奉献和牺牲。

当你翻开一部部史书，看到革命前辈让人感动的真实故事，就会想到那是一份永远的精神财富,是为后人践行初心使命的红色资源,弥足珍贵。

当你看到一个个革命斗争遗址,就会想到风雨如晦的年代,英烈为了我们作出的牺牲。而今天,就应传承英烈精神,继续奋勇前进。通江达海的浦东,民主革命时期有着值得骄傲的红色记忆。中华人民共和国成立后,从红色的土地到开发的热土,浦东大地开始讲述一个个开发建设的故事。中国第一枚探空火箭在浦东发射,浦东主干道杨高路的突击修建,浦东川杨河、大治河的开挖,都昭示着浦东宝地的光明前景。

党的十一届三中全会后,浦东进入了一个伟大变革的新时代,与时俱进的浦东开始讲述"春天的故事",经济发展的战略转变,经济社会的快速发展,大胆地试,大胆地闯,众多经济指标全市领先,多个发展领域名列全国前茅。

20世纪90年代的第一个春天,中国改革开放新的乐章在浦东这块充满希望的热土上奏响。历史注视着浦东,世界注视着浦东。在浦东大道141号的一幢普通小楼内,一群浦东开发的先行者,肩负着光荣、机遇、挑战、使命,奉献着聪明才智。一晃30年过去了,承载着时代使命的浦东,在国家战略的指引下,开发建设取得了辉煌的成就,充分展示了勃勃生机和活力。浦东,因开发开放而生,因开发开放而兴。浦东开发开放30年的成就,深刻回答了中国共产党为什么能,马克思主义为什么行,中国特色社会主义为什么好。如今,认真学习党的百年历史,深入学习领会习近平总书记关于党的历史的重要论述,是当前最重要的政治任务。在迎接庆祝建党百年的重要时间节点上,《百年浦东的红色记忆》的编辑团队通过发掘红色史料,用好红色资源,讲好革命故事,积极担当作为,与广大读者一起共忆峥嵘岁月,用红色记忆营造共庆百年华诞的浓厚氛围,迎接中国共产党成立100周年。

目 录

前言 …… 001

1. 五四运动中的两位浦东人／张秀君 …… 001
2. 浦东工人阶级队伍的形成与发展／谷 梁 …… 006
3. 中国共产党领导的第一次工人罢工斗争／庄秀福 …… 011
4. 陈独秀在浦东中学的演说／浦 史 …… 015
5. 张人亚与浦东早期党的建设／唐国良 …… 022
6. 从童工到优秀党员的四位女性／梁 毅 …… 027
7. 上海工人第三次武装起义在浦东／庄秀福 …… 030
8. 第一次国共合作时期的川沙县临时政府／徐文昶 陈佩芳 …… 034
9. 党的五大代表杨培生／黄河之 …… 039
10. 林钧——中共浦东地区的早期领导人／康天悦 …… 043
11. 父亲等五人参加"八一"南昌起义／盛昌旦 …… 047
12. 父亲为上海党组织组装第一部电台／柳和堤 柳和城 …… 051
13. 勇于探索的浦东职业教育／陈伟忠 …… 055
14. 泥城农民暴动／朱力生 …… 059
15. 浦东女工夜校——早期统一战线工作的成功典范／唐国良 …… 063
16. 载入史册的新陆师范学校／梁 毅 …… 069
17. 汪裕先在狱中给姐姐的信／黎 梅 …… 073
18. 局部抗战时期的浦东人浦东事／谷 梁 …… 077
19. 遵义会议后的张闻天／唐国良 …… 082
20. 张闻天在国共两党第二次合作中的杰出贡献／陈秋平 …… 087

21. 张闻天与"肇庆文稿" / 祝龙珠 …… 090
22. 毛泽东笔下的穆藕初 / 柳和城 …… 092
23. 孙寒冰冒险出版中文版《毛泽东自传》/ 冯建忠　许　芳 …… 097
24. 《放下你的鞭子》从南汇街头走向美国白宫 / 金全国 …… 101
25. 淞沪会战中的浦东"神炮" / 庄秀福 …… 105
26. 抗日救亡运动中的浦东同乡会 / 余　木 …… 109
27. 蔡辉与"南汇县抗日救国宣传团" / 林家春 …… 115
28. 党领导的浦东第一支抗日武装 / 黎　梅 …… 119
29. 从"保卫四中"到"淞沪五支队" / 黎　梅 …… 123
30. 转战三地的"边抗四大" / 李国妹 …… 127
31. 张大鹏与海防大队 / 黎　梅 …… 132
32. 南渡浙东第一船 / 李国妹 …… 136
33. 相公殿歼日寇 / 李国妹 …… 142
34. 创建浙东敌后抗日根据地 / 李国妹 …… 145
35. 浦东抗战中的新四军小兵们 / 黎　梅 …… 149
36. 浦东抗战中的新四军女兵们 / 黎　梅 …… 153
37. 战斗在浦东的"51号兵站" / 谷　梁 …… 157
38. 浦东军民营救飞虎队员 / 谷　梁 …… 160
39. 抗日英雄朱亚民 / 柳小玫 …… 165
40. 血战大鱼山岛 / 黎　梅 …… 170
41. 以革命先烈名字命名的乡村、学校和道路 / 朱力生 …… 174
42. 延安窑洞对话"周期率" / 陈伟忠 …… 179
43. 吴仲超：从县委书记到故宫博物院院长 / 陈志强 …… 184
44. 红色版画家江丰 / 徐文昶 …… 188
45. 泥城革命先烈创作的红色歌谣 / 朱力生 …… 193
46. "民进"前辈张纪元 / 奚德昌 …… 199

47. 牺牲在山东战场的林达 / 林家春 …… 203
48. 上海解放前夕川沙地区的党组织 / 乔鼎人 …… 207

49. 从护丁总队到浦解总队 / 张银根 ······ 211
50. 解放战争时期的南渡浙东 / 李国妹 ······ 217
51. 学校中的中共党组织 / 陆晨虹 ······ 223
52. 《新少年报》走进少先队 / 陆晨虹 ······ 229
53. 黎明前牺牲的李白等十二烈士 / 亚 州 ······ 234
54. 他在黎明前捐躯——记黄竞武烈士 / 徐文昶 ······ 237
55. 兵贵神速，活捉敌中将军长 / 谢振华 ······ 242
56. 上海战役中的高桥之战 / 周志坚 ······ 248
57. 共产党来了——王退斋在迎接解放的日子里 / 王佩玲 ······ 253
58. 抗击潮灾 修建海塘 / 谷 梁 ······ 256

59. 江心沙，上海石化工业诞生地 / 潘建龙 ······ 261
60. 解放初期浦东的青年团建设 / 梁 毅 ······ 264
61. 枪林弹雨中拼出来的四个兵 / 张建明 ······ 268
62. 从合庆镇走出的朝鲜战场英雄儿女 / 薛敬东 ······ 274
63. 新中国第一批女飞行员中的陆心安 / 陈志强 ······ 279
64. "赤脚医生"往事记 / 王桂珍 ······ 284
65. 响应号召 屯垦戍边 / 梁 毅 ······ 287
66. 杨高路：从主干道到上海第一个"一号工程" / 庄秀福 ······ 292
67. 第一个走上银幕的浦东女性：黄宝妹 / 冯建忠 ······ 295
68. 踏访火箭发射纪念地 / 张建明 ······ 299
69. 名扬全国的南汇棉花种植 / 朱力生 ······ 303
70. 从村级小厂到全国村级第一个上市公司 / 费钧德 ······ 307
71. 大治河之歌 / 陈志强 ······ 310
72. 一条大河连江海 / 潘建龙 ······ 315
73. "抓斗大王"的诞生 / 李文琪 ······ 321
74. 朱镕基到川沙县调研 / 唐国良 ······ 325

75. 浦东一九九〇年 / 潘建龙 ······ 329
76. 服务服从 参与浦东开发 / 邹秀珍 ······ 335

77. 一九九〇年五月三日 / 李佳能 …… 340
78. 难忘的 423 天 / 杨昌基 …… 343
79. 1993 年元旦那一天 / 赵启正 …… 347
80. 小陆家嘴金融城 / 潘建龙 …… 350
81. 要素市场国际化 / 潘建龙 …… 354
82. 外高桥保税区 / 潘建龙 …… 360
83. 开发先声新商城 / 潘建龙 …… 364
84. 践行"工匠精神"的地铁建设者 / 张红维　陆晨虹 …… 368
85. 努力破解"天下第一难" / 朱岳群　曹晓刚 …… 373
86. 难忘浦东司法行政十二年 / 小　草 …… 377
87. 人杰地灵话名镇 / 周敏法 …… 380
88. 港台同胞、海外侨胞捐建的四所中学 / 季　平 …… 385
89. APEC 会议在浦东召开 / 潘建龙 …… 389
90. 圆梦世博会 / 潘建龙 …… 392
91. 传承"两弹一星"精神的全国先进党支部 / 尚　钢 …… 397
92. 轮椅上的白衣天使陈海新 / 康天悦 …… 401
93. 在党旗下茁壮成长 / 朱　梦 …… 404
94. 一个聋哑姑娘脚下的阳光大道 / 水晶心 …… 408
95. 疫情防控中的浦东儿女 / 任梦丽 …… 413
96. 荣获国家勋章的知名学者徐葵 / 周伟良 …… 417
97. 从工人新村到国际社区 / 潘建龙 …… 420
98. 百年东方　与爱同行 / 晓　方　东　方 …… 426
99. 潮涌东方再扬帆——以习近平同志为核心的党中央关心浦东开发开放纪实 / 姜　微　谢锐佳　季　明　安　蓓　何欣荣　申　铖 …… 431

后记 …… 437

1. 五四运动中的两位浦东人

张秀君

黄炎培、张闻天都是上海浦东人。黄炎培出生在江苏川沙城厢镇（现浦东新区川沙镇），张闻天出生在江苏南汇县六团乡（现浦东新区祝桥镇）。

黄炎培（1878—1965）是杰出的社会活动家、教育家、中国职业教育的先驱，民盟、民建和中华职业教育社的创始人。

张闻天（1900—1976）是杰出的无产阶级革命家和马克思主义思想家，是中国革命和中华民族历史命运发生伟大转折时期中国共产党的总书记。

他们虽然党派不同，但都是伟大的爱国主义者、新文化运动的热情战士。

早在1919年，他们就不约而同地分别在上海、南京投入了反帝反封建的五四爱国运动。其时，黄炎培41岁，是江苏省教育会负责人；张闻天19岁，是南京河海工程专门学校的学生。

黄炎培：五四运动的响应者、组织者

黄炎培是五四运动的积极响应者、上海地区五四运动的主要组织者。

1919年五四运动的导火索是巴黎和会上中国外交的失败。在巴黎和会上，英、美、法、日四国相互勾结，决定将德国原在山东的一切权益，全部让给日本。中国代表强烈反对，却遭到了拒绝。这一消息传来，人们炽热的心顷刻之间化成了一道道愤怒的电光。伟大的五四运动爆发了！在得知"北京学生激于义愤，集中示威，焚巢殴贼"，而不少学生"横被羁禁"的消息后，各地立即同声相应，奋起作反帝爱国的誓死斗争。

黄炎培也难以抑制埋藏在心中的愤慨，为了声援北京学生的爱国斗争，他召集各方爱国人士，为爱国斗争贡献自己的力量。由此，黄炎培走到了五四运动的最前列，成为五四运动的

黄炎培

先锋战士。

5月6日下午，黄炎培以江苏省教育会负责人的名义召开会议，各专门学校及中小学校长聚于一堂，商议召开上海国民大会的各项具体程序和口号，会后还以上海国民大会筹备处的名义发出了通告。晚上，上海商界、学界等社会各界的30多个团体再度集会，公推黄炎培为国民大会主席，并且通过了以五项内容为主的决议：一、惩办卖国贼；二、拒签和约；三、废除二十一条；四、释放北京被捕学生；五、抵制日货。

5月7日下午，上海国民大会主席黄炎培在热烈的掌声中第一个登上了演讲台，公开支持北京学生的爱国运动。集会结束后，举行了游行示威。站在游行队伍前的黄炎培，面对着游行者，带头举臂高呼："祖国万岁！"游行队伍立即响应。

黄炎培对爱国学生运动给予了很高的评价，他说："今岁学潮起，而教育精神忽焉一振，吾所喜者，青年一种精神，但知是非，不计利害，而官吏始悟人心之非可以力制也。"

五四新文化运动的伟大胜利，使黄炎培再一次看到了人民群众的力量。黄炎培与好友沈恩孚、蒋梦麟等人也成为"对于此次青年运动，亦

只知努力挨家挨户从不言功"的"对于此次青年运动赞助最有力之指导者"。

五四运动中的张闻天

张闻天在五四运动中是"河海"学生中的突出人物，是《南京学生联合会日刊》的创刊者之一，传播了马克思主义。

张闻天是1917年考入南京河海工程专门学校的，他进入"河海"后，学习了西方先进的科学技术知识，接触了欧美的政治思想和文化思想，受到了民主自由的熏陶和科学精神的冶炼，《新青年》对他的触动特别大，他成为一名成熟的马克思主义者以后，回顾这段生活的时候，写道："五四前《新青年》的出版给了我很大的影响，我的自我觉醒也于此开始"。1919年，也就是张闻天进入"河海"的第三年，五四运动爆发了。在一个多月反帝爱国运动浪潮中，张闻天积极参加实际斗争，从一个默默无闻的学生，成为一名思想先进、引人注目的青年。

抗战时期的张闻天

张闻天说过，自己在南京参加五四运动时所做的主要工作是"宣传"。南京学生中的一群有识之士，从6月23日起，创办了《南京学生联合会日刊》。这份日刊比同类刊物《湘江评论》《天津学生联合会报》都要早20多天。这份报纸连续出版了70号，主编阮真是南京高等师范国文本科二年级学生，而张闻天是编辑科科员，该刊的重要撰稿人。在现存的 51 号《南京学生联合会日刊》里，有 15 号载有张闻天撰写的文章，包括政论 3 篇，"随感录""杂评"29 则，他是该刊物发表评论颇多的作者之一。这些文章是张闻天五四运动期间社会政治活动和思想状况的真实记录，通过它们可以感受五四时代跳动着的脉搏。其中《社会问题》是 20 世纪 80 年代被发现时最为引起广泛注目的一篇。在五四运动刚刚过去，包括一些先进分子在内，都还根本不知道马克思主义为何物的时候，年仅 19 岁的张闻天竟然已在这篇文章中公开尝试用马克思唯物主义的历史观考察社会问题，而且在国内还没有《共产党宣言》中文译本的情况下，文章最后向读者完整地列出了《共产党宣言》的十大纲领。著名五四运动研究专家、人民大学资深教授彭明读了这篇文章后连声称赞说："在五四青年中能那样早写出这样文章可以说是凤毛麟角。"

张闻天在《南京学生联合会日刊》的文章展示了他日后成为理论家、宣传教育家的才华。在五四运动中，以思想、理论方面的成绩而言，张闻天是当时全国最先进的青年学生中的一个。他最初写下的这些战斗篇章，是他伟大一生的光辉起点。

黄炎培、张闻天身上体现的五四精神

轰轰烈烈的五四运动已过去 100 年了。

五四精神的核心内容是"爱国、进步、民主、科学"，在黄炎培、张闻天身上都有鲜明的表现。

黄炎培探索教育救国，倡导职业教育。1917 年 5 月 6 日，联合社会各界著名人士成立了全国性的职业教育团体——中华职业教育社。他是中国职业教育的先驱。

黄炎培是杰出的爱国民主人士。1931 年九一八事变后，黄炎培积极投身抗日救亡运动，坚决反对国民党发动内战，要求民主。

1945 年 7 月 1 日黄炎培一行应毛泽东、周恩来的邀请，到延安访问了 5 天。在延安，毛泽东与黄炎培的"周期率"对话，成为与流芳百世的"隆中对"媲美的延安"窑洞对"。毛泽东与黄炎培一致认识到民主的重要性，毛泽东说："我们已找到新路，我们能跳出这周期率，这条新路,就是民主。"黄炎培说:"用民主来打破这个周期率,是有效的。"

黄炎培是新中国成立初期最勇于给中国共产党建言献策与提出批评建议的爱国民主人士。

黄炎培比张闻天年长 22 岁,1917 年张闻天考进的南京河海工程专门学校是由近代著名实业家、教育家张謇创办的,黄炎培是张謇邀请参加筹建时的筹备委员会主任。1920 年 7 月张闻天与沈泽民去日本留学前,曾在浦东中学自学日语,并开始阅读日文版的马列著作,而浦东中学时任且首任校长就是黄炎培,但那时他们没有产生交集。

1945 年 7 月 1 日黄炎培应邀去延安访问时,张闻天已是一个成熟的无产阶级革命家、中共中央的领导人。两个浦东人在延安的见面,令笔者不禁联想:同样的爱国、同样的说真话、同样的宽厚……见面时他们一定会有许多共同话题吧!

今天人们站在更广阔的历史角度看五四运动,其深远意义所在,就是贯穿其中的民主与科学的精神吧。张闻天的可贵,不仅在于民主革命时期从思想到行动,坚持这个精神,而且在党执政的社会主义建设时期,也能保持清醒的头脑。他是一位始终坚持民主与科学精神乃至最终为之献出生命的真正共产党人。

谨以此文,纪念在五四运动中的两位浦东名人,黄炎培、张闻天是浦东永远的骄傲!

2. 浦东工人阶级队伍的形成与发展

谷 梁

鸦片战争后，上海港开埠。英法美诸国凭借不平等条约，在浦西强行租借大块土地形成"国中之国"的租界的同时，其经济势力也拓向浦东。以英、日、美、法、德为代表的经济势力，为控制贸易、垄断沿海航运，在浦东沿江地区建造了一批为贸易、航运服务的码头、仓储，同时把机器船舶修造业作为投资的热点开始在浦东开设船舶修造厂。从早期的密契尔船厂、浦东火轮厂、英海德船厂，到规模较大的瑞镕船厂、和丰船厂、祥生船厂、耶松船厂、马勒船厂，浦东成为外商控制的船舶修造工业中心。除了机器船舶修造业，一批在行业中处于十分显要地位的企业也在以陆家嘴为重点的地区兴建，不少工厂的工人达千人以上。其中最为典型的英美烟厂，最多时雇用的工人达万名。其次是日华纱厂，1921年已有工人3 800多名。

西方经济势力在浦东沿江地区建厂设栈的同时，政府官办及民族私营企业也积极参与竞争，先后开设了一批民族企业，在外商夹缝中发展壮大自己。如1872年设立的晚清最早的官商合办的轮船招商局，又如1877年以现银222万两购进英商在浦东的旗昌轮船公司，包括轮船11艘和码头、堆栈，揽载各地货运业务。沪上商界领袖虞洽卿以及陆伯鸿、穆湘瑶、刘鸿生、童世亨等为代表的爱国实业家，不甘心受压，也在浦东沿江地区寻找商机，或建造民营码头，或开办工厂，积极参与竞争。爱国华侨也在浦东建造了南洋兄弟烟草公司浦东分厂及中国酒精厂，为发展民族工业助一臂之力。至20世纪30年代前后，以陆家嘴为重点的沿江地区厂栈林立，已成为上海早期重要的工业基地之一。

随着以陆家嘴为重点地区的沿江地带大量企业的建立，浦东地区形成了一定规模的劳动力市场。浦江两岸及苏、浙、皖地区的农民、渔民纷纷来此谋生。再加上兵荒马乱，连年灾荒，大批难民到浦东寻觅生机，成为工厂、码头的苦力工人，也是浦东最早的一代"农民工"，这种状况也就形成了浦东历史上的第二次大移民。这次大移民落脚的地区不是沿海一带，而是沿江地区。由于陆家嘴地区集中了浦东最多的码头及造船、卷烟、棉纺等行业的主要工厂，它也就成为产业工人队伍人数最多、最为集中、发展最迅速的地区，也因此成为浦东工人阶级队伍的发源地。

大批贫苦农民、渔民迁移到浦东沿江地区，为求生存，栖身于窝棚（俗称为"滚地龙"），不少人凭一根杠棒两根绳子到码头从事汗流浃背的搬运工作，也有的选择到棉纺厂、卷烟厂、造船厂等工厂就业的。当时的工厂、码头普遍劳动条件恶劣，工人劳动强度大，劳动时间长，而工资又极为低微。他们不仅要遭受种种剥削，还要受洋监工的欺凌，受体罚和搜身的侮辱，处境极其悲惨。资本家为了降低成本攫取最大利润，一方面延长每天的劳动时间，工人每天工作最长的达14至16个小时，另一方面大量使用10到14岁的童工和女工，有的工厂童工和女工甚至占到全部工人的70%。上海《民国日报》1917年7月27日对女工、童工最多的英美烟厂的报道写道："终日垂头曲背，劳作于烟气弥漫的空间，脑子都被熏得麻醉，衣服被汗染湿"，"工厂主怕烟叶受潮，不问冬夏，都是四窗紧闭，此等状况，实不异于身囚牢狱"。纺织业的女工们终日在高温和污浊的空间工作，而且"大多数纺织厂都不许为了休息和吃饭而停车，因此，工人们只是在最饿时才吃饭"，"厂中温度，平日较他处为高，灰尘与原棉之纤维，正散空中，在七八月间灼炽的热浪里，这个地方……是一个名副其实的地狱"。

面对如此恶劣的工厂环境和残酷的剥削，为维护自身的利益，工人们自发地结成团体，不断地进行反剥削反压迫的斗争。早在1869年6月23日，耶松船厂英籍印度人卓尔哲无理枪杀工人王阿然就曾激起极大民愤。而浦东最早的罢工就发生在1879年9月7日的耶松船厂，为反对克扣工资，工人举行的集体罢工。之后，祥生船厂、英美烟厂、日华纱厂都发起过各种形式的罢工。但当时工人的斗争只是停留在经济斗争阶段，缺乏完善的组织，也没有坚强的领导核心，斗争的结果往往是失败的多，成功的少，即便成功，成果也极为有限。这种情况随着中国共产党的创立，党加强对工人运动的指导而有所改变。

中国共产党成立后第一次领导的工人罢工斗争发生在陆家嘴的浦东英美烟厂。浦东英美烟厂是当时陆家嘴地区规模最大的一家工厂，新老两厂的工人有近万人，工人有着光荣的革命斗争史。早在1916年、1917年及1919年，曾举行过多次罢工斗争。1921年7月19日，英美烟厂的工人为抗议洋监工虐待工人，又举行了声势浩大的大罢工。当时，正值中国共产党第一次代表大会召开期间，从报上得到消息后，党组织委派中国共产党上海发起组成员李启汉同志领导罢工。李启汉等在烟厂附近的吴家厅租用一间房子作为工人集会的办事地点，多次召开重要的会议研究罢工中的问题，提出了"还我血汗"的口号。经过20天的斗争，资方答应赔偿罢工损失费1 800元（银元），撤销洋监工，释放工人代表。

这次罢工斗争，是在党的第一次代表大会期间组织的，是党组织工人运动的一次成功尝试，被载入党的史册。党领导工人取得的罢工胜利，不仅极大地鼓舞了工人和群众的志气，也教育、团结了工人和群众。1921年8月，烟厂的工人代表在吴家厅召开了工人代表大会，成立了党领导的浦东地区最早的工会组织。按章程选出的工会，由刘凤臣担任会长，张子根为副会长。受此影响，1922年3月19日，浦东纺织工会成立大会在陆家嘴日华纱厂召开，经选举，郭文华任工会委员长。党的第一位领袖、中央局书记陈独秀和中国劳动组合书记部李启汉等在会上讲演，勉励工人加强团结。1922年4月6日，新成立的工会随即领导了日华纱厂一、二厂3 800多名工人的大罢工。在中国劳动组合书记部领导下，上海机器工会、中文印刷工会等十余个工人团体，联合发起了"浦东纺织工人经济后援会"，号召各界人士募捐、支援日华纱厂工人罢工。经过斗争，迫使日本资本家答应了增加工资、赔偿损失、每年加资、不虐待工人、不无故停歇工人等5项条件，罢工取得了胜利。5月

20日，因厂方报复，开除工人，工人再度罢工，提出承认工会等6项条件。劳动组合书记部发动各工会团体，支援日华纱厂工人，学生组织了罢工工人经济后援会，募集钱款。中国社会主义青年团中央在《先驱》发出《请求全国各界和各团体援助上海浦东纺织工人书》的通告，号召全国各界援助浦东日华纱厂工人罢工。由于工人坚持斗争，日本资本家最终作出让步，历时16天的罢工取得部分胜利。

陆家嘴是浦东工人阶级队伍的发源地，有着光荣的革命斗争传统，是浦东锻炼培养优秀共产党员的地方。在长期艰苦的革命斗争中，浦东陆家嘴地区涌现了一批又一批优秀的共产党员，不少同志为党和人民的事业献出了宝贵的生命。他们的名字载入了史册，人民永远不会忘记他们。

李启汉（1898—1927），湖南江华人，1920年赴沪加入社会主义青年团，旋转为中共党员，是党正式成立之前、中共发起组的成员之一，是党早期青年运动和工人运动的领袖人物，1921年7月受组织安排到浦东领导英美烟厂大罢工并取得了胜利，他是第一个到浦东组织领导革命斗争的共产党员，次年4月中旬，又组织发动浦东日华纱厂和邮政工人罢工，因而被当时的工部局以煽动罢工罪逮捕，关押3个月后被引渡到驻沪军阀当局，关进龙华军事监狱，直到1924年10月13日经营救出狱。旋赴广州，被选为全国总工会执行委员兼组织部部长，参加领导省港大罢工。1927年广州"四一五"事变中被捕遇害。

杨培生（1883—1827），江苏川沙蔡路（今上海市浦东新区合庆镇）人，1906年进启昌机器厂做学徒，8年后成为艺技熟练的钳工师傅，1914年转至浦东英商祥生铁厂做工，不久被厂方提为钳工领班。五四运动期间，杨培生积极参与工人罢工斗争，接受了爱国思想的宣传教育，1925年6月被推为厂工会会长，中旬加入共产党，9月当选为上海铁厂总工会委员，11月任中共浦东第一支部书记。在杨培生的影响下，浦东各厂工会和党团工作有了很大发展，罢工斗争也取得了一个又一个胜利。1927年杨培生参加上海工人第三次武装起义，起义胜利后任金属工业总工会主任和上海总工会副委员长，四一二反革命政变后，继汪寿华任上海总工会委员长，4月27日至5月9日在武汉参加中国共产党第五次代表大会，6月参加第四次全国劳动大会，分别当选为中共中央候补监察委员、中华全国总工会执行委员，同年6月29日，在市总工会开会时被捕，7月1日就义于龙华。1949年后，烈士遗骨移葬川沙烈士墓。

徐佩玲（1914—1990），出身于浦东陆家嘴花园石桥路一户贫困人家。祖母是浦东英美烟厂最早的工人。因家境贫寒，徐佩玲11岁就进英美烟厂当童工，16岁进上海女青年会在浦东陆家嘴开办的女工夜校读书，并开始接受党的教育。1934年，20岁的徐佩玲加入了中国共产党，从童工成长为一名优秀的共产党员，从此，在党的领导下，以女工夜校为掩护，长期从事党的秘密工作，并先后培养、发展了一大批共产党员，其中有她的丈夫及妹妹徐佩珍（后加入江南抗日义勇军，烈士）。1942年，市委工委为加强浦东地区工厂党的工作，成立了中共浦东地区工作委员会（简称"浦东区工委"），书记为杨秉儒，徐佩玲任宣传委员。1948年3月，浦东党组织遭到严重破坏，一大批共产党员被捕。徐佩玲机智地秘密转移了保存的党内文件和武器。上海解放初期，徐佩玲从事工会工作，之后为上海纺织工业的发展和援外工作作出了重要的贡献，因而受到周总理的亲切接见，并获得国家纺织工业部颁发的甲等奖。

3. 中国共产党领导的第一次工人罢工斗争

庄秀福

1921年7月23日晚，中国共产党第一次代表大会在上海望志路106号（今兴业路76号）开幕，上海共产党早期组织的李达、李汉俊，北京共产党早期组织的张国焘、刘仁静，长沙共产党早期组织的毛泽东、何叔衡，武汉共产党早期组织的董必武、陈潭秋，济南共产党早期组织的王尽美、邓恩铭，广州共产党早期组织的陈公博，旅日共产党早期组织的周佛海，陈独秀个人委派的包惠僧，以及共产国际的马林，共产国际远东书记处代表尼克尔斯基出席会议。30日晚，因有法租界捕房暗探闯入会场，当夜决定会议移至浙江嘉兴南湖。中共一大宣告中国共产党的成立，这是近代中国革命历史上划时代的里程碑。

1921年7月19日，上海英美烟厂（在浦东陆家嘴）老厂机车间工人因反对洋监工克扣工资与殴辱工人，愤而罢工。21日，老厂工人派出张涛等人去新厂求援，并在新厂墙上张贴通告："今因米珠薪桂，工价无加，工价增加历年有规，而今年中止，所以吾老厂同人同盟罢工。祇吾老厂工人协力，谅无效果，望新厂同胞助吾一臂之力，务须坚持到底，此乃老厂同人公议者。老厂机车间同人谨启"，新厂工人见到通告，群起响应。资方勾结浦东三区当时的警署，派警将张涛抓捕关押。于是引起公愤，新老二厂8 000余工人像潮水一样冲出厂门，全体加入罢工。工人情绪激昂，可是缺乏组织，不知下一步该怎么办。有人建议像以往一样去工厂附近的吴家厅刘公庙求签，由菩萨做主，如果是"上上签"，就继续罢工下去。也有人不赞成去求泥菩萨，可又提不出好办法。

此时，中国共产党正在上海举行第一次全国代表大会，代表们从报纸上看到了英美烟厂罢工的消息，决定支持这次罢工，便派李启汉深入英美烟厂工人群众中去，组织工人开展斗争。

当时年仅23岁的李启汉奉派，十分兴奋，立即脱下学生装，换上工人服，利用青帮关系，到罢工工人经常聚集的吴家厅刘公庙去寻找带头罢工的工人。他一到那里，就热情地向工人问长问短，了解工人罢工的要求，罢工后的生活状况，以及谁是代笔等。工人都不认识他，问他来做什么。李启汉笑着说："听到你们闹罢工，我是特地赶来帮助你们讨债的。"

工人们听了很奇怪，有人说："我们连肚子都填不饱，只有欠人家的，哪有人家欠我们的？"

"错了，你们日夜劳动，还不吃饱肚子，就是因为那些不劳而获的资本家剥削了你们的血汗，欠了你们无数的债。"李启汉的话使工人们开了窍，大家围住他，请他算算这笔账。

算账的结果，证明英美烟厂资本家欠了工人很大一笔债。要不然，工人为什么越做越穷，洋老板却越养越肥，厂子越开越大呢？工人有了这个认识，便在罢工斗争中响亮地喊出"还我血汗"的口号。他们打着这个旗号，在大街上游行示威，这在上海乃至全国是破天荒第一次，标志着工人阶级新的觉醒。工人有了这个认识，就不再像过去那样低声下气地去乞求增加工资，而是理直气壮地向资本家讨还血汗债。

李启汉还向工人们讲了"劳工神圣"的道理，启发大家挺起腰杆来反对压迫，争取做人的权利，要用什么方法来反对剥削和压迫呢？李启汉说："最彻底的办法，就是像俄国工人那样起来革命，没收地主资本家的财产！"又说："眼前，我们工人要不分帮派，不分地域，不分男女，不分车间，大家团结起来，叫资本家给我们增加工资，不许他们任意欺侮我们。我们团结的人越多，就越有力量，就一定能够达到目的。"他建议工人们立即组织起来，依靠团结的力量，把罢工坚持到胜利。

就这样，李启汉成了罢工工人的亲密朋友，工人们亲切地称他为李先生。他冒着炎夏的骄阳，几乎每天都到浦东去，跟工人们同甘苦，共患难，在他的具体帮助下，工人们推选热心为大家办事的刘凤城、刘荣才等十多人当代表,组织了工人代表会议,还租了一间房子做办事处。此外,李启汉又帮助工人代表起草罢工宣告和传单,提出与英美烟草资方交涉的8项条件:(1)现在普遍地增加工资;(2)以后仍旧要按期加薪;(3)撤换虐待工人的监工;(4)罢工期间的工资无论如何要照发;(5)以后不准虐待工人;(6)星期六半天及星期日的工钱,无论如何要求照发;(7)凡年节休假的日期,也要照平时一样发工钱;(8)无论如何,不准开除工人代表。

为了充分发动和组织群众参加斗争,工人代表决定在吴家厅刘公庙召开全体工人大会。会上,全体工人通过了罢工宣言和8项条件,并散发了传单。这就从根本上改变了过去那种"群龙无首"的散漫状态,使罢工得以有组织有领导地进行。工人们高兴得很,见面就说:"嗨,不靠菩萨靠自己,这下子罢工有出路了。"

起先,洋老板对工人的8项条件不理不睬,想用饥饿的办法使工人复工。李启汉鼓励工人说:"我们罢工一天,每人只损失二三角工资,资本家却要损失几万元,他是拼不过我们的,我们坚持下去,一定能够胜利。"10天过去了,大家的意志仍旧非常坚决,束紧裤腰带,也要拼下去。李启汉看到工人生活一天比一天困难,就组织一些工人到码头上和外厂去做临时工,拿到工资互相接济,共同渡过难关,坚持罢工。

罢工时间一长,香烟生产不出来,四面八方都向厂里来催债,洋老板急了,抛出500大洋,收买老厂工头王凤山破坏罢工。王凤山是青帮小头目,手底下有一帮人,他让这些人进厂复工。李启汉连夜在青帮下层进行工作,指出:工人和工人讲义气,团结一致跟资本家斗争,如果"老头子"投靠资本家,不跟工人讲义气,就是犯了帮规。工人们听了心明眼亮。当王凤山带人进厂复工时,被许多工人阻拦。王凤山蛮不讲理,竟动手打人。混战中,工人汪有才从地上拾起半个西瓜皮,装满大粪,猛扣在王凤山头上,弄得他满脸满身的污秽,昔日的威风扫地,狼狈而去。警署偏袒工头,把汪有才拘捕。

工人们愤愤不平,李启汉组织工人上街示威游行。8月5日,3 000余名工人在吴家厅集合,工人代表演说完毕,即列队游行,每人手执小三角旗一面,上书"还我血汗""增加工资"。每队后面又有一面大旗,上书"英美烟厂全体工人示威运动""劳工神圣"。工人们在浦东街道上浩浩荡荡游行，绵延三四里。队伍至董家渡过黄浦江到十六铺登岸，齐往淞沪警察厅走去，要求维持生计。警厅让步，答允以后不干涉工人自由。

英美烟厂资本家——帝国主义分子的嗅觉是很灵敏的。他们已察觉这次罢工情况异常，开始怀疑有外来势力"从中煽惑"，指使浦东警署加紧侦查，但已来不及挽回败局。为了尽量减少罢工带来的损失，洋老板只好暂时吞下苦果，在谈判中基本接受了工人们提出的条件，赔偿工人罢工期间的损失1 800元（银元）。

8月11日，工人们进厂复工，在鞭炮中结束了历时3周的大罢工。

中国共产党领导的第一次工人罢工斗争大获全胜，已被载入党的史册。

4. 陈独秀在浦东中学的演说

浦 史

陈独秀一直被誉为是新文化运动的旗手，为中国共产党的创建作出了杰出的贡献。

陈独秀（1879—1942），安徽怀宁（今安庆）人。原名乾生，字仲甫，别署实庵，笔名独秀、只眼，1901年起三次赴日本留学，1903年在上海与章士钊等创办《国民日日报》，发表诗文多首，并协助苏曼殊翻译雨果小说《惨世界》（今译《悲惨世界》），1904年回安徽创办《安徽俗话报》。同年7月一度来沪学习制造炸弹，从事革命活动，1915年9月15日在上海创办《青年杂志》，后改名《新青年》，高举科学、民主两面大旗，成为新文化运动的倡导者和主将，1916年11月去北京，1917年任教于北京大学，继续领导新文化运动，1920年2月到上海，1920年6月发起成立上海共产党早期组织，1921年7月中国共产党在上海成立，未出席会议但被选为中央局书记，成为中共第一任领袖，其后为五卅运动和上海工人三次武装起义的主要领导人之一，1922年到浦东指导工会工作，1927年因右倾错误被撤销总书记职务。1942年5月27日陈独秀在贫病交加中逝世。

1921年11月，陈独秀曾在浦东中学有过这样一次演说：

> 我新病初愈，演讲并未预备，恐不能负诸厚望，很为抱歉！
>
> 我今天所讲的题目是：《我们怎样改造思想》。现在的青

年,大都皆有改造思想底志向,但是思想究竟怎样改造?多数人皆不能明白。我现在将他分为六条,一一说在下面:

(一)从笼统的到分析的

笼统是中国人最大的弊病,自古代老子、孔子及现代底青年皆犯有这个毛病。如古代人说:"无父无君是禽兽也",这句话实在不对。如共和国家底国民,何尝有"君"?但亦何尝是"禽兽"?这句话不对底原因就是过于笼统,对于事实未精细用分析底方法去研究。现在底青年多以为旧思想是错的,但是何以见得他是错的?错的之中,未见得没有不错的。我推究所以犯笼统的原因,实有两种弊端:

(甲)全称肯定;

(乙)全称否定。

要知道凡事绝没有绝对的错或不错。我们现在以为是不错的,将来或者以为是错的,也未可知!有许多人说"不自由毋宁死","自由"本可算是个好名词,但也可以造出许多罪恶!如男子任意压制女子、资本家任意压迫劳动者,这样可以算作是他们底自由。所以我们无论对什么事,皆不可笼统的讲好或不好。

五四运动的时候,中国青年个个提倡"爱国主义",爱国主义固然在许多时候是好的,如别的国里野心家和军阀来侵略或伤害我们那个时候,自然是要爱国的。但是在反面讲,爱国主义实能造出许多罪恶使人类失其和平!日本侵略中国、虐待朝鲜也是因他们自己的国。

由上边看起来,可知青年的思想切不可笼统的,要分析的!无论对于何事,皆要用分析的方法批判他,万不可"全称肯定"或"全称否定",就是看书论事也是如此。笼统思想,青年界当竭力除去,社会底进化改革,受其阻力实在不少。

（二）从目的到方法

中国人总是将目的看的太重，而方法看的太轻。就如同孔子讲"仁义"，他底目的是想使一般人们皆有"仁义"底道德，及如何去行"仁义"他就不讲。孔子"仁义"学术不能达到的原因，就是因有目的而无方法，所以单有目的是没用的，必须有方法则目的可以达到啦。

现在如有人说，必须将中国弄好。中国人当然没有一个不赞成的，但是用什么方法则又多不注意！或者糊里糊涂的，不加研究，用许多不对的方法来搪塞，试问这样能够达到目的吗？就如现在学生读英文数学，读英文数学是他的目的，但是必须如何读法，如何记法，才能进功。要是终日里只说是要读英文数学，而并不去读，这英文数学如何能会？

并且方法有好有坏，也不可笼统而论。就如古代有许多人想腾云驾雾，做仙人，他们所用方法是炼丹。现在的人也想腾云驾雾，他们是用科学的方法造飞机。炼丹的方法是不及造飞机的方法，所以古代人不能成功，而现代人腾云驾雾则非常容易！

我们到此处来也要有方法，并且更要问方法之好坏。我来此必须要乘电车、渡江，并要知道在什么地方乘车，什么地方换车什么地方渡江。如我仅知道到此处来的方法是乘车、渡江，但不知在什么地方乘车、渡江，必定要走错路的，或者不能到达目的地。所以方法好则省事，目的必可达到！不好则困难，目的必难达到！青年人对于想达到目的底方法之采择，就不可不特别注意啦！

（三）从高远的空想到实际的功效

中国思想界从古代一直到如今，多是高远的空想，每每将实际的功效弃去而反重妄想，方才所讲的"想飞入天空"也可用来做个比喻。"飞入天空"这个思想可算是高远极了，但是空的，不过只要向实际上做去，如现代人用科学的方法造成飞机，则目的就可达到，所以思想高远能实行则非空想，反之不能实行的思想就是空想。

我从前看见过一本书，内容是谈世界如何改造，如何进化，真是说得天花乱坠。最后，他无话可说了——就想筑条线路到火星上去。这种思想，简直是超出世界，试问在事实上可有成功的可能？——全是说罢了！

人类的思想，要有条理、组织、统系，合于逻辑，否则，那就是空想！所以我们的思想，总要可以产生实际的功效，使社会得以进步，人类获到幸福。换句话说，就是一方面社会得着益处，一方面于自己有很大影响。假使我们思想要太高、太奇，将来置身社会，见社会上的人与我们思想相差太远，事实上决难做到，则必发生以下两种弊端：

（甲）因生厌世的心，结果归于自己或出家；

（乙）抱消极态度，结果是随社会堕落。

我们青年的思想，当就实际方面着想，切不可做高远的空想。譬如有人想到妇人生产是很苦的，我们就要想免去妇人产育，这个思想不是很好的吗？但妇人不生产，有什么法子使人类仍能继续生产，不致绝灭，我敢说像现在这样的知识和科学是决不行的，或者将来可以。像这样能说不能行的思想真可谓废话了！

（四）从终极的目的到进化的过程

终极的目的，哲学各家各有主张，但总无完善底解答。现在有许多青年，多重终极的目的，而轻视进化的过程！殊不知终极的目的无论怎样完美、高尚，要是不经进化的过程，难道可以超"过程"而直达目的吗？譬如我从上海到此处，必须经过乘车、渡江，种种的"过程"。如若我不乘车、不渡江，终日坐在家中，口里只说"我要到浦东中学青年自觉会去演讲"，这是我底终极目的，然而不去顺着过程走，到底哪天才可达到？或者永不达到！所以想达到终极的目的，必要经过进化的过程！

现在就人的生长论，人是从精虫而蝌蚪而婴孩慢慢地长成一个人，当他在胎中底形状，一日与一日不同。由此可知凡事绝不能超过"过程"而直达"目的"的！

医生医人，也要慢慢地见效，若有一个人底病必须两星期才能够好，无论什么医生，他绝不能使他三日就好。就是那个医生本领大，将两星期可医好的病，至少十天才能将他医好，所以十日能好，也决不是能超过他的过程的，不过他用的法子和药更好罢了！

但是有许多过程表面看上去是不对的，然而实在也是必不可少的！如西医治疮，目的是要疮好，生肌，但是为什么他要现将烂肉剜去，毒气拔尽，然后才用生肌底药？他明知生肌药是可以生肌的，他为什么不一起手就用生肌的药？因为烂肉未去，毒气未消，若不先用破坏手段，新肉是无从而生，剜肉消毒就是必经的过程呵！

现在俄国底目的是共产，工银制度在共产制度下绝对不能存在，何以俄国现在还有许多工银制度存在？要是责以此问题，就是错了。无机物可以任意改造，如一段木可以做桌子，也可做椅子。人类社会是有机的、有生命的。医生治病不可妨碍生理，正如改造社会不可妨碍社会自然的进化！俄国所以尚有工银制度的原因，是因为一般人处于工银制度下日期过久，一旦突然废去这种制度，势将无人做工。

社会最不平等的事，就是懒惰的人，吃好的穿好的；勤劳的人，吃不饱穿不暖。我们改造社会，必须是勤俭劳苦的人丰衣足食，懒惰无能的人不得衣食，不过这样还不可以算是好社会，必须要使得将来生产充裕，劳动者有饭吃，有衣穿，不劳动者也有饭吃，也有衣穿，这才可算是好世界哩！但是现在底社会，决不能提倡这种制度，因目的虽好却离开过程太远了！不过我们改革底事业虽须顺着自然过程底轨道，但亦不可追溯过程。总之改造社会，单有终极目的而不经过进化的过程，反使社会日坏！

（五）从过去将来到现在

中国现在旧派的人多是迷信过去，新派的人多是迷信将来。旧派的人多以为尧、舜、商、周，如何的好，就是汉、晋、唐、宋、元、明等也还不错，所坏的就是现在！新派的人多以为现在毫无希望，所有希望者就是将来——将来如何的好——黄金世界，对于现在，反无人负责了。

须知过去我们是不可追溯的，我们只可参考过去的事实而改造现在！将来是由现在改造而成的，没有现在怎能有将来？如佛教专门念佛，想达升天底目的，过于注重将来所以目的绝难达到。不过我们也不可过于立在现在，若是我们固定于现在，则社会不能进化。社会是不能自己进化的，必须要我们使他进化。因此我们现在应当有一样不好的改革一样，有一份力量做一份事业，远路是从一步起的！我们现在不尽力改革，则"将来"好的由何处产出？所以我们万不可迷信将来，也不可像旧派的人迷信过去，必要弃去过去和将来而注重现在。

（六）从怀疑到信仰

这是我今天讲的最后一条，也是最重要的一条，诸君特别注意！

在一般原则上看起来，怀疑实是进化的导火线！许多好的学说、科学，都是从怀疑而产生的。欧洲思想所以能有进步的就是因从迷信到怀疑的原因。

但是我今天为什么又要提倡从怀疑到信仰？实因各有情

形不同。当欧洲中世纪，宗教权力过大，凡事皆受其影响，所以不得不提倡怀疑，现在中国既没有很大的宗教，而怀疑思想又过于发达，所以必信仰以补之。

怀疑过甚，实有很大危险！如卖国者就是怀疑过甚。以为凡事皆靠不住，所以卖国也不要什么紧。信仰虽然不可算是绝对的好，但有时也是很有益的！如一个人信仰"抵制日货"，总可以算是个好人。青年人怀疑过甚，每每发生两种毛病：

（甲）如前面所讲的自杀或出家，怀疑过甚者，则必用脑过度，神经衰弱，凡自杀者皆因这个毛病而生厌世主义——这是好的方面。

（乙）坏的人流入习俗与社会共相堕落！成为一种醉生梦死的人生！这是坏的方面。

以上六条，是我个人的意见，并不是一定不可移的真理！真理究竟是什么呢？如能顺着社会进化，这是真理，即如怀疑主义，若是数十年后，社会情形有所改变未尝不可提倡。总之，在什么时代说什么时代的话！顺着时代自然的潮流而改造！

1921 年 11 月　陈独秀

5. 张人亚与浦东早期党的建设

唐国良

浦东陆家嘴，是上海工人阶级队伍的主要发源地之一，也是中国共产党成立后第一次领导工人运动的地方。在陆家嘴，一批又一批优秀的共产党员留下了革命的足迹，浦东早期党组织的领导人张人亚就是其中之一。

张人亚又名张静泉，1898年出生于宁波府镇海县霞浦镇。1914年，张静泉到上海法租界白尔路的老宝盛（恒记）银楼当学徒，后来娶了顾玉娥为妻。但之后妻子因病去世。1922年，张静泉加入上海社会主义青年团。之后，他又加入了中国共产党，成为当时上海首批工人党员之一。中共一大召开时，全党仅有三四名工人党员。到1922年7月中共二大召开时，全国也只有21名工人党员。1922年5月，首届中国社会主义青年团上海地方执行委员会成立，团中央书记施存统兼任上海团地委书记，张静泉是上海地方执行委员会三位执行委员之一。

张人亚

中共二大结束后，中央领导机构按照规定，将大会通过的章程和9个决议案送给共产国际，由此有了文献的俄文稿。与此同时，还铅印了小册子，分发给党内有关人员。当时，作为全国195名共产党员之一的张静泉，也得到了一本小册子。

1922年9月，张静泉担任上海金银业工人俱乐部主任。1922年10月，他开始用"张人亚"这一名字。10月7日，张人亚领导了上海金银业工人大罢工。这次罢工持续了28天，在全国工人运动中产生了积极的影响。

1924年3月，张人亚奉调赴苏联莫斯科东方大学学习。1925年，国内发生"五卅惨案"，革命斗争急需干部，7月，张人亚奉调回国。回国后，他先是担任中共上海浦东支部联合干事会书记，后任中共上海浦东部委书记，1926年初，又改任浦东部委组织部主任，6月兼任宣传部主任。1926年9月，党中央再派张人亚去莫斯科东方大学继续学习，但张人亚抵达海参崴后，被查出患有沙眼，不准入境，只好留下来治疗。在治疗眼疾之际，上海工人举行武装起义，需要干部，张人亚又奉命回到上海，接受了新的任务。

习近平总书记的询问引出了革命前辈张人亚

党的十九大胜利闭幕后的2017年10月31日，习近平总书记与全体政治局常委来到上海，瞻仰党的一大会址。当习近平总书记仔细观看一大期间的珍贵史料时，他问陪同的同志："这批珍贵的史料是谁保存下来的？"总书记的询问引出了革命前辈张人亚。

张人亚是中国共产党早期从工人中成长起来的优秀党员。1925年，张人亚分配到浦东，积极推动浦东地区的工人运动，发展党的组织。后张人亚调中央机关工作，担任中央秘书处内部交通科科长。其间，他冒着生命危险，为党保存了一批重要的文件。这些文件现展示在一大纪念馆，习近平总书记瞻仰时，给予了高度评价。

中共浦东部委书记张人亚

1925年1月11日至22日，中国共产党第四次全国代表大会在上海召开。

中共上海地委根据党的四大通过的《对于组织问题的决议》中指出的"组织问题为我党生存和发展的一个最重要的问题,并决定在全国范围加强党的建设"的精神,以及党章中"凡有党员3人以上均得成立一支部"的规定,于1925年1月建立中共浦东支部。浦东支部负责人为张裕发,支部成员有朱谦志、蒋燮文、达品晋。

中共浦东支部是浦东最早的党组织。

为了加强对浦东地区革命运动的领导,1925年8月,成立了中共浦东支部联合干事会(简称"中共浦东支联会"),书记为张人亚。中共浦东支联会负责领导浦东沿黄浦江地区党的工作,下辖6个基层党支部。

同年10月,中共浦东支联会改建为中共浦东部委员会(简称"浦东部委"),张人亚担任浦东部委书记,组织部主任为俞伯良,宣传部主任为杨鸣杲(杨欣如),妇女部主任为张英妹,交通部主任为朱俊生。

1925年9月,共青团浦东支部联合干事会(简称"团浦东支联会")成立,书记为叶放吾,下辖5个团支部,有团员59名。

1925年11月,上海机器业中第一个基层支部在2 000多人的浦东祥生船厂组建,支部书记为川沙蔡路人杨培生。

至1925年11月,中共浦东部委下辖8个基层党支部,各支部的排序及书记为:

第一支部　祥生船厂　书记杨培生

第二支部　日华纱厂　书记周子康

第三支部　英美老厂　书记刘克远

第四支部　英美新厂　书记吴瑞霭

第五支部　英美三厂　书记孙正友

第六支部　驳船水手部　书记朱汝

第七支部　(无机关)　书记高保民

第八支部　(无机关)　书记朱谦志

不到一年的时间内，浦东以陆家嘴为重点的沿江地区党组织得到了快速发展，部委书记张人亚功不可没。支部书记中，祥生船厂的杨培生，成长为党的五大代表、中共江苏省委执行委员，可惜的是，1927年7月1日被捕后英勇就义。

留下一批珍贵的党史资料

2019年9月5日，笔者与毛之阶教授一起专程到中共上海市委党史研究室，向陈彩琴副处长请教有关党史方面的问题。当谈到浦东早期党的领导人张人亚时，陈处长提到有一批张人亚起草的珍贵史料，这对我来说真是意外的收获。

没过一个星期，陈彩琴处长从资料库中找到这批资料，并发送给我。

仔细阅读了资料，看出都是当时有关党组织建设的工作报告，从时间上看分为3次。

第一次是在1925年11月19日，具体为：一是浦东部委关于组织干部及宣传工作的3个报告。报告中浦东部委用的是"董步威""董普蔚"的代号，接收单位有"枢蔚兄""显全兄"（上海区委宣传部的代号），而报告人为"人亚""引川"。报告中可看出浦东部委所属支部的发展，看到浦东早期沿江地区党组织的建设情况。二是浦东部委关于第一、二次支部书记会议报告。第一次支部书记会议，是在11月15日下午5点至6点半。第二次支部书记会议，是在11月18日下午7点半至9点。两次会议的内容都是部委的报告，关于有关政治、地情的介绍。报告人为"引川"。三是浦东部委关于第二次部委会会议报告。到会者：部全体委员、区特派员C.Y.、代表，共7人。会议讨论了有关支部的整顿、办事处工作和学校工作。报告者"引川"。

第二次报告是在1926年2月，报告题为：浦东部委关于一月份工作情况及要求充实力量的报告。从上次报告的1925年11月19日，才3个月时间，部委所属的支部从8个发展到11个，出现了和丰支部、烂泥渡码头支部、十八间码头支部、其昌栈码头支部等新的名称，并组建了职工运动委员会、妇女运动委员会、小贩联合会等群众团体，工会组织也在不断发展。同时，要求速派得力的宣传、组织人员到浦东部委，以取得良好的工作效果。此报告发送"朱绅兄"，报告后无报告人。

第三次报告是在1926年4月2日，报告题为：浦东部委关于地区政治经济概况及最近工作情况和意见的报告。相比前两次报告，这次较系统地分析了浦东沿江地区的政治情况、社会环境，从报告中也看出"部委虽有我和人亚、孟叔、凤鸣、交通五人，但实际上只有我、人亚二个人"。尽管人少任务重，工作条件差，困难多，部委仍开展了多方面的工作，并从6个方面进行汇报：其一，政治运动；其二，组织工作；其三，宣传工作；其四，职工运动状况；其五，民校运动状况；其六，妇女部工作状况。报告的最后，要求区委多指导工作，并"找一批较能负责的同学前来"，报告人为"董步威元青"。到1926年12月，浦东沿江地区的支部发展到11个，共有党员322名。

综述浦东部委早期的工作报告，从中可看到革命前辈的足迹，也为传统教育提供了鲜活的教材，是一批十分珍贵的党史资料。

6. 从童工到优秀党员的四位女性

梁　毅

民主革命时期，具有光荣革命传统的浦东儿女，渴望翻身解放。他们在党的领导下，赴汤蹈火，前赴后继，为革命事业作出了重要贡献。他们中有一批同志是从苦难的童工中成长起来的优秀党员。本文择要介绍四位典型的女性，她们让人感动的革命故事，为后人提供了不忘初心、深怀感恩的精神动力。

"革命老妈妈"施小妹

施小妹（1890—1974），江苏南汇（今浦东新区）人。1901年，年仅11岁的施小妹进浦东美商鸿源纱厂当童工，开始了她苦难的童工生涯。1918年，鸿源纱厂卖给日商，改名为日华纱厂。1922年，日华纱厂在中国劳动组合书记部领导下，成立了工会，并发动工人罢工。22岁的施小妹是罢工的积极参加者，被推送为工人代表，同日本厂主展开斗争。1923年，施小妹受浦东纺织工会委托，到浦东烂泥渡工人俱乐部筹办工人夜校。1925年加入中国共产党。1927年上海工人武装起义中，施小妹冒着生命危险，帮助运送武器。四一二反革命政变后，施小妹在极为困难的环境中继续从事革命活动，其儿子施量才在斗争中光荣牺牲。

上海解放后，施小妹在上海纺织工会、市总工会女工部担任领导。1955年退休后仍然到工厂、学校、部队进行革命传统教育，群众亲切地赞誉她为"革命老妈妈"。

浦东入党最早的女党员徐大妹

徐大妹（1906—?），浦东金桥镇三桥村人。1917年，11岁的徐大妹进入日本纱厂当童工。深受压迫的童工生活，使徐大妹积极参加工人运动，并在斗争中加入党的组织。1926年，作为重点培养对象的徐大妹，被党组织派往苏联海参崴党校学习。两年学习结束回国后，担任中共江苏省委候补委员，1930年4月担任省委妇女运动委员会书记，为党的事业作出了应有的贡献。

中华人民共和国成立后，作为革命前辈的徐大妹经常用切身经历教育年轻的一代。1991年6月，中共川沙县委隆重纪念建党70周年时，徐大妹也应邀参加纪念活动，并在座谈会上作了"今昔对比忆党亲"的发言，与会的同志听后都深受教育。

徐佩玲：从童工到援外专家

徐佩玲（1914—1990），浦东陆家嘴花园石桥人。出身贫寒的徐佩玲，11岁跟着奶奶到浦东英美烟厂当童工。英美烟厂不远处，有上海基督教女青年会开办的女工夜校，读书免费。渴望读书的徐佩玲，不顾劳累，下班后坚持去读书识字。女工夜校中的中共党组织，利用上课的机会，对女工讲革命的道理。深受启发的徐佩玲很快提高了觉悟，并于1934年加入了党的组织。入党后的徐佩玲，不仅出色地完成党组织交给的任务，进行抗日救亡宣传，还介绍一批优秀女工及自己的丈夫马龙兴、妹妹徐佩珍（后加入抗日义勇军，烈士）加入党的组织。1942年徐佩玲开始担任中共浦东地区委员会的领导工作，一直到上海解放。

上海解放后，徐佩玲在上海多个单位担任领导工作。1958年9月，接受命令到柬埔寨筹建金边纺织厂，并受到西哈努克亲王的接见，1960年工厂完工时，与为工厂剪彩的周恩来总理握手。1964年，到印度尼西亚筹建纺织厂，又一次出色地完成了援外任务。

"文化大革命"中，徐佩玲被戴上"特务""反革命"的帽子，但她坚信终有一天党组织会为她平反。她不仅自己经受住了残酷的迫害，还保护了其他受迫害的同志。"江青反革命集团"被粉碎后，恢复名誉的徐佩玲又精神焕发地投入党的事业。

从童工到黄埔女兵的周惠芳

周惠芳（1917—2005），浦东洋泾乡周家木桥人。1931年，14岁的周惠芳与15岁的姐姐周秀芳到杨浦地区的日商纱厂当童工。不久，她们便一起到工厂旁的青年会女工夜校读书。其间，接受了进步思想的宣传，懂得了革命道理。1935年，经中共党员徐佩玲介绍，姐妹俩同时加入了中国共产党。

1936年11月，中共党组织在杨浦日商纱厂领导大罢工。作为罢工骨干的周惠芳，亲自拉了工厂电闸，带领姐妹冲出厂门，上街游行，还作为女工代表，到市政府交涉，提出工人的罢工要求。

1937年淞沪抗战中，周惠芳按照党组织安排，参加战地救护队，分配到国军主力87师。战场上，她天天带着满身血迹，冒着生命危险去抢救一个个伤员。淞沪会战结束后，随87师到南京参加保卫战，之后又一路征战至武汉。由于周惠芳在救护队中的突出表现，到武汉后被军政部推荐到中央军校战干团受训，受训结束后分配到洛阳第二战区任职。而抗战中与周惠芳保持单线联系的党组织联络员在战火中不幸牺牲，随之周惠芳与党组织失去了关系。

抗战结束，在北京的周惠芳离开了国民党军队。中华人民共和国成立之后，周惠芳又回到了家乡浦东。1964年5月，当得知新疆需要知青时，她果断地对儿子说："去保卫边疆，建设边疆，我们家两代人都为国家作贡献。"2012年，浦东文史学会的《浦东文史》杂志首次全面介绍了周惠芳鲜为人知的故事，以及她的坎坷人生，此后她的故事也逐渐受到社会的广泛关注。

7. 上海工人第三次武装起义在浦东

庄秀福

上海工人曾举行过三次武装起义。1926年10月24日，举行第一次武装起义。1927年2月22日，举行第二次武装起义。这两次起义遭北洋军阀残酷镇压，均失败了。

1927年3月21日，上海工人发动第三次武装起义。起义由中共中央军委书记兼特别军委书记周恩来任总指挥，同江浙区委负责人罗亦农、赵世炎一起负责领导工作。为确保武装起义胜利，上海区委组织5 000人的纠察队，秘密进行政治、军事训练。派一部分人打入敌人的"保卫团"，掌握部分武器，并根据敌人所在地区力量的强弱，划分了南市、虹口、浦东、吴淞、沪东、沪西和闸北七个区域。经过30多个小时的战斗，起义取得胜利。

上海工人第三次武装起义的胜利，使长期被帝国主义和北洋军阀统治的上海，重新又回到了人民手中。起义的胜利，打击了帝国主义和军阀的反动统治，显示了中国工人阶级的顽强战斗精神和强大的组织力量。上海工人第三次武装起义震动了全中国和全世界，成为中国工人运动史上光辉的一页。

浦东地区是上海工人第三次武装起义的重要进攻地区之一。为了落实各项措施，周恩来亲自来浦东，会同浦东起义指挥部干部一同查看浦东地形，解决一些实际问题。

浦东起义的指挥部设在王家沟浦东部委的一个秘密办公地点，由浦东部委书记马禹夫（马玉夫）与孙良惠担任正副指挥。码头工人纠察队由陈博云任大队长，英美烟厂纠察队由潘金荣带队，祥生船厂纠察队由余延和带队，日华纱厂、小南洋烟厂纠察队分别由各厂中共支部负责人带队，党组织帮助工人运动同时建立了宣传队、救护队、慰劳队。

孙良惠，又名孙仲英，在1920年中国共产党发起组成员李启汉组织的沪西工人半月学校和工会活动中，学习最认真，为大家办事最热心的学员，后被选为负责人。之后经介绍孙良惠加入社会主义青年团，不久转为共产党员，成为上海纺织工人中第一个共产党员。

陈博云，湖北黄陂人。幼年随父逃荒到上海，15岁起在浦东英商太古轮船公司码头做工，后当小包工头，1925年加入中国共产党，利用其合法身份从事码头工人运动。1926年下半年，中共党组织准备武装起义，陈博云受命领导码头工人要求发米贴的斗争，并取得胜利。他把斗争中涌现出来的积极分子组成工人纠察队。上海工人第三次武装起义中，陈博云任浦东码头工人纠察队大队长。他带人四次去浦西八仙桥一个秘密联络站，运回枪支、弹药、斧头、旗帜、袖章等。同时，陈博云又打入"保卫团"和救火会，借"保卫团"名义添置武器，从军阀那里买了一批长枪、子弹，武装了码头工人纠察队。码头工人纠察队分批在公司栈房训练。当实弹练习时，负责警戒的队员在栈房外点燃爆竹，予以掩护，同时工人把子弹朝煤堆打，以降低声音，躲避追查。

船厂工人杨鸣皋（浦东部委宣传委员）和纱厂女工施小妹（解放后任上海纺织工会女工部副部长等职务）等去四川北路横浜桥附近秘密运回枪支弹药等武器。祥生船厂中共支部秘密发动工人，收集铁棒、木棍、榔头等作为起义时的武器。

起义前夕，宣传队在春江路10号兰生祥服装店楼上制作小三角旗，上书"武装起义，打倒军阀"等字样。

1927年3月21日下午，起义开始。浦东工人纠察队进攻路线是：先拿下春江码头的岗警和警察署四分所，占领烂泥渡铁板桥浦东第三区警察署，然后挺进老白渡俞家庙军营，最后攻占钦赐仰殿的军阀骑巡队。

祥生船厂负责拉汽笛为起义的信号。当起义信号拉响后，祥生船厂、英美烟新老两厂、小南洋烟厂、日华纱厂、码头工人等3万多罢工工人，掮着木棍、铁棒、木工棒、斧头、榔头、长枪，喊着"打倒军阀政府！""取消不平等条约！"等口号，拥向祥生船厂前的广场，举行了时间极短而激昂的誓师仪式。浦东起义的负责人站在高处动员说："弟兄们！从前我们手无寸铁，受尽了帝国主义和军阀的迫害，吃不饱饭，抬不起头……我们只有站起来，打倒他们，才能过好日子！""我们拿什么打倒军阀呢？拿枪、拿刀，这些东西从哪里来呢？打警察局，夺武器，消灭军阀的军队！"工人纠察队后面跟着大队徒手的战士，还有许多青年女工、童工，一路唱着《国际歌》，呼着口号，浩浩荡荡地按进攻路线前进。

大家首先冲到警署四分所，工人纠察队只有6支长短枪，其余人拿着斧头、棍棒。躲在所里的警察发觉已被工人团团围住，扔下20多支枪和一批弹药，四散逃命。工人纠察队用这些武器进一步武装了自己。

另一路纠察队解决了春江码头岗警、隆茂栈和日华纱厂的驻警，接着向三区警署进攻。三区警署有150名警察，见工人纠察队尚未靠近，就射出一排子弹，工人纠察队受阻。此时，出现了一位年少的英雄，他叫施量才，浦东南汇人，是上文提到的纱厂女工施小妹的儿子。施量才1925年加入共产主义青年团，1926年到上海总工会工作，多次出色完成组织交给的任务。第三次武装起义时，年仅19岁的施量才任敢死队队长，只见他挥枪大喊："不怕死的跟我来！"几十多名敢死队员冲上去，警察纷纷扔掉武器，抱头鼠窜。工人纠察队缴得100多支长短枪和大批弹药后便直指俞家庙军营。

当队伍挺进到俞家庙（今潍坊西路）军营时，突遭敌人阻击。纠察队长马上命大家散开，由船厂一队正面佯攻，其余队伍从四面包围上去，各队队员匍匐前进，同时把鞭炮装入火油桶点燃，模仿机关枪，以吓唬敌人。敌团长第一个溜走，士兵们见大势已去，"头头"都跑了，他们也一个个弃枪而逃。工人纠察队又赶往被军阀骑巡队占据的张家楼钦赐仰殿，一部分队员前往前门，其余队员从道观后面包抄发动进攻，敌人被迫投降，工纠队缴获了120多支枪和10多匹战马。

工人纠察队还在陆家渡码头缴了从高昌庙乘船逃跑的50多名逃兵的枪支。一支从前线溃退下来的奉鲁联军包围了浦东商人保卫团，保卫团向工人纠察队求援，工人纠察队很快就把奉鲁联军打败，缴了他们的械。保卫团当即表示支持工人起义。

3月21日晚，浦东起义指挥部召集工人纠察队、保卫团以及参加战斗的数万群众，开了群众大会，宣布成立浦东临时保卫局，并命令工人纠察队与保卫团联合武装布防，联合接管了公共机关。

3月22日下午6点，上海工人第三次武装起义在全市取得了胜利。

值得一提的是，党领导的川沙县临时政府的成立。3月23日，上海工人第三次武装起义取得胜利后，中共川沙独支党员赶回浦东，先到张桥（今属浦东新区金桥镇）潘家宅集合，部署具体行动及分工，随即进县城领导国民党左派人士及革命群众夺取政权。军阀县长严森闻风而逃，川沙独立支部顺利接管了县政府。接着，黄汉魁接管警察局，张平接管公产处。3月27日，中共川沙独立支部在北门操场召开万人县民大会，王剑三以大会主席身份宣布川沙县临时政府正式成立。

8. 第一次国共合作时期的川沙县临时政府

徐文昶　陈佩芳

1921年，中国共产党在上海成立，星星之火，可以燎原。建党初期，敢为人先的川沙人林钧等加入了中国共产党，在大革命时期积极投身国共合作，与王剑三、黄汉魁等历时数年，百折不挠，在川沙成功建立革命政权。

大革命时期的革命先驱

1923年6月，中共三大召开以后，开展了以国共两党合作为中心的统一战线工作，共产党员可以以个人名义加入国民党。1924年下半年，上海大学学生、共产党员林钧回到家乡浦东川沙，与在川沙师范任教的老同学王剑三等取得了联系。林钧向他们介绍革命形势，还送来了《新青年》《向导》等书刊，使学生们大开眼界，思想日趋活跃。他们由于在五四运动中受到进步思想的影响，逐步向往马克思主义和共产主义，以探求中国革命的道路。由王剑三主持校务工作的川沙师范，不仅是培养优秀师资的摇篮，也是造就革命人才的摇篮。

1925年3月12日，孙中山在北京逝世。王剑三、周刚直响应中国共产党的号召，在川沙师范举行了由川沙各界人士参加的追悼大会，师生们在挽联中抒发了革命豪情。

1925年5月，上海发生枪杀工人顾正红的事件，继而学生游行声援，后在英租界又发生枪杀学生、工人的五卅惨案。王剑三、周刚直等组织学生宣传队，分赴川沙城乡，揭露五卅惨案真相，支援上海工人、学生的革命行动。经过革命的实践和考验，1925年夏，王剑三光荣地加入中国共产党。

王剑三的革命活动遭到军阀政府的仇视。他们玩弄手法，强迫川沙师范讲习所停办，把学生分散到各小学去"实习"，将王剑三调到龚路镇明强小学当校长。1925年8月，王剑三在国民党江苏省党部负责人、共产党员侯绍裘的指导下，以共产党员为主体团结进步教师，在川沙筹建国民党组织。同年9月，国民党川沙县党部在明强小学内秘密成立，由王剑三任县党部主任委员，并在杨园、横沙等地建立了国民党区分部，积极发展革命力量，开展革命运动。

王剑三

1926年1月16日，江苏军阀孙传芳为了扑灭江阴农民抗租运动的烈火，密令江阴县署谋害农民运动领袖共产党员周永平（即周刚直）。17日凌晨，周永平遇难噩耗传来，王剑三极为悲痛，他组织了悼念和济难活动，此事件也更加坚定了他同反动势力斗争的意志。

川沙的反动当局不能容忍王剑三的革命活动。他们频频派侦缉人员到明强小学窥探，并企图暗害王剑三。是年春，王剑三不得不避居于上海，住在他堂兄弟王锦涛的建筑工场里，但仍和上级领导林钧、侯绍裘等保持密切联系；王剑三还派潘星五、张平等往返沪川两地，并深入川沙基层进行活动。

第一个革命政权的诞生

为了迎接北伐军的到来，配合上海工人的武装起义，建立革命政权，1926年冬，林钧在国民党上海市党部召开了川、南、奉三县国民党县党部负责人会议,研究浦东三县(川沙、南汇、奉贤)的联合行动,王剑三被推荐为川沙起义的负责人。

1926年底和1927年初,北伐军日益逼近上海,革命高潮即将到来。在王剑三等人的努力下,川沙的共产党员由少到多,组织规模逐步发展,到1927年2月,川沙的中共党员已有10多人。应林钧的要求,中共上海区委赵世炎派姚鸣心来川沙,在新陆车站附近的潘家宅小学,建立了中共川沙县独立支部(川沙独支)。王剑三为独支委员,仍在国民党川沙县党部任主任委员,负责半公开的全面领导工作,发动群众,积聚力量,等待时机,在川沙建立革命政权。

1927年3月21日,上海工人第三次武装起义在中央军委书记周恩来领导下,终于取得胜利。中共上海市公会党团书记(后为上海市民政府秘书长)林钧立即指示王剑三,在3月23日率川沙在沪的共产党员和国民党进步人士紧急返回川沙。

"至元堂"夺权记

在林钧的指示下,3月22日,王剑三当夜率领革命同志赶回川沙。当时,川沙军阀政府设在"至元堂",军阀官员大多集中在这里办公,许多相关的重要资料文件也贮藏于此。所以,只要占领"至元堂",整个川沙城也就掌握在手中了。

王剑三当机立断,召集有关同志开会,商议攻打"至元堂"的具体行动部署。

"至元堂"夺权行动开始了。黄汉魁带了一队人马,严密埋伏在警察局周围,以防止警察前往"至元堂"助阵。就在同时,王剑三带领了一批共产党员、国民党进步人士和工农群众冲进了"至元堂"。可是,万万没有想到的是"至元堂"里军阀官员所剩无几,没花多少枪弹,个个举手投降。不到一刻钟的时间,王剑三一行就将"至元堂"控制住了。不一会儿,一位老官员乖乖地把旧政府的官印、文件资料、房门钥匙等全部交了出来,至此"至元堂"夺权成功。川沙县城贴出了以王剑三为首的新政权的文告,"至元堂"挂上了新政府的匾牌,成为川沙历史上第一个人民民主政府,新政府迅速控制了川沙全县。

川沙建立革命政权这件大事,得到中共上海区委很高的评价。3月

24日，在《中共上海区委行动大纲——起义胜利后的各项工作》一文中一开始即指出："上海工人阶级在此次暴动，巷战至28小时之久，南市、闸北、吴淞、浦东以及川沙等县，都是上海工人阶级伟大的力量与农民及革命的市民联合真情克复的。"在上海革命史上留下了光辉的记录。

川沙革命政权成立

3月27日，中共川沙独支在北门大操场召开县民大会，到会的群众有3万人。王剑三以大会主席的身份宣告："川沙县临时政府正式成立！"并公开了国民党川沙县党部。

王剑三在大会上满怀豪情地说，川沙革命政府的成立，标志着川沙人民从此当家做主。从现在起要继续进行反对帝国主义、反对封建军阀的斗争；号召组织农民协会，实行减租减息。

新政府成立后，设立民政、财政、教育、警察四个局。王剑三出任新政府民政长（县长）主持政府工作。王剑三将县政府和县党部从民众教育馆迁至"至元堂"办公。

新政府成立后，川沙人民扬眉吐气，革命的群众运动在川沙蓬勃兴起。

为新政权献身的共产党人

1927年4月12日，蒋介石勾结上海封建帮会势力，发动反革命政变，一大批共产党员和起义工人遭到逮捕和屠杀，革命形势急转直下。4月19日，川沙地方封建势力买通国民党反动派，包围了川沙县临时政府和县党部，进行搜捕。那带兵的问："谁叫王剑三？"王剑三毫无畏惧，挺身而出，并响亮地回答："我是王剑三。"一起被捕的有11位同志。国民党士兵将被捕的每个人双手捆绑，先押往川沙师范讲习所，然后在川沙游街，再将他们押至西门轮船码头。街道两旁站立着无数的群众，王剑三带头走在大街上，他面带微笑，向川沙父老兄弟告别。从此，他再也没有回来。

王剑三等一行人，被押上小火轮，离开川沙，开往周浦镇，当夜停留一宿。次日，王剑三等被押解到上海枫林桥原"交涉使公署"，即国民党东路前敌指挥部特务处处长杨虎和政治部主任陈群的杀人魔窟。

在敌人的魔窟里，王剑三先被单独审讯，被捕的同志忧心地等他回来。当狱警拖他回牢房时，王剑三已被打得血肉模糊，体无完肤。他遭到敌人酷刑的折磨，但始终没有吐露革命的实情，保护了革命同志。敌人对他实行多次酷刑摧残，虽费尽了心机但仍是一无所获。26日，王剑三又一次被提审，这次他再也没有回来。当夜，难友们听到枫林桥畔的阵阵枪声，大家不禁失声痛哭。为了川沙人民的革命事业，为了争取全人类的解放，王剑三英勇地献出了年轻的生命，这时他年仅30岁。

1952年2月，江苏省苏南行署松江专员公署追认王剑三为革命烈士。1955年，在烈士的出生地川沙县杨园乡，当地人民将附近的一所小学改名为"剑三小学"，来表达对王剑三的崇敬和怀念。川沙解放后，王剑三长眠于川沙烈士陵园，川沙人民永远怀念这位为创建川沙第一个革命政权而献身的英雄。

9. 党的五大代表杨培生

黄河之

杨培生（1883—1927），化名嫩枝，江苏省川沙县（今属上海市浦东新区蔡路镇）人，其父曾考中秀才。杨培生没有上过正规学校，他的文化基础知识，就是在父亲身边获得的。1906年他入上海启昌机器厂当学徒。七八年后，他成长为熟练的钳工师傅，1914年底进入浦东祥生铁厂工作。杨培生不久就被厂方提为钳工领班。他为人正直、热心，又肯帮助他人，因此，很快就取得了工友的信任。

在五四运动前后，在"劳工神圣"的浪潮中，杨培生已经卷入工人运动，参加了铜铁机器业公会。

中国共产党成立后，杨培生思想发生了深刻变化。他很快地接受了党在工人群众中的革命宣传，自觉地与党建立联系。后来中共在浦东烟厂、纱厂发展工会组织时，杨培生起了重要的纽带作用。

1925年2月，沪西日商纱厂工人罢工。杨培生利用自己车间领班的职务，鼓动本厂工匠为支持纱厂工人而实行罢工。他还在浦东各厂奔走，揭露帝国主义压迫工人的种种罪行，动员工友参加声援。不久，五卅运动爆发，杨

杨培生

培生迎来了上海区委派到浦东工作的张佐臣、杨之华等同志。张佐臣通过杨培生先后联系了日华纱厂、英美烟厂和祥生铁厂的工人，举办工人夜校，筹建工会，并设立了上海总工会浦东办事处。祥生铁厂工会成立时，杨培生被大家推选为会长。经过实际工作的锻炼，特别是在张佐臣等中共党员的熏陶下，他的政治觉悟、工作作风、领导方法渐趋成熟。1925年秋，杨培生经张佐臣介绍加入了中国共产党。

在五卅运动后，许多工厂的工会组织纷纷出现。为了加强对这些新工会的统一领导，杨培生根据上海总工会的指示，参加筹建上海铁厂总工会。这是造船业和机器制造业工会的联合体。1925年9月13日，在上海铁厂总工会成立大会上，选出包括杨培生在内的19名工会积极分子为委员。铁厂总工会（简称"铁总"），是上海早期产业总工会之一。

1925年秋冬，张佐臣在浦东陆家宅开办平民夜校，自任校长和教师。许多实际工作由杨培生帮助主持，他深入附近日华纱厂、英美烟厂，积极动员男女青工入学。许多学员经过党的教育，识了字，提高了觉悟，逐渐成为工会活动分子，有的先后入团入党，勇敢投入到了大革命的洪流。

在办夜校的同时，杨培生和浦东共青团负责人曾培洪（即李强）等人在花园石桥大街，以工会名义办起一所工人医院，请了两位医生，免费为工人治病，扩大了工会的影响。祥生铁厂党的支部建立后，杨培生任支部书记。

1926年，上海工人的罢工斗争，在党的领导下又掀起高潮。在持续四个月的经济罢工浪潮中，祥生铁厂和"铁总"所属的瑞伦铁厂、荣华铁厂先后要求厂方履行"五卅"复工条件，反对克扣工资，缩短工作时间。其中祥生厂罢工60小时取得胜利，英商资方接受了工会提出的改善待遇等项条件。祥生厂工会是"铁总"中组织最健全的基层工会。是年冬，杨培生参加浦东部委，负责组织工作。当时，正值上海工人第一次武装起义失败，浦东的工会积极分子和党员屡遭逮捕，有些人因害怕屠杀而退缩，党员数量一度减少。杨培生在如此困难的条件下，仍积极联络工人，进行党和工会的组织发展工作，组织纠察队、自卫军、济难会。经过他坚持不懈的努力，浦东党员人数在几个月内从260名增到

320名，基层支部增加了和丰铁厂、南洋烟厂、小驳轮3个，至此，浦东部委下辖支部达11个。

1927年2月，杨培生被选为中共上海区委候补委员。2月16日，他参加了区委委员第一次全会，会上决定全市实行总同盟罢工和第二次武装起义。杨培生即发动"铁总"下辖工会，秘密筹集武器，加紧训练工人、武装纠察队。他自己也带领工人夜校的学生，一起练习使用手榴弹等武器。2月19日，在上海总工会的号令下，实现了全市性总同盟罢工。2月21日，祥生铁工厂、江南制造局、高昌庙兵工厂等金属业工人召开代表大会，正式选举杨培生为首的13人为执行委员。上海金属业总工会正式成立，就在这次总同盟罢工和起义斗争中，杨培生被祥生铁厂英商老板开除，"罪名"是他在南码头聚众"闹事"。

杨培生家境本来就不富裕，被工厂开除后，经济更加拮据。妻子周筱发是一位没有接受过教育的家庭妇女，他们婚后育有6个孩子，全家靠杨培生一人支撑。为了维持生计，坚持革命，他让16岁的大儿子进英美烟厂做童工。即便如此，他还是把老家仅有的几亩田卖掉，用来筹购武装起义用的枪支弹药。对工人阶级事业忠心耿耿的杨培生，不久由党组织指定担任上海总工会副委员长，并兼任上海金属业总工会主任。

1927年3月21日，上海工人举行第二次总同盟罢工，并立即转入第三次武装起义。杨培生是南市区起义的组织者和领导人之一。起义胜利后，南市三山会馆成为工人纠察队指挥所和南市区工会联合会的公开机关。杨培生在这里工作、战斗。蒋介石发动四一二反革命政变，上海一片白色恐怖，上海总工会委员长汪寿华遭到暗害。危难之际，杨培生接替他的职务，代理上海总工会委员长，开展更为复杂艰难的斗争。

1927年召开的中共第五次全国代表大会上，杨培生被选为中央候补监察委员。其时，汉口的革命形势也发生了变化，国民党领袖不少人都急速地向右转，短时间内，就接连发生了夏斗寅叛变和许克祥叛变的事件。中共中央指示部分负责干部回到有群众基础的东南各省恢复工作，杨培生当即秘密赶回上海，因此未能出席不久后召开的第四次全国劳动大会，但仍被大会选为中华全国总工会执行委员。

杨培生回沪后，立即和张佐臣一起，投入恢复上海总工会的工作。

6月，中共江苏省委成立，他任省委执行委员。这时，党和工会工作都已转入秘密状态。原来的干部，有的被打散，有的牺牲，有的被捕。当时党员外出活动，有很大的危险性，何况他是被敌人通缉已久的"要犯"！有人劝他说：这种是要杀头的事！你是40多岁而且有妻子儿女的人，万一有个好歹，家里如何交代？杨培生不听这些劝告，不愿离沪到海参崴亲戚家避难。

中共江苏省委一成立，就遭到敌人的破坏。省委书记陈延年等多人被捕。几天后，上海总工会设在四川北路横浜桥和溧阳路附近的两个秘密机关先后被破坏。杨培生、张佐臣等六人不幸被捕。他们先被押送狄思威尔路（今溧阳路）巡捕房，当晚又转押枫林桥国民党警备司令部军法处。

在被审讯期间，杨培生、张佐臣均以化名应付。但经叛徒指认，他们身份暴露，一切营救措施都无济于事了。杨培生平静地向难友们说："我们既被捕，只有死而已，诸同志宜各努力奋斗。"1927年7月1日，杨培生，这位坚强忠贞的共产党员、上海工人拥戴的群众领袖在严刑折磨以后，和张佐臣肩并肩走向刑场。临刑，他们"神色自若，高唱《国际歌》，观者无不为之动容"。

杨培生牺牲后，党组织通过济难会，及时派人救济，安顿了他的家属和子女。两位烈士的遗体由祥生铁厂工人设法运回川沙小营房安葬。中华人民共和国成立后，人民政府将其遗骨移葬到川沙烈士陵园，供后人永远纪念。

10. 林钧
—— 中共浦东地区的早期领导人

康天悦

林钧（1897—1944），又名林少白，化名王少英，江苏省川沙县城厢镇（今属上海市浦东新区川沙新镇）人，原姓朱，名建璜，小名春南，自幼丧失父母，由姨父母抚养长大，故随姨夫姓林。

1910年，林钧从川沙小学堂毕业，到南汇县周浦镇一家布庄当学徒，不久，考入江苏省立第一师范学校，因家境困难，中途辍学。

1915年后，他先后在川沙县高等小学、莲溪小学、南汇县鲁家汇的观涛小学等处任教。新文化运动开始后，他受到了新民主主义思想的教育，五四运动后，开始学习和接受马克思主义思想。他与几位志同道合的朋友合办了一种不定期刊物，评论时事，抨击黑暗现实，传播革命思想。他善于辞令，常在校内演说，痛斥贪官污吏和卖国贼。

林钧

之后林钧到南汇县万竹堂小学当语文和体育课教员。1924年春，学校学监克扣学校膳费，林钧挺身而出，当众揭发，学监恼羞成怒，勾结校长将林钧辞退。

1924年夏，林钧进入上海大学社会系求学，邵力子、邓中夏、蔡和森、瞿秋白、恽代英等一批共产党员在该校担任领导职务。林钧在瞿秋白、恽代英的直接领导下，系统学习马克思主义理论，立志献身革命。上海大学附设有平民学校，林钧担任该校的校务主任委员，向附近的工人、青少年传播革命思想。1924年10月10日，他与上海同学参加"双十节庆祝活动"，会上遭国民党右派毒打。同年11月，林钧主持召开了"上海大学平民学校庆祝十月革命大会"，尔后，被选为上海大学学生执行委员，并参加了上海学生联合会的领导工作，不久，加入中国共产党，成为川沙县最早入党的共产党员。12月，"上海国民会议促进会"成立，他被选为该会领导成员。

1925年3月，林钧作为上海学生代表出席"国民会议促进会全国代表大会"。

1925年5月15日，发生了日商内外棉纱厂资本家枪杀中国工人顾正红的事件，这一事件直接引发了工人罢工抗议的浪潮。30日下午，林钧等一批上海大学学生冲进英租界，宣讲工人罢工斗争的原因，揭露帝国主义的罪行。

英国巡捕开枪，打死打伤群众数十人，酿成震惊中外的五卅惨案。五卅运动中，他组织和推动罢工、罢市、罢课斗争。而后"上海工商学联合会"成立，他任总务委员。6月11日，"上海工商学联合会"在南市公共体育场召开10万人大会，林钧担任大会主席，李立三、李钟鸣为副主席。会上，三位正副主席被推为代表，与政府交涉。

1926年12月，上海工商学联合会改名为上海特别市市民公会，在中共上海区委特别市民公会党团的会议上，林钧被推为市民公会党团书记。

上海工人第三次武装起义前夕，林钧以市民公会名义，召开上海第一次"市民代表会议"，与侯绍裘等人组成市民代表会议执行委员会。1927年3月21日，上海工人第三次武装起义开始。起义中，林钧在南市区指挥战斗。起义胜利当天，在南市九亩地举行的第二次上海市民代表会议上，诞生了由共产党领导、有广泛代表性的"上海特别市市民政府",林钧是 19 名政府委员之一,被推为市民政府秘书长,主持日常工作。接着,中共上海区委任命他为政府党团干事会成员。蒋介石发动四一二反革命政变,捕杀共产党人,林钧遭到国民党反动派通缉,被迫转入地下,后任中共浦东特支书记。

1927 年 4 月,林钧到武汉出席了党的第五次全国代表大会,并在武汉国民政府任劳工部秘书长。

1927 年 7 月,在周恩来领导下,林钧随部队离开武汉,参加了"八一"南昌起义,在起义军领导机构的党务委员会中任委员。起义部队南下广东后,他与部队失去联系,历经艰险,潜回上海。

1927 年 8 月,刘晓在奉贤的曙光中学建立了特别支部,开展农民运动。9 月,林钧来到曙光中学,按照中共江苏省委的指示,他在曙光中学秘密召开奉贤、南汇、川沙三县党团骨干会议,传达中共"八七"会议精神,并决定将中共浦东特支改为中共浦东工作委员会,林钧任书记,统一领导浦东农村的革命活动。

1928 年 9 月,中共淞浦特委成立,林钧任书记,领导松江、青浦等 10 县的革命斗争,曾组织几县农、盐、渔民抗租抗税斗争及庄行等三批的农民武装暴动。

1930 年,淞浦特委撤销,林钧被调至上海沪东区委工作。一天傍晚,林钧与周大根、宋益三等一起从沿海盐民区进行秘密工作后返沪,途经南汇县周浦时,突遭国民党保安人员截捕,被押到南汇县署,然后押送上海淞沪警备司令部,最后被关入南京中央军人监狱。在狱中,他们受尽了各种酷刑的折磨,过着非人的囚徒生活,林钧他们坚持与敌人展开斗争,曾团结难友举行绝食抗议。在狱中,林钧写了很多文章,总结革命的经验和教训,揭露国民党反动派的罪行。1934 年,经邵力子保释出狱。

林钧出狱后回到上海,积极寻找党组织,投入更火热的斗争中去。1935 年,位于闸北的"五卅"烈士公墓办了一所烈士小学,林钧被聘为校长。1936 年 3 月,林钧当选为上海大学同学会筹备会常务委员。11 月上海大学成立了同学会总会,林钧被推为总会干事。不久,总会筹办了一所华华中学,聘请林钧当校长,由此,华华中学成为开展革命活动的基地。

1937年，林钧与八路军驻沪办事处（简称"八办"）接上党的组织关系，从事情报和军事组织工作。他利用华华中学，协助"八办"接待了许多出狱的同志，帮助他们重新踏上革命征途。他在华华中学积极开展抗日救亡教育，经常邀请社会进步人士给师生们作报告，讲国内外形势。在"八办"的领导下，他秘密开办"抗日游击训练班"，把一批革命骨干和进步青年派往各地，组织抗日武装或者参加当地的抗日队伍。

1937年底，宝山县的爱国志士陆阿祥（又名陆祥生），在川沙的徐家湾拉起了20来人枪的小股抗日武装，因多次袭击日伪政权机关而遭日伪军追捕。为了摆脱日军的进一步搜捕，1938年7月13日，陆阿祥在浏河口召集旧部26人，分别乘两条木船来到浦东寻找落脚点。7月底挂靠到张惠芳（又名张阿六、张为邦）名下，成立边区民众抗日自卫团第四大队（简称"边抗四大""边抗四大队""四大队"）。1938年9月初，陆阿祥与林钧接上关系，并请林钧担任大队政治领导人。陆祥生是"边抗四大"大队长，但他常年在外做军火生意，无暇顾及部队，部队就由林钧领导。1939年5月，边抗四大与张惠芳部队断绝了关系，完全听从党的领导。这支队伍在浦东沿海一带打击日寇，后来转战到崇明，继续与日寇作战。

1940年春，林钧按照"八办"的指示肩负了更危险更艰巨的对敌策反工作。他经常往返沪郊，深入敌伪虎穴，出生入死，毫不畏惧。

1941年初，林钧得悉他的旧部被国民党江南行署收编，改编为"江南挺进总队"，活动在浙江一带。经党组织同意，林钧到该部做策反工作，设法将这支队伍带到浙西去。林钧经过一段时间的游说，说服了总队长潘可平，率领部队向太湖进发，准备建立新的抗日根据地。1944年5月19日，因需借军米，林钧与国民党驻德清县浙西联防处联系，被联防处副主任逮捕，秘密杀害。

1949年8月，中共上海市委追认林钧为革命烈士。

11. 父亲等五人参加"八一"南昌起义

盛昌旦

我的父亲盛世铎（别名幼宣）是1922年到1926年在上海大学走上革命历程的一名浦东学子。

父亲是出身于浦东一个破落家庭的平民子弟。由于家境窘迫，13岁在南汇大团县立第六高小毕业后，得其启蒙老师和革命引路人林钧的勉励和支持，以优异的成绩破格考进时称"龙门师范"的江苏省立二师，即现今上海中学的前身，成为一名五年制的"官费生"。

江苏省立二师地处南市文庙附近，学生多来自江浙一带贫困家庭，因此对当时上海地区革命活动策源地、由国共合作于1922年创办的上海大学十分向往。于是我父亲与他同寝室上下铺的同班同学赵翼范等一起，开始以旁听生的身份跨进上海大学的校门。由于我父亲年龄偏小，一度列名于上海大学的附属中学部，并开始接受邓中夏、瞿秋白、萧楚女、恽代英、张太雷等导师的教诲和熏陶。

由于向警予大姐出生于湖南怀化，是土家族人，她讲的湖南官话，有时女工学生听不明白，于是我父亲就成为她同进同退的小助手。因为我父亲本身是浦东人，而且他所在的江苏省立二师离浦东也相对较近，为之，他经常亲身领受到多位工人运动早期领导人的耳提面命和言传身教。

不久我父亲与赵翼范、王育文等当选为江苏省立二师学生会的执行委员，成为学生运动骨干。

1923年，林钧老师在大团县立第六高小受到当地封建落后势力的排挤和迫害,在我父亲提议和接洽下,林钧老师带领其他几位学生周秋萍、郭君毅、赵奈仙(后改名为赵振麟)等来到市区,一起进入上海大学,成为社会学系的同学。其中我父亲与郭君毅各自改名为盛铎和郭毅。

不久,林钧以其杰出的人格魅力和才干在学生群体中脱颖而出,深受老师青睐和同学拥戴。他带领两位关系最为密切的赵翼范和我父亲,于1924年先后加入党组织。从此,以林钧老师为核心,这一批浦东学子经常聚会于上海大学,结成了既是师生又是同学,一辈子情同手足、生死与共的战斗情义。

1925年,五卅运动爆发。因为带领学生冲破校门、最先来到南京路老闸巡捕房前演讲、游行、示威,江苏二师学生会执行委员赵翼范、盛世铎、王育文等,先受巡警拘押、后被学校除名。随即经党组织安排,我父亲以插班生名义转入上海大学社会学系。

1926年我父亲从上海大学毕业,因其"赤化学生"身份,以致在市区无从谋职,于是与周秋萍、郭君毅等一起返回南汇家乡,开始在泥城横港等地创办崇文小学等,播撒革命火种。

1926年末,北伐战争风起云涌,国民革命军势如破竹,迫近上海,中共党组织决定发动上海工人武装起义给予响应。林钧当时对外身任上海市工商学联合会和市民协会秘书长,负责协调各方行动、参与武装起义的筹备和指挥。

1926年10月底,上海工人第一次武装起义后,林钧函召我父亲从泥城火速到沪,在对外以工商学联合会和市民协会名义行使"三罢"总调度职能的指挥机构中担任文书,成为他身边的直接助手之一。

我父亲到任接手的第一项事务,就是主持中央革命军事学校(即黄埔军校)由广州迁到武昌后的在沪秘密招生事宜。我父亲见机立即为仍然滞留在泥城海边的几位上海大学同学周秋萍(即周大根)、郭君毅、赵振麟以及赵天鹏、宋益三等人代为报名并办妥相关手续,让他们及时到沪领到盘缠、奔赴武昌。这就是至今在泥城当地传为美谈的"五丁凿路"的因由和原委。当时我父亲负责送行的、从上海十六铺码头坐船登程出发的,还有市区陈释之和一位名叫张去非的景平女校学生。

1927年3月22日上海工人第三次武装起义成功，林钧当选为上海市民政府委员兼秘书长主持日常事务，我父亲担任市民政府机要秘书。赵翼范已经担任北伐军连长（一说营长）率部顺利进入上海，转任上海总工会工人纠察队总教练和中央保卫局成员，并与林钧、我父亲等老师和同学重逢。当时周大根、郭毅、赵振麟等几位上海大学的浦东同学仍在武昌。

不久四一二反革命政变爆发，上海市民主政府与上海大学随即被蒋介石政府查封，林钧、赵翼范、我父亲等遭到敌特通缉和追捕。于是根据党组织安排，他们先后撤离上海，转移到武汉国民政府。林钧出任武汉国民政府劳工部秘书长，我父亲担任劳工部文书，赵翼范在武装部队某部担任指挥员，曾与在武汉的周大根、郭毅、赵振麟等同学同乡短暂相聚。

后来，南昌"八一"起义部队在广东潮汕受挫解体，参与其中的林钧、赵翼范、盛世铎、周大根和赵天鹏等历尽艰难，各自流落回到浦东，随后依旧集结于奉城曙光中学同舟共济、相濡以沫，其间赵天鹏因四团锄奸而遇难，赵翼范改名赵一凡远赴苏俄最后失联。而林钧、周大根、盛世铎，还有上海大学社会学系的浦东同学郭毅、赵振麟、宋益三等，在空前严重的白色恐怖高压之下依旧不屈不挠、展开斗争。

1930年初春，林钧与周大根、宋益三在浦东周浦一同被当局拘捕，分别被判刑七年、五年、三年，并先后由漕河泾监狱次第押解去苏州和南京。

1934年6月，国民政府为孙中山奉安五周年纪念而颁行大赦。改名为盛幼宣隐蔽在七宝孤军奋斗的我父亲闻讯，费尽周折找到任职于国民党市党部的上海大学同学沈寿亚、吴开先，由吴开先以上海大学同学会的名义找到邵力子、于右任，具函保释当年的上海大学学生林钧和周大根。他们终于在第二年开春获保开释出狱，而周大根实际上刑期已满。

出狱后，上海地区中共党内组织关系一时无从接续，于是林钧暂时住到岳母家中，全家总算团聚。然后仍由我父亲通过教育局周斐成、潘公展的同学关系，安排林钧前往闸北"五卅"死难者公墓旁主办五卅小学，同时正式组建上海大学同学会作掩护，聘林钧为总干事，开始在难民收容所、华华中学、华国小学等联络、聚集革命同志，如周大根、郭毅、姜杰、姜文奎等，一起从事抗日救亡的宣传教育，还利用租界在暑假期间配合协助"江抗"举办"敌后游击战骨干培训班"，并逐步推动各地陆续成立上海大学同学会。

一直到1936年西安事变后，国共两党再度携手合作。潘汉年、吴成方等奉命来沪筹建八路军办事处，并着手重建上海中共党组织，林钧和我父亲等才得以接通党内组织关系，始终从属于社会局，为开拓抗日民族统一战线、展开武装抗战活动而游走于绝密的隐蔽战线，直至抗战胜利。

而上海大学一直到1983年5月、在中止了整整53年之后才得以重新挂牌恢复。可惜当年这一批出生入死、无怨无悔为中华崛起奋斗终生，从上海大学走出来的浦东学子，都没有能够亲眼看到他们的母校同伟大祖国一起走上伟大复兴康庄大道的今天，但今天上海大学和莘莘学子会永远缅怀他们！

12. 父亲为上海党组织组装第一部电台

柳和堤　柳和城

《档案春秋》2012年第1期涂胜华的文章《父亲涂作潮：代号"木匠"》提到，我们父亲柳中燧当年帮助建立中共第一座秘密电台的事。最近，记述解放军通讯史的《历史风云中的红色电波》（张进著，长城出版社2013年10月第1版）一书，又几次提到父亲的名字，让我们回忆起父亲生前曾对我们讲过的有关他经历的几件往事。

我家来了解放军首长

1951年夏天某日，我们家所在复兴中路永裕里开进一辆吉普车，车上下来一位解放军首长，来到46号，说要拜访柳中燧先生。弄堂里来了解放军吉普车，可是稀罕事，很快围上许多看热闹的邻居。和堤那时十二岁，正与小朋友玩耍，有小朋友告诉他，你们家来了解放军！和堤马上赶回来，只见后门口一位腰挎驳壳枪的警卫员，拦住去路。"这是我家。"和堤回答说。当知道小孩住在此地，警卫员客气地让开道。当时我也下楼来，我们哥俩在客堂间门外探头探脑张望着，想看一看解放军的模样。

来客叫李强，父亲二十几年前认识他的，一起搞过无线电台，此番来访除了看望老朋友外，主要是邀请父亲去北京工作。当时中华人民共和国刚成立，急需各种技术人才，李伯伯了解父亲历史，又知道当时父亲没有正式职业，在为人修理无线电与医疗仪器，希望他能到北京工作以发挥更大作用。父亲感谢他的好意，但考虑到上有老（当时年迈的祖母尚在）、下有小（我们哥俩尚未成年），母亲又有病，离开上海确有诸多不便，于是婉辞了李伯伯的邀请。李伯伯没有勉强，临别之际留下北京他家的地址，说有事写信找他。不久，父亲与李伯伯通信来往多次。先是为工作问题，按地址给他写了一封信，很快收到回信。李伯伯说已与涂作潮同志联系了，工作问题涂作潮会安排。涂伯伯也是父亲20世纪30年代结识的共产党员朋友，此时正任一机部上海综合试验所副所长，1952年初即招父亲进该所，翌年父亲又转入一机部船舶工业局属下的产品设计室任技师。

父亲1902年出生于浙江鄞县（宁波），六岁时随祖父母来到上海，进徐汇公学求学，毕业后转入大专商科。1923年进法租界工部局报务处当个小职员。他虽是教会学校出身，却笃信科学，对物理、化学尤为喜欢，后来又迷上了无线电技术，经常去博物院路（今虎丘路）大华电器公司（一说"大华科学仪表公司"，一家专营无线电器材兼营外国科技杂志的商店，老板叫陈国平）找外文版无线电书刊。约1929年前后，父亲认识了一位也在那里看书、名叫曾培洪的常熟籍年轻人。那位年轻人就是中共特科四科通讯科长、后来担任外贸部部长兼国务院顾问的老革命家李强（1905—1996）。其实李伯伯在书店早就注意到父亲，几次上门聊天，谈得很投机。1928年10月，中共中央特科负责人周恩来指令原留日电机专业硕士蔡叔厚和原东吴大学土木专业的李强研制中共第一部电台。当李伯伯知道父亲正在安装能与国外通报的电台时，很想学到此中门道。从此，父亲与这班共产党朋友有了往来。

李伯伯从父亲那里学到电台实际组装和用紫铜管绕电感线圈等零件制作难点技术。在父亲指导下，蔡、李二人画出收发报机电路图后，又到外国人开的洋行定购元件，在美国RCA公司上海经销部、亚美和明远等公司实在买不到的，他们就请大华公司工人师傅帮忙制作。永裕里46号一时成为特科无线电器材的供应和隐蔽渠道之一，父亲当了一阵"顾问"角色。现在我们才知道，当时蔡伯伯和李伯伯搞电台多不容易，首先地点得常变换，其次经费不足。为了解决后一问题，李伯伯找父亲商量，趁第一部电台正式建立前的间隙，又一起组装了几台收发报机，两人以业余电台名义悄悄拿到上海各码头和大轮船上去卖，赚点钱贴补经费不足之苦。资料显示，中共第一台 50 瓦功率收发报机建于 1929 年春，离蔡伯伯和李伯伯接受组织任务组装电台仅仅几个月。

20 世纪 80 年代中期，李伯伯已离休，时任中顾委委员，一次和堤奉父亲之命去看望李伯伯。和堤打听得他家坐落于北京东交民巷李宅，经事先安排，李伯伯接见了和堤。他问了父亲近况，又回忆起当年上海大华科学仪器公司认识我们父亲的经过，感慨万分。近 60 年时光流逝，李伯伯仍然记忆清晰，难忘老友。

"你们上级是周恩来吧！"

除李强伯伯外，父亲经常提到的还有蔡叔厚（1898—1971）与涂作潮（1903—1984）两位伯伯，都是经李伯伯关系认识的。我父亲与蔡伯伯联系好像更多更长些。蔡叔厚曾与夏衍等东渡赴日留学，先后在东京电机专科学校和东京工业大学电机科攻读。他 1924 年回国，在上海创办绍敦机电公司，研制生产高周波紫光放电机、霓虹灯高压镇流器等，兼营电机修理业务。蔡伯伯参加革命后，调入中共特科，掩护并协助李强等同志试制中共秘密电台。涂伯伯 1930 年从苏联回国后，在上海中共中央特科任机务员兼机务教员，经李伯伯等人介绍认识父亲。胜华老弟根据其父回忆说："在同情革命的党外人士、无线电发烧友柳中燧的帮助下，父亲和我党第一部电台的制作人蔡叔厚、李强一起，研改特科电台，设法降低发射功率，增加接收灵敏度，进而降低暴露的风险。"可知当时父亲还参与帮助中共党组织改进电台。

和城与父亲一直生活在一起，一次和城问道："当时你知道他们身份吗？"

"开始不知道，后来看出点眉目，因为他们做事都很神秘，来无影，去无踪的。一次我悄悄问蔡叔厚，'你们上级是周恩来吧！'蔡叔厚看了看我，笑笑，没有回答。彼此心知肚明。周恩来名字那时大家都知道。"

"你不害怕？"

"他们都是好人，有本事，肯吃苦。没什么可害怕的。"不过，父亲也讲起一件"历险"的经历。有一次应约到某处看机器，远远只见几个巡捕房"包打听"在门外游荡，父亲没敢贸然进去，特地走过又回来，仍见那几个家伙在，于是赶紧回转。第二天得知那儿果然出事了，巡捕房抓走了许多人。年代久远，父亲记不得时间与地址，据我们推测，很可能就是1930年12月17日巡捕房搜捕"福利电器公司"（巨籁达路四成里12号）事件。那天中共无线电训练班20位教员和学员全部被捕，第二天《申报》上有了报道。

蔡伯伯的绍敦电机公司后改名中国电工企业公司，父亲曾任厂长兼工程师、顾问工程师等职，二人来往较多。父亲1956年初撰写的自传中谈到，1923年后自研收发报机、试制X光机、人工太阳灯、透视电疗仪等，都与蔡伯伯有或多或少关系。永裕里建于1925年，父亲是首批住户之一，上述业余发明大都成于永裕里46号。1931年2月6日凌晨隔壁邻居火灾，殃及我家，三楼父亲工作室焚毁严重，但不久他又重振旗鼓，干了起来。

说到X光机，现在早已不稀罕，可那时国内还很少有。据涂伯伯的回忆说，李强曾暗中运进江西苏区一台X光机。1934年10月9日红军开始长征，已装箱的X光机又紧急打开，原来陈毅同志战斗负伤，利用这台机器确定陈毅腿伤碎骨位置，然后开刀治疗，最终取得成功。这台X光机正是由父亲亲手制作的。父亲生前并不知晓此事，我们也只知道他做过多台X光机，要不是涂伯伯晚年不忘老朋友的点滴，将其业绩而披露于世，这段小插曲恐怕早已湮没于史海之中了。

1966年夏天某日夜晚，一群广播电台的造反派突然上门，声称大哥家有"赃物"转移到此地，问父亲是什么人。父亲亮出退休证："中国人民解放军1274部队……"领头的愣了一下，看看眼前这位瘦弱的老头，也许他以为该是"将军"级别的人物吧，没敢放肆搜"赃物"，让父亲自己拿出"四旧"。于是父亲把阁楼上那些电视机零件，加上祖辈留下的几个香炉、蜡扦让他们拿去了事。

父亲平凡一生中寓有不平凡。1996年末，他以95岁高寿谢世。

13. 勇于探索的浦东职业教育

陈伟忠

为了振兴中华，改变家乡的面貌，浦东有识之士，黄炎培、李平书、朱紫绶、秦荣光、秦锡田、杨斯盛、张志鹤、杨保恒、艾承禧、陆逸如、顾兰洲等人以教育救国为目标，于20世纪初期开始了教育救国的实践，特别是黄炎培在浦东探索教育救国的道路上勇于倡导职业教育，并取得了十分可贵的经验。

探索振兴中华之方法，进行教育救国之实践

1903年，黄炎培怀着一颗教育救国、振兴中华的雄心回到了自己的家乡浦东川沙，开始他与同仁们进行教育救国的探索与实践。为了探索振兴中华之方法，黄炎培回到川沙后立即与张志鹤等人一起将观澜书院改为倡导新学的川沙小学堂，并在办学的过程中，提出了实用主义教学，以培养救国救民的有用人才为目标，而后又与堂兄黄洪培在"内史第"创办了开群女校，开创了川沙女学之先河。1905年黄炎培受杨斯盛委托创办浦东中学，将学校作为进行教育救国探索的实践基地。1906年黄炎培与川沙同仁黄琮、潘守勤、沈亮启、陆家骥、张志鹤联名向厅署呈文，要求准予成立学务公会。经批复同意立案后，黄炎培任会长、黄琮任副会长，并把全境划为19个学区。学务公会作为地方一个教育团体，"辅佐官厅，分划学区，经划学务，对于全境各学校，有考核指导之责"。同年成立劝学所，以此作为川沙厅署第一个教育行政机关。江

苏提学使委任黄炎培为川沙厅视学兼任劝学所总董。为了实现救国之目标，黄炎培、陆炳麟、张志鹤、潘其恕、陆家骥等人深入街坊乡村边宣传边进行劝学活动，以做到"无一人不学，无一乡不立学"。黄炎培又动员浦东工商实业界人士捐资助学。

辛亥革命后，黄炎培出任江苏都督府教育司长。在教育司司长任内，他积极为中华民国培养人才，并大刀阔斧地创建、改建、扩建了24所省立高等、中等学校，办了大量的县立小学。为了寻找中国教育之出路，他决心对中国的教育作一次全面的考察。由此他以《申报》记者的身份重新回到社会上服务。经过考察研究与不断地探索，1916年，黄炎培在浦东川沙、南汇两县的教育会上提出了"倡导职业教育、振兴家乡教育"口号，并结合中国教育的现状，作了"职业教育必要"演讲。在他的影响下，杨思地区的穆湘瑶、穆藕初兄弟等也认为，"兴实业必须先谋实学，培养实业人才"，积极倡导与举办学校，并提倡义务教育。

黄炎培与浦东同仁又进一步提出了教育救国须先进行职教救国的观点，并且以浦东同乡会为基础，联络中国社会各界的著名人士发起成立了全国性的职业教育组织——中华职业教育社。

依靠中华职业教育社与同乡会，倡导教育救国从职教救国着手

在职教社和浦东同乡会的支持下，黄炎培竭力在家乡开展职教救国之实践。1917年底，黄炎培在川沙公立高等小学任学务校董，在制订新一年教育计划时，提出了"以校园的一部分，来创办学校附属农场"的设想，并又亲自从学校的校园中挑选了学校附属农场的实验基地。选定后，黄炎培等人一方面派人去参观学习其他农校的办场植棉经验，另一方面着手制订办场实施规划，把农场划分为普通植棉场、育种植棉场和式作植棉场3个区。由于附属农场种植与科学试验相结合，因此在广收良种、改良品种、培育新种、改良土质、增加收获量等方面都为当地农民起了示范作用。1918年，他又在顾兰洲、顾伯威父子的支持下，利用顾兰洲家宅的10亩桑园，办起了懿光女校，除普通课外，专门设立了缝纫课，并在小营房开辟了占地75亩的"顾氏植树场"，作为学生的实习场所。1920年,他又支持陈行的秦锡田等将三林中学改为农业中学,支持宋晋渠在王港创办了培德商业学校。职业教育在浦东等地的推广与实践,真正体现了"凡职业教育——以经济为中心,而以教育为手段"的目的。

中国革命的先驱李大钊积极倡导到农村去与农民打成一片。由此,职教社在黄炎培等人领导下,也开始将推行职业教育事业的目光和心力从过去的注重城市工商社会转向农村。于是在社会各界的积极支持下,黄炎培依靠江苏省教育会与浦东同乡会等组织,于1920年10月成立了一个农业教育研究会组织,调查各地农村教育的状况,并开始注重征集对现行教育制度的改进方法。1925年,在黄炎培"大职业教育主义"提出后,即于1926年5月15日,在东南大学正式成立了"联合改进农村生活董事会",黄炎培出任董事长,同时组成了以赵叔愚为主任的昆山徐公桥试验区。

另一方面黄炎培在自己家乡倡办乡村教育的基础上,积极进行乡村教育改革的实践。提出"以生产报效国家,以科学开发生产,以人才运用科学"的救国救民主张。黄炎培开始关注中国共产党为劳苦大众谋福利的行动,特别是共产党人倡导与开展的对劳苦大众谋福利行动、对平民进行教育的实践,不仅使他们能接受,而且为他们所培养的学生所接受。1921年黄炎培专程去北京拜访了李大钊,试图以教育唤起民众,以组织发动民众之运动。于是,黄炎培在组织上海宝山平民教育促进会、浦东农村改进会时,就动员各种力量开展平民教育与农村教育,并得到了中共的大力支持。1924年,中共上海区委就决定加入黄炎培上海宝山平民教育促进会。后来又作出决定,中共党员可以个人的名义加入黄炎培平民教育促进会的教师队伍及招生委员会。

实现职业教育救国之理想,必须与政治救国并举

黄炎培确信,与共产党人相一致的目标一定能够实现,但怎样救国?怎样救民?最根本的一条,就是要动员民众起来革命,建立一个孙中山提出的"民族、民权、民生"的政治修明的政府。黄炎培与浦东的

同仁们认识到"专守教育岗位，不足以救国"，于是他们又立即组织了"农村教育研究会"，并先后在昆山徐公桥办了乡村教育实验区、黄墟乡村改进区、上海"漕河泾农学团、沪郊农村改进区"等实验基地与组织，以实现教育救国与政治救国并举的目标。

1934年7月，黄炎培又在浦东高桥以浦东同乡会的名义建立农村改进会，以教育为先，以"改进乡村，普及教育""富教合一，振兴中华"为宗旨，并从"改进乡村生活，兴办教育，扫除文盲，协同农工，运用手脑，发展生产"入手，以学校为突破口，向农村辐射改革措施。

高桥农村改进会首先兴办教育，他们先把新港懿德小学接办后作为示范单位，着手进行改革试点，创设多种活动。聘请之江大学校长刘湛恩演讲《陶行知的科学下嫁运动和小先生制》，大大活跃了办学气氛。在懿德小学的带动下，周围的一大批村庄办学蔚然成风。

同时，黄炎培还与张尚志一起将高家宅小学和小徐家宅小学分别改办为创志总校和分校。创志学校积极推行中共与黄炎培都积极倡导的平民职业教育与陶行知的小先生制，让老师教学生，回家后让进步较快的学生去教育稍差的，稍差的学生去带动不识字的人识字、看书学文化。学校学生与农民的生活打成一片，农村学校越办越受群众的欢迎。

1936年12月，黄炎培又以中华职教社与浦东同乡会的名义发起组织了"沪东南合作事业促进会"，在周边各县设立了分会。1947年，他又组建农业改进会，主持拟订农业改进计划，在浦东川沙、南汇、奉贤以及松江等县设立分会。在浦东高桥、川沙、杨思筹建植棉农场，并且与蒋孝义一起在川沙倡办中国高级农业职业学校。竭力支持周增英创办了上海高行农业职业学校。从此各类职业教育性质的工人教育场、民众教育馆、农村改进会等在浦东应运而生。浦东地区的这些职业学校创办之初，黄炎培总会在百忙之中抽出时间来进行视察与指导，热情为职业学校题词。

在黄炎培与热心于教育救国同仁们的努力下，浦东成为探索教育救国、职教救国、教育救国与政治救国并举的实验基地。

14. 泥城农民暴动

朱力生

近200年前，万里长江冲出的泥沙和钱塘江的泥沙随东海潮汐的顶托沉积，泥城地区自西北向东南逐渐成陆，在南汇东南逐渐形成一片尖角形的海滩荡地。泥城就是南汇最东南沿海的一个小镇，俗称"泥城角"。

泥城东濒东海，南临海湾，是一片交通闭塞的穷乡僻壤。这片海滩荡地可以晒盐，也可以开荒耕种。但这些海滩荡地，多数被当地大地主朱心田、张鸿生、顾福财、董岳松及松江、苏州的"育婴堂"所霸占。当地民众大多数是崇明、启东、海门的穷苦农民，迫于生计，先后迁徙到这里垦荒耕种。他们初来时，与地主订定契约为每亩佃租800文，然而过了几年，荡地垦熟之后，地主就随意加租，到1929年，每亩佃租已增加至7元（1元等于1 200文）。荡地均为沙质，不宜种稻，只能种棉。丰收年份每亩产籽棉35公斤，如遇荒年不过10公斤。农民卖50公斤棉花只有11元，除去肥料、种子等成本，再缴佃租后，所剩无几。一遇荒年，农民更是缺吃少穿，处境非常艰难。为了活命，他们只好去海滩晒盐。以晒盐为生的盐民，又深受当地警察分局和盐霸的残酷剥削和压榨。官府在横港设有泥城警察分局，在小泐港设立了盐廒（缉私营），豢养了30多名盐警，独霸盐的收购和出售。他们低价向盐民收进，再高价出售。穷苦潦倒的农民和盐民私自卖盐，被盐警抓到后，轻则没收盐和工具，重则毒打一顿还要坐牢。水深火热中的农民、盐民对反动官府和地主、警察、盐霸恨得咬牙切齿。

1928年底，中共江苏省委派遣在上海法学院读书的吴仲超、沈千祥（两人均于1928年6月入党）回家乡南汇做农民工作。吴仲超在新场商店当店员，沈千祥在泥城任公立泥城小学校长兼私立同文高级小学校长，在境内开展秘密革命活动。沈千祥在教师中先后发展姜杰（姜文源）、姜文奎、姜文光、王妙如等10多人加入中国共产党，并在农民和盐民中深入了解调查，进行革命宣传。

1930年7月上旬的一天，中共江苏省委派巡视员黄理文到南汇县，听取中共南汇县委书记吴仲超的汇报。黄理文认为泥城地区群众基础最好，翌日，在吴仲超的陪同下到了泥城。当晚，在施家庙王效文家召开中共大团区委会议，黄理文听取了中共南汇县委委员沈千祥等人关于泥城地区组织的建设和农民、盐民运动等情况的汇报。第二天，黄理文继续在泥城农民、盐民中了解情况。在当天晚上的党员大会上，黄理文讲了六个省农民武装暴动的情况，对泥城的革命形势作了分析，认为暴动条件已经成熟，应该马上组织农民和盐民武装暴动。党员大会同意黄理文的看法，并作出三条决议：（1）由黄理文向中共江苏省委汇报，得到中共江苏省委指示后举事；（2）做好暴动的准备工作，设法搞到武器弹药，并做好暴动旗帜，拟定暴动标语等；（3）加强宣传，发动群众，扩大革命力量。会后，姜杰、姜文奎、姜文光、宋根生、陈留泉等负责人分头下去发动参与暴动群众。吴仲超送来两支三号驳壳枪，鞠耐秋（后加入中共）将其父鞠树桃保家用的驳壳枪和10发子弹偷出交给姜文奎，积极分子胡松桃向彭镇阮老度借到一支六寸手枪，待命举事。

黄理文从泥城返回上海，向中共江苏省委作了汇报。江苏省委根据中共中央"要与敌人面对面斗争"的指示，认为泥城党的力量较强，群众基础很好，决定在泥城发动武装暴动，成立苏维埃政府和建立工农红军。黄理文于8月7日又来到泥城，当晚召开大团区委扩大会议，到会的有20多人。黄理文传达中共江苏省委在泥城发动农民暴动的决定，提出第三天晚上正式暴动。

1930年8月9日（农历闰六月十五日）晚，明月朗照。9时许，在彭镇南朱木春楼房前的海滩上，参加暴动的1 000多名农民、盐民手拿大刀、扁担、铁锴、镰刀、铁锹等作为武器，摩拳擦掌，群情激昂。黄理文以中共江苏省委巡视员的身份向群众讲话,暴动总指挥沈千祥向群众作了简要的动员:"我们是受尽剥削、压迫的农民、盐民,今天晚上要与反动官府的警察、盐霸进行面对面的斗争。我们要服从命令,不怕牺牲,奋勇杀敌,攻打盐廒、袭击警察局,打击恶霸地主,成立苏维埃政府,建立工农红军。我们一定胜利!我们的目标一定能够实现!"暴动群众分成两个大队,由宋根生、顾亚光分别担任两个大队的负责人。在总指挥沈千祥及黄理文的率领下,按计划向距离集合地点2.5千米的小泐港盐廒进军。小泐港盐廒有二三十间房子,三面环河,一面竹篱笆围墙,只有一桥可通。暴动队伍奋勇地冲过桥,占领了盐廒。看到声势浩大的暴动队伍,驻守盐廒的30多名警察携枪翻越竹篱笆墙狼狈逃走。暴动队伍缴获了两箱子弹和未来得及带走的皮包等物,随即点燃火炬,烧毁了盐廒。接着,队伍向北冲击大恶霸地主、盐廒头领叶冬生家,叶冬生一家已闻讯逃走。考虑到靠近叶家的群众房舍安全,没有放火烧房,只是分掉叶家的衣服、布匹等物。

时已后半夜,沈千祥、黄理文率领暴动群众奔袭东北7千米外横港镇的泥城警察分局。该局有一正两厢房,围墙高,大门牢固。暴动队伍到达时,敌人并无准备。宋根生、顾亚光、姜文奎等人翻越墙头,暴动群众破门而入,激战半个小时,打死敌人7人,俘虏1人,其余敌人仓皇逃走。暴动队伍缴获长短枪10余支,银元和纸币600多元。接着进军横港大地主朱心田家,朱家人已逃走,只抓到一名账房先生,搜出朱家埋藏的3支短枪,同时将从朱家抄出来的钱币、衣物、粮食等分给群众,并一把火烧了搜出的一批田契、借据、账册。

10日上午,沈千祥召开了群众大会,宣布泥城暴动成功。在朱心田庭院里临时设立了泥城暴动指挥部,在大门前升起了中国工农红军旗帜,宣布成立苏维埃临时政府,并建立中国工农红军第二十二军第一师,陶新畲为军长、黄理文为政治委员、吴仲超兼政治部主任,沈千祥为第一师政委。并以苏维埃临时政府和红军司令部的名义,通知下午1时召开苏维埃会议,同时贴出许多红色布告。中午时分,抓到敌探1名。经审问,得知敌人已经准备派兵镇压,驻周浦镇的国民党警备二师的两个团正在向泥城扑来。暴动指挥部据此立即决定:将原定下午举行的会议推迟，立即疏散群众，留下骨干和积极分子100多人，于下午3时许撤到海边。黄理文于下午由黄岳庆护送回上海。黄理文动身时同沈千祥商定：（1）队伍不能解散，等中共江苏省委指示；（2）12日派人去鲁家汇的一座尼姑庵里听取中共江苏省委指示。

10日傍晚，敌人尚未到泥城，沈千祥率领队伍攻打外三灶保卫团，保卫团闻讯早已逃走，接着，又去攻打万祥保卫团，敌人也已逃走。午夜后，暴动队伍从海边向奉贤地区转移。11日，队伍在偷鸭泖（现奉贤区四团镇平安社区）外边张老虎和陆杏林家里宿营。12日晚，队伍向西转移到奉城外边的老白露宿营，天亮后即派顾福先去鲁家汇尼姑庵与上级组织联系，一直等到傍晚，也未见中共江苏省委有人来，即返回报告。这时敌人已经实行戒严，暴动队伍活动很困难，因此沈千祥决定将无武器的人分散隐蔽，留下有武器的20多人向东转移到海滩芦苇丛中，昼伏夜出，一直坚持到14日，仍然未得到中共江苏省委的指示。当夜，沈千祥带几人到大团向吴仲超报告。经过研究，决定将暴动队伍暂时分散隐蔽，把武器埋藏起来。沈千祥、姜文奎、宋根生等领导人分头赴上海，找到中共江苏省委。因当时敌人正在泥城地区通缉领导暴动的负责人和骨干分子，大肆搜捕革命群众，他们无法再回泥城。中共江苏省委派沈千祥到中共松江县委担任书记，对其他骨干人员也作了安排。

泥城农民暴动虽然被敌人镇压下去，但受苦受难的农民、盐民在中国共产党的领导下，第一次走上武装暴动的道路，在南汇县这块土地上第一次升起了革命红旗，这是南汇历史上的一件大事。泥城暴动，也是上海郊区六大农民暴动之一。1930年8月20日，当时的中共中央机关报《红旗日报》在头版头条以《轰轰烈烈，泥城地方暴动——占领市镇，收缴反动枪支，成立苏维埃和工农红军，号召群众实行土地革命》为题，详细报道了暴动经过情况。

15. 浦东女工夜校
——早期统一战线工作的成功典范

唐国良

浦东女工夜校是上海基督教女青年会创办的一所学校。基督教女青年会是国际性的基督教妇女社会团体。上海女青年会成立于1908年。初创时，活动内容以举办圣经班、祈祷会等为主。五四运动后，社会上要求实现改革，学习西方科学文明的氛围渐浓，女青年会也把工作转向宣传男女平等、反对缠足与纳妾、禁烟，救济困难劳工、帮助贫困女学生等方面，从宗教团体发展成一个公益团体。

1928年，女青年会针对浦东陆家嘴地区工厂密集，女工、童工数量多，劳动条件差，生活十分凄惨，更没有读书认字学习机会的状况，在赖义渡路（民间称烂泥渡路）上海中国青年会浦东劳工新村内，开设了女青年会的第一所平民学校。负责平民学校的是女青年会劳工干事邓裕志（1900—1996），她担任了第一任校长。邓裕志为湖南人，学生时代在湖南参加五四运动和五卅运动，与毛泽东的夫人杨开慧同在长沙福湘女子中学读书。在进步思想影响下，她有志于妇女解放和平民教育事业。浦东平民学校不仅给学生开设学文化的课，还增加了讲时事、唱歌、游戏、春游等生动活泼的课外活动，使浦东平民学校在上海地区4所女青年会创办的学校中起到中心学校的作用。1930年，女青年会劳工部所属平民学校一律改称为女工夜校，浦东平民学校也改称为浦东女工学校。

1931年9月18日，日本侵略者发动对华侵略战争，中国掀起了抗日救亡运动。1932年，女工夜校的同学以实际行动支援十九路军英勇抗战，她们为前线将士赶制被服，慰问浴血奋战的勇士。1933年，经热情指导女工夜校教育工作的人民教育家陶行知先生介绍，共产党员徐明清到浦东女工夜校任高级班教师。徐明清是浙江临海人，陶行知先生的学生，早在1926年参加革命，1929年就加入了中国共产党。她到浦东女工夜校后，认真贯彻党的"团结一切可以团结的力量"的统一战线政策，与女青年会爱国人士精诚团结，紧密合作，取得了邓裕志等领导的高度信任。徐明清任教提高女工文化水平的同时，通过教唱《女工歌》等形式，不断启发贫困女工的思想觉悟。

浦东女工夜校

女工夜校上课场景

女工歌

汽笛催起，
霜天未晓，
风袭单衣寒料峭。
提篮出门，
踉跄就道，
防恐到厂嫌迟了。

> 破晓上工，
> 黑夜方了，
> 所得不够一家饱。
> 年年贫苦，
> 岁岁辛劳，
> 忙里青春转眼老。

作为共产党员的徐明清不仅自己身体力行，也带动了周围的老师投入抗日宣传活动。1934年5—10月，李云鹤化名张淑贞在浦东女工夜校任教。徐明清等在女青年会的大力支持配合下，不仅积极地宣传抗日与进步的思想，掩护和救助革命志士，培养女工中的积极分子，还先后发展了7位优秀女工加入中国共产党。徐明清发展的第一位共产党员是徐佩玲。徐佩玲，1914年生于陆家嘴花园石桥的一个贫民窟，一家三代都是产业工人。祖母在英美烟厂做工。徐佩玲11岁跟祖母到烟厂当童工，16岁到女工夜校读书，1934年初加入了中国共产党。入党后，徐佩玲带领同学积极宣传抗日，教唱抗日歌曲，还经常深入到农村演出，吸引农民成群结队前去观看。

1934年底，按照陶行知先生"即知即传"的"小先生制"，徐佩玲第一个被派到杨浦女工夜校当初级班教员。徐佩玲认真教学的同时，又在班上发展了8名优秀学生加入中国共产党。她们在1936年11月日本纱厂工人大罢工的斗争中，发挥了重要的作用，女工夜校的师生成为这次罢工斗争的主要骨干。

1934年10月，浦东女工夜校老师李云鹤（当时化名张淑贞）被捕，经女青年会领导营救，保释出狱。李云鹤出狱后随徐明清到她的老家浙江临海溪路乡躲了一段时间，返回上海后以"蓝苹"的艺名进了演艺圈。1935年6月，李云鹤与演员赵丹领衔主演了话剧《娜拉》。徐明清因身份暴露，1935年4月也被捕。经邓裕志等全力营救，虎口脱险。数年后徐明清被分配到延安中央组织部工作。浦东女工夜校的工作由党员张修等人负责。

1935年12月21日，邓裕志参与何香凝、史良等发起的上海妇女界救国会，会后，举行抗日救亡的示威大游行，女工夜校的同学是主力军，走在游行队伍最前列，高举"打倒日本帝国主义""还我山河"的旗帜，高唱《打回老家去》《义勇军进行曲》等歌曲，展示了女工同学的爱国热情。

为了团结一切可以团结的力量，一致对外共同抗战，1937年2月，中共提出了抗日民族统一战线之共同纲领，经国共两党多次谈判，抗日民族统一战线形成。女工夜校党组织与青年会一起，及时把党的统一战线思想编进女工夜校国难教育课文。下为国难教育课文（节选）：

第一课　统一战线

我们要救国，

只有联合起统一战线，

有力的出力，

有枪的出枪，

有钱的出钱。

丢开一切私人仇恨，

大家手拉着手，

肩挨着肩。

四万万人一条心，

向日本帝国主义抗战！

第二课　创造新世界

大家做工，

大家享用，

没有大老板，也没有寄生虫！

我们要创造这样一个新世界，

和现在大不相同！

第三课　大众解放和民族解放

我们要改善生活，

我们要改变世界，
我们更不要忘了四年来的困难！
牢记着：
大众的解放和民族的解放决分不开！

第四课　赶下田
四月天、五月天，
哪有闲人在路边；
人人都有一把秧在手，
赤日当空赶下田。

第五课　无休息
一粒血汗、一粒米，
一年四季无休息，
无休息！
收子稻子碾成米，
米饭落到汉奸和日本强盗肚皮里！

第六课　收复山河
帝国主义汉奸走狗一口气，
吃人无厌坏东西！
来！
锄头举起！
我们不能忍着冻、挨着饥，
我们要吃饭穿衣，
我们要收复山河，
要种田、要种地！

1937年8月13日，震惊世界的淞沪会战爆发，我国的局部抗战转向全面抗战。上海女青年会劳工部的女工夜校全部停课，工作重点完全转入救助难民和伤兵，浦东女工夜校的大部分教师和同学都积极投入抗日救亡运动中。有的参加劳动妇女战地服务团，有的参加抗日义勇军、新四军。有的同学为民族独立、祖国解放献出了宝贵的生命，如徐佩玲的妹妹徐佩珍，1938年入党后参加了江南抗日义勇军，在1942年日伪军"清乡"中壮烈牺牲。

上海沦陷后，浦东女工夜校无法进行正常教学，被迫关闭。徐佩玲转到浦西的三和里女工夜校当教师，还担任党小组长，培养积极分子，发展党的组织。1941年12月，太平洋战争爆发后，三和里女工夜校也停办，她又回到浦东的峻德中小学代课，坚持地下斗争，其间，还担任了中共浦东地区工作委员会的宣传委员。抗战胜利后，浦东党组织遭到严重破坏，徐佩玲也被通缉，她不得不带着党的重要文件到南汇、川沙等地隐蔽。1949年2月，党组织把徐佩玲调往沪西，领导工人护厂斗争，迎接上海解放。

解放后，徐佩玲在市总工会及工厂担任领导。1958年至1965年，她以中国纺织工业专家组组长的身份，被派往柬埔寨、印度尼西亚开展援外工作。由于徐佩玲出色地完成了任务，曾受到西哈努克亲王及周总理的亲切接见。不幸的是，"文化大革命"中，由于徐佩玲较长时间在基督教女青年会办的女工夜校中工作，被戴上"洋奴""特务""反革命"的帽子，受到残酷迫害。1979年，徐佩玲的冤案得到平反，恢复了名誉，但身体已受到严重伤害，1990年8月23日，与世长辞。

作为浦东女工夜校的创始人邓裕志女士，是一位虔诚的宗教界人士，她一生受毛泽东思想的影响，学生时代与杨开慧一起，参加毛泽东领导的"驱张运动"，与军阀作斗争，开始走上了爱国道路；1945年在重庆，学习到毛泽东赴重庆谈判时的演讲，从而增强了对中国共产党的了解与信任；1949年后，多次见到毛主席后更加坚定了跟共产党走的立场，尤其是1949年参与了有关中华人民共和国成立的重要活动。邓裕志作为宗教界的代表，参加了中国人民政治协商会议预备会，后成为全国政协一、二、三届政协委员，而且参加了人民英雄纪念碑的奠基仪式，仪式上同毛主席一起挥锹铲土，1949年10月还光荣地登上天安门，参加中华人民共和国的开国大典。

16. 载入史册的新陆师范学校

梁 毅

人杰地灵的浦东，也是对师范教育作出过重要贡献的地方。早在1904年，杰出的师范教育家杨保恒（1873—1916），浦东金桥镇人，受时代潮流影响，在上海参与创建速成师范，1912年被聘为江苏省立第一师范学校校长，1915年到北京教育部组织编纂完整的小学教科书。

1923年3月由爱国知识分子王剑三等主导的川沙县立师范讲习所及南汇师范成为进步人士开展革命活动的据点，培养了潘星五、赵天鹏、周大根等众多浦东早期的革命者；同样，1929年8月在浦东新陆（今浦东新区金桥镇）筹建的新陆师范学校，被载入革命斗争的史册，成为革命传统教育的珍贵史料。

1906年，杨保恒参与创建的震修小学
（今浦东第二中心小学前身）

浦东地区最早的公立师范学校

1929年8月，由上海特别市政府拨款，在杰出的师范教育家杨保恒故乡不远处的新陆，创办了新陆师范学校。这是浦东地区最早的公立师范学校。

新陆，亦称新陆桥，本是一个并不出名的村落。它的闻名，得益于上川铁路（庆宁寺至川沙县、南汇祝桥）的修建。

1925年10月，经黄炎培、穆湘瑶、张志鹤、顾兰洲等浦东先贤4年的奋斗，起自黄浦江边到东海之滨祝桥的上川铁路，部分竣工通车。铁路沿线设置的车站中，就有新陆站（1975年12月10日上川铁路拆后改作公路）。

早在铁路通车前的1924年，热心于家乡公益事业的知名乡贤朱日宣（1863—1928），新陆村人，为发展家乡的教育事业，捐建多所小学，而且在此基础上又捐地70余亩，创办了新陆甲子小学。甲子小学环境优美，办公室、教室、宿舍、操场等设施完善，在当时堪称一流。而新建的新陆师范学校，紧挨着新陆甲子小学。不久，新陆甲子小学改称为新陆师范学校附属小学。

可惜的是，1937年8月的淞沪会战中，新陆师范学校被日军飞机炸毁，仅剩水塔一座。学校为了坚持授课，不得已迁往市区租界，改组为私立立德中学，1945年，在九龙路657号第四国民小学校舍复校，1952年，并入华东师范大学。

抗日救亡运动的重要阵地

新陆师范学校创建不久便受到献身教育事业的有志青年的欢迎。他们在"教育为救国之本，师范为教育之母"思想影响下，纷纷投奔新陆师范。新陆师范很快闻名，还有两个原因，一是得到洋泾中学领导和教师的支持。成立于1930年的洋泾中学，是浦东最早的市立中学，学校领导与新陆师范保持着密切的联系，尤其是在洋泾中学里担任老师的祝桥人连柏生，更是热心宣传介绍新陆师范。二是上川铁路从川沙县城向东延长，增设江镇、邓镇等四个站到祝桥后，极大地方便了南汇东部滨海地区的交通，不少青年也走出家门，到新陆师范求学。

1931年9月18日，日本在中国东北境内的关东军突然炮击辽宁沈阳，同时在吉林、黑龙江发动进攻。

国难当头，新陆师范学校的师生积极参加爱国救亡运动。1931年9月28日，师范学校的学生和全市学生统一行动，罢课多日，上街游行，以示对侵略者的抗议，并在学生中组织抗日救国会、青年剧团，进行抗日宣传。

从1931年的九一八事变，到1937年的淞沪会战，浦东沿江地区的浦东中学、洋泾中学与新陆师范学校，成为抗日救亡的重要阵地，学校的读书会、宣传团经常到街头张贴宣传标语、宣传画，到群众中演讲、演出，宣传抗日，受到了社会各界的广泛欢迎。

正因为这样，三所学校引起潜伏在浦东的日本谍报人员的关注，并成为日本侵略者的眼中钉。淞沪会战中，三所学校全部被日军战机炸毁。

从新陆师范学校走出的革命前辈

新陆师范学校办学时间虽不长，但培育了众多热血青年，引导他们走上了革命的道路。在上海革命历史博物馆，也记录着新陆师范学校的光辉历史。求学或毕业于新陆师范的众多革命者中，有以下几位：

林达（1914—1947），原名林有璋，南汇老港人（今浦东新区老港镇），1932年毕业于新陆师范学校。学生时期开始接受革命思想，1938年9月与南汇二区区长连柏生等创建南汇县保卫团第四中队，抗战中身先士卒，英勇善战，智勇双全，1942年被任为浙东三北游击司令部第三支队支队长。抗战胜利后，林达随军北撤，后被任命为新四军第1纵队3旅9团政治委员（后改任团长），1947年5月率团参加孟良崮战役，同年7月29日，在强渡沙河战斗中中弹牺牲。

张晓初（1913—1944），浦东金桥（今浦东新区金桥镇）人。曾在新陆师范求学。1932年一·二八淞沪抗战爆发后，毅然参加上海抗日义勇军，1937年入党，1938年奉派南汇搞抗日统战工作，曾任浙东海上工委副书记，后以浙东纵队司令部参谋的名义，往来浦东、苏北、浙东等地，开展情报及秘密交通线工作。淞沪支队支队长朱亚民负伤，安排在张晓初家中治疗。1944年张晓初在执行任务时遇害。

鲍季良（1909—1996），浦东周浦人，毕业于新陆师范学校，1940年7月参加抗日救亡运动，1943年任川沙县县长（抗日民主政府），1949年参加解放南京、上海战役，中华人民共和国成立后从部队转业至地方，长期在南京地区担任领导工作。

蔡辉（1913—1952），又名志伦，南汇普济人，1930年考入新陆师范学校。1932年的一·二八事变后，成为学校中抗日救亡的重要组织者，1933年入党，淞沪会战前后，组建浦东大团青年抗敌后援会、浦东抗日救国宣传团，到群众中宣传抗日，1940年任江南抗日义勇军司令部财经处处长、新四军第六师后方办事处主任等职，后被错误审查，1952年含冤去世，1982年获平反。

王才林（1911—1943），南汇盐仓人（今浦东新区祝桥镇）。在新陆师范求学期间，积极参加青年学生爱国救亡活动。1934年入党。1938年9月，与连柏生等一起组建南汇县抗日保卫团第四中队（简称"保卫四中"），任中队副。1941年战斗中负重伤，1943年病逝。

新陆师范学校，已载入革命史册。从师范学校走出的革命前辈的史料，也成为革命传统教育的教材。新陆师范的旧址，在浦东开发开放中已纳入现代化的金桥出口加工区，正在发生着日新月异的变化。

17. 汪裕先在狱中给姐姐的信

黎 梅

……我起初也想埋身在世俗的生活中，使得家里人勿至于担惊受怕，可是这一个办法的实行，仅使我感到了梦想的空虚，要实现却是万不可能的。因此我终于走进革命的圈子，因此我终于跑进了牢狱的大门……

这是汪裕先烈士狱中寄出的最后一封家信中的一段遗言。这是一个共产党员认识真理、走上革命道路的自述，是一个革命者对反动统治的无情揭露，也是烈士对革命事业坚定信念的生动写照。

汪裕先又名汪佐农，化名陈振球、陈石卿，江苏省南汇县周浦镇人，生于1908年6月，家境贫寒，7岁丧父，靠母亲做针线活维持生计，童年时在镇上义务小学读书，13岁到上海一家钱庄当学徒，三年后钱庄倒闭，经其表舅父介绍进上海华商电气公司（简称"华电"）工作。

大革命时期的华电公司，是中国共产党在上海南市活动的一个重要据点。汪裕先在电厂受到中共党员颜梦屏和宋凤翔的启蒙，于1926年初加入中国共产党。四

汪裕先

一二事件后,由党组织安排加入国民党,在国民党上海第二区党部从事地下工作。上海工人在中国共产党领导下举行第三次武装起义时,汪裕先等组织200多名华电工人组成了纠察队,成为当时南市起义的三支主力之一。4月12日凌晨三四点钟,蒋介石指使手下二十六军军长周凤歧,调动两个步兵连和一个机枪连的兵力,将华电公司团团包围,逼迫工人纠察队缴械。汪裕先与颜梦屏等当即组织100余名工人纠察队员开枪抵抗,因此反动当局大肆搜捕共产党员和国民党左派分子。1927年7月,汪裕先按照党的指示回到家乡周浦镇,组建中共南汇周浦区委,任区委书记和南汇县委委员。1928年下半年,他先后到太仓、川沙工作,继续以小学教师的职业为掩护,任川沙县委书记,化名陈振球从事革命活动。1930年4月,汪裕先根据党的指示,在赴太湖组织农民武装的途中,由于叛徒告密,被特务跟踪逮捕。

汪裕先被捕后,即化名陈石卿,初被关押在国民党苏州"剿匪司令部",不久移解上海淞沪警备司令部受审,被判刑13年。同年10月21日,汪裕先等200名"政治犯"被押往苏州监狱关押。不久,汪裕先被定为"政治要犯",又从苏州监狱转到中央军人监狱,同恽代英等关在一起。不久,因汪裕先在狱中托人秘密带信与上海中共党组织联系一事暴露,被反动当局改判死刑。1934年5月10日在南京雨花台英勇就义,时年仅26岁。

汪裕先曾在狱中给家里的老母和妻女写过一些书信,其中最后一封是写给他姐姐的信,以下是信件全文:

我亲爱的姐姐:

流水般的时光,谁也挽不住它。居然又到了二十一年的新年了。在这过去的一年中,我是完全过的阶下囚的生活。简单说一句,机械的牢狱生活消磨了我这一年宝贵的青春罢了。

本来我早就想写一封比较长一点的信给家里,可是每逢到写信的时候,却依然是说几句空洞的话,这实在因为我恐怕家里人看了我的信会伤心，所以将自己的真情抑止着。现在在这新年的时候，我想将我的真情发泄一下吧。姐姐，但我要劝你，看了这一封信勿必伤感，尘世间的事情本来没有十全的啊！

我们的父亲是在我们幼年就离开了俗世的。照理说，我就应该平平稳稳的过那世俗的平凡生活，使得母亲和其他家里人欢喜，这是我的责任。然而我却始终在冲突中过着，这样终于走进了牢狱的大门，然而我起初也想埋身在世俗的生活中，使得家里人勿至于担惊受怕，可是这一个办法的实行，仅使我感到了梦想的空虚，要实现却是万不可能的。因此我终于走进革命的圈子，因此我终于跑进了牢狱的大门。这有什么办法呢？现在社会中间与我同一命运的人正不知多少呢！

最使我痛心的就是入狱后，非但不能够负担家庭的费用，反而时常向家要钱（当然我在外边时也并没有负担过家用）。虽然我明知家中的穷迫，可是牢狱的生活迫得我不能不要钱用。同时除了家中又没有旁的地方，这样我终于痛心地剥削着家庭了。

在这次吃官司中，使我最挂心的就是母亲了。母亲的一生是劳苦二字接连着的，并且历次的伤心，使得母亲更见衰老了。然而，我这次的入狱，更重伤了老母的心。所以对于母亲，我希望姐姐特别的劝慰劝慰，使得老人勿要过分伤感才好啊！五妹呢，她是一个小孩气的人，对于家庭中一切的事情，她是不会的。所以也希望姐姐时常指点她。本来我的事情倘使有人说话，早就可以出去了。但是我是一个无钱无势的人，当然不容易办到。但是对于这一点我本人是并没有感到什么，因为整个的社会都已被牢狱的阴影包围着的。即使在外面能保太平无事吗？然而我有一个自信，相信决不会真有十年八年的吃官司的，至多再过一两年的时间，只消大家不生病就会见面的。

在新年里我觉到有些感触，因此我做了首老诗，现在将它录在这里寄上，这当然是无聊的，然而却是感情的发泄呢！

新正忆母

故乡遥在白云边，未晓慈颜可似前？
每忆鬓龄垂训语，更令游子泪如涟。
几回受难亲怀急，一旦遭囚母体煎。
但愿高堂常乐健，休将儿事挂心田。

新正忆叔

严亲见背在童时，一切多蒙叔护持。
训育常存马口诚，分羹何让谢安慈。
自惭椹质虽经斧，依旧萍身不变芝。
祗是深恩皆未报，负心两字我何辞。

自感事告吾姐

鬓龄严父忽离尘，慈母伤怀病缠身。
赖有辛勤吾姐在，护持弟妹慰萱亲。

姐姐，你近来身体好吗？我在监狱里很好，并没有旁的事情可告。希望姐姐不要挂记我，一切放心好了。萍妹谅在上海，她身体好吗？家中的一切不多写了，总之希望姐姐时加照顾为盼。

祝

新春安乐并进步！

裕弟上元月五日

＊注：汪裕先写自南京中央军人监狱。

18. 局部抗战时期的浦东人浦东事

谷 梁

1931年9月18日，日本关东军发动蓄谋已久的侵华战争，中国局部抗战也从此开始。有着光荣反倭斗争传统的浦东人民，在民族危亡时刻，奋起反抗，谱写出了一篇篇可歌可泣的抗战篇章。

局部抗战第一战中的浦东人

日本侵略者在东北实现了其侵略野心后，试图快速占领整个中国。于是，在九一八事变不久后的1932年1月28日，日军在上海挑起了战事。

上海救亡斗争中，黄炎培、杜月笙、王一亭、穆藕初等一批浦东人发挥了重要作用，他们不仅参与组织和领导了救亡运动，而且以各种形式支持十九路军官兵的作战。早在九一八事变后，黄炎培领导的中华职业教育社就提出了"全力赴国难"的口号，1931年12月，又创办了《救国通讯》。1932年1月14日，黄炎培、史量才等约集了工商、文化界的人士，组织壬申（1932年农历为壬申年）俱乐部，讨论抗日救国对策。淞沪抗战爆发后的第二天，黄炎培与有"海上闻人"之称的浦东人杜月笙商议，发起成立了"上海市民地方维持会"（1932年6月改组为"上海市地方协会"），1月31日，维持会宣告成立，史量才为会长，黄炎培、杜月笙等人为副会长，黄炎培兼任秘书长。淞沪抗战最激烈的时刻，杜月笙、黄炎培不仅组织青年义勇军协助十九路军作战，还多次赶往前线慰问。慰问中，他们带了大批急需的物资，解战场之急。在维持会担任理事及慰劳组、经济组、交通委员会等负责人职务的穆藕初（浦东杨思人），每天奔波不停，从为十九路军采办粮食、租借汽车、筹募救国捐，到救济失业工人、与外国使团交涉，哪里有需要，他就在哪里出现。他还数次冒着炮火和日本飞机轰炸，出入前线慰问十九路军抗日将士。浦东同乡会的另一位重要骨干姚惠泉（浦东三林人），多次承担交通运输任务，置生死于度外。

关注抗战前线战场的同时，杜月笙、王一亭、穆藕初、叶惠钧等上海滩知名人士，依靠浦东同乡会、红十字会、佛教协会等组织，成立灾民收容办事处、"一·二八"残废院等机构，全力解决战区难民救济、卫国阵亡将士抚慰以及伤兵、伤民治疗等社会问题，为中国局部抗战第一战尽了一份责任。

风起云涌的抗日救亡运动

"一·二八"淞沪抗战由于多方面的因素，至1932年3月4日结束。之后，上海各界人士以各种形式发起长时间、大规模的抗日救亡运动。

面对风起云涌的抗日救亡运动，浦东各界人士也积极奔走，尽其所能。主要表现为：

一是参与抗日社团的组织领导。作为全国抗日救亡运动中心的上海，九一八事变后很快成立了上海抗日救国会。淞沪抗战后，上海市民地方维持会改称为上海市地方协会。在上海几个全市性影响大的救亡组织中，黄炎培、杜月笙、穆藕初、王一亭等一批浦东人都担任了重要的领导职务。在上海市地方协会担任副会长兼总秘书的黄炎培，还发起组织"铁社"，作为策划地方协会日常工作的参谋本部。铁社的10个成员中，浦东同乡会的骨干占了5位。1933年初，日军进犯热河。2月，黄炎培与穆藕初代表上海市地方协会（由上海市民地方维持会改组而成，穆藕初为理事），赴天津、北平筹组东北热河后援会，其间还到承德前线慰劳军队。1936年11月，黄炎培又一次受上海市地方协会委托，率团赴绥远抗日前线慰问。

二是组织募捐，从物资上支持抗日。抗战时期发挥了重要作用的浦东同乡会，在募捐活动中，一批同乡会的骨干、元老起了带头示范作用。

同乡会元老穆湘瑶（浦东杨思人），1933年60岁寿辰时，亲友馈赠礼金2 526（银）元，他说："寿我者，当以寿东北义勇军，偿余素志"，随即把礼金悉数送浦东同乡会转交东北义勇军。当时上海抗敌捐募最多的，要数浦东同乡会理事长杜月笙。早在1932年，杜月笙捐赠了两架飞机，供军队使用。在理事会的带领下，有着2万多人的浦东同乡会为抗日募捐作出了重要贡献。

三是兴办教育，提倡教育救国。1932年5月，穆藕初决定捐资兴办一所中学，取名"位育"，于1932年9月1日正式开学。杜月笙也在上海西区法华镇投巨资创办了能容6 000学子的正始中学。1934年7月，黄炎培在浦东高桥以浦东同乡会的名义建立农村改进会，以教育为先，实现"富教合一，振兴中华"。两年后，又在浦东地区的上海县、南汇县、川沙县各县加以推广。

四是注重抗日宣传，从精神上引导抗日。局部抗战时期，除了杰出的爱国人士黄炎培、穆藕初外，还有一批人士在各自的领域作出了重要贡献。

著名报人瞿绍伊（浦东张桥人），上海沦陷后远走川陕，主持报社笔政，通过一篇篇文章，号召团结抗日；创办黎明书局的孙寒冰（浦东周浦人），1937年1月创办的《文摘》月刊，刊物上不仅发表有大量抗日文章，还刊登美国著名新闻记者埃德加·斯诺记录的《毛泽东自传》，不少进步青年通过阅读《文摘》月刊，走上了抗日的道路。

杰出的音乐大师陈歌辛（浦东北蔡人），则是通过谱写抗日歌曲，培养抗日歌手而闻名于音乐界。早在1931年九一八事变后，17岁的陈歌辛就为爱国影片《自由魂》谱写了他的电影音乐处女作。之后创作的200多首歌曲中，不少名作在上海滩走红，走向全国，成为救亡歌曲的佼佼者。

著名的音乐教育家黄自（浦东川沙人），九一八事变后积极参加抗日救国运动，他自作歌词，谱写了慷慨激昂的《抗敌歌》，接着又谱写了爱国合唱曲《旗正飘飘》等大量爱国抗日歌曲，1938年4月辞世前，还写下了抗日歌曲《热血》，他卓越的贡献成为后人学习的榜样。

红色版画家江丰（浦东川沙人），1931年开始创作抗日题材版画，1932年入党后在上海组织抗日团体，以及画报的编辑、出版工作，自己还创作了《到前线去》《行军中的炮兵》等木刻作品。

而著名戏剧、电影导演陈鲤庭自1931年在南汇大团创作短剧《放下你的鞭子》开始，从浦东演到浦西，从上海演向全国，后来走向世界。1943年3月15日到美国白宫演出时，时任美国总统罗斯福、副总统华莱士及白宫其他高官进行了集体观看。

五是全力组织难民收容、救济。九一八事变后，东北、华北地区的大批难民涌入上海，而"一·二八"淞沪抗战使市区的难民急剧增加。浦东同乡会在处理难民问题上发挥了重要作用，成立了收容所、孤儿院、救济处，帮助收容了大批难民。另外，出生于浦东周浦的沪上慈善家王一亭，于1931年9月专门成立了"上海收容灾民办事处"，王一亭亲自任办事处主任，另一位浦东人叶惠钧（浦东高行人）任副主任。办事处还租了10辆卡车，会同上海慈善团体联合救灾会和上海国际难民救济协会，全力收容和救济流落在街头巷尾的难民。

七七事变后的36天

七七事变后不久，黄炎培就联合爱国人士江问渔、杨卫玉等致电宋哲元将军，希望奋勇作战，坚持到底。同时黄炎培找到担任上海市地方协会会长、浦东同乡会理事长的杜月笙，提出组织一个"抗敌后援会"。1937年7月15日，抗敌后援会的筹建组织就成立了。抗敌后援会设九人主席团，杜月笙、黄炎培为主席团成员。后援会下设筹募、供应、救护、宣传几大委员会。杜月笙主动挑起了难度最大的筹募委员会的重担，黄炎培担任了救护委员会的组织工作，穆藕初参与供应委员会的领导。

7月20日，杜月笙通过电台发表广播演讲，号召市民为抗日募救国捐。之后，黄炎培、穆藕初、王一亭也都到电台进行演讲，进行抗日宣传。

　　浦东同乡会的领袖及广大会员在上海为抗战日夜奔走的同时，东海之滨的川沙、南汇农村地区，王文彦、朱人俊、蔡辉等也在为抗战做力所能及的事。

　　1937年8月13日，日军在上海挑起了八一三事变，爆发了震惊世界的淞沪会战，此后中国军民发起抗击日军的壮烈战斗。

19. 遵义会议后的张闻天

唐国良

张闻天，曾用洛甫等化名。1900年8月30日出生于江苏省南汇县六团乡张家宅（今属浦东新区祝桥镇），是当代中国杰出的革命家、政治家和理论家，也是我国现代文学史上一位革命文学家，早年曾留学日本、美国，1925年加入中国共产党，后不久被派往苏联学习，1931年回国后，担任中央宣传部部长，1931年9月下旬任中共临时中央政治局委员、政治局常委。遵义会议后被推为党的最高领导人。

一、遵义会议上第一个站出来批判错误军事路线的人

遵义会议是党和红军在极端危急的历史关头召开的一次会议。会议的成功召开，挽救了党，挽救了红军，挽救了中国革命，因而在党的历史上是一个生死攸关的转折点。

1935年1月15日至17日，中共中央政治局扩大会议在遵义召开。会议开始，针对博古为第五次反"围剿"失败责任所作的辩护，作为政治局常委的张闻天，首先站出来对错误的军事路线作报告进行批判（亦称"反报告"）。张闻天的报告，列举事实说明反"围剿"失败以及退出苏区后遭受严重损失的主要原因，是博古、李德在军事上犯了一系列严重错误。接着，毛泽东在会上作了重要发言。扩大会议的绝大多数同志都同意洛甫（张闻天）的提纲（即张闻天报告提纲）和毛泽东的意见。会议最后决定，增选毛泽东为政治局常委，取消博古、李德的军事

指挥权,确立了毛泽东在最高军事指挥机构中的地位。

会议推选张闻天为党中央总书记,并指定张闻天起草遵义会议决议,决议委托常委会审查后发布。

1935年2月8日,中共中央书记处发布由张闻天起草的《中央政治局扩大会议总结粉碎五次"围剿"战争中经验教训决议大纲》。党的历史和中国革命的历史也因遵义会议实现了历史性的伟大转折。

二、 张闻天与抗日民族统一战线

作为党中央总书记的张闻天,到达延安后的重要贡献之一,就是努力促成国共两党的第二次合作,为抗日民族统一战线的形成,作出了特殊的贡献。

红军胜利到达陕北后的不久,张闻天于1935年11月17日在瓦窑堡发表了《日本帝国主义的新进攻与民族革命战争的紧迫》一文。文中对怎样灵活运用广泛的统一战线策略,提出了明确的观点。11月29日,张闻天主持召开了中央政治局会议,专题讨论扩大民族统一战线的问题。

1935年12月17日至25日,中共中央在瓦窑堡下河滩田家院(即当年张闻天住处),召开政治局扩大会议,党史上称为"瓦窑堡会议"。这次会议着重讨论全国的政治形势和党的策略路线、军事战略问题,确立了建立抗日民族统一战线的新策略。

1936年4月20日,张闻天署名"洛甫"发表了《关于抗日的人民统一战线的几个问题》,其中第四、第五节强调"共产党是统一战线的核心"。

1936年8月10日,张闻天主持召开中央政治局会议,研究国共关系与统一战线问题,其总结发言围绕"要推动南京进一步向抗日方面动摇",提出要运用广泛的统一战线。

1936年9月15日至17日,张闻天主持召开中央政治局扩大会议,讨论目前政治形势和统一战线问题。

1936年12月12日,发生了震惊中外的西安事变。张闻天于西安事变的第二天,也就是12月13日在他居住的窑洞中主持召开了政治局常委扩大会议。会上,他特别强调"尽量争取南京政府正统,把局部的抗日统一战线,转到全国性的抗日统一战线"。1937年2月11日,张闻天在主持中央政治局扩大会议时,又作了"西安事变和平解决的意义和我们工作的弱点"的报告。

可见,作为党的总书记,张闻天对抗日民族统一战线的形成,对国共第二次合作,作出了特殊的贡献,他也因而被载入党的史册。

三、主持了193次中央政治局会议

作为总书记的张闻天,很长一段时间内,主持了中央的工作,尤其是主持召开中央政治局的一系列会议。

1935年1月15日至17日的遵义会议上,张闻天被推举为党中央总书记。同年2月6日,张闻天就主持召开了担任总书记后的第一次中央政治局会议,讨论红军今后新的行动方针。从1935年2月6日至10月19日,张闻天在长征途中先后主持召开了16次政治局会议及政治局常委会议。1935年11月份,张闻天连续主持了8次政治局会议,12月17日,又在自己的住所主持召开了十分重要的政治局会议,即瓦窑堡会议,会后发表了《瓦窑堡会议决议》,推动了革命斗争进入新的阶段。

1936年,张闻天先后主持了43次政治局会议(含政治局常委会议、常委扩大会议及政治局扩大会议)。

1937年,张闻天先后主持了38次政治局会议。最重要的一次是1937年8月22日至25日的会议(即洛川会议)。会议通过了《中国共产党抗日救国十大纲领》。8月25日中央军委发布"中国工农红军改编为国民革命军第八路军"的命令。

1938年张闻天主持的24次中央政治局会议中,最值得重视的是9月14日至27日的政治局会议。这次会议围绕党的六届六中全会的准备,进行了深入研究。9月29日召开的中共扩大的六届六中全会上,张闻天致开幕词。

1939年,张闻天主持了37次中央政治局会议及中共中央书记处会议。

1940年,张闻天主持了11次中央政治局会议。

1941年,张闻天主持了14次中央政治局会议。

张闻天最后一次主持中共中央书记处工作会议,是在1942年1月12日。而会议的内容,是同意张闻天赴绥德及晋西北考察研究。

1943年3月20日,在中央政治局会议上,大会推选毛泽东为政治局和书记处主席,张闻天离开了书记处。

从1935年2月6日到1942年1月12日,作为党中央总书记的张闻天,先后主持了193次政治局会议及中央书记处会议,这是党的历史对一位党的领袖的客观见证。

四、签发中央重要文件

张闻天在担任总书记期间,除了主持中央政治局的会议,在会上发言、作报告外,另一项重要又十分繁忙的工作,就是签发各类党中央的重要文件和电报。

从1935年10月红军长征胜利到达陕北吴起镇,至1938年9月中央六届六中全会,张闻天与毛泽东一起签署了286件致电、致函。从中央文件及往来重要电报的处理中也可看出,身为总书记的张闻天是党内第一负责人。大量文件、要电的处理、签发,可见他当时在十分艰苦的条件下工作之繁忙。而一天内签发文件最多的是1937年8月1日,张闻天以"洛、毛"联名署名发了6份电报,分别致电周恩来、博古、朱德、彭德怀、刘少奇、叶剑英几位领导。这一天,还签发了《中共中央关于南方各游击区域工作的指示》,指示内容包括政权问题、土地问题、武装问题、群众工作问题及党的组织与工作问题等7个部分。

五、理论研究中的重要贡献

作为总书记的张闻天,在延安期间主持中央政治局一系列会议,签署大量文件、电报的同时,对党的理论研究也作出了特殊的贡献。除了统一战线理论外，他最早提出"抗日持久战"的论点，对党的建设、党员的修养等问题也有深入研究，发表了大量文章。

担任总书记的张闻天，在宣传、意识形态领域还担任了两个重要职务，一是兼任中共中央宣传部部长，二是兼任延安马列学院院长。作为宣传部部长的张闻天，除了自己动手撰写文稿，还经常到基层、到群众中去调查研究，作演讲，宣传党的方针政策。而作为马列学院院长的张闻天，为学院编写《中国现代革命运动史》教材，组织编译《政治经济学论丛》，每周六还给学员讲课、辅导，所讲的《苏维埃革命运动》《战略与策略问题》等专题报告，都补充进《中国现代革命运动史》一书。1939年春，延安新哲学学会成立，张闻天在定期举行的讨论会上发言。

大量的史实都证明，遵义会议后，张闻天担任了中共中央总书记。可惜的是，相当长的时间内这一史实被忽视了。1979年8月25日，邓小平在党中央为张闻天举行的追悼会上所致的悼词中，首次公布这一史实：张闻天在遵义会议上"被选为党中央总书记"。这是尊重历史，拨乱反正的一个英明决断。

20. 张闻天在国共两党第二次合作中的杰出贡献

陈秋平

抗日战争的胜利，是中国近代史上的一个转折点，也是中国共产党历史上的一个伟大转折点。在这一历史进程中，中国共产党提出的以国共合作为核心的抗日民族统一战线，是中华民族战胜日本帝国主义的法宝。1935年12月中国共产党在瓦窑堡会议上就提出了从内战到抗战的战略转变。经过将近两年曲折复杂的斗争，终于在七七事变后，随着国共第二次合作的形成，建立了抗日民族统一战线。1935年1月，在遵义会议上被推选为总书记的张闻天，同毛泽东、周恩来等领导人一起，在建立抗日民族统一战线的过程中，为中国共产党和中华民族立下了永不磨灭的功勋。

从1937年2月9日起恢复的国共合作、共同抗日的谈判，经过了很多尖锐复杂的斗争。正如张闻天一开始就预见到的："主要的关键是实现民主权利"，"民主问题将来在我们与国民党的政治斗争中要成为争论的焦点"。国共谈判是中共争取民主权利，同国民党进行合法斗争的主要阵地，周恩来一直是同国民党代表和蒋介石面对面谈判的主将，张闻天则同毛泽东一起领导了这一持续半年、跌宕起伏的谈判过程。谈判前，张闻天根据党中央的决定，主持起草了《中共中央给国民党五届三中全会电》，公开提出了实现国共合作的条件，提出五项要求、四项保证。这个文件是对过去一年国共谈判的总结，又表明了共产党同国民党谈判的政治立场。1937年二三月间，周恩来、叶剑英同国民党代表已持续了一个月的谈判，3月下旬周恩来与蒋介石在杭州首次会谈。6月上旬至中旬周恩来同蒋介石在庐山再度会谈。七七事变后，周恩来、博古、林伯渠于7月15日上庐山与蒋介石会谈。8月上旬周恩来、朱德、叶剑英飞抵南京出席国防会议，与蒋介石进行了第四次会谈。所有这些谈判，张闻天自始至终都参与了直接领导。这期间，张闻天还多次主持召开政治局会议或常委会议，针对同蒋介石谈判的情况，讨论谈判的原则、条件，准备下一轮谈判的新方案以及要主动提出统一战线的纲领、国共合作的规约、宣言等战略部署。在谈判开始前和谈判进行期间，党中央又根据形势的变化与谈判的实际情况，就谈判的立场、方针、内容、策略、条件给周恩来及时发去电报，作出明确、具体的指示。这许多电报绝大部分是由"洛、毛"即张闻天、毛泽东联名签发的。

这次国共合作谈判是一场特殊的战斗。在前方的周恩来是正面交锋，机警过人；在后方的张闻天、毛泽东则互相商讨、审时度势、指挥若定、进退自如，表现出惊人的智慧和高超的斗争艺术。西安谈判后期形势逆转，国民党方面突然节外生枝，制造障碍。张闻天、毛泽东立即以中央书记处的名义致电周恩来，并通告红军部队首长，指出"绝对不能迁就"，"不能放弃我党的独立性"。在谈判策略方面，针对国民党的"着着进迫"，提出"现应改换姿势"，"向之进攻"。"洛、毛"电报指示周恩来："申明西安无可再谈，要求见蒋解决。"这种魄力和胆略是以对形势的洞察力为根据的。由于张闻天、毛泽东等在政治上采取了进攻的姿态，促成了1937年3月下旬周恩来与蒋介石在杭州的直接会谈。在7月中旬的庐山会谈中，蒋介石对《中共中央为公布国共合作宣言》扣住不发，仍不同意在红军改编后的三个师之上设立总指挥部，实际上是不给共产党合法地位。"洛、毛"即于当月20日电示周恩来："我们决定采取蒋介石不让步不再与之谈之方针。"这一强硬态度也是建立在对客观形势的准确分析的基础上的。战事发展果然不出"洛、毛"所料，7月底周恩来、朱德、博古在南京谈判时，正值日军蓄意扩大侵华战争，进攻上海，危逼南京，蒋介石不得不作出让步，谈判取得成果。在苏区红军方面，保证了共产党的绝对领导；在国共两党关系方面，共产党取得了公开合法的地位，又保持了独立性，这就为共产党及其领导下的人民武装和根据地在抗日战争中的不断发展、壮大，打下了坚实的物质基础和思想基础。1937年9月22日，国民党方面公布中共中央的宣言和次日蒋介石发表的谈话，标志着国共第二次合作正式形成，抗日民族统一战线实际建立。国共合作的建立，成为中国抗日民族统一战线的核心和基础，给全国人民抗日以巨大的振奋和鼓舞。

张闻天在中央红军刚刚到达陕北时，就把运用统一战线的方针路线，实现内战到抗战的转变这一任务作为中心问题提到中国共产党全党面前。经过近两年在大变动的形势中坚定、机智的斗争，中国共产党人作出了胜利的回答。张闻天作为中共中央核心领导人物之一，始终处在最前沿的突出的领导者的地位，既为抗日民族统一战线的方针、政策的酝酿、确立、发展、完善作出了巨大的贡献，又为其贯彻执行和抗日民族统一战线的实际建立作出了巨大贡献。

在中国共产党这一段光荣的历史上，张闻天有着特殊的重要性。尤为可贵的是，他的一切主张全是自觉形成、提出的。他在这一历史阶段的贡献，是他一生对党、对人民、对中国历史的最大贡献，张闻天的历史功勋永垂青史！

21. 张闻天与"肇庆文稿"

祝龙珠

张闻天到广东肇庆的时间是 1969 年 10 月底,在肇庆住到 1975 年 8 月,前后共计有 6 年时间。

1969 年 10 月 24 日,在林彪发布"第一个号令"之后,有不少老革命家被"疏散"出京,"文化大革命"中张闻天在北京被隔离审查 523 天之后,由专案组人员监送,他与夫人刘英带着年仅 10 岁的养女,26 日抵达广州,10 月 31 日由广州军区保卫干部送至肇庆,化名张普,取"普通劳动者"之意。

张闻天在肇庆,住在市郊牛岗军分区宿舍大院内半山坡的一座小平房里,过了 6 年孤寂闭塞的生活,那时他已是一位七旬老人了。在这里,他终日受到监管,还有许多"明确"规定:不准打电话,不准与外面人员接触,不准离开宿舍区。甚至军分区机关放电影,也要请示同意后才能去看。除军分区司令员和政委以外,任何人都不能到他家同他谈话。军分区保卫科每月向上书面汇报其思想、言行、健康状况和意见要求。他们二人在生活上也很艰苦,因为他们的工资早在 1968 年受"监护"的时候就已被停发,存款也被冻结,两位老人身无分文,以至于刚到肇庆时只能向军分区借款权当生活费用。

1971 年 9 月 13 日林彪摔死在蒙古温都尔汗,张闻天以一个政治家的敏感,开始秘密写作论述社会主义的文稿,到 1974 年夏,历时 3 年,完成 4 篇文稿《论社会主义和共产主义》《无产阶级专政下的政治和经济》《论我国无产阶级专政下有关阶级和阶级斗争的一些问题》《关于社会主义社会内的公私关系》，近 10 万字。当时张闻天已年老多病，又患有老年性白内障，视力很差，握笔的手已经颤抖，他是在身体极端不适的条件下写作的。在人身自由被剥夺的情况下，他依然孜孜不倦地进行理论创造。夫人刘英形容他"是在完成一项重要的使命"。每当有亲属来看望他，他总是要他们帮助誊写。在那种情况下，他还希望自己写的东西"能哪天到会上谈谈"，表示"将来准备出书"，还说："书可焚烧，书也可禁读，但人的思想波涛是禁止不住的。不是吗，我过去写的读书笔记，被掠夺一空，今天我又重写了一大沓！"表示"坚信共产主义事业是一定会胜利的"。

这种坚定的信念是真正胸怀宽广、无私无畏的共产党人所有的！正如夫人刘英后来在回忆录里所说的："在这 17 年的漫长岁月里，除了我们两人相依为命外，没有人敢接近我们。正如闻天所说，在他身边能够说得上话的，就只有一个共产党员，那就是我。但是我要告诉人们的是：就是在最困难的时候，我们对党也没有丧失信心。"他们的信仰就是如此坚定！这就是共产党人的初心！

肇庆文稿是由他的外甥、复旦大学经济学系教师马文奇秘密带回上海的，经过抄录、收藏，其中一部分后来辗转又交王震保管，终于得以保存下来。这些文章的基本观点已被历史证明是正确的，而且其中不少深邃的见解至今仍然具有现实意义。肇庆文稿是探索社会主义建设道路的理论丰碑。在举行平反追悼会的当天，《人民日报》在显著位置发表了张闻天在肇庆写成又在无锡精心修改的文稿《无产阶级专政下的政治和经济》，8 月 27 日，又发表了肇庆文稿中的《党内斗争要正确进行》，他在"文化大革命"中所作的理论创造终于成为全党全国共享的宝贵精神财富。

1981 年 7 月 1 日，在庆祝中国共产党成立 60 周年大会上，胡耀邦发表讲话，张闻天的名字被列入同毛泽东一起为中国革命的胜利、为毛泽东思想的形成和发展作出重要贡献的党的杰出领导人的行列，给了张闻天应有的历史地位。

1985 年 8 月 30 日，在张闻天 85 周年诞辰之际，包括庐山会议发言和"政治经济学笔记""肇庆文稿"的精彩篇章在内的《张闻天选集》由人民出版社出版。张闻天的遗愿终于实现。

22. 毛泽东笔下的穆藕初

柳和城

1943年9月21日,重庆《新华日报》刊登民族工业家穆藕初先生逝世消息的同时,发表短评《悼穆藕初先生》。短评称"穆先生一生奋斗的历史,正是中国民族工业的一部活的历史。他不仅以67岁的高龄,还尽瘁于抗战中的经建事业,而且他实施三八制,注意职工福利,培植人才,爱护青年,这些都是值得我们深深纪念的。"共产党人为穆藕初"盖棺论定",与毛泽东20年来对穆氏的一系列评价可谓一脉相承。

一

穆藕初

穆藕初(1876—1943),名湘玥,上海浦东人,早年留学美国,获农学硕士学位。1914年回国后相继创办德大、厚生、豫丰三家纱厂,以及华商纱布交易所等实业,并参与发起华商纱厂联合会、苏社、中国纺织工程学会等社团,声誉日隆。五四运动后,上海工商界掀起了一股气势磅礴的改革浪潮。商人们要求参与国事,改良政治,而这也已成为一股不可遏止的社会潮流。穆藕初是其中的代表人物之一。

1920年8月,上海总商会彻底改组,聂云台、秦润卿出任正副会长。前任会董仅两人连任,穆藕初是其中之一。新一届总商会领导班子从审查税法、监督财政作为突破口,行使其政治民主权利。穆藕初被选为"所得税研究会"成员。1922年12月,上海总商会成立裁兵、理财、制宪委员会,把商人干预政治的运动推向高潮。当时穆藕初刚从檀香山参加第一次太平洋商务会议回国,就当选为该委员会委员。1923年2月,穆藕初在裁兵、理财、制宪委员会一次常委会上,提议致电北京方面的政府,限期将民国成立以来所借内外各债收支确数列表公布,实行财政公开。此议不久在常委会上通过,电文发出,全国上下反应强烈。

中国共产党建党初期,毛泽东一直关注着各派政治势力分化、组合的种种表现。上海商人们的活动当然在他的视野之中。1923年4月,他在《外力、军阀与革命》一文中说:革命的民主派主体当然是国民党,新兴的共产派是和国民党合作的。非革命的民主派,以前是进步党,进步党散了,目前的嫡派只有研究系。胡适、黄炎培等新兴的知识阶级派和聂云台、穆藕初等新兴的商人派也属于这派。反动派的范围最广,包括直、奉、皖三派……

这是毛泽东笔下第一次出现穆藕初的名字。

二

1923年6月13日,直系军阀曹锟在北京发动政变,驱逐总统黎元洪,以内务总长高凌霨等临时摄政。

6月23日,上海总商会举行临时会员大会,穆藕初此时已卸去会董职,以普通会员身份出席了大会。不久成立的民治委员会又宣布五项任务:(一)在中央政府中断期间,由民治委员会代表国家行使外交权利;(二)管理国家财政;(三)解决国内一切政治纠纷;(四)监督各省行政;(五)依法组织国会。民治委员会委员共70人,穆藕初是委员之一。

上海商人们史无前例的举动,博得社会各界一致喝彩,当然也引起中国共产党人的高度注意。毛泽东发表《北京政变与商人》一文,热情赞扬上海商人们否认国会、组织民治委员会的行动。他举"裁厘加税"和穆藕初等发起设立中华棉业银公司而遭军阀破坏的例子，加以说明。"这些都是上月23日到了上海总商会会员大会的那些体面商人穆藕初先生们亲自尝到的苦味！"

1923年初，上海华商各纱厂因花贵纱贱（实质是外力压迫、民生凋敝）相继停工、减工。各银行钱庄又紧缩贷款，压得华商纱厂喘不过气来。为挽救中国棉业，穆藕初与上海华商纱厂联合会的同事们积极活动，筹划按国际惯例组织中华棉业银公司，发行3 000万两银子的实业债券，专供各纱厂借贷用。3月初，穆氏与聂云台代表纱厂联合会赴京请愿，向农商部提出上述计划，请求政府以关税担保。穆藕初经过多方交涉，农商部答应于张绍曾内阁复职后第一日提交阁议。

毛泽东不仅自始至终关注着此事的发展变化，他希望商人们"既已勇敢地踏上了革命的第一步，就要赶快去踏上第二步"，"切不可稍遇阻力就停止不进"。穆藕初本来就不是民治委员会中的激进分子，他干预政治的目的乃是期望"攘利之政客相率归休，生利的政府及早出现"。他继续用他自己的方式在政治的夹缝里苦斗，实现其实业救国的理想。

三

九一八事变以后，穆藕初以极大的爱国热情投身于轰轰烈烈的抗日救亡运动。

上海"一·二八"淞沪抗战时期，他是以史量才为会长的上海市民地方维持重要骨干，担任该会理事及慰劳组、经济组、交通委员会等负责人职务。他每天奔波不停，从为十九路军采办粮食、租借汽车、筹募救国捐，到救济失业工人、与外国使团交涉，哪里有需要，他就在哪里出现。他还数次冒着炮火和日本飞机轰炸，出入前线慰问十九路军抗日将士。1933年初，日军进犯热河。2月，穆藕初与黄炎培代表上海地方协会赴天津、北平筹组东北热河后援会，其间他们还到过承德前线劳军。

在民族危亡的历史关头，共产党人始终站在斗争的前列。上海各界抗日救亡运动的基本情况，包括穆藕初的抗日行为的历史和现状，中共领导人们是清楚的。于是1936年8月14日毛泽东在给秘密返沪的冯雪峰一封信中，指示与穆藕初等联络："……虞洽卿、穆藕初有联络希望否？"

四

抗战全面爆发后，穆藕初辗转抵达重庆，1938年5月应邀出任国民政府经济部农产促进委员会主任委员（1941年又兼任农本局总经理）。11月，他在《从被动的战略到自动的战略》《加强我们抗战必胜的信念》两篇文章中，旗帜鲜明地反对"必亡论者""过于悲观"和"速胜论者""过于乐观"的两种倾向，从政治、经济等方面阐明抗战必胜、抗战持久的道理。

穆藕初担任农促会主任委员期间，创制土法纺纱机"七七棉纺机"，对解决包括陕甘宁边区在内的整个大后方军民衣被问题贡献颇大。穆藕初主持补助各地农业生产所需经费，其中以农作物推广、棉纺织训练为主要任务。农产促进会1939年补助经费1万元（另自筹2万元），在陕甘宁边区保安、神府、庆阳县设立三所土法纺织工厂，既纺纱织布，也织袜、织毛巾、织毛衣毛毯；又在延安、延长、延川等县设手纺织合作社114所。穆藕初个人还向边区捐款。

两个月后的11月下旬，毛泽东在一次中央政治局会议发言中就提到了穆藕初，他说："目前的中心问题是组织中产阶级……中产阶级包括一部分资产阶级，如穆藕初等。要组织中产阶级，组织工农民众，组织武装力量和政权，这是我们克服投降危险的内部条件。"

1940年9月、10月，毛泽东又接连在两份党内文件中提到穆藕初。1940年9月6日，毛泽东致信周恩来、叶剑英、李克农和饶漱石，指示"将大资产阶级和民族资产阶级加以区别，以人为单位，每类每省调查数十人至一百人"。指示说：民族资产阶级是受大资产阶级统治，与外国资本联系少，现时还基本上没有政权，主张团结抗日的，如陈光甫、穆藕初、康心如、范旭东等是……要求"每人为立一小传，要有籍贯、年龄、出身、履历、派别、资产活动、嗜好、政治动向、对我态度等项",这是为党的七大准备的演讲材料之一。

1940年10月14日,毛泽东在给刘少奇、陈毅、黄克诚等指示中说:你们应经过韩国钧、李明扬、李长江及地方绅士、文化界等,对苏北以外的江浙民族资本家及其代表如张一麐、黄炎培、江问渔、褚辅成、穆藕初等加以联络,向他们说明苏北事件真相,约请他们派人或介绍人参加苏北之地方政权工作、民意机关工作,及经济、文化、教育建设工作。

穆藕初1943年9月19日因患肠癌病逝于重庆,享年67岁。董必武向穆氏家属发出唁函,并亲自撰写挽联:"才是万人英,在抗战困难中,多所发明,自出机杼;功宜百代祠,于举世混浊日,独留清白,堪作楷模。"董老对手稿上"功宜百代祠"一句再三斟酌,最后改定为"誉垂千载令"。令人感动的是,同年10月6日董必武还亲自参加穆藕初的追悼会。

23. 孙寒冰冒险出版中文版《毛泽东自传》

冯建忠　许　芳

孙寒冰，1903年生于江苏省南汇县周浦镇（今属上海市浦东新区周浦镇）一个小商人家庭，幼年时父亲因病去世，生活困难，不得不跟着舅父到东北谋生，一面读书一面在电报局当练习生，1919年由上海中国公学考入复旦大学商科，1922年毕业后赴美国西雅图华盛顿州立大学学习，获经济学硕士学位，后转入哈佛大学研究院攻读经济学及文学。1927年孙寒冰回国，受聘复旦大学政治学系教授，此后一直未离开复旦大学。1928年他兼任复旦大学预科主任，1929年任政治系主任，还先后兼任上海国立劳动大学教授、暨南大学法学院院长、中山大学教授。1931年初，孙寒冰发起创办黎明书局，任总编辑。1937年1月创办中国第一个《文摘》杂志，任主编。1937年八一三淞沪会战爆发后，复旦大学从上海迁往重庆。1938年底，孙寒冰由香港经昆明到达重庆，出任复旦大学教务长、法学院院长。1940年5月27日重庆北碚黄桷树镇遭日机空袭，孙寒冰不幸遇难身亡，年仅37岁。他著有《合作主义》《西洋文艺鉴赏》，译有《社会科学大纲》《政治科学与政府》等。他短暂的一生度过的岁月，是我国各种矛盾错综复杂、社会动乱不安、正在发生伟大变革的历史年代。令后人为之肃然起敬，也是他最大的成就在于1937年创办了《文摘》杂志，而在此刊物上首发的中译本《毛泽东自传》，成为抗战时期最早、最有力量的一篇关于共产党的文章。

孙寒冰在短暂的一生中正式职业始终是大学教授，他的主要精力大部分在译作和出版事业上。他在《文摘》发刊词中写道:"做人离不开知识。知识的来源很多,人和社会交接,随时都可成知识。不过,这种知识大都是从无意得之,而存心去求的,多半只有读书……复旦大学当局多年来竭力充实图书设备,而在搜集杂志的时候,因求有益学生,早就想到要编一个杂志中之杂志。旋经本年十月第十六次校务会议决定举办,名定文摘。"杂志主要摘译和发表国外有关中国的报道,并邀请中文和英文基础都十分优秀的汪衡参加编辑工作。1937年1月1日,《文摘》月刊正式出版了第一期。杂志问世不久就风行全国,被誉为"杂志中的杂志"。不少青年由于阅读《文摘》而走上进步的、革命的道路。

《文摘》创刊号

《毛泽东自传》是由毛泽东口述,美国著名新闻记者埃德加·斯诺笔录的有关毛泽东生平事迹的忠实记录。该书从毛泽东的家庭身世讲到他的幼年和青少年时代,从参加中国共产党成立的第一次党代表大会讲到大革命失败后的井冈山斗争,从红军的五次反"围剿"讲到二万五千里长征,胜利到达陕北开创抗日革命根据地的新局面。这本书实际上是那一段中国社会和中国革命的一个缩影,具有很高的历史价值。

在中国,《毛泽东自传》从发现、请人翻译、审阅校改到争取批准出版发行等一系列工作,都是孙寒冰一手策划和经办。1937年8月的一天,孙寒冰在英文《亚西亚》月刊上看到后来收在《西行漫记》中的斯诺访问延安的第一篇报道《毛泽东自传》,如获至宝。便立刻把他的学生汪衡找来,请汪衡全文翻译。文章译出后,如何在《文摘》刊物上发表,是摆在孙寒冰和同仁们面前的一大难题。因为在当时党禁未开,上海国民党设立的图书杂志审查委员仍然对共产党和边区消息严加封锁。在这种形势下贸然刊发共产党领袖的自传会有极大的风险，有可能会招来杀身之祸。怎么办？孙寒冰拿了稿子亲自到南京去找前复旦大学的老师、时任国民党中央宣传部部长的邵力子，请他核批。邵力子在国民党内属开明人士，是主张国共合作抗日的，与他有过交往，彼此认识。孙寒冰呈上书稿请邵力子过目。邵力子一看，认为"这没什么！"就在译稿上亲笔批上"准予发表"四字，并署上他的名字。得到邵力子的批示后，《毛泽东自传》终于在《文摘》第二卷第二期的"人物种种"栏分期连载第一期。1937年全面抗战开始，为动员群众、加强团结抗日的信心，孙寒冰将《文摘》月刊改变为战时旬刊（1937年9月28日创刊），《毛泽东自传》在《文摘·战时旬刊》继续连载，共分6期载完。为扩大宣传效应，1937年11月，由黎明书局向全国发行《毛泽东自传》单行本，在汇集成书时，增加了《毛泽东论中日战争》《毛泽东夫人贺子珍小传》《斯诺眼里的毛泽东》3篇附录，还影印了毛泽东关于抗日战争的题词以及有关毛泽东的照片、合影和八路军战士活动的照片。在正式出书前，孙寒冰还请时任中共中央和八路军驻上海办事处主任的潘汉年题写了书名。《毛泽东自传》出版刊行，立即轰动全国，单行本一印再印。《文摘》创刊人孙寒冰实现了自己常说"文人上不得前线杀敌，办一个刊物来向日寇作战"的初衷。许多读者反映，读了这本书，消除了对共产党的很多疑惑和误解，了解了共产党和抗日民主根据地的许多事实真相：共产党的领袖毛泽东朴实、真诚、谦和、平易近人，讲的话入情入理，可信、可亲、可敬；共产党是同情老百姓，为老百姓办事的。

《文摘·战时旬刊》从1937年到1945年抗战结束，共出版140余期。上海沦陷后，《文摘·战时旬刊》先后辗转武汉、广州等地出版发行，1939年初，在重庆恢复出版，并成立了复旦大学文摘出版社。1940年5月27日，日本侵略者轰炸重庆，《文摘》编辑部遭炸，孙寒冰不幸遇难，年仅37岁。孙寒冰遇难后，许多学界名流等纷纷赋诗撰文，悼念这位爱国的、敢于说真话的进步知识分子。复旦大学还为其建立了"寒冰馆"，纪念这位37岁即逝世的年轻教授。

《毛泽东自传》中文版的面世成为记录中国革命史的一部重要文献，

而《文摘》杂志则从创办伊始，其报道的各类信息，成为抗战思想战线和阵地上的武器，起到了不可替代的作用。夏衍在其《少了一个说真话的人》悼文中说："《文摘》这本小小的杂志，抗战以来在报道国际真实，善导全国舆论这一点上尽了如何伟大的力量，我只能说一句用惯了的话，无法可以估量……"

24.《放下你的鞭子》从南汇街头走向美国白宫

金全国

现在六七十岁的老人大多观看或者听说过街头剧《放下你的鞭子》。街头剧具有很强的政治性、鼓动性、时效性和通俗性,眼下已基本绝迹,但曾经却像当今的电视小品一样辉煌过。

从 1931 年的九一八事变到抗日战争的胜利,《放下你的鞭子》在日本侵华期间常演不衰,成了一部经典剧目。如果当时可以申报吉尼斯世界纪录的话,这部街头剧在中国乃至世界短剧史上可以创造演出场次最多、演出地点最广、影剧明星参与最踊跃、观众人数最多的纪录,是当之无愧的世界之最。

《放下你的鞭子》作者是沪上著名戏剧、电影导演,艺术理论家陈鲤庭(1910—2013),九一八事变前,21 岁的他从上海大夏大学高等师范系毕业后来到浦东大团镇小学教书,是党领导的中国左翼戏剧联盟的成员。由于在乡村任教,他耳闻目睹了底层百姓的苦难和政府的腐败无能,尤其是小镇街上成群结队灾民逃荒的凄惨景象,刺痛了他那颗忧国忧民的

《放下你的鞭子》
女主角扮演者朱铭仙

心。受著名剧作家田汉根据德国文豪歌德的教育小说《威廉·麦斯特的学习年代》改编而成独幕剧《梅娘》（又译为《迷娘》或《媚娘》）的启迪，1931年暑假，他在《梅娘》的基础上再改编并创作了《放下你的鞭子》这部短剧。剧本原先是写从北方逃荒过来的父女俩在街头卖唱乞讨，控诉土豪劣绅、贪官污吏残酷的剥削压榨，迫使贫苦农民流离失所。当时因为剧本主题锋芒毕露，为免遭政治迫害，作者在刻蜡板油印该剧本时有意识地没有署名。同年10月10日，浦东南汇县举行游艺活动，上海左翼戏剧联盟在县城惠南镇十字街头搭台，首场演出了陈鲤庭创作的街头剧《放下你的鞭子》。

那年，九一八事变正巧在《放下你的鞭子》创作之后、首演之前发生，随着抗日救亡运动的兴起和广大民众抗日热情的高涨，在不断演出的实践过程中，左翼戏剧联盟的领导成员赵铭彝和陈鲤庭都意识到应该随着形势的突变，剧本要有新的立意。于是，把剧本的主题从原来的控诉阶级压迫改为揭露日本侵略者给东北三省同胞造成的亡国之痛，突出民族矛盾。剧本结构没变，仍然是老汉拉琴女儿唱曲，姑娘刚唱半句就咳嗽不止，老汉抱拳向观众道歉说："这是我亲生女儿，我们是东北沦陷后逃亡到关内来的，没饭吃呀，她是饿的。"群众表示同情，纷纷掏出铜钱扔在地上，老人作揖道谢，又重新操琴，但姑娘由于饥饿仍唱不成腔，老汉怕观众走散而拿起皮鞭抽打，姑娘晕倒在地。这时有一位工人模样的青年从观众群中冲出来，大喝一声："住手！放下你的鞭子！"最后全场观众义愤填膺发出怒吼："打倒日本侵略者！"观众事先并不知晓，原来这位青年工人也是一个演员。

《放下你的鞭子》在浦东南汇首演后，很快就传到大江南北，当年在影剧界已颇负盛名的崔嵬从上海一路演到北京，和他搭档的是电影演员陈波儿，而比陈波儿更早扮演香姐的是朱铭仙。再随后的十多年间，先后参加该剧演出的影视明星有赵丹、崔嵬、陶金、金山、白杨、王莹、张瑞芳、章曼苹等，其中由著名演员崔嵬与张瑞芳搭档、王莹和金山联袂的演出最著名。1937年清明节，由中共党组织领导的北平"学联"组织了近万名学生到香山春游，但香山广场被军警包围，学联随机应变先安排学生分散活动，当锣声响起时，学生们再纷纷向广场中间围拢，观看头戴旧毡帽、身穿破棉袍的老汉和村姑打扮的女孩卖唱。这次演的是经过崔嵬又改编的版本，加演了由他亲自作词、著名音乐家吕骥谱曲的《新编九一八小调》。张瑞芳扮演的香姐如泣如诉地演唱了这首插曲：

> 高粱叶子青又青，九月十八来了日本兵。先占火药库，后占北大营。杀人放火真是凶，杀人放火真是凶。中国的军队有好几十万，恭恭敬敬让出了沈阳城！
>
> 九月十八又来临，东北各地起了义勇军。铲除卖国贼，打倒日本兵。攻城夺路杀敌人，游击抵抗真英勇。日本的军队有好几十万，消灭不了铁的义勇军！
>
> 九月十八又来临，不分党派大家一条心。先要复国土，再来讲和平。"亲善合作"不要听，抗日救国要齐心。中国的人民有四万万，快快起来赶走日本兵！

当崔嵬扮演的老汉因担心看客不给钱而举起鞭子欲抽打饿倒在地的女儿时，有人吼叫道"放下你的鞭子！"并从观众中挺身而出，全场观众真情投入，分不清谁是演员谁是观众，这场演出激励着许多热血青年走上了抗战的道路。

王莹和金山曾随上海救亡演剧二队在武汉演出该剧，因为王莹主演过《赛金花》，金山主演过电影《夜半歌声》，所以二位大明星的演出很有感召力，轰动武汉三镇。演剧二队后更名为"中国救亡团"，赴新加坡、马来西亚等南洋各国演出，向海外侨胞宣传抗日，募捐到3 000多万美元支援抗战。1939年10月，旅居新加坡的徐悲鸿在一个广场看到好友王莹献演该剧，深受感动，他以赤诚的爱国之心用了约10天时间挥笔创作了同名油画《放下你的鞭子》，这幅高1.44米、宽0.9米以接近真人比例的作品，将香姐卖唱的凄婉神情和群众围观看戏的同情心态描绘得惟妙惟肖，这是大师徐悲鸿创作中最重要的爱国题材油画巨作，也是中国油画近代史中最具时事性的重要作品。

1941年王莹被派往美国，赴美前周恩来在重庆多次接见并指示她要成为中国人民的友好使者。在50多天搭乘海轮的漫长旅途中，王莹恶补英文，为她日后在美国用英文演出作好了准备。王莹到美国后，在友人的帮助下创建了中美两国演员共同参加的"中国剧团"，到美国各地演出《放下你的鞭子》，受到美国人民和华侨的热烈欢迎。王莹用美国民众听得懂、听得进的语言传递了中国军民抗日的决心和声音，为争取美国政府和人民对中国抗日战争的同情和支持尽了一份绵薄之力。

1943年3月15日，时任美国总统罗斯福闻讯邀请她到白宫演出，身体瘫痪坐轮椅的罗斯福携妻子儿女、副总统华莱士夫妇、白宫其他高级官员和各国驻美使节都汇集在白宫演出大厅。王莹用流利的英文介绍节目，先演唱了《到敌人后方去》和《义勇军进行曲》等抗战歌曲，当《放下你的鞭子》演出一结束，全场爆发雷鸣般的掌声，演出大获成功，王莹与罗斯福总统合影留念，成为中美文化交流史上的佳话。王莹被誉为"第一个在美国白宫演出的中国演员"，《放下你的鞭子》也成就了从浦东南汇演到美国白宫的传奇。

25. 淞沪会战中的浦东"神炮"

庄秀福

1937年8月13日开始的淞沪会战（又称"八一三"战役、第二次淞沪抗战，日本称之为第二次上海事变），被认为是中国走向全面抗战的标志。在这场时间长达3个月惊天动地的会战中，中日双方动员兵力超过100万人（日方动员兵力约25万人，伤亡4万余人；中方动员兵力约75万人，伤亡25万余人）。淞沪会战将日本"三月亡华"的狂言彻底粉碎，将日本拖入战争泥沼。

淞沪会战为上海和长江下游工厂与物资内迁赢得了时间，为中国坚持长期抗战起了重大作用。

在这次会战的前夜，国民党最高统帅下达了淞沪方面军队的战斗序列，张治中担任左翼部队指挥，张发奎担任右翼部队指挥。张发奎率第五十五师、第五十七师、独立第二旅等部队开赴浦东，负责阻击日军从黄浦江及海上登陆，保存右翼阵线，并适时打击黄浦江左翼之敌。

与左翼相比，右翼（浦东）是比较沉寂的，没有成为此次会战的重点。右翼将士在浦东各界人士的支援下，连续40多次击退企图登陆的日军，直至会战结束，日军始终未能占据浦东一寸土地。

对此，《申报》有详细报道。

《申报》9月4日报道：敌军又于昨晚10时许，以飞机飞往浦东烂泥渡轰炸，同时，满载敌军之小舰四五艘，即乘黑夜驶入南黄浦，至烂泥渡太古码头登陆。我国军队当以自动步枪及机关枪密集扫射，敌艇虽图逼近码头，均经我国军队奋勇击退。企图登陆，完全失败。

又如，《申报》9月10日报道：昨天上午10时许，有敌军一小部，由浦中敌舰掩护之下，在浦东三井码头偷渡登陆。我国军队俟其上陆未稳之机，即以密集机枪扫射。该敌稍事抵抗后，遂狼狈逃回。此役敌军被我国军队击毙6名，我国军队仅亡1人。

另外，勇炸日军码头也值得一提。

浦东原有日本的根据地，日华纱厂、日清公司、邮船会所、新三井码头、老三井码头五处，尽是日海军的粮库、煤库、弹药库、材料库，五处都设有碉堡，驻有守兵。其中三井码头共有浮码头四座，第四座码头（俗称海军码头）向日军驻沪军舰供煤。日军侵沪以来，数次在各码头企图登陆，对我威胁甚大，所以一定要摧毁它们。

我国军队三三○团挑选了10名识水性官兵，起初想用钢钻穿洞办法，把码头趸船钢板穿透，使其沉没，结果因钢板太厚，未能奏效，后向上海警备司令杨虎申请发给炸药，经批准发给水雷4枚，以及雷管、发电机等全套，于10月某日深夜，派人把水雷安装在三井码头，人员安全撤回，即发电爆炸。4声巨响，三井码头飞上了天空。

在浦东战场，最值得称道的是炮兵。在会战中，浦东炮兵发挥相当的威力，被人们誉为"神炮"。

这支炮兵部队是陆军炮兵第二旅（旅长蔡衷笏）第二团第一营。它有"卜福斯"山炮12门，还配有良好的观测通信器材，"卜福斯"山炮口径75毫米，最大射程9 000米，最高射速每分钟25发，为当时炮兵中最优良的炮种。该营的主要任务是还击黄浦江上的日本军舰的炮轰，以支援浦西我步兵作战。

浦东神炮

浦东炮兵忠于自己防守任务，在战斗中表现出了大无畏的精神，机智灵活，群策群力，竭尽心智，保卫祖国领土。他们战果累累，其中有两个战案尤其令人振奋。

夜袭吴淞日军。淞沪会战爆发之初，由于我方军民同心同力，坚强抵抗，日军企图登陆，均遭阻击，但其滩头阵地仍有相当进展，吴淞被日军占领后，其部队及指挥机关的一部分驻扎该地，并积存有大量军火。浦东炮兵奉命深夜进行奇袭。

浦东东北一带距离吴淞驻地很近，地势对浦东部队有利，且此处没有我国军队驻守，不为敌人注意。我国军队选择这里为据点，乘敌不备，对敌驻地发动突袭。深夜，炮兵第二旅第二团团长孙生芝派官兵五六人，乘小汽艇拖一艘小木船，上载"卜福斯"山炮一门，炮弹二三十发，还有必要的枪支、器材和工具，悄悄出发，前往浦东东北尖端，进入预先侦察好的阵地，稳准狠地猛击吴淞敌军驻地的仓库、临时码头和船只等。突袭结束，炮兵小分队迅速撤离，毫无损失。9月下旬至10月中旬，这样的突袭有三四次之多，给日军以很大打击。

击伤日舰"出云"号。淞沪会战中，日本海军第三舰队的主要力量集结在黄浦江上，沿江停泊，势如水上阵地，截断我水上交通，威胁两岸。敌人舰只时有增减，一般在30舰左右，每舰有大炮12门以上，30艘军舰共有360门大炮，口径大，射程远，力量比我国军队大得多。而我领空、领海又被日军飞机和军舰所控制，这便使我们炮兵的作用受到限制。但即使在这样劣势的条件下，浦东炮兵仍沉着应战，伺机炮击。

浦东炮兵观测所设在耶稣堂楼顶，辅助观测所在陆家嘴英美烟草公司大楼顶，楼底还有有线电话与后方联系。这些设备，为保密起见，全用麻袋覆实，因恐夜深人静，电话铃声响，被停泊在黄浦江上的敌舰察觉。浦东炮兵先后击中的敌舰在20艘以上，敌舰"出云"号也多次被击中。可惜浦东炮兵的山炮口径小，威力不足，未能把它击沉。

令人没有想到的是，此次炮击中还击伤了日本的一个亲王。此人名叫伏见宫博义，在淞沪会战期间到上海，担任日海军第三舰队司令。舰队的旗舰为"出云"号，此艘被浦东炮兵击中，伏见宫博义也被击伤。此事当时我国军队并不知道。直到70年后，2008年5月8日《人民政协报》文章《中国炮兵击伤侵华日军"亲王"》，根据1937年9月27日日本海军发表的公开资料，介绍了这一事件的经过，才了解当年浦东神炮立下的功绩。

这支炮兵部队参加了整个淞沪会战，立下了赫赫战功。第三战区副司令长官顾祝同为此多次以电话请右翼军总司令张发奎传令嘉奖。

1937年11月上旬，我国军队全线撤退，这支炮兵部队也随之撤到苏州，后参加南京保卫战，全营官兵英勇殉职。

26. 抗日救亡运动中的浦东同乡会

余 木

在抗日战争中，浦东同乡会作为一个同乡团体组织，同样投入抗日救亡热潮之中。本文通过浦东同乡会在全面抗战初期的几件事，来赞颂抗日民众所体现的伟大民族精神。

浦东同乡会领袖们的抗日行动

浦东同乡会的成立与发展离不开在上海的浦东工商界和社会头面人物的组织与领导，诸如黄炎培、穆藕初、王一亭、杜月笙、万墨林、张志鹤等，他们都是浦东同乡会的常务理事或监事。他们也是当时上海社会的知名人士，面对日寇的侵略，他们奋起反抗，以多种形式投入抗日救亡运动之中。

参与抗敌后援会的活动。1937年7月23日，在上海市各界抗敌后援会成立大会上，黄炎培、杜月笙、穆藕初3位浦东同乡会的领袖人物担任了该会的执委。7月25日，在第一次执监联席会上，黄炎培和杜月笙两人被推为主席团成员。杜月笙又担任筹募会主任委员。7月29日，上海市各界抗敌后援会筹募委员会召开会议，该委员会成员中有浦东同乡会的穆藕初、黄炎培、潘志文、吕岳泉。当时上海工商界的主要人物多为该委员会委员。8月6日，穆藕初捐助5 000元。为此，抗敌后援会致穆藕初函表示钦佩。8月6日，杜月笙作为筹募委员会主任委员，在广播电台发表了筹募救国捐演讲。杜月笙本人也积极带头认捐，10月20日捐棉背心3万件。万墨林捐棉背心1 000件，潘志文经募棉背心900件，张志鹤经募棉背心300件。

作为抗敌后援会的主要主持者，杜月笙还积极购赠防毒面具1 000只给八路军。

黄炎培和杜月笙是抗敌后援会的主要人物。在1937年8月至9月期间，该会主席团会议共召开了43次，黄炎培和杜月笙分别参加了24次和39次，两人在会议中发挥了重要作用。作为著名社会活动家的黄炎培非常重视战况的调查，这期间，黄炎培冒着敌机轰炸的风险，9次往返于京沪，大力协助政府募集救国公债。

利用舆论工具开展抗日宣传活动。抗敌后援会设立有宣传委员会，制订了详细的计划。1937年8月间，杜月笙、黄炎培、穆藕初、王一亭等分别在大中华电台、上海电台、中西电台发表抗日宣传演讲。浦东同乡会理事蔡钓徒为宣传抗日而遭到日伪杀害，年仅34岁。蔡钓徒系浦东陈行人，1905年出生，早年就读于上海大同大学。思想激进，言辞犀利，触犯当局，曾两度被捕入狱。他交游甚广，与杜月笙、虞洽卿往来密切，同时与共产党组织也有交往。抗日战争爆发后，积极宣传报道抗日新闻。1952年，蔡钓徒被追认为革命烈士。

浦东同乡会理事中另一位报人瞿绍伊，先在东北长春办报，归沪后，入《申报》馆，为该报主笔。抗战期间，他远走川陕，主持当地报社笔政，呼吁抗日。

浦东同乡会的其他理事、监事，在抗战中也同样以多种方式参与全民抗战的行动。如久记营造厂老板张效良曾亲自指挥员工在一星期内为十九路军建造多座桥梁。另一位浦东人，建筑理论家杜彦耿则率领《建筑月刊》编辑部全体人员为抗战防御工程提供施工图纸，组织建筑材料运往前线，修固工事。浦东人穆湘瑶将亲友为其祝寿的礼金2 526元捐助给东北抗日义勇军。浦东人万墨林在抗战期间留守上海，收集情报，转运物资，先后策反高宗武、陶希圣脱离汪伪政府。

开展难民救济收容工作

抗战爆发后，日军入侵上海，居民流离失所，上海市救济委员即发动慈善机构、旅沪各同乡团体等开展难民救济收容。其中，浦东同乡会做了大量的工作并设立了救济难民办事处。从1937年8月15日至12月31日，浦东同乡会先后设立12所收容所，收容人数多达4 000多人。当时浦东同乡会会所浦东大厦杜厅内难民拥塞，管理困难，后逐批被分送各处收容所。浦东籍难民大多住在城隍庙内各业公会和殿堂，如香雪堂住160人，黄酒公所住150人，珠业公会住160人，城隍庙内园住415人，铁业公所住150人，星宿殿住104人等。在浦东的周浦和杨思2处当时也设有收容所，沿浦的周家渡、白莲泾、塘桥、老白渡、赖义渡、洋泾6处设有发米站。

浦东同乡会在救济难民同时，还帮助难民从事生产，注重难民的疾病防治。

浦东同乡会在做好浦东籍难民的救济外，几位理事、监事还直接参与或领导全市性的伤兵救护和难民救济工作。同乡会监事、上海佛教居士林领袖王一亭与人发起组织了难民救济会，积极开展慈善救济活动。常务理事穆藕初担任了上海市救济委员会给养组的主任。常务理事黄炎培与虞洽卿、钱新之、江问渔等发起组织了上海市救护委员会，以救护受伤兵民。1937年9月16日至9月30日，第六、第九、第十3个救护队在浦东地区救回伤兵622人，救回伤民186人。

浦东大厦是上海抗日救亡活动的重要场所

浦东大厦是浦东同乡会的会所，大厦建成于1936年11月，浦东同乡会办公室设在6楼。浦东大厦的高大宽敞和浦东同乡会杜月笙、黄炎培、穆藕初、王一亭等诸领袖人物在上海滩的显殊社会地位，所以许多抗日救亡的重要活动在该大厦举行。

抗日救亡团体总部设于浦东大厦。1937年10月，非常时期难民救济委员会上海市分会（即上海市救济委员会）成立，总办事处设在浦东大厦三楼。在浦东大厦的5楼有上海市学生战时服务团、上海市作家救亡协会、上海市电影制片业同业公会、上海市文化界救亡协会，在3楼有洪兴协会战时工作委员会、上海市教育界救亡协会。这些团体都为抗

浦东同乡会（浦东大厦）全貌

日救亡做了大量的工作，其中上海市文化界救亡协会还出版有机关报《救亡日报》。该报创刊于1937年8月24日，每天下午3时出版，4开4版，郭沫若任社长，共产党员夏衍、国民党员樊仲云同时任总编辑，共产党员林林、国民党员汪馥泉同时任编辑部主任，由巴金等30名著名人士组成编委会。宋庆龄曾为该报写社论。郭沫若与夏衍、田汉等人于8月24日到浦东抗战前线慰问第八集团军张发奎将军的部队，撰写了《到浦东去来》一文并发表在《救亡日报》上。

因此，浦东大厦成为当时颇具名声的抗日救亡活动中心——募捐的收物处，难民的暂住地，有关团体的指挥所均设在此。社会名流出入其中，抗日行动谋划于此，一股强大的民族凝聚力油然而生。

上海抗敌后援会的许多重要会议在浦东大厦召开。抗敌后援会成立于1937年7月23日，共有500余团体参加，有执行委员会委员121人，监察委员会委员25人，另设有常务委员会委员和主席团。王晓籁、杜月笙、钱新

淞沪抗战中救护队在救护伤员

之、潘公展、张寿镛、童行白、黄炎培、柯干臣、陆京士9位常委为主席团。陶伯川常委为秘书长。后援会下设筹募、供应、救济、宣传、交

通、粮食、技术、防护、救护等9个专门委员会。主席团主持该会的日常事务。从8月9日至11月15日，主席团先后召开了82次会议，其中在浦东大厦召开5次，在杜月笙公馆召开10次。

1937年10月9日，上海市国民对日经济绝交委员会（简称"经绝会"）成立，杜月笙、黄炎培系该委成员。10月13日，经绝会在浦东大厦召开常委会。经绝会还推行对日经济绝交公约宣誓运动，当时，对日经济绝交的范围：其一，对日金融关系之绝交；其二，对日贸易关系之绝交；其三，对日雇佣关系之绝交。10月27日，抗敌后援会、慰劳会、救护会、红十字会、红卍字会5团体在浦东大厦六楼召开有关医院院长谈话会，就救护伤兵和难民问题进行商谈。

上海市救护委员会在浦东大厦设立救护人员训练班。救护会的宗旨是救护忠勇卫国之受伤将士及受伤之民众。因救护工作需医疗专业基本技能，为此，救护会设立训练班统一培训救护人员，训练班分设在四川路青年会、八仙桥青年会、市商会、湖社、中德医院、宁波同乡会和浦东同乡会7处，先后受训者数百人。浦东同乡会常务理事穆藕初捐助训练班经费6 000元。救护会先后设立救护队11队，每队50余人，急救队9队，每队15至20人。

浦东大厦内的"上海抗大"。1938年6月，中共江苏省委职委在设在浦东大厦内的第四中华职业补习学校举办现代知识讲座，学员大部分是职业界救亡团体选送的优秀青年。第四中华职业补习学校主要在大厦3楼的314、318、324室。该讲座聘请进步学者讲授哲学、历史、文学、时事、社会运动等课程，还请根据地来的同志介绍新四军情况。讲座共办了3期，每期3个月，有学员800余人。这些学员以后大部分参加了新四军，也有的去了陕西参加八路军，另有一部分参加了上海近郊的抗日游击队，支援了大江南北的抗日武装斗争。现代知识讲座为中共党组织培养了一批干部，有"上海抗大"之称。

抗日战争期间，浦东大厦内这些重要的抗日救亡活动，也说明了浦东同乡会的积极抗日行动。尽管，浦东大厦今天已不复存在，但大厦曾得到的"上海抗大"之誉，将永留史册。浦东同乡会的抗日救亡事迹也将永留史册。我们也将永远记住为抗日救亡而牺牲的烈士英名。中华民族不屈不挠的伟大精神将永远激励着我们投入民族的伟大复兴之中。

全面抗战时期浦东同乡会理事会合影

27. 蔡辉与"南汇县抗日救国宣传团"

林家春

蔡辉，原名蔡志伦，又名蔡悲鸿，江苏省南汇县普济乡（今属上海市浦东新区万祥镇）姚北村人，1913年生，少年时在家乡崇本小学念书，1928年在嘉定黄渡乡村师范学校学习时，任学生会主席，加入中国共产主义青年团，因带头闹学潮，被校方开除，旋至吴淞中学就读，1930年转入上海市立新陆师范学校插班学习，入学后组织社会科学读书会，宣传马列主义。1932年淞沪抗战爆发，抗日救亡运动进入高潮，蔡辉和同学张弈耀等组织上海市中学生联合抗日救国会，蔡辉为该会主席团成员之一，与李丰平等一起组织学生进行游行示威，赴京请愿等抗日救亡活动，还到浦东东昌路青年会夜校，和陈鲤庭等组织青年剧团，在沪首次公开演出话剧《放下你的鞭子》等革命剧目和合唱《松花江上》等抗日救亡歌曲，进行爱国主义宣传活动。1932年夏，蔡辉于上海市立新陆师范学校毕业后，任川沙县民众文化教育馆馆长，因从事农民运动，组织读书会、歌咏团，进行革命宣传活动，不久被免职，后改名到上海打进黄包工会任秘书，从事工人运动，又被发现而遭通缉，从此转入地下活动。1933年他折回上海转为中共正式党员，打入上海闸北区人力车工会，继续从事工人运动。1934年至1935年，他在南汇县串联部分青年，组织社会科学研究社，出版进步刊物，抨击豪绅地主的代表在南汇的霸权统治。但因坏人混入，研究社遭破坏，被迫解散。

1936年蔡辉在上海参与出版秘密刊物《求生》，和顾开华一起被法租界巡捕房逮捕，判刑一年，关押到马斯南路（今思南路）看守所，入

蔡辉

狱后脱党。入狱期间，林有璋（林达）坚持每星期去探望一次，因是同窗同学，有共同思想、共同语言、共同气质，蔡辉在狱中得到了林有璋经济上全力相助，互相学习勉励关怀。林有璋在蔡志伦、吴建功等同志的革命进步思想的影响和介绍下，于1938年参加革命。

1937年七七事变前夕，蔡辉与顾开华同时获释，受到顾家的盛情款待，并安宿于南汇县城北门外的顾宅。当时夏筱塘等做他的助手，开始进行救亡串联活动，不久，八一三事变发生，南汇县夏履之等人组织了县民众抗日后援会。国民党方面的实权人物，迫于形势与"我党同志"开始对话。蔡辉之兄蔡志锷被邀请到县"抗援会"工作。8月间国民党立法委员王艮仲在大团召开抗日座谈会，鞠耐秋、蔡志锷、蔡辉等应邀参加，蔡辉即席发表长篇演说。

同时，蔡辉与吴建功在家乡南汇等地以"抗战为国、保卫家乡"为号召，动员当地中产阶级出钱出枪，贫苦农民出人出力组织200余人成立了"抗日后援会"，后改为"泥城保卫团"，派遣茅铸九等打入南汇县军政训练班受训，培养军事干部。是年12月中共江苏省委恢复建制，蔡辉即恢复党籍。

1938年初，曾参加过南昌起义的周大根，由吴建功邀请去泥城，后受中共江苏省委派遣，回家乡发展抗日武装，参加过1930年"泥城暴动"的姜文奎、姜文光等也从上海难民收容所回到家乡泥城，与蔡辉、吴建功等结合在一起，将"泥城保卫团"改编为"南汇县保卫团第二中队"（简称"保卫二中"）并增加人员，周大根任中队长，吴建功任副中队长，郭毅、姜文光为政训员。

1938年1月，中共浦东工作委员会成立（简称"中共浦委"），陈静（又名陈方舟、秦寒溪）任工委书记。蔡辉协助陈静在浦东恢复党的组织，与周大根和吴建功等取得了联系，在上海难民收容所中找到了部分浦东地区在第二次国内革命战争时期失掉关系的党员吴建功、姜文光、姜文奎等人，先后恢复了党籍，并发展了一些新党员。同时，陈静并派工委委员朱君务兼任保卫二中的政训员，充实党对保卫二中的领导。

蔡辉在中共浦东工委的领导下，于1938年1月与张大鹏等在南汇县四仓西面叶家桥小学组织成立了"南汇县抗日救国宣传团"，蔡辉自任团长，在浦东奉、南、川三县城乡巡回演出，宣传抗日救国，团结各阶层爱国人士，同时锻炼了一批革命干部。宣传团有二三十人，多数来自上海难民收容所，演出宣传爱国抗日的节目，诸如《放下你的鞭子》《夜之歌》等，演出的对象主要是群众，也给当时在浦东的国民党"忠义救国军"演出。当时，浦东还没有专业文艺团体，看戏对群众来说还是很难得的，所以宣传团很受欢迎。加之内容都是宣传抗日，在那国破家亡的岁月里，很容易引起群众的共鸣。就是在"忠救军"部队演出，同样引起一般战士的思想共鸣，为之感动。

通过爱国宣传教育，群众提高了认识，激发了革命热情。此后，蔡志伦、姜文光、冷涛等经常深入每家每户，串联、谈心，做好个别发动工作，物色思想上要求进步的革命青年，走上了革命道路。到1938年4月已组织到20余名青年参加"抗日读书会"。他们趁热打铁，借尹冠群的家，召开"抗日读书会"成立大会，蔡志伦、姜文奎同志在会上作了报告，讲述建立"抗日读书会"的意义、目的、指导思想、具体要求、步骤、做法等，他们讲得深入浅出，语言通俗易懂，青年们听了表示一定积极学习，努力提高自己的能力。后来成立了更为广泛的组织——"农民抗日救国协会"，进行抗捐、减租、减息等一系列有利于群众的斗争。

在蔡辉的带领下，"浦东抗日宣传团"积极进行宣传，宣传团的演出在群众和"忠救军"战士中产生了良好的影响，但引起了马柏生部队中的一些"骨干"的不满。这些所谓"骨干"本来都是地痞、流氓、军棍，他们岂能容忍进步思想在他们的部队中传播？于是，一而再，再而三地向马柏生进谗，说蔡辉所率宣传团在搞赤化，要求解散宣传团。马柏生与蔡辉只是因为一起坐过牢，在监狱中建立起来的友情，是出于江湖义气，他们志不同，道不合，不可能久远走在一起，宣传团成立后的第四个月，马柏生停止了宣传团的经费，还限制宣传团外出活动，宣传团被迫解散。

蔡辉同志领导的宣传团解散了，但是党的抗日宣传活动没有停止。宣传团解散后，团员中一部分不愿在浦东坚持工作的人回了上海，一部分人输送到党领导的抗日武装中去，一部分人留下来到小学教书，以学校为阵地，继续从事抗日宣传活动。当时，在奉贤县泰日桥小学任教的王三川、罗萍、盛慰时、陆珩、王雪英、张大鹏、沈千里等人，以学校为掩护，通过学生和家长向周围的群众宣传抗日救国的道理。

为扩大宣传面，使更多的农民能够受到抗战教育，更有效地发动群众，党组织指示张大鹏、沈千里离开学校，专事农村宣传。张大鹏拿一把胡琴，沈千里拿一块唱浦东"小热昏"的竹板，自编宣传全民抗战的歌曲、小调走村串户，一个村一个村地宣传。

蔡辉所领导的"抗日救国宣传团"从成立到解散，时间不算太长，但他和同志们在中共浦委组织的领导下，不断地深入和利用各种形式坚持和组织进行了抗日救国的宣传活动，在南汇人民群众心中留下了深刻的良好印象。

28. 党领导的浦东第一支抗日武装

黎 梅

1937年11月11日，浦东沦陷。日本侵略军进犯浦东，浦东人民奋起反抗，他们以各种形式投身到抗日救国的行列。

1938年，浦东建立起三支人民抗日武装部队，保卫二中是党领导的第一支抗日武装。

1937年底，在第二次国内革命战争中与党组织失去联系的共产党员吴建功，响应中共中央"全中国人民动员起来、武装起来，参加抗战"的号召，在泥城一带筹建地方自卫武装。他以"抗日救国保卫家乡"的名义，动员当地中产阶级出钱出枪，贫苦者有人出人，有力出力，建立起近20人武装的泥城保卫团。

1938年1月，中共浦东工作委员会（简称"浦东工委"）成立。1938年2月，共产党员周大根受党组织派遣，自上海难民收容所返回泥城，同吴建功一起进行抗日救亡活动，并动员了一批贫苦农民、小学教员、小手工业者和上海难民收容所来浦东的失业工人、流亡学生加入部队，扩编为"南汇县保卫团第二中队"（简称"保卫二中"）。中队部设在南汇县泥城横港镇地主朱心田家中。

泥城的保卫二中，规模最大时有5个区队（下有分队），200人以上。5个区队分布在马厂、泥城角、北横港、石皮泐、中横港5个乡。武器大部分从宝山、浏河一带战区买来，有重机枪1挺，轻机枪数挺，步枪人各一支。中队长为周大根，中队副是吴建功，下有参谋（郭毅）、政训等组织，姜文奎、姜文光以及朱君务、王健英、陈文祥（后名陈伯亮）等都当过该队的政训员，部队纪律很好。

周大根是黄埔军校武汉分校的学生，参加过"八一"南昌起义，担任过中共南汇县委书记，曾被国民党当局拘捕，后出狱。在保卫二中，周大根带领战士以毛泽东的《论持久战》《论新阶段》为政治教材进行学习，在部队公开教唱《国际歌》《少年先锋队之歌》，并自编军事教材，每日"三操二讲堂"，带领战士练习射击和战术，部队纪律严明，官兵平等，因此受到广大群众的欢迎和支持，被群众誉为模范部队。保卫二中还以周大根的名义颁发过"二五减租"的布告，是浦东地区减租减息的第一张布告。为了培训抗日力量，保卫二中派出政训员姜文光、姜文奎同宋益三、杨杏村等人一起，利用"忠救军"的关系，在新场以东的李家桥创办了"抗日建国公学"（今属上海市浦东新区宣桥镇宣桥村李桥 5 组 352 号），吸收爱国青年入学。这所学校曾培养出了不少抗日人才，输送到浦东几支抗日武装中去。

南汇县二区区长连柏生为发展抗日力量，准备筹建"南汇县保卫团第四中队"（简称"保卫四中"），保卫二中积极支持，热情接待从盐仓步行到泥城的连柏生、鲍季良（鲍后调至保卫二中）、王义生、王才林、林有璋等。周大根还答应连柏生帮助购买枪支、派军事教官。临走，赠送给连柏生等每人一支枪、几十发子弹。不久，保卫二中派出教官沈光中到保卫四中，帮助保卫四中搞军训。在保卫二中的支持下，保卫四中很快建立起来，并迅速发展壮大。

保卫二中得到贫困老百姓的积极拥护，但它的政治锋芒毕露，深为日军和国民党部队所关注。

当时，在泥城南横港西南，还有一支顾立峰部队，他的上司是国民党正式委任的南汇县县长夏履之。顾立峰同忠救军的于陶生有矛盾，于

南汇县保卫团第二中队中队部旧址

陶生自称是南汇县县长，千方百计想"吃"掉顾立峰的部队。

陈静通过关系和上海的国民党员顾小汀取得联系，并把他作为统战对象。10月下旬，陈静介绍国民党的顾小汀部的李芳、马元麟、许家鹏3个军事干部携带重机枪1挺，加入保卫二中。三人到二中队后，周大根即让他们当了区队长以上干部。周大根想利用顾立峰发展部队，提高战斗力；顾立峰想利用周大根，并通过派干部控制保卫二中。

1938年的12月初，浦东日军从周浦、祝桥等据点出发，大举进行扫荡，矛头直指泥城。从周浦出发的日军占了新场，从祝桥出发的占了南汇。一路上，"忠义救国军"望风而逃，日军一直抵达七团，合击泥城。

12月15日，日军出动飞机到泥城一带进行侦察。保卫二中得到这些消息后，在15日下午将部队从南横港拉到泥城城南乡，就是在汇角以西、彭镇以东一带。由于是白天行动，被汉奸看到了去向。15日晚上，日军到达泥城。保卫二中5个区队那晚分散在城南乡几个宅上。

12月16日，保卫二中得到情报：日军到了。那天，八九点钟光景，最西边的马元麟区队正吃早饭时（那时部队一天只吃两顿饭），看到东北方向日军一路上放火烧房子，区队就朝西南方向转移，不久就听到了枪声响。这个区队在包围圈外，马上回头去支援。周大根在中间指挥，埋伏在角头港（现芦潮港）海塘内，当时有许多芦苇滩，部队隐蔽其中。一阵雨过后，部队以为日本兵已走，有人想出来活动，结果暴露了目标，被日军发现后先开了火。周大根来回指挥，但很快就中了敌人机枪子弹，牺牲了。西侧区队想去接应，但大部队已被敌人包围了，戚大钧当时就在包围圈内，挨过敌人的刺刀。战斗从上午10点开始一直打到下午三四点钟，伤亡惨重，牺牲28人，走散的更多，冲出来的只是一部分。保卫二中没有打过仗，战斗力还不强。后来，受重伤昏迷的戚大钧被一村民救下，全班剩下的7名战士突围到四仓团，找到连柏生的保卫四中，后由陈静决定，编入保卫四中。

西边的马元麟区队由区队副严海东带领一部分被打散的队员退到彭镇，日本兵尾随追来，部队立即和日军打了一个伏击战，趁天黑沿海滩转移到奉贤县民福乡。后来，朱君务、姜文奎、姜文光等被打散的人员也集中了过来，总共收拢了四五十人。

保卫二中，是浦东地区第一支真正抗日的而且是有实力的游击队，也是一支中共领导下的队伍。保卫二中遭到失败后，举步维艰。吴建功担起保卫二中中队长一职，又遭到顾立峰部、李文元部、于陶生部等的排挤，只得投奔连柏生部，继续投入战斗。保卫二中失去了地盘和经济来源，吴建功到处借钱，几经周折，四面楚歌。由于中共浦东工委（主要是陈静）犯有错误，在政治上、路线上左右摇摆，轻信顾小汀，调走中共浦东工委委员朱君务和中共党员姜文光，又借助李文元部来缴保卫二中部分战士的枪，结果被于陶生钻了空子，导致保卫二中彻底被搞垮，从而削弱了浦东地区的抗日武装力量。

保卫二中被搞垮后，大部分干部战士参加了保卫四中，或辗转去"江抗"等抗日部队，也有一部分人回到家乡，甚至参加了国民党"忠义救国军"。

29. 从"保卫四中"到"淞沪五支队"

黎 梅

1938年，南汇二区区长连柏生为发展抗日力量，准备筹建一支武装部队。连柏生等人在长沟、大沙、五灶、澜港等乡酝酿成立革命武装，但是缺乏一个合法的名义。

这时，浦东国民党散兵游勇团内有一人名为于陶生，自称为忠义救国军四支队支队长。但国民党不承认他的番号，于陶生就联络地方绅士，自称县长兼南汇县抗日自卫团团长，有3个中队，孙运达为团副。连柏生便在8月底通过孙运达取得了"南汇县保卫团第四中队"（简称"保卫四中"）的番号。

部队没有枪，怎么办？于是连柏生便动员在周浦镇经商的堂姐夫，从他的商团中拿出2支枪。南汇县四团仓镇商人周毛纪也有12支枪，但未能取得合法番号。连柏生知道此事后便找周毛纪商量。

南汇县保卫团第四中队队部旧址

双方同意合并，连柏生任中队长，王才林和周毛纪任中队副，有队员20余人。

连柏生等人仰慕保卫二中的纪律严明、声誉良好、群众拥护。他们还到保卫二中去学习，得到周大根等的热情接待和支持。

1938年8月，保卫四中正式成立，地点在南汇县二区。成立不久，中共江苏省委从上海动员一批难民来当战士。中共浦东工委也派了王三川、姚石夷（又名姚祥林）等担任保卫四中政治干部，故保卫四中从建队开始便在中国共产党的领导之下。

保卫四中成立后，郁德祥等携带全副武装回到保卫四中。11月间，保卫四中20人在沈光中、郁德祥等率领下，曾经夜袭驻守在祝桥的日本鬼子，并散发抗日传单。

1939年1月，保卫四中驻盐仓镇西姚家楼房，遭到日伪军袭击，正在镇上查哨的特务长林有璋负伤，但部队迅速转移，未受损失。

周毛纪原想利用连柏生的番号，作为经商与保护他私人财产的力量。当时部队从地方筹募的经费由他管，但他账目不清，常把捐款作经商资金临时周转。1939年3月4日（农历正月十四），保卫四中驻在盐仓之西的叶家祠堂里开会时，管财务的人员要周毛纪结账。周毛纪做贼心虚，认为连柏生等故意要他难堪，就佯装请连柏生外出讲句话，待连柏生走出门外，周毛纪就用枪抵住连柏生。连柏生立即反抗，夺住了枪，枪就响了，子弹射中旁边的王义生脸颊。旁边的沈光中（一说王三川）当即开枪，把周毛纪当场击毙。

同周毛纪关系密切的"忠义救国军"第四大队大队长胡振海得到此讯后，立刻派其部队来进攻保卫四中。因处在敌强我弱的情况下，保卫四中决定撤退，向靠近沿海的长沟乡集中，当地群众也很希望他们回去。连柏生考虑到老是撤退也不行，因此就回到了叶家祠堂。胡振海知道后，又派人来进攻。但保卫四中在楼上，居高临下，胡振海占不到便宜，就撤退了。

为此，连柏生通过忠义救国军第一大队队长李文元跟胡振海从中调解，胡振海看形势对他不利，也就答应不再和保卫四中搞摩擦。

周毛纪被击毙后，保卫四中的领导有了调整，中队长为连柏生，中队副为王才林，沈光中任教官，下辖2个区队，一个流动队。一区区队长是沈光中（兼），区队副是张大鹏（兼流动队长），二区区队长是蔡鹤鸣。1939年3月10日，保卫四中由王才林带队，率50多名指战员和边抗四大一起，合力伏击潘家泓从祝桥出来阻拦的日军，帮助南汇县城驻军第一支队李文元部摆脱了日伪的进攻。此仗打死日军4人，打伤4人。保卫四中也付出了重大代价，徐应哉等6人牺牲，3人负伤，其中区队长蔡鹤鸣的手被打伤。

1939年下半年，敌人占领了奉贤、南汇的大集镇，忠义救国军无法生存下去，于陶生等外地来的队伍逃出了浦东地区，奚庚辛、丁锡三、顾立峰等本地游杂部队，统统投降日军，编为伪军。坚持抗日的只剩连柏生部队，威望逐渐提高。保卫四中通过缴获伪军枪支，并募捐经费，购买了一批国民党军撤退时丢下的枪支，力量得以壮大，活动范围由南汇二区扩大到了全县。中队的名义已经不适用。经过孙运达同意，浦东工委将第四中队改名为"抗日自卫总队第二大队"（简称"抗卫二大"）。

抗卫二大大队长连柏生，大队副王才林，军需林有璋，教官沈光中，下辖一、二两个中队和特务区队，一中队长王义生，中队副张大鹏，政训员王三川，二中队长陈静，中队副张晓初，特务区队长由林有璋兼（后为戚大钧）。

1940年初，抗卫二大在二灶泓打了一仗，打死日军一个小队长，汪伪报上登载了此消息，在浦东地区引起很大震动，但他们组织也因此遭到日军报复。

1940年3月，在伪军中的储贵彬派人通知了林有璋的弟弟林有用

南汇县抗日自卫总队第二大队队部旧址

日本鬼子要大扫荡的消息，想采取应对措施已来不及了。第二天，日伪军出动了2 000多人，把海塘封锁了起来，北起江镇，南迄老港，西至钦公塘，在这东西5余千米，南北15余千米的狭小地区里，像梳子一样来回搜查。一中队区队长林阿本等6人被敌人抓住后当场枪杀。浦东工委委员朱君务与在望海乡同时被捕的其他5位同志因遭到了敌人的毒

手而牺牲。周强的哥哥冷涛被一个农村妇女救了下来。抗卫二大把两个中队调离了包围圈,一个中队到周浦活动,一个中队找到了几条船后实行漂海斗争,连柏生同林有璋带一个警卫排到了靠近川沙、南汇交界之处的祝桥东北望海楼附近。日军搜索时,连柏生装病蒙头睡在农民的家中,得到了一位大嫂的保护,才得以脱险。林有用躲在一个牛棚里,敌人见又暗又臭,也就没有去搜。当时敌人的兵力很多,海里还有小汽艇封锁海面,根本无法打。那天敌人还出动了飞机,多亏当天雾比较大,敌人的飞机没有看到漂海的部队。

日军"扫荡"后,中共浦东工委召开紧急会议,分析了浦东的抗日斗争形势,作出了3项决策:(1)对抗卫二大进行精简,将一中队人员充实到二中队,中队长陈静,中队副张晓初,区队长张席珍、周萍。后因张晓初调至奉贤民福乡开辟工作,由张席珍任中队副。(2)抽调王义生、林有璋、潘林儒、郁德祥、张耀明、俞谦等人赴"江抗"教导队学习。(3)抽调戚大钧、何亦达、朱纪等10多人打入伪六团从事策反工作。将抗卫二大拉到了塘西,分散行动。

1940年4月,陈静因工作上屡犯错误而调离,组织上派金子明到浦东,改组了浦东工作委员会。此时,抗卫二大二中队长由张席珍担任,指导员为朱亚民,中队副为林有璋。

1940—1941年间,抗卫二大陆续派干部连柏生、王才林、王义生、林有璋、沈光中、潘林儒等人到苏州、常熟、太仓一带谭震林的"江抗"去学习,王义生、郁德祥等后来就留在"江抗"。从这时起,浦东党的关系也改由新四军东路部队党组织领导。"江抗"则派来了金镏声、凌汉琪、夏治行等干部。谭震林还同连柏生谈了话,指出:淞沪地区紧靠上海,环境紧张,因此浦东部队要"灰色隐蔽,长期埋伏"。

为了做到"灰色隐蔽,长期埋伏",通过统战关系,连柏生同国民党第三战区淞沪游击指挥部打交道,争取得到一个国民党军队的番号。此时,顾祝同的第三战区淞沪游击队第五支队被日伪"扫荡"时消灭,抗卫二大便改称为国民党第三战区淞沪游击队第五支队,简称为"淞沪游击队第五支队"或"淞沪五支队"。支队长为连柏生,支队副为王才林。

30. 转战三地的"边抗四大"

李国妹

1937年8月13日，震惊世界的淞沪会战爆发。淞沪会战沦陷后的浦东，于1938年在党的领导下组建起多支抗日武装，他们用鲜血和生命英勇抗敌，担负起"守土抗战的责任"，书写了一篇篇可歌可泣的华章。其中，有一支与浦东地区其他几支抗日武装不一样的部队称"边抗四大"，于1937年底创建于宝山的小川沙，发展壮大于浦东的潘家泓地区，1940年2月在崇明遭解体，边抗四大从创建到解体，仅两年多时间。

边抗四大是宝山县川沙镇的陆祥生（又名陆阿祥）在家乡拉起的一支抗日队伍。

1937年8月13日，淞沪会战爆发后，陆祥生在上海苦心经营的"陆顺兴鸡鸭行"被战火摧毁，于是他回到老家宝山小川沙。1937年冬，陆祥生在小川沙徐家湾拉起了20余人的武装，当地老百姓管他们叫"陆阿祥部队"，因陆祥生多次袭击日伪政权机关而遭日军追捕。为了摆脱日军追捕，1938年7月13日，陆祥生在浏河口召集旧部26人，分乘两条木

陆祥生肖像（沈平绘制）

船前往浦东小圩滩。

陆祥生为了能在浦东落脚，就挂靠在浦东草莽出身的张惠芳（又名张阿六）部。当时国民党第三战区司令长官顾祝同已任命张惠芳为"边区民众抗日自卫团"司令，陆祥生的部队就被编为"边区民众抗日自卫团第四大队"，简称"边抗四大"也叫"边抗四大队""四大队"，陆祥生为大队长。

边抗四大成立后，陆祥生与同系统的边抗二大第二中队长黄振明部取得联系，又拜访了青帮旧友邓野弟（又名邓继禹），要他帮助招兵买马。邓野弟就把蒋厂（音 han 汉）牧、苏锦文、钱国仪、黄玉等十几人都动员加入边抗四大。因黄振明强抢朱家店一民妇为妻，于是边抗四大根据群众要求派部队缴了二中队的枪，教育争取到30多人带枪参加了边抗四大。张惠芳对陆祥生敢怒不敢言，就派他的徒弟蔡镛、陆章生等30余人，由蔡镛为中队长，归属边抗四大，名为加强支持，实为控制边抗四大。

到8月底，边抗四大有了近百人的队伍。根据人员的补充，陆祥生及时调整了领导班子，大队长为陆祥生，大队副为朱光，秘书为蒋厂牧，军事教官为苏锦文，政治干事钱国仪。下设三个中队。

边抗四大的蒋厂牧、金谷、黄玉等人希望能把边抗四大建成真正的抗日队伍，于是把林钧介绍给陆祥生。林钧是一位杰出的教育家、足智多谋的革命家，他是川沙县加入中国共产党的第一人。

1938年9月，陆祥生由黄玉和苏锦文陪同与林钧在上海见了面，陆祥生听了林钧讲的道理，当即表示边抗四大愿听从共产党的领导。于是，八路军驻沪办事处（简称"八办"）和林钧派来了许多干部充实到边抗四大，如魏继先、徐水平、徐公鲁、陆义征等，上海华华中学和松江中学的同志一部分在大队机关工作，大部分在各中队担任军政领导骨干，还有一部分到地方做群众工作。

随着实力的增强，陆祥生重新排列了领导班子，他们是：大队长陆祥生，大队副朱光，秘书蒋厂牧，军械主任瞿剑白，政训主任徐水平和政训员徐公鲁、杨文铨、吴侠等，政治干事黄玉、钱国仪。还设立会计处，大队参谋魏继先，财务主任杨辅庭，军事教官苏锦文，副官处有金贵和顾福祥等，大队政治领导人就是林钧同志。陆祥生因常年在外做军火生意，负责部队的枪支弹药和后勤给养，所以无暇顾及部队。

边抗四大下设有特务中队和五个中队。特务中队，驻防界河一带，中队长蔡镛，中队副杨芝清；一中队（又称海防中队），驻吴淞口外石头沙一带，中队长马斯达；二中队，驻潘家泓、薛家泓一带，中队长张炎根，中队副黄玉；三中队，驻薛凉亭、顾宅一带，中队长汪文祥；四中队，驻宝山、罗店沪太路西南一带，中队长李杏生（是北川沙罗店人）；五中队，驻二灶泓一带，中队长周林生，中队副金谷同志。赵熊是区队长（第一区队长）。到了1939年夏金谷调任第二中队长后，赵熊提升为第五中队副。大队部文书杨林成，担任情报工作的有顾祥根、刘心良等，通信联系等工作由上海来的陈祥馨负责，还有当地的张湛、朱立、高中民、陆平等同志。军械处还设立一个短枪队（就是辎重队），由朱印天负责，班长何银香、徐寅生（农民出身），司务长缪阿三和其他几位同志。大队政训处为了加强对部队的领导和政治教育，抽调一些进步青年和骨干建立教导队，进行抗战教育。

在中国共产党领导下，边抗四大在宝山、川沙等地区，坚持开展抗日武装斗争，在敌后打击敌人，在复杂的抗日游击战争中得到锻炼、发展和壮大。尤其是在浦东地区，打响了抗击日本侵略者的朱家店伏击战第一枪。

边抗四大的壮大，引起敌人的不安。驻南汇祝家桥镇伪军部队"忠救军"第五大队徐承德部，经常向边抗四大的三中驻地发起进攻，还缴了三中的枪。于是，边抗四大派部队进行反击，徐承德战败后率残部逃出祝家桥后，后被苏北新四军消灭了。

边抗四大为了保护渔民、商人的利益，抽调一部分武装力量，组成出海作战队伍，由蒋厂牧、徐水平统率，黄玉和苏锦文等出征，攻打了横沙、长江口伪哨船等。

最有影响力的是1939年3月10日南汇县城保卫战，边抗四大与保卫四中合力相助打败日伪进攻南汇县城的驻军第一支队李文元部。这次战斗的胜利，鼓舞了官兵的士气，激发了民众对两支部队的信任。

1939年5月，大队长陆祥生下令枪毙了搞两面派手法进行反革命阴谋活动的蔡镛。张惠芳不肯善罢甘休，下令通缉徐水平和一批进步学生，并欲用武力解决陆祥生的边抗四大。陆祥生经过深思熟虑，与张惠芳谈判"讲和"，付出了不菲的代价，边抗四大也从此彻底割断与张惠芳的一切关系。随后，边抗四大除浦东川南地区的瞿剑白负责的一个辎重队，五中队长周林生留浦东外，其余的由林钧、徐水平、蒋厂牧率领400余人渡海到宝山小川沙。

边抗四大在沪太路两侧活动不到一个月，就被日军和汉奸发觉。在罗店，边抗四大遭到日军疯狂的围追堵截，领导人徐水平、徐公鲁、张光义等不幸被俘。日军又频频扫荡，7月7日傍晚，林钧、蒋厂牧被迫率边抗四大300余名官兵开赴崇明。为了避开日本侵略军的海岸戒备和巡逻舰艇，经验丰富的船老大带着船队在海上漂了两天。行至半途，又遇风潮不顺，气候突变，船在海上毫无目标地漂流。于是，陆祥生命令部队到崇明岛对面的小沙岛、石头沙、茭白沙（今长兴岛西部）就地休整了十几天。于7月19日，在崇明俞宝祥等接应下，5艘船终于在崇明二条竖河登陆。

边抗四大上崇明岛后，经常流动到南盘溆、北盘溆、南排衙镇、保安镇、新安镇等地方，开展游击活动，宣传抗日救亡工作，帮助当地老百姓打击恶霸、土匪。为此崇明地区的老百姓对边抗四大评价很高，称边抗四大是"江南部队"或者"林钧部队"。

崇明有一支崇明民众抗日自卫总队（简称"崇总"），崇总领导人茅珵不相信边抗四大。因边抗四大撤出浦东时，上海情报组织和八办未给部队确定什么番号，故边抗四大拿不出能够证明部队性质的关防、公章等钤记。边抗四大因此处于地陌人疏、非常困难的境地。

1939年8月间，上海情报组织高原同志又派中共党员杨进到崇明与林钧共同领导边抗四大，他向茅珵说明，自己是上海八办派来的，希望并肩抗日，但茅珵还是不敢相信。杨进再去联系，茅珵不理睬。

1939年8月5日凌晨4时许，边抗四大遭到日本鬼子围歼，战斗从凌晨4时许激战到下午1时才结束，边抗四大打死日伪军30余人、日本小队长2名，还缴获轻机枪1挺。可是边抗四大牺牲了黄三囡、鲍长根、鲍冬生等9位战士，还有四五个战士负伤。特务中队秦火生身负重伤，后转移回浦东老家，送院医治无效牺牲。9位牺牲战士被群众掩埋在八字桥东南。当地民众王锺骉带领30余名热血青年报名参加边抗四大。

不久，边抗四大部队陆续撤出一部分人员回川沙，大队秘书蒋厂牧请示政治领导林钧、周子坚同志，把留崇的120余人编为一个中队，钱国仪同志为中队长，继续在崇明坚持抗日斗争。林钧经常来指导工作，对外仍称"边抗四大"。

1940年2月7日，边抗四大被崇总武力缴械，一部分被缴械，一部分逃走。刘树梅在高声劝战中受重伤，杨文铨和吴侠跑出10余里路与追来总队部的林钧相遇，林钧动员他们把一部分人追回来。而刘树梅于1940年2月16日终因救治无效而不幸牺牲。

边抗四大被误缴后，不管是融入崇总部队的，还是参加江南新四军的，或者奉命打入伪军部队做策反工作的，都继续为抗日出力。回上海后的林钧，打入汪伪军做策反工作，1944年5月19日被国民党特务秘密杀害。蒋厂牧回江南后继续从事抗日活动，后被匪特杀害。

1940年春，回宝山小川沙的陆祥生被日军诱迫，出任上海特别市保安司令部独立大队上尉中队长，但他还是为苏北地区的新四军建立了多条秘密交通线，运送军需物资和部队人员。1945年1月下旬，不幸落入日军魔掌的陆祥生被日军活埋在江湾上海公墓的一个坑穴内，时年43岁。

因边抗四大成立的背景和名称来历非常复杂，后来等弄清边抗四大的发生、发展、结局真相，是过了40余年后的20世纪80年代。

31. 张大鹏与海防大队

黎 梅

在新四军浙东纵队1944年1月的战斗序列里，司令部有3个直属大队，其中之一即为"海防大队"。这个"海防大队"（简称"海大"），堪称"浙东土舰队"，威震杭州湾两岸。

海防大队是从1939年初奉命下海，到1945年浙东纵队北撤，前后经历了7年。

1939年，是南汇县抗日自卫总队第二大队（简称"抗卫二大"）张大鹏等人第一次下海的时间。当时抗卫二大在陆上捉汉奸、打海匪，往往出现土匪在陆上待不住，就乘海船逃跑的情况。于是，连柏生就布置给张大鹏一个任务，组织一支海上游击队，控制浦东沿海港口。

海上游击队的船，是向当地渔民、商人借用的。张大鹏借用了黄矮弟的1艘"新得利号"高梢船（被海防大队和江浙海上工作委员会编为1号交通船），载重约750担，附带1艘驳运小船。黄矮弟家住南汇县老港区五桥乡第一村（现属浦东新区书院镇四灶村果园4组），由于他经常外出做生意，所以把航海技术十分高超的连柏生的

海防大队大队长张大鹏

亲戚金阿妙雇用到船上当了第一个船老大。金阿妙的儿子金大官也跟着父亲上船，部队只给饭吃，金阿妙父子俩的工钱完全由黄矮弟支付。黄矮弟的这艘高梢船一直无偿给海防大队使用。在解放舟山战役中，船被敌人炮火炸毁。

1941年5月10日，朱人侠与姜文光南渡浙东，驻游源的宗德部队薛天白给了浦东部队"国民党第三战区宗德部队第三大队"（简称"宗德三大"）的番号。1941年6月16日，蔡群帆和林有璋（林达）到达浙东后，仍沿用淞沪游击第五支队的番号，称五支队四大队（简称"五支四大"）。薛天白托人联系，答应五支四大给养由宗德部队负责，并允许部队可以单独行动的条件下，五支四大改用"国民党第二战区宗德部队第四大队"（简称"宗德四大"）的番号。1941年7月，朱人俊的弟弟朱人侠带人到浙东孙运达部，获得"鲁南战区海上游击队第一大队"（简称"海上游击一大队"）番号。朱人俊9月带领伪五十团中的一批人马到浙东，9月底10月初，在三纵总部长河市召开的17乡镇长会议上，朱人俊宣布了自己搞的"苏鲁战区暂编第三纵队"（简称"暂三纵"）番号，后来国民党江苏省委主席韩德勤承认了这个番号。

古窑浦是杭州湾南岸三北的一个重要海口，因此浦东部队南渡至三北后，建立了海防中队。1941年9月，即建立了以盛坤为中队长、周才荣（周明）为中队副的海防中队，以古窑浦、太平闸村、五洞闸村为基地，任务是保卫五支四大办事处。

1941年10月22日，宗德三大在慈溪市横河镇七星桥战斗后，结束了宗德部队关系，取消了"宗德三大"番号，正式归入"苏鲁战区淞沪游击暂编第三纵队"。五支四大也恢复了原来在浦东的番号。

1941年11月，国民党忠义救国军张惠芳（又名张阿六）部称霸杭州湾海面，经常抢劫由三北至上海的商船和海上作业的渔民，引起三北沿海居民的极大愤恨。五支四大第三中队（海防中队）区队长夏筱塘率队驾船出击土匪船队。同月，张大鹏、何亦达率部也在段头湾以西海面歼灭海匪，狠狠打击了海匪的嚣张气焰。

1942年3月1日，在浙东的张大鹏带领一个小队10余人回浦东，开辟浦东沿海隐蔽的联络点，保持浙东与浦东间的海上交通，主要任务就是设法解决浙东部队的经济给养问题。

张大鹏等到达浦东后,活动在南汇县马泐港向西,经泥城黄沙港到奉贤县的偷鸭泐(今奉贤县平安镇)之间。但这个活动地区太偏僻,张大鹏请示朱人俊后,移至六灶港,在那儿开辟了游击活动基地。谭启龙、连柏生等去浙东时,就从这儿下海上船,船老大便是黄矮弟雇用的金阿妙。

1942年夏,浙东区党委和三北游击司令部成立。同年12月,海防中队扩编为直属海防大队,调张大鹏为大队长,何亦达为教导员兼大队副,周才荣为中队长,大队发展为3个中队。1944年后何亦达调走,由三东(镇东、鄞东、奉东及定海)特派员吕炳奎兼任海防大队政委,直至北撤,三东特派员机关一度也设在古窑浦、太平闸。

海防大队的任务,首先就是确保海上交通。凡是商人的船只,海防大队就保护他们的安全。浙东纵队和浦东支队的领导南来北往以及部队的南进北返,全由海防大队负责。部队经常在汇角嘴(今芦潮港开发区)、柘林、乍浦一带巡逻,了解海上情况,威慑土匪,确保海上安全。

海防大队的第二项任务,是海上剿匪。海大刚到浙东时,从庵东到曹娥港,三四十里海路,原本有大大小小的海船三四十艘。经海防大队清剿,此海域的匪患全部匿迹,有的被打散了,有的不敢再为非作歹改做正经生意,有的归顺并参加了海防大队。从庵东到蟹浦、镇海口之间,原也有一二股土匪海盗,经海大剿打,虽未全部消灭,但不敢再乱动了。就是盘踞舟山的海匪,见了海防大队也都不敢妄动,海防大队的船到杭州湾口的七矶、八梅山一带活动,他们也不敢怎样。这是海防大队打出来的威风。

海防大队的再一项任务,是保护沿海的税收。有浙东纵队的税收

在浙江省宁波市慈溪市掌起镇古窑浦村的海防大队展示碑

所，保护港口船只的安全，保护三北财政委员会的沿海税收所，都是海防大队的责任。浦东沿海是游击区，除个别港口由浦东支队负责收税外，一般不收税。

海防大队一共有5条船，都是篷头、头宽的绍兴船，编号为一号至五号船。一号船最大，20吨位；二号船次之，15吨位；三号船再次之，10吨位；四号、五号船最小，都是6吨位的交通船。

海防大队收税的税章

海防大队建队之后最激烈的一次战斗，是1944年8月发生的大鱼山岛保卫战。

1944年8月20日午夜，海防大队第一中队76名指战员在大队副陈铁康、中队长程克明的率领下，分乘5艘帆船，从古窑浦出发，于21日到达大鱼山岛。由于驻岛伪军分队副张阿龙告密，25日清晨，日军出动五六百人的日伪军，还出动大型兵舰1艘、登陆艇2艘、小汽艇和帆船各5艘，在2架日机的导引下，以总兵力与火力近8倍于我方的海陆空联合下，向一中队驻守的大鱼山岛发起进攻。

除班长孙民权带半个班和司务长沈长文、文书及军籍船老大等12人负责看管5艘船，随时接应部队突围撤退外，坚守在大鱼山岛的64名指战员，英勇顽强地与日伪军浴血奋战7小时，终因寡不敌众，除一部分同志突围外，37名指战员壮烈牺牲。

张大鹏为了纪念大鱼山战斗，在古窑浦协兴行写下了《海防大队之歌》（又名《海上船夫曲》）手稿。

1945年，浙东纵队全体紧急北撤时，事关生死存亡，海防大队突击租用民船70多条，加上苏北和山东前来接应的，共动用了上百条船，保证了浙东部队和地方干部15 000人顺利渡海北上。

部队北撤至江苏涟水后，张大鹏被任命为华中军区海防纵队第二大队大队长。

32. 南渡浙东第一船

李国妹

1941年1月，皖南事变后，中共中央宣布由谭震林领导的苏南新四军改称为新四军第六师，师长谭震林领导浦东、浦西工作。2月1日，中共中央和毛泽东主席发出的第一份电报，明确提出：要把"……浙东方面，即沪杭甬三角地区"，增辟为"一战略基地"。4月，毛泽东、朱德等同志给刘少奇、陈毅、饶漱石关于浙东单独成立战略单位的第二份电报要求"发展广大的游击战争"，并指出"有单独成立战略单位之必要"，称"此区大有发展前途"。谭震林按照中共中央和毛泽东等同志的电报，指示浦东抗日部队南渡浙东。

在1941年5月至9月之间，由中共浦东工作委员会（简称"浦委"）直接领导和控制的武装900余人，分7批先后由浦东南渡杭州湾，到达浙东，与当地中共领导的抗日武装一起，开辟敌后抗日游击根据地。

5月10日，任伪军工作委员会委员的姜文光、朱人侠率第三战区淞沪游击队第五支队一个侦察班和我党控制的伪五十团三营九连一个区队，共计50余人作为先遣队，到达三北（余姚、镇海、慈溪三县北部总称）。为执行"灰色隐蔽"方针，先遣队接受国民党第三战区宗德部队第三大队（简称"宗德三大"）的番号，姜文光任大队长，朱人侠任大队副。

6月，华中局指示谭震林将路南特委、浦东工委包括伪十三师五十团的关系，转由谭启龙领导。6月16日，中共浦东工委奉命派蔡群帆以淞沪五支队教官名义偕同第五支队第四大队大队副林有璋率淞沪游击队五支一大一中队、四大二中队共136人，从南汇县东海附近滩涂上船，在宗德三大接应下，登陆三北，并沿用第三战区淞沪游击队第五支队第四大队（简称"五支四大"）的番号，林有璋任副大队长，代大队长。不久，五支四大也取得了国民党第三战区宗德部队第四大队（简称"宗德四大"）的番号，但只限于对外使用。

6月下旬，朱人俊率领原伪五十团一个排40余人到达三北，不久返回浦东，队伍后来取得鲁南战区海上游击队第一大队（简称"海上游击一大队"）的番号，朱人侠任大队长。

7月中旬，打入伪五十团开展伪军策反工作的共产党员姚镜人、守望队政治指导员陆阳率原伪五十团守望队100多人在姚北登陆，编入宗德三大，姚镜人任副大队长，陆阳任指导员。

8月中旬，淞沪五支队二大队六中指导员凌汉琪与五支队三大队的王荣桂率部100多人南下浙东，编入宗德三大和五支四大。

8月底，淞沪五支队第三大队和常备大队特务区队200多人，在常备大队大队长潘林儒率领下也来到浙东，三大队与宗德三大合并，常备大队编入五支四大。

9月15日，朱人俊、方晓（洪尚洁）、黄明、何亦达、蔡葵等率原伪五十团二营、三营的六连、八连和特务排、第二期干训队共350多人枪，南渡浙东，取得了国民党"鲁苏战区暂编第三纵队"（简称"暂三纵"）的番号，朱人俊任司令。共编成6个大队，即特务大队和一、二、三、四、五大队，前后从浦东五十团中拉出的隐蔽武装队伍，共有600多人，二三十挺机枪，600支步枪。

为了开辟和支援浙东游击根据地，沟通新四军苏北、浙东根据地的海上联系，抗卫二大队组建了

南渡抗日纪念碑

一条海上秘密交通线。有一位生活在东海之滨的商贸界人士黄矮弟，他有一艘载重约750担的"新得利号"高梢船，其外观与其他木船并无两样，但其舱底与众不同：船尾高翘，底舱平而高，中间有隔层，吃水深。因当年专门往返于浙东相公殿、古窑浦和浦东、苏中等根据地，被海防大队和江浙海上工作委员会编为"1号船"。这船为浦东的抗战及浙东抗日根据地的创建，作出了相当大的贡献。谭启龙、何克希等前辈誉之为"南渡浙东第一船"。

黄矮弟（又名黄关根、黄阿弟），江苏省南汇县小洼港（现属上海市浦东新区书院镇桃园4组）人，半文盲，为地主顾家佃农。虽名叫黄矮弟，但却长得人高马大，约1.8米的个头，膀大腰圆。1932年，黄矮弟一家迁移到南汇县老港区五桥乡第一村（现属上海市浦东新区书院镇四灶村果园4组）。他慷慨兴学，济困扶危，创办盐行、学校、茶馆等，成为中共党组织联络站、抗日伤员的避难所、抗日领导人的过路歇脚点。

1938年，为了海上交通安全，黄矮弟通过储贵彬、茅铸九、吴建功、姜文光等领导同意，拜张阿六（又名张惠芳）为"过房爷"，为部队采购军需物资、枪支弹药，掩护秘密运输提供了极大的方便。

根据谭震林指示，浦东抗日部队南渡浙东。于是，浦委决定立即采取行动：一是建立浦东到浙东的海上秘密交通线；二是积极活动，以争取国民党部队薛天白的番号作为掩护。

任伪军工作委员会书记的朱人俊，接受了浦委贯彻南进的方针。为了打通与国民党宗德公署的渠道，朱人俊通过国民党南汇县县长夏履之，找到了国民党第三战区淞沪专员平祖仁的关系，利用平祖仁与顾祝同、韩德勤的关系，争取到了与平祖仁驻浙东办事处——宗德公署联系的渠道，并拿到了领取子弹10 000发、手榴弹1 000颗的领条。于是朱人俊

黄矮弟

选派弟弟朱人侠代表他乘商人蒋树楼的船初探浙东并领取了 5 000 发子弹、250 颗手榴弹。4 月中旬，朱人俊第二次又派潘林儒、张大鹏、吴德标等带领少量武装人员乘黄矮弟的高梢船二探浙东，并在薛天白处领取子弹 5 000 发，手榴弹 500 枚。两探浙东，为浦委作出南进决策提供了重要而可靠的依据，并向谭震林作了汇报。

根据浦委的决定，朱人俊担起了首批武装南渡的组织、指挥重任，他决定，通过做生意的机会掌握海上交通，并在浙东寻找落脚点，于是抽调姜文光、朱人侠率 50 余人为先遣部队，于 5 月初开赴浙东。

浦东的海岸线很长，设有很多商港、渔港，如潘家泓、二灶泓、四灶港、六灶港、新开港、小洼港、马勒港、五号沟等，均是通商的小港汊，位于杭州湾之北，杭州湾之南就是浙东地区，两地素有通商关系。浦东有很多商人同浙东地区有商业贸易的往来。

从浦东到浙东，最安全的路线是乘船过杭州湾。浦东海岸有一连串通商小港汊，海上去浙东只需一天的路程，比陆上走要快多了。但部队的人大多没出过海，上船就晕。海上风云变幻莫测，还有可能遭遇日军巡逻艇和海匪，困难重重，风险很大。但纵有千难万险，部队也要南渡浙东。

那时，黄矮弟经常来往于浦东、浙东之间，浙东沦陷也未间断。据他打听到浙东沦陷区有两支部队较大，一是驻游源的宗德部队，指挥官是薛天白，一是驻庵东的忠义救国军陆安石部，其他都是一些国民党散兵游勇和土匪队伍。浦委根据党中央"隐蔽精干，长期埋伏，积蓄力量，以待时机"的方针，指示朱人侠与姜文光到浙东后分头与这两部联系，争取利用他们的番号作掩护以站住脚跟，开展浙东抗日游击斗争。

1941 年 5 月初，浦委根据谭震林的指示，由朱人俊派朱人侠、姜文光率伪十三师五十团第三营第九连一个区队和淞沪五支队一个班（班长孟张金）共 50 余人，为第一批南渡人员去浙东三北地区开辟根据地。但这么多人怎么去呢？浦委领导想到黄矮弟，请他帮忙找船南渡。黄矮弟考虑再三，决定亲自带领船只到浙东。

5 月 10 日，在天擦黑的时候，南渡指战员经过整装后，大摇大摆地来到小洼港东滩，登上了早已候在那里的黄矮弟的高梢船。行驶海上时，遇到了日军的巡逻艇，情况十分危急，朱人侠巧妙回答了日军的盘问。黄矮弟的高梢船顺利地渡过杭州湾，南下至浙东余姚西北与上虞交界的沿海地区十六户湾（现属浙江省宁波市余姚市黄家埠镇十六户村）登陆歇脚，分住在单金耀家及姚茂源米行等地。

就在部队休整期间，日军巡洋舰从后海向十六户港口的内地打了十几发炮弹。刹那间，十六户百姓非常紧张，驻扎部队的两个岗哨和部分村民草屋被炮弹击中起火，村里百姓也有被炮弹片击中。幸亏有朱人侠、姜文光指挥战士们立即救火救人。此后，十六户百姓见到浦东来的部队，如见到亲人一般，常常迎接指战员留宿吃饭。十六户成了浦东部队常来常往的游击根据地。

部队在十六户休整后，前往姚北相公殿（现属浙江省宁波市慈溪市崇寿镇相公殿村）北面的海滨登陆。他们肩负侦察情况，寻求在浙东立足的任务。

这次去浙东，由黄矮弟提供船只并担任向导，他与浙东姚北相公殿保长宣生敖和商行老板施元同熟悉。因由宣生敖、施元同等人接应，故部队此次进军相公殿登陆非常顺利。

到浙东后，朱人侠与姜文光即分头去联系，朱人侠与薛天白打过交道；姜文光通过黄矮弟的关系与陆安石取得联系。结果"忠救军"陆安石的心在做生意，无意扩充军队，故条件很苛刻，只允许编一个中队，而且中队长要由他指派。而宗德部队薛天白正在招兵买马，扩充实力，所以见浦东部队去非常欢迎。故浦东部队便决定利用"宗德部队"番号，当即同意把浦东来浙东的部队编为一个大队，姜文光为大队长，朱人侠为大队副，奚兴章任大队部副官，宗德部队指挥官薛天白还允许部队单独活动。那时宗德部队号称已有两个大队，第一大队是原"宗德公署"特务连扩编的，第二大队是收编的盐场税警，浦东部队加入后便被编为国民党第三战区宗德部队第三大队（简称"宗德三大"）。

浦东部队终于在浙东三北站住了脚，为后续部队的到来打下基础。

从1939年起，黄矮弟和他的高梢船，利用与张阿六的特殊关系，为中共浦东工作委员会的浙东新四军"五支四大""海防大队"等秘密输送人员。他的家就是江浙海上工作委员会（简称"海委"）最可靠的联络站，海委主要任务是接送干部和装运物资。干部中，上至中央委员，如谭启龙、陈伟达和各省市领导如黄知真、张凯、吕炳奎、刘若明，在上海市如陆慕云、汤季洪等同志。据金光、黄长兴、茅铸九回忆记载，黄矮弟接送团级以上干部就有300多人，团以下干部就更多了。他以经商为掩护，把大批从上海采购的军需物资送到浙东、苏中等地区。运送的物资有药品、医疗器械、机电、收发报机、手摇发电机、纸张、印刷机械、电信器材、粮食、布匹及武器弹药。为党组织和抗日武装部队开辟浙东敌后抗日根据地作出了很大贡献。黄矮弟的高梢船一直被张大鹏使用到解放舟山时，后在战争中被炮火炸毁。

陈列在慈溪市古窑浦中历史陈列馆内的
"南渡浙东第一船"船模

33. 相公殿歼日寇

李国妹

1941年5月10日，浦委抽调任伪军工作委员会委员的姜文光、朱人侠率50余人作为先遣队南渡浙东，登陆成功，并争取到了宗德三大的番号，为后续部队寻找到了浙东的落脚点。6月16日，浦委奉命派蔡群帆、林有璋率136人，从南汇县小洼港附近滩涂上船，乘坐黄矮弟的高梢船，在宗德三大接应下，在姚北相公殿（现属浙江省宁波市慈溪市崇寿镇相公殿村）北面的海滨登陆。部队登陆后驻扎在相公殿北盐场施元同和许深祥家一带，仍沿用第三战区淞沪游击队第五支队第四大队（简称"五支四大"）的番号，林有璋任副大队长，代大队长。不久，五支四大也取得了宗德四大番号，但只限于对外使用。

五支四大登陆三北后，部队军纪严明，不骚扰百姓的生活，也不向老百姓派款派粮。当地保长不明底细，不知道这支陌生的队伍为何来到这里。他们战战兢兢，唯恐招待不周，引祸上身。于是杀猪宰鸡，办了10多桌酒席去"拉关系"，但遭到了五支四大的拒绝。

五支四大登陆三北的第三天（6月18日）早上，姚北崇德乡三村（今慈溪市崇寿镇宴清村）陷入一片慌乱之中。有人看到一小股日军从村前的大塘上经过，消息传来说日寇正在相公殿（今属慈溪市崇寿镇崇胜村）街上抢劫掳掠。当时宗德三大和五支四大宿营在相公殿北盐场。突然得到情报说，庵东日寇正向相公殿而来，并发现当地居民纷纷外逃，有的直奔浦东部队驻地。林有璋根据情报和逃难的群众中获知庵东出动日军30人，翻译、伪军7人，共计37人，除日军小队长和翻译各带1支短枪外，共有33支步枪，1个掷弹筒。

日军这次出来，虽事先天天派汉奸侦察，但一周下来竟未发现宗德三大和五支四大的踪迹。因此，日军一路上大摇大摆，无所顾忌，沿途疯狂烧杀抢掠，无恶不作。周围百姓人人惊恐不安，闻风而逃，唯恐殃及自身。宗德三大和五支四大根据得到的情报，立即做好战斗准备，并派出侦察员继续密切监视敌人行动。

当地村民得到浦东部队要打日军的消息，异常振奋，有的要求参战，有的要求分配做后勤工作，许家的村民看到战士们没吃中饭，就主动煮了一锅锅的蚕豆，一把一把地送到战士手里。群众高昂的抗日热情，鼓舞了战士们挥动铁拳，让他们决心打胜这一仗。

三村是盐场里的一个村落，村民居住分散，房舍周围的白地场上，分布着一个个高高的盐民用来制卤的泥篷。村南有一条东西走向的六塘，是敌人回庵东的必经之路。塘南100米处有一块义冢地；塘北是沟，沟旁有几间以前住税警的小屋。从小屋跨过塘沟向北是姚家，姚家的西面是向天庵；姚家靠西北是胡家、许家。姚家和向天庵与六塘呈平行分布，距六塘均在60米左右。根据地理位置，浦东部队伏击的火力点就部署在塘南的义冢地和塘北的姚家、胡家、许家、向天庵一线。在胡家和许家各部署了一挺机枪，指挥的位置在胡家。后来有消息说相公殿南面的坎墩也有日军骚扰，为使塘南的部队免遭日军的夹击，将其撤回，加强塘北的伏击力量；战斗打响时，利用塘上两间税警小屋保护日军后面的挑夫，最大限度地避免伏击部队和民工的伤亡。在此同时，蔡群帆、林有璋派人通知由朱人侠率领的宗德三大的一个小队，选择适当位置配合五支四大作战。

盐场遍布盐墩、盐舍，对部队隐蔽移动非常有利。部队移至离相公殿西约1500米的向天庵附近埋伏。因五支四大是有战斗经验的部队，故决定在西边打敌头部，并阻止庵东敌人出援。而宗德三大战斗力较弱，决定在东边打敌尾部。部署刚完，五支四大果然发现从庵东到相公殿的六塘上有一小股日寇，在镇乡公所勒索财物后，渐渐进入伏击圈。走在前面的是翻译，后面跟着6个士兵。其中一个掮着一面太阳旗，接着是两路纵队行进的30个士兵，最后面是强拉来的民夫，挑着日军抢的香烟、老酒、鸡鸭等物。

五支四大率先开火，宗德三大也立即发扬火力。密集的弹雨打得敌人晕头转向。等日军清醒过来时，地上已躺倒了好几个，没有死伤的纷纷滚下六塘死命负隅抵抗。突然，一发掷弹筒弹打中许家的草舍，顿时浓烟冲天而起，部队马上派出五六个战士帮助群众把火扑灭。战斗在继续，敌人的伤亡在增加。林有璋一声令下，战士们像下山猛虎，勇猛地冲向六塘。鬼子慌了手脚，匆忙割下2具尸体的右臂，弃尸而逃。当时正值麦冬收获时节，鬼子沿途抢去几只农民淘洗麦冬的长箩，装抬伤兵逃回庵东。

战斗胜利了，五支四大和宗德三大一举击毙日军8人，击伤8人。村民们兴高采烈地奔向六塘，和战士一起打扫战场。塘路上直挺挺地躺着2具失去右臂的日军尸体。这次战斗地点离敌人的据点庵东很近，但敌人竟不敢出来救援。

战斗结束后，部队根据以往敌人会来报复"扫荡"经验，于是决定部队当晚向西，跳过庵东据点，到段头湾一带活动。到达西区后，部队天天派侦察员到庵东至相公殿一带侦察，但出乎意料，敌人在一星期内竟毫无动静，庵东据点也未增兵。

相公殿一战胜利的消息很快传遍了三北大地，浦东抗日部队的威名远扬。这消息犹如一声迅雷，打击了日军不可一世的嚣张气焰，驱散民众心中的阴霾，大大振奋了三北的民心，拉开了创建浙东敌后抗日根据地的序幕。

相公殿三北敌后抗日第一战纪念碑亭

34. 创建浙东敌后抗日根据地

李国妹

1941年5月至9月，浦东部队900余人陆续到达浙东后，成为开辟浙东抗日根据地的骨干力量、创建新四军浙东游击纵队的基础。

浦东部队多名指战员到达浙东后，和从华中局、新四军军部及一师中抽调的300多名重要干部，南渡杭州湾，登陆三北与宁绍地方党及组织的武装结合起来，先后经历了反扫荡、反清乡、反蚕食、大破袭、大反攻以及反顽自卫战等战役。直至1945年8月间，日本无条件投降，新四军浙东纵队奉命北撤。在这4年多的时间里，新四军浙东纵队（三五支队）在浙东区党委领导下，三北军民团结一致，与日伪军浴血奋战，在抗击日伪军和反顽战斗中，作出了重大贡献，付出了很大代价，写下了无数可歌可泣、英勇壮烈的革命斗争篇章。

1941年4月，侵华日军占领三北。日寇烧杀抢掠，勒索物资，十分猖獗，妄图"以华制华，以战养战"。三北地区顿时生灵涂炭、鸡飞狗跳，百姓难以安室，四处逃难。

1941年5月10日和6月16日，浦东部队两次登陆成功。部队踏上相公殿滩头，就严格地执行"三大纪律，八项注意"。当人们看见穿着一色土布便服的五支四大队伍，分不清谁是官，谁是兵。他们猜想着部队的来历，搞不清这支部队是敌是友。部队也不向老百姓派款派粮，保长办了酒席去"拉关系"，也遭到了部队的拒绝。这就使得长期深受国民党残留部队骚扰之苦的当地群众逐步与部队建立起深厚感情。

6月18日，庵东出动日伪军和翻译共37人，沿途疯狂烧杀抢掠，无恶不作。五支四大与宗德三大齐心协力，击败了骚扰百姓的日军。当地村民得到部队打日军的消息，异常振奋。他们自告奋勇，安排宿营地，送情报，当向导，为指战员们送饭送水，做好后勤工作。相公殿首战告捷，为浦东部队立足浙东取得了良好的开端，也取得了三北人民的拥护和爱戴，他们互相传颂着"海北来了一支纪律好，能打鬼子的队伍"，同时也激发了浙东人民敢于与侵略者反抗的决心。

为了防止敌人报复，部队当晚转移到段头湾一带活动。部队天天派侦察员到庵东至相公殿一带侦察，但一星期内不见敌人出动。于是宗德三大再返回相公殿，当晚宿营在相公殿东北张藩清家大屋，五支四大驻在南边。

6月25日，部队刚宿营就绪，驻庵东的日军五团大桥拖国部叫大西的大佐，亲自带领一个大队的日军，拉着大炮，来相公殿报复。五支四大与宗德三大同时与日军交火。日军遭到阻击，用大炮狂轰滥炸，因害怕再遭伏击，不敢恋战，落荒而逃，撤回庵东。

正当战士们还沉浸在"相公殿两战两捷"的喜悦中时，1941年10月22日，在慈溪横河镇七星桥，宗德三大队大队长姜文光和副大队长姚镜人遭到了日军的伏击，姜文光、姚镜人等29名指战员壮烈牺牲。

1941年7月，"忠义救国军"系统的孙运达率李文元部和在苏北收编的两个土匪大队来浙，以苏鲁战区海上游击指挥部名义，驻于沿海一带，曾使浙东部队与浦东部队一度失去联系。组织上派朱人侠带一部分人和枪加入孙部，被编为苏鲁战区海上游击第二支队第一大队，朱人侠任大队长，驻于下闸口一带，从而又恢复了浙东与浦东的联系。

宗德指挥部二次遭到日军打击后，部队彻底覆灭，薛天白从此销声匿迹。于是，五支队四大队恢复了原来在浦东的番号。宗德三大不久也归入"苏鲁战区淞沪游击队暂编第三纵队"。

1941年10月，六师师长谭震林为加强党对浙东部队的领导，成立中共浙东军分会，吕炳奎任书记，王仲良、蔡群帆任委员，建立"暂三纵"和"五支四大"党工委，由王仲良、蔡群帆分任书记，统一领导三北地区抗日游击战争。

1941年底，孙部从相公殿移到段头湾一带，当天拂晓，遭到日本兵的袭击，损失惨重。1942年初，孙运达和李文元相继率部离开浙东。从此，三北地区完全为我党我军所控制。新浦沿以东有林有璋、蔡群帆两同志率领的五支队；新浦沿以西有朱人俊、方晓等同志领导的三纵队。这两支名称不同的部队，群众早已知道，实际上是一个部队，故当地群众笼统地称为"三五支队"。

1942年5月，浙东军分会组建南进支队，着手开辟四明、会稽山地区。

1942年5月31日，谭启龙、何克希等重要干部南渡浙东，谭启龙由张大鹏陪同抵达南汇县大团镇与连柏生、张席珍会合，6月下旬，谭启龙、连柏生、张大鹏率五支一大100多武装在浦东马勒港由船老大金阿妙护送，一夜航行到达古窑浦。

不久，中共路南特委书记顾德欢也到达，他们与中共浙东军分会书记吕炳奎会合，成立了中共浙东行动委员会，相继会见了中共宁属特派员王文祥、绍属特派员杨思一和海特派员王起，向他们传达了华中局关于开展浙东敌后抗日游击战争、创建抗日根据地的决定，接上了与浙东地方党组织的关系。

1942年7月28日，中共浙东区委员会（浙东区党委）在三北宓家埭成立。由谭启龙、何克希、张文碧、杨思一、顾德欢任委员，谭启龙任书记。

1942年8月19日，成立浙东军政委员会，由何克希、张文碧、刘亨云、连柏生组成，何克希任书记。统一领导浙东地区抗日武装力量和政府工作。为建立统一领导浙东抗日武装的司令部，名义上称第三战区淞沪游击队三北游击司令部（后改称第三战区三北游击司令部，简称"三北游击司令部"）由何克希（更名何静）为司令，连柏生为副司令，谭启龙（更名胡志萍）为政委，刘亨云（更名刘云）为参谋长，张文碧为政治部主任。由此，创建了以三北为中心的浙东敌后抗日根据地。

中共浙东区委成立后，中共路南特委遂改为中共浦东特委（不久将特委改名为地委）。由姜杰任特委书记。姜杰带特委机关驻浙东古窑浦一带，留在浦东的部队由姜杰直接领导。

三北游击司令部成立后，统一整编了浙东地区的主力部队，编为

三、四、五支队和司令部警卫大队、海防大队、教导大队等。后曾撤销四支队,故一般又称三五支队。统一整编浙东部队:第三支队,支队长林达,政委蔡群帆;第四支队,支队长吴建功,政委吕炳奎(后朱人俊),副支队长张季伦;第五支队支队长由副司令连柏生兼,参谋长张席珍。此外,还有特务大队、新国民兵团及特务中队、海防中队等,共1 261人,轻重机枪34挺,步马枪539支,短枪115支。此后,部队挺进四明山区,浙东抗日武装斗争出现新的局面。1944年1月8日,根据新四军军部命令,浙东抗日武装部队正式宣布为新四军浙东游击纵队。这支部队在地方武装和广大民兵的配合下,英勇地抗击日伪军的无数次扫荡、"清乡",取得了一个又一个胜利。

我党领导下的浙东抗日根据地,包括四明、会稽、三北和浦东地区,人口400余万,面积约20 000平方千米,成为19个解放区之一。

从1941年5月到1945年9月,据不完全统计,新四军浙东纵队在浦东、三北、四明山、诸北、金义浦兰、诸义东、嵊新奉、路西、绍嵊等地区,进行大小战斗643次,攻克大小据点110个,毙、伤、俘日军官兵631人,毙、伤、俘伪军官兵8 566人,缴获各种枪支7 026支,各种炮39门,解放了上虞、南汇县城,为抗日战争的最后胜利,作出了重要的贡献。

35. 浦东抗战中的新四军小兵们

黎 梅

在新四军浙东纵队淞沪支队的战士中间,有一批勇敢的小战士,指战员们和当年的老百姓都亲热地称他们为"小鬼"。他们中,年纪大点的有十六七岁,小一点的十三四岁,最小的只有十一二岁。他们虽然都是"小囝兵",但却站在了民族解放的最前列!

据史料记载,淞沪支队的小战士有20余人。如在支队部的杜锐、金文华、潘海根、倪炳奎、蒋宝才、宋关福、沈昌桂、袁世才、唐福根(又名陆爱亭),在英雄中队的张荣等,在顽强中队的潘根泉、周文元、邵元林等,在六中队的黄银贵等,在常备大队的唐小鬼(名字已查不清),其他中队的张林根、唐福根、俞德贵等,此外,还有赵德庆等人。

这些小兵来自五湖四海,很多是流浪的孤儿,或者是因家境贫困,难以生存,就陆陆续续加入淞沪支队的。淞沪支队绝大多数人本来是不识字的,特别是支队部里的一些小兵,像金文华、潘海根等,他们参加部队,经过一段时间的锻炼后,进步都很快,懂得了不少革命道理,与在家的时候相比判若两人,说起革命道理来振振有词。所以这些小鬼出去搞联络工作,有的伪乡、镇、保长对他们佩服得五体投地。

淞沪支队的生活是非常艰苦的,几乎每天都是青菜、豆腐,或者是咸菜汤,一个月只能吃到一次肉。部队最艰难的时候也因缺粮而吃不上饭。穿的是粗布衣裳,有的还是用旧料拼制缝补而成的。鞋子多数是有鸭舌头的松紧鞋,少数的还穿着用布条和绒线打的"草鞋"。如果下雨天,那只有打赤脚,有雨鞋的是少数。天冷了,每人只发1条1公斤重的小棉被，冬天夜宿时只能在底下铺点稻草，身上再盖点稻草取暖，实际上就是钻在稻草窝里。

部队里一人有难，大家帮助。特别是一些小兵和身体不好的战士，在行军时就会有人主动帮助，被照顾得很周到。所以，病情不是太重的病号，都坚持要与部队一起行动。但是，日、伪军在浦东地区布满了大小据点、频繁出动"扫荡"，对抗日军民造成极大威胁。因此，在这一地区只能进行高度流动的游击活动，没有巩固的根据地，在恶劣的环境下，小兵们跟着部队时刻都得准备转移宿营地。

在这批小战士中，有个别小战士经受不住部队长期艰难的生活，但大多数小战士都经受住了血和火的洗礼。金文华、唐小鬼在抗日战争中英勇牺牲了，张林根、唐福根后牺牲于抗美援朝的战场。邵元林，1949年解放福建厦门时，他英勇作战，荣获"一级战斗英雄"的光荣称号。还有几位小兵的故事，值得一叙。

小兵潘海根是南汇人。1937年底浦东沦陷后，童年的潘海根一家遭到了家破人亡的灭顶之灾，父亲被伪军抓去杀害了，母亲被土匪用煤油活活烧死，留下了六七岁的潘海根和10岁的哥哥、3岁的妹妹。为了生存，哥哥参加了国民党的军队，妹妹送人当了童养媳，潘海根便开始了独自四处流浪的讨饭生涯。

1942年冬，10岁的潘海根参加了淞沪游击队第五支队，留在第五大队大队副朱亚民身边。他平时是首长的勤务员，有客人来时是接待员，战时是通讯员和警卫员，战斗前有时要侦察，工作需要时还要当联络员。在部队这所革命熔炉中，潘海根在战火中成长。

部队的生活是非常艰苦的，但对潘海根来说，在部队里能够天天吃饱饭，部队里还有不少关心爱护他的首长和战友，如支队的张席珍参谋长、杜锐参谋、顾复生专员，还有侦察班的顾才松、王永泉、陈岳等战友。潘海根平时省吃俭用，把部队发的津贴都积攒起来，交给最信任的短枪队队长顾才松和支队司务长保管。

潘海根随淞沪支队北撤后，参加了解放战争，但在山东莱芜战役中负了伤。在横渡沙河时，是曾团长和战士们帮助他安全渡过宽阔的河流。伤愈后他继续随部队战斗。1948年豫东战役时，16岁的潘海根提出了加入中国共产党的申请。到淮海战役第二阶段结束后，部队根据前线指挥官的命令，转入阵地修整，便和其他几个新党员在火线上入了党。

中华人民共和国成立后，潘海根被组织送到苏州工农速成中学和南京大学读书，成为一名大学生。20世纪90年代初，他从上海照相机总厂保卫科岗位上离了休。现健在，91岁高龄，居住在上海市松江区。

小兵杜锐，是辽宁省新民县人。1931年东北沦陷后，才10岁的他流亡北平、天津，靠乞讨为生。1936年1月，杜锐通过党组织的关系，找到了张席珍，从此跟随张席珍一起出生入死，南征北战。杜锐年纪虽轻，却英勇善战，足智多谋。1941年春天，五支队一大队西进时，指导员朱亚民因养伤，暂时离开了部队，大队长张席珍因外出看地形也不在队部。由于大队干部均不在场，杜锐自告奋勇，指挥部队，打退了敌人的进攻。1942年6月，杜锐随张席珍到了浙东，先后在浙东三北游击司令部任侦察班长、警卫排长和侦察参谋，在三北自卫总队当作战参谋。抗战胜利后，杜锐因是东北人，就被调往安东公安局工作，1947年时先后担任吉南军分区双阳县公安局局长和联防指挥部司令员，中华人民共和国成立后，先任辽宁省机电工业局生产调度处长，后任沈阳市合作供销社副主任，"文化大革命"中遭受曲折，被遣送到浙江余姚，粉碎江青反革命集团后，回到沈阳，担任了沈阳市弹簧总厂顾问。

小兵倪炳奎，生于1925年8月10日，原泰日区东新市乡北宋村（现奉贤区奉城镇北宋村4组）人，10岁时曾在宣桥的中心桥草鞋庙潘桥小学（私塾）读书4年。后因家境贫困交不起学费，辍学回家务农。

1943年2月15日，朱亚民部五六十人宿营在泰日区东新市乡北宋村康家坝，连续一天一夜下着雨，朱亚民考虑到部队不能久留，必须马上转移。于是，由倪炳奎的父亲倪元生带领当地几位农民冒雨用小船把朱亚民部送到三四里外的东宋。天还未亮，日本兵和伪军突然从四面八方包围北宋村，并把倪元生五花大绑，把该村村民集中起来，逼问朱亚民的下落。但谁也没有说出朱亚民部的下落，倪炳奎的父亲，还有当时在中心桥教书先生吴龙生（家在北宋8组）等几人，被日军送到大团监狱，然后连夜送到南汇监狱，两天之后又转到上海监狱受审。一直到

5月20日才放他们出来。6月1日，倪炳奎的父亲因在狱中受尽折磨，回家时已是奄奄一息，不幸去世。

倪炳奎的父亲被日本鬼子残害至死，他的表哥王荣生在浦东支队当侦察兵，就动员倪炳奎参军。1943年9月27日，19岁的他就参加了淞沪支队，成为一个革命战士。朱亚民看到他人长得瘦小，就先让他到沈岳楼负责的被服厂工作。

1944年春，倪炳奎正式跟随朱亚民部，被安排在支队部"小团兵"班，和潘海根、杜锐（小战士领班人）等十几个小战士一起，做通讯员、放哨、外出侦察等工作，一直到1945年8月15日日本投降。

1946年冬，南京干部军区政治部参谋长杜小高对倪炳奎说，部队正在招收医生。于是，倪炳奎就到医科速成大学第八卫校学习1年。1947年冬，学业结束，军区领导对军医进行分配。那时刘伯承大军渡过黄河，而部队准备奔赴前线的倪炳奎在内的十几名军医，因为国民党封锁黄河，部队军医无法奔赴前线，只能原地待命，最后他被分配到华东军区司令部六大队当军医。1949年4月27日正式成为一名中国共产党党员。

1952年春，倪炳奎在第三野战军部队主力军当军医，因部队编制减员，倪炳奎又到安徽工农干部速成中学继续进修学医。那时，安徽省人民政府刚刚成立，上级领导就把倪炳奎安排在安徽合肥建筑公司医务室当医生。

1962年，倪炳奎转业回家支援家乡建设。在1963年4月份分配到奉贤区头桥镇卫生院当院长。

36. 浦东抗战中的新四军女兵们

黎 梅

在浦东新四军游击队里，有不少女兵跟随部队战斗，她们可歌可泣的英雄事迹，至今流传。

在浦东，最早参加革命的女兵，是土地革命战争时期中共奉贤县委组织部部长、著名革命烈士李主一的两个女儿李怀瑾、李怀慈（又名李敏莹）和他的堂侄女李敏庄，她们参加革命的时间是在 1941 年和 1942 年。那时，浦东工作委员会的伪军工作委员会领导机关就驻扎在李主一家所在地——奉贤县洪庙老李家宅，淞沪游击第五支队也常去那里活动。李氏三姐妹由党组织动员参军，先后去了浙东游击根据地。1943 年春，李怀慈由浙东调回浦东，安排在乔陈家宅（今南汇县宣桥乡境）一秘密联络点陈金莲家，负责那一带的宣传工作。1944 年 8 月，遭日军包围而不幸被捕，被先后关押在南汇县大团、奉贤县南桥、申江县（闵行区一带）闵行等地共 30 余天。受尽严刑折磨，始终没暴露真实身份。在浦东党组织和浦东支队花钱收买一个伪军后，由这个伪军出面，于 9 月 4 日将李怀慈保释出狱。1945 年初，李怀慈又重新调往浙东根据地工作。1949 年后，李怀瑾、李怀慈在南京工作，李敏庄在苏州工作。

1942 年 8 月，经浙东区党委决定，浦东游击队沿用第三战区淞沪游击第五支队番号，1943 年 5 月正式改为浦东支队，朱亚民先后任支队副和支队长。真正在浦东支队与男兵们出生入死一起打游击的女兵，有俞叔平、俞曼平和陈也男。那时，浦东支队逐渐壮大，缺少医护人员。经浦东支队提出要求，浙东纵队就派她们到浦东建立战地医护室。

1944年5月10日，她们在刚被命名为浦东支队副支队长兼参谋长的张席珍带领下，携带一部电台和一个排的战士们一起，从浙东龙山附近下海，由浙东纵队海防大队大队长张大鹏派黄矮弟驾船护送，摸黑穿越杭州湾，掠过东海海面，第二天拂晓到达浦东海边。在浦东部队宿营地，朱亚民带部队战士召开了隆重的欢迎大会。

俞叔平出生在浙江宁波南乡（属鄞县）农村，因父母双亡，高小毕业后经人介绍到余姚、慈溪、镇海三县交界的济众医院当护士，实际是打杂工。由于她刻苦努力、勤奋学习，学到一些医学知识和技能。医院对面有一所学校，她有幸遇上小学校长谢仁安（中共县委书记）。在谢仁安的指点下，1942年4月，俞叔平毅然离开医院，找到浙东根据地一个办事处，报名参加了浙东新四军，入伍后的两年间，在浙东三五支队参加救护工作。1944年4月，加入了中国共产党。同年，与张席珍结婚。

俞曼平是俞叔平的妹妹，在姐姐的影响下，也走上了革命道路。

陈也男，到浦东之前是浙东三支队的医护人员。

这三位女兵到达浦东后，连同一个张姓战士，组成了一个战地医务室。医务室居无定所，开张时"家产"就是一副药担子，两只药箱。药品奇缺，仅有红汞、碘酒、阿司匹林等，根本没有高档一些的药品。平时只能防治一些常见病，如头痛、感冒、腹泻、胃疼、疥疮等。发生战斗后，轻伤就地包扎，重伤转到地方上或者通过上海党组织送往上海市区治疗。

在浦东的抗日战地生活是非常紧张的。战斗一个接着一个，经常昼夜行军，有时一个夜里要换好几个宿营地，休息的时候女兵们还要做医务工作，睡眠就更少。有时，她们刚做好工作，队伍又整装出发，她们只得跟着前进。有时一边行军一边瞌睡，跌了一跤爬起来继续前进。

帮助战地医务室挑药箱的是个文盲，但积极上进，女兵们教他识字，学医疗知识，后来分配到中队当了卫生员，在一次战斗中不幸牺牲，可惜女兵们已记不起他的名字。

1945年初，美军飞行员托勒特驾机空袭上海南市、浦东日军军事目标时，被日寇的高射炮弹击中，跳伞降落在浦东，被护送到了部队，得到女兵们救护。由于托勒特面部已被烧伤，自己不能吃饭，陈也男就想方设法找来面粉，做了饺子，一口一口地喂给他吃。托勒特非常感动，操着半生不熟的中国话，连声说："谢谢！"托勒特经常到女兵们的医务室聊天，还教女兵们一些简单的日常英语。女兵们在生活上很照顾他、优待他，还教他跳秧歌舞，向他宣传抗日道理。

1945年春，淞沪支队（1944年11月，中共浙东区党委把浦东支队公开宣布为新四军浙东游击纵队淞沪支队）决定主力部队西进。原来的一个医务室分作两个。陈也男和俞曼平去了浦西，俞叔平仍留在浦东。

陈也男随部队来到青浦后，一直跟支队首长在一起。4月7日，当部队到达徐泾乡柿子园一带时，与国民党"忠救军"殷丹天部发生遭遇战。陈也男跟着部队冲进一个村庄，在得知领导曾平同志已经牺牲后，她强忍泪水，去抢救伤员，还给康则焘同志包扎，但康则焘同志因伤重不治牺牲。淞沪支队在青浦地区战斗频繁，陈也男和俞曼平两人负责伤员们的抢救护理。她们还经常穿着便衣，到各个村庄为老百姓治疗。

1949年11月，部队编为华东野战军一纵队三旅，陈也男调到七团团部卫生队工作。在解放战争中，她随七团参加了著名的鲁南战役、"七战大捷"、莱芜战役、"外线出击"、孟良崮战役、淮海战役等大小的战斗20余次。经过了血与火、生与死的考验。

1945年6月，俞叔平已怀孕，组织上考虑到她的身体情况，通过上海党组织的关系，安排她到上海待产。于是，俞叔平告别了朝夕相处、生死与共的战友，告别了根据地的乡亲，告别了张席珍。

俞叔平离开浦东后，浦东的部队就没有医务人员了，药品分散寄放在老百姓家里。队伍打算等俞叔平生完孩子后，再让她回来。结果，不久抗战胜利了，淞沪支队也北撤，俞叔平再也没有回到浦东。

1945年8月，日军无条件投降。10月淞沪支队北撤到苏北，在涟水整编。由于形势发展的需要，组织决定让俞叔平归队。俞叔平为了革命，与刚满月的儿子依依惜别，孩子由上海地区党组织安排抚养。张席珍始终没见到自己的儿子。俞叔平也是一直到解放后，组织上通过种种渠道才找到了她的儿子张国胜。

俞叔平在山东与张席珍重逢。不久，张席珍去华东党校学习，俞叔平去卫生部白求恩医学院工作。张席珍从党校毕业后，被分配到第三野战军任团长，夫妻便长期失去联系，直到张席珍牺牲。张席珍在1936年受中共党组织之命，打入上海租界的英国人巡捕房当巡捕。1937年12月，打入忠义救国军李文元部，任区队长。1938年，经中共浦工委决定，张撤出"忠义救国军"，到连柏生领导的"保卫四中"任区队长。1940年任浦东工作委员会军事委员会委员、淞沪五支队一大队大队长。1944年11月下旬，任淞沪支队政委兼参谋长。1948年4月，任华东野战军第十纵队团长，在豫东睢杞战役中牺牲。1949年后，俞叔平几经调动工作，20世纪80年代初在浙江省卫生厅科教处任副处长。

在五支队里有一位机智勇敢的交通员朱泉宝，又名朱瑛仙，江苏省南汇县宣桥（现属浦东新区宣桥镇）人，她在五支队做通讯工作。1944年与五支队侦情策反组朱伯英结婚。1949年2月26日，朱泉宝在一次执行任务时受到敌人追击，在过河时不幸牺牲，时年28岁。

在浦东宣桥、新场一带流动的由沈岳楼负责的部队被服厂里，有很多女同胞。如顽强中队中队长赵熊（后为大队长）的妻子顾民新，南汇祝桥人，即在被服厂工作。

支队长朱亚民的妻子潘兰珍也是一位优秀的女兵。淞沪支队西进后，部队需要人，潘兰珍随军北撤，参加了解放战争，担任队伍的卫生员，先后参加了孟良崮战役、莱芜战役和淮海战役，并被评为中国人民解放军一级英模。

当时在部队的，还有淞沪地区专员顾复生的妻子潘世清，浦西崂山部队中队长王友生的妻子陈亚芳，在支队部还有一位女会计叫鲁明，另两位女兵顾桂英、顾谒明（副中队长何炳文的妻子）。

淞沪支队行将北撤时，上海工人连队也来到青浦。当时工人连队中也有两个女兵，她们是杨德仙、葛树珊。

在参战的女兵们中，可能还有没留下姓名的女兵。巾帼不让须眉，这些女兵用自己的鲜血和生命，谱写了感动人民心灵的红色故事，将代代流传。

37. 战斗在浦东的"51号兵站"

谷 梁

在全民族抗战时期，苏北地区的新四军部队为冲破敌人的重重封锁，获得各类重要的军需物品，收集情报，安全护送来往干部，在上海与新四军部队之间秘密建立了多条交通线，在这几条秘密交通线中，有一条是在浦东的高桥、高东地区，因而被称为浦东的"51号兵站"。电影及电视连续剧《51号兵站》就是当年秘密交通线的生动写照。

浦东的新四军秘密交通线始建于1942年春，是由新四军陶勇旅长，江防团汤景延团长、吕炳奎政委、孙更舵参谋长，一师采购科科长张渭清等领导亲自策划，由江防团钱副官、周显才、吴明义等同志实施后逐步建立起来的。

张渭清、周显才等同志通过商业交往中熟识的浦东高桥籍人士王斗甫、王申甫兄弟和徐家善、赵树华等同志，先后在高桥镇开设了"伟泰什粮行"，在徐路镇（现为浦东高东镇）开设了"信丰油行"，加上王氏兄弟在浦西蓬莱路开设的照相馆，以及通过赵树华的关系掌握的"五号沟码

《51号兵站》电影海报

头"（现在高东地区），成功地组成了一条秘密的交通线。

这条交通线在抗日战争和解放战争时期，为苏北地区的新四军、解放军采购输送了子弹、汽油、收发报机、西药、颜料、望远镜等大量军用物资，以及建立兵工厂所需的铣床、刨床、车床、钻床等设备，同时，护送上海的知识青年到苏北根据地。吴明义、方国锋、郭希伟等领导同志也是通过这条交通线从苏北到上海，从事党组织安排的工作。

新四军之所以能在浦东高桥地区秘密建立这条交通线，有以下三个方面的有利条件：

一是有较好的群众基础，有一批敢于为抗日冒风险的热血青年。高桥镇的前身清浦镇，历史上曾是一个繁荣的商贸古镇。明嘉靖三十一年（1552年）起，到嘉靖三十四年（1555年）连续三年遭倭寇入侵，古镇百姓被烧杀抢掠，生命财产遭受严重损失。明永乐和万历年间，明廷先后在高桥建筑"宝山"和宝山城；清康熙三十三年（1694年），清廷又在高桥重建宝山城，原因之一就是为了抵御倭寇的入侵。可以讲，高桥人民历来有反抗外来侵略的光荣传统。抗日战争爆发后，更有一批敢于为抗日冒风险的热血青年，这是新四军组建秘密交通线不可缺少的群众基础。

二是有得天独厚的地理优势，有一群熟悉海上运输的"小老大"。高桥地处浦东东北角，一边是黄浦江汇入长江的吴淞口，另一边是长江入海口。区内有密布的河道及横贯东西的陆上公路，有多处可供货船进出的码头，这是高桥得天独厚的地理优势。高桥历史上也是一个重要的水上运输集散地，被称为沙船之乡。元代开创我国海运史的张瑄，就是高桥人，因组织海运有功，曾多次受到元廷的奖赏。由于高桥地区有悠久的海运、河运历史，因此当地有一群熟悉水上运输，尤其海上运输的"小老大"，能驾船驭海，这是组建秘密交通线极为有利的条件。

三是正确地执行了党的抗日民族统一战线政策，因而对交通线的活

开往苏北的沙船

动起了较好的掩护作用。1936年4月，上海地区党组织根据党的《为创立全国各党各派的抗日人民阵线宣言》精神，特别成立了帮会工作委员会，不仅向众多的帮会组织发出团结抗日的呼吁，而且成功地团结了帮会首领杜月笙等，并得到了他们人力、物力、财力上的有力支持。浦东高桥是杜月笙的家乡，上海杜公馆总管万墨林不仅是杜月笙的同乡，其母亲还是杜月笙的姑母。新四军派往浦东高桥地区的干部，认真执行党的统一战线政策，把杜月笙在家乡的门生作为一支特殊势力，使帮会组织对秘密交通线的活动起了重要的掩护作用。而离五号沟码头不远处的曹路镇，是以土匪头子张阿六为司令的"忠义救国军"司令部。抗战期间的张阿六也投入了抗日民族统一战线，其内部一些积极支持抗战的成员，不仅为秘密交通线出了力，如码头物资的装运、路上车辆的护送、被捕人员的营救，还成功地营救了被日军炮火击中后跳伞的美军飞虎队飞行员。60年后的2005年8月，一批当年参与中国抗战现仍健在的飞虎队飞行员，到上海参加纪念抗战胜利60周年活动时，与当年参与营救的两位浦东代表共叙旧情，体现了中美人民间的友好情谊。

　　上海解放后，当年参与策划、组建浦东高桥地区秘密交通线的一些同志被安排在上海地区工作。陶勇旅长被任命为海军东海舰队司令，司令部就设在上海。张渭清担任了东海舰队后勤部部长，吴明义到福建三明市任副市长，吕炳奎担任了国家卫生部副部长，孙更舵担任了上海市经委主任，周显才营长被任命为上海市公安局刑事科科长。江防团汤景延团长在解放上海的战役中不幸牺牲。王斗甫同志在解放战争期间参加了人民解放军，现已离休。解放初期，王申甫等"小老大"在老领导张渭清同志的陪同下，多次受到张爱萍等领导的接见。可在阶级斗争为纲的年代，由于"小老大"们的特殊经历，尤其是当年往苏北运送军用物资的过程中，与日本人、土匪部队、国民党部队、帮会组织都打过交道，因而遭到不公正待遇。但他们坚信，是非曲直总有一天会得到澄清。粉碎江青反革命集团后，在党的十一届三中全会光辉的照耀下，经国防部部长张爱萍的直接关心，通过拨乱反正，"小老大"们的问题终于得到平反纠正。党和人民没有忘记他们。1984年，经川沙县委统战部报请市委统战部，批准"小老大"中有特殊贡献的徐家善、王申甫、赵树华三同志为政协专员。

38. 浦东军民营救飞虎队员

谷 梁

抗战期间，美国援华空军志愿队在陈纳德的领导下，冒着生命危险帮助中国抗击日本侵略者，为抗战的胜利作出了重要贡献。战斗中，志愿队也付出了巨大的牺牲。"飞虎队"是中国人民对美国援华志愿队的代称，用鲜血和生命与中国空军将士共同拼搏的飞虎勇士，深受中国人民的尊敬。

为了记录飞虎勇士可歌可泣的英雄事迹，《不能忘记的抗战》《陈香梅与陈纳德》等著作中都作了专门的介绍，电影《黄河绝恋》、电视连续剧《国际大营救》等作品，还专门描述了中国军民在黄河两岸及云南深山密林中用鲜血和生命营救美军飞行员的感人故事。但是，很少有人知道，在大城市上海的近郊，在日伪政权重兵把守的浦东，抗战中一群浦东人营救了两名被日军炮火击中后跳伞的美军飞虎队员，躲过日军的反复搜捕，并通过海上通道把飞虎队员安全地护送到浙江温台地区，最后移交给了美军代表。飞虎队员引出的感人故事，时至今日，还在浦东大地不断地延续，成为一段值得研究的历史。

浦东军民营救第一位飞虎队员，是在浦东三林的临浦村。

1945年1月21日，美国驻华空军第14航空队第23战斗机队的飞虎队员，驾驶26架野马式P51型战机，经过两个半小时的飞行到达上海上空，在对上海地区的日寇军事目标进行攻击时，受日军飞机的拦截和地面火力的攻击，其中一架飞虎队战机被击中，坠毁在浦东黄浦江边的三林临浦地区，战机坠落前飞行员跳伞降落。

美军飞行员降落到临浦地区后，马上得到了薛雨亭、陆阿乔、薛根英等村民保护。

事后了解到，这位飞行员是美国援华空军志愿队的一位中尉军官，名叫托勒特，22岁，生于美国阿肯色州，是个独生子，其父亲以修配汽车、无线电为业。托勒特在大学里读了一年书，学的是机械工程。1943年响应号召，参加援华空军志愿队，经训练，1944年11月来华作战。到飞机出事为止，他已先后参加空战13次。

为了保护好美军飞行员，薛雨亭马上托人告诉新四军淞沪支队在三林地区负责收集、传递情报的吴进根，并通过吴进根连夜把消息报告驻扎在南汇地区的淞沪支队。第二天一早，在川沙南部一带活动的淞沪支队支队长朱亚民火速派出支队部的短枪队，赶到三林乡，通过水路把托勒特安全地护送到部队驻地。过了一段时间，又通过海路将其护送到新四军浙东根据地，最后成功地移交给美国派来的军事代表。

三林乡群众救援美军飞行员的事也很快传到了日军宪兵队。当天，宪兵队派出大批军警到临浦村逐户搜查，但毫无结果。第二天，当托勒特被安全接走后，临浦村的保长薛和尚赶紧向村民打招呼：救美国飞行员的事，谁也不能对外透露。薛和尚虽担任保长，但有正义感，痛恨日本鬼子，受党的抗日民族统一战线思想影响，能为百姓利益着想。当天没有搜捕到美军飞行员的日军宪兵队自然也不甘心，第二天派出大批便衣人员四处打听。第三天，日军宪兵队又来到飞机坠毁地临浦村大绞圈宅，在村头架起机枪，把村里的男女老幼全部赶到一处，然后分男、女、幼站立。对小孩用糖果引诱，对男人进行刑讯逼供，还把村民薛和尚、薛新泉、薛云泉、薛关根等人吊在树上用粗竹竿拷打，逼迫其讲出美军飞行员的下落。尽管如此，在场的村民没有一个向鬼子透露一点消息。

1月27日，日军宪兵队再次来到临浦村，包围了大绞圈宅，在搜查无果的情况下，抓走了薛和尚、薛镜如伯侄俩。当时薛和尚50多岁，又高又大，身体很壮。薛镜如只有14岁。他俩被日军的汽艇押送到陆家嘴的宪兵队。宪兵队设在一幢名为"颍川小筑"民宅内。当天下午，日军宪兵就对薛和尚严刑拷打，追问美国飞行员的线索。薛和尚心里很清楚，如果自己一旦松口，不仅会给美国飞行员带来危险，更将殃及全村几百口老老少少的性命，得到消息的鬼子必定要以更残忍无比的手段对大绞圈宅实行"三光政策"，灭绝全村百姓。为了全村百姓的安全，薛和尚坚贞不屈，守口如瓶，最后竟被活活打死。真可谓是一位热血义士，百姓英雄！而薛镜如由于当时尚不成年，体型又瘦小，敌人施刑后见问不出什么情况就把他放了出来，他侥幸逃过一劫活了下来。但瘦小的薛镜如受刑后腰部一直有伤，经常腰酸背痛，给以后的生活带来极大的不便。

薛镜如讲述当年被捕后的情况

"中国农民、游击队员和军人冒着自己被杀，甚至自己的家族、邻居被株连的危险，把美国飞行员带到安全地带。"

这是陈纳德将军的一段肺腑之言，也是浦东三林乡临浦村的村民保护托勒特的真实写照。

浦东军民营救第二位飞虎队员，是在浦东的高桥地区。

1945年4月2日，第14航空队第75飞行中队第23战斗队在少校飞行员斯洛克姆的带领下，来到上海地区袭击日军的一个空军基地。在与日军飞机激烈的交战中，斯洛克姆的战机遭创着火，飞机坠毁前他跳伞降落在浦东的高桥地区。村民黄兴良发现后，马上前去协助其逃离险境。不久，"忠义救国军"的黄明初及中队长凌关根带领的部队也及时赶到，带着斯洛克姆与搜捕的日伪军周旋。为了确保受伤的美国飞行员的安全，部队给斯洛克姆换上中式服装，有时用独轮小车载着斯洛克姆，最紧张的时候，大家轮换着背受伤的斯洛克姆行军，躲避日伪军一次次的搜捕。张阿六在组织保护的同时，积极与"忠义救国军"温（州）台（州）地区指挥部联系，并妥善安排船只，通过海路把斯洛克姆安全地护送到海门，最后让他被美国飞机顺利接走。

后来，当年参加营救的黄明初把自己参与营救的亲身经历整理成一篇文章，文章的题目为《关于营救一个美国飞行员的一点回忆》，摘要如下：

关于营救一个美国飞行员的一点回忆

1945年4月2日上午，好几架P51飞机来上海江湾对日寇机场进行轰炸扫射，在烟火冲天的炮弹呼啸声中，我见到其中一架飞机拖着长长的烟尾巴飞临我区后栽了下来，飞行员跳伞后徐徐降落于今高桥南面的东西顾家宅之间。我和队长凌杰（关根）立即飞驰坠机地点，只见当地老百姓已经帮其收拾好降落伞，并指点其向东跑入我区腹地。我们见到飞行员几处负伤，就用自行车推着他随我们回到驻地，即请军医给他取出弹片进行消毒包扎，当时我们预料日寇要来搜索，所以草草吃了些午饭，用独轮车推着他转移。

穷凶极恶的日寇，从四面八方扑向坠机地点，意欲活捉美国飞行员。扑空之后，恼羞成怒，调集了高桥、东沟、高庙、东昌路、川沙城的日寇宪兵队、警备队、伪警察等数百人，对我小小的浦东游击区实行大规模的搜查。

于是历时40多天的搜索与反搜索战斗就这样展开了。敌人几路分兵合袭，海上还有敌海军巡逻艇封锁。凡被嫌疑藏有美飞行员之地点先包围然后搜索，见有怀疑处即开枪射击。当时形势相当严峻，然而我们早已置生死于度外，誓与美飞行员同生共死。我们依靠老百姓了解敌人动静，每天用车推着受伤的美国飞行员转移地点，有时一天转移几处。我们的原则是逆敌人行军方向而行，穿插避让，用大自然作为我们的屏障，有时敌我隔河浜相望，我们亦能隐避而过。天公作"美"一连下了几天雨，敌人的大皮靴行走不如我们赤脚方便，然而，负伤的飞行员却不能用独轮车推着走，只能架着走，这样增加了一层困难。所以我们住宿地点多挑在被认为不会住飞行员的地方，有时是牛棚柴间，有时是独家村……

抗战胜利后，迫害保长薛和尚的日本宪兵班长等罪犯在上海军事法庭遭到正义的审判。1946年6月1日的《申报》还作了专门的报道。

第二次世界大战结束后，托勒特与斯洛克姆回到美国。

中华人民共和国成立后，中美两国很长时间内并未建交，民间交流交往受到极大影响，当年在浦东获救的斯洛克姆与中国义士也失去了联系。而另一位飞虎队员托勒特在一次飞机试飞时不幸遇难。

随着全球战略格局的改变，中美两国开始在外交上寻求转变。1972年，中美建交，民间交流也走上了正常的渠道。当年参与营救的黄明初与斯洛克姆通过书信恢复了联系，中美两国人民间的友谊得到进一步发展。

从1981年8月开始，黄明初与斯洛克姆之间通过频繁的书信交往，相互之间的美好情谊得到进一步发展。斯洛克姆不仅一次次写信给黄明初，还专门托人送上一块瑞士手表作为纪念，手表的反面还刻上黄明初与斯洛克姆的名字（英文）。黄明初见到患难之交赠送的珍贵礼物，连同每一封来信小心翼翼地珍藏在家中，因为这是与斯洛克姆之间友谊的见证。

当年组织新四军浦东支队的指战员保护飞虎队员托勒特的浦东支队支队长朱亚民，也于1995年撰写了题为《我与浦东抗日游击队》一书，书中详细记录了浦东支队营救托勒特的经过。

▲1945年1月，新四军浙东游击纵队领导和被救美国飞行员托勒特合影（左起：政治部主任刘亨云、司令员何克希、托勒特、政委谭启龙、参谋长张文碧）

39. 抗日英雄朱亚民

柳小玫

"威震敌胆真英雄，峥嵘岁月汗马功。"在纪念抗战胜利50周年时，中央军委副主席迟浩田上将给朱亚民书赠了此条幅。14字高度概括又恰如其分赞扬了朱亚民驰骋东海之滨充满传奇色彩的抗战事迹。朱亚民带领11人小分队在浦东地区以大无畏的勇气和机动灵活的战术，依靠群众，由小到大，由弱到强，斗智斗勇，使敌人闻风丧胆。他和他的淞沪支队作战故事在川沙、南汇、奉贤地区脍炙人口，朱亚民也被称为浦东的"李向阳"。

朱亚民原名朱才林，家住常州戚墅堰石家桥。其父在上海码头做苦工，祖母、母亲在上海当奶妈、做佣人。朱亚民在14岁那年，为了生活，虚报2岁，进上海中华书局印刷厂当徒工。由于文化水平低，他每天工作到晚上8点半下班后，跑步到曹家渡的肇基中学上9点开始的夜课，一直坚持了5年。1936年9月，朱亚民随中华印刷厂迁转香港。1937年初，朱亚民以"朱复"的化名参加了香港印刷业工会。6月，香港印刷业工会成立，朱复被选为执行委员、监察委员。1938年3月入党，

朱亚民

当时22岁，任香港印刷厂任党总支组织部部长。不久，中华印刷厂香港分厂解雇来自上海的1 400多名工人。在党组织的领导下，一场声势浩大历时7个月的反解雇斗争，震撼了香港，震动了全国和东南亚。朱复在反解雇斗争中无暇顾及家庭，不满4岁的大儿子因病而夭折。为了防止港英当局和国民党反动势力对反解雇"活跃分子"进行搜捕，党组织决定让党员骨干转移到新的战场。于是朱复道别刚怀孕的爱妻潘兰珍，带领20多人的"抗日服务团"抵达孤岛——上海。一天，朱复在马路上碰到"抗日服务团"里去江抗的俞姓工友，俞因吃不起部队的苦，"开小差"回来了。朱复及时向上级党组织作了汇报。由于朱复的身份可能已暴露，为了安全，组织上要他马上离开上海，并改名为"诸亚民"，大家习惯称其"朱亚民"。

1940年5月初，根据党组织的安排，朱亚民与抗卫二大的大队长连柏生接上关系，到部队后的公开身份是抗卫二大政治指导员，开始了军事斗争生涯。1941年春，朱亚民和金子明、张席珍参加"江南参观团"赴苏北抗日根据地学习。1941年5至9月，浦东900多指战员南渡浙东，开辟浙东抗日根据地。因浦东地方武装缺乏军事干部，党组织决定让朱亚民回浦东坚持打游击。于是，朱亚民把南汇四团仓、黄家路一带的地方常备大队的十四、十五两个中队集中起来，正式组建成五支队第五大队，共四五十人。大队长由周振庭担任，朱亚民任大队副。部队主要活动在南汇、奉贤及川沙的张江栅一带。

1942年8月底，浦委和淞沪游击第五支队第五大队最后一批南下浙东。9月上旬，浙东区党委书记谭启龙向五支队第五大队大队副朱亚民交代了返回浦东开展反"清乡"斗争的任务。具体任务是由朱亚民组织一支短小精干的武装工作队，在浦东敌人的"清乡"篱笆墙封锁前插进浦东，高举共产党的抗日旗帜，深入敌人心脏地区坚持斗争，打击日伪，保护人民。朱亚民接受任务后，马上从部队挑选李阿全、金文华、路秋如、张宝生、董金根、许培元、顾才松、唐宝生、王志欣、徐宝生、陶生祥11个人的小分队，换了10支短枪，从古窑浦悄悄进入浦东"清乡"区，在新的斗争环境十分恶劣的情况下开展武装斗争。

那时，伪上海特别市里设"上海'清乡'地区封锁管理处"（后为

"'清乡'事务局"），并将南汇、奉贤、北桥3个伪区公署改为特别区公署，各自设封锁管理所。在第一"清乡"区域四周围竹篱笆，全长约167千米。并在南汇、奉贤、北桥的19个通道上设置大检问所，几十个次要通道配置小检问所，对来往行人、车辆及物资实施检查。日军把奉贤、南汇、川沙三县3/4的土地团团封锁，企图把抗日力量彻底歼灭。

朱亚民带领小分队三下浦东，与盐行乡的伪乡长乔阿五接上关系。之前五支队去浙东时来不及通知的黄志英、朱刚、陈金达、张正贤、卫民等也陆续归队。小分队到浦东不久，一举歼灭国民党顽军陈龙生部，又处决了日军护持下当上伪大团维持会会长的韩鸿生，夜袭了奉贤苏家码头"检问所"，镇压了鹤沙镇上的一批汉奸。捷报频传，震动日伪，鼓舞了浦东人民支持抗战的决心。朱亚民依靠当地的基本群众，到各村广泛宣传反"清乡"的道理，动员和组织农村中热心抗日的青年，成立党的外围组织"兄弟会"，恢复和建立联络站，整顿情报网。在正确政策的感召下，一些伪镇长、乡长也纷纷向五支队打招呼，声明他们不是"真汉奸"，愿意给五支队送情报，送子弹，帮助征收抗日捐税。

从1942年9月到1943年8月，这一年的浦东反"清乡"斗争非常残酷，五支队处在绝对的敌强我弱且几乎被团团围困的险恶环境之中，其他各种各样的所谓抗日队伍全部没有了。工人出身的军事指挥员朱亚民在浦东领导2年多的游击活动中，不仅在军事方面从不懂变得熟悉起来，而且同奉贤、南汇、川沙当地的老百姓，包括方方面面的头面人物，建立了各种各样的社会关系。这是取得反"清乡"一周年胜利的非常重要的条件。

胜利积小成大，五支队在"清乡"区与敌伪斗争的一年中，使日军建立起来的近百个据点缩减到二三十个，五支队从12人发展到100多人，拥有机枪4挺、长短枪70多支。

在大大小小几十次的战斗中，其中最为惊心动魄的是北宋突围战。

1944年3月27日，浦东支队在南汇县朱家店伏击，击毙了收税的两个鬼子和一个伪军，另一个伪军当了俘虏。朱亚民担心敌人反扑报复，于下午3时许，浦东支队先向坦直方向转移，又改向奉贤县北宋村宅前进。

北宋村宅地形复杂，群众基础好，是游击队的根据地之一。北宋村民看到半夜冒雨前来投宿的游击队员时，纷纷开门让指战员们进屋休息。朱亚民集中队领导开会后，安排当晚及第二天活动后就休息。

28日拂晓，日军得到暗藏在北宅的坐探情报后，调集新场、周浦、大团、六灶、川沙、南桥、奉城等地近千兵力向北宋"分进合击""铁臂包围"，妄图一举全歼浦东支队。而被围北宋的部队，仅有300余人，双方力量悬殊。朱亚民安排部队分三路突围。在这场激烈战斗，浦东支队击毙敌人20余名，伤敌30余人。而支队也付出惨痛代价，20多名指战员英勇牺牲，庆幸百姓未亡一人。游击队在北宋人民的协助下，掩埋了烈士的遗体。敌人占领北宋后，连续搜查了4天，并把北宋村107间房屋焚为灰烬。北宋战后不久，浦东支队从"爱国捐"中拨出专款，用2个多月时间，重建了家园。

浦东地区最著名的一战是朱家店战斗。1944年8月21日，周浦镇据点出动一个小队47名日军，配合南汇、新场据点的日军进行"清剿"。这次伏击战，从打响到结束，不过1个小时，共歼日军34名，缴获掷弹筒1门、机枪2挺、九九式新式步枪10多支（这种枪是当时日本最新式步枪，可以打飞机），其他枪支20多支，弹药400多发，还有太阳旗、望远镜、子弹盒、钢笔、钞票等东西。这次战斗是敌人占领上海郊区以来，被浦东支队一次性消灭日军最多的伏击战，中共浙东区委对这次伏击战评价很高，在《新浙东报》上专门作了报道。1949年以后，这一战斗被总参谋部军训部、军事科学院战史部作为步兵连第一个优秀"进攻战例"写进教材。

朱家店伏击一战，对浦东的日军打击很大，日军进入浦东以来，从来没有遇到如此大的厄运。因此，那些小据点的日军全部撤退到大据点，少数日军也不敢出来"清剿""巡乡"了。南汇县城里有5名日本兵听说要下乡扫荡，就上吊自杀了。南汇、大团据点里有两个翻译逃跑，伪军向浦东支队打招呼，刘铁城部下主动找朱亚民表示"不再为敌"。敌伪的第三期"清乡"也就破产了。浦东支队深得民心，部队也有了新的发展，基本控制了浦东农村地区。

1945年8月20日到1946年夏，因朱亚民在七宝镇攻打伪军李英杰部战斗中负伤，组织上为了防止敌人造谣和轻举妄动，把朱亚民秘密隐藏起来，对外绝对保密，并将他送到上海，后转移到苏北养伤。后来，朱亚民在组织安排下，走上了艰难的北撤道路。

淞沪支队奉命北撤的时候，朱亚民由12人小分队发展到千余人。如果再加上从浦东发展到浙东，以及浙东几次来浦东扩军的人数，那还要多上好几倍。支队的武器，自己用的、送走的、留下的，共计不少于2 500支（挺）。在淞沪地区整个抗日战争期间，淞沪支队主力总共歼灭200名左右日本兵和1 500余名伪、顽军，此外还策反了数百名伪军起义。在这艰难困苦的抗战中，淞沪支队主力也有100多名同志献出了宝贵的生命，其中多数是在浦东牺牲的。

朱家店纪念碑

1949年后，朱亚民历任松江军分区副司令员、嵊泗列岛军管会主任、太湖剿匪指挥部指挥员、军队转业干部速成中学校长、江苏省工业厅厅长、盐城公署专员、苏州市市长等职。1975年11月离休。2012年11月逝世，享年96岁。

40. 血战大鱼山岛

黎 梅

血战大鱼山岛的战斗，重创了日寇侵华的嚣张气焰，开创了我军海岛作战的先例，在浙东抗战斗争历史上，是至今唯一一载入《新四军辞典》和选入专题片《新四军》的一次抗击日寇的英雄战斗，被誉为"海上狼牙山之战"。2015年8月24日，经党中央、国务院批准，"血战大鱼山岛四十二烈士①（1944）"被列入英雄群体称号。

1941年12月7日，日本偷袭珍珠港，使美国的海空军受到严重的损失，美国总统罗斯福随即向日本宣战，开始了波澜壮阔的太平洋战争。1942年起美军轰炸了日本本土。盟军计划在中国大陆的中南沿海登陆，长驱直入杭州、上海和南京等地。

为此，1944年5月，新四军浙东纵队政委谭启龙、司令何克希为了配合世界反法西斯战争，进军舟山群岛，在慈北洪魏（纵队敌后抗日根据地中期，即从1944年2月到1944年10月的领导中心）布置新四军浙东游击纵队海防大队大队长张大鹏组织部队进军岱山、舟山本岛，控制杭州湾咽喉。于是决定先进军舟山群岛海上交通要冲灰鳖洋的大鱼山岛。大队部决定由第一中队作为先遣队担负这一光荣而艰巨的任务，并派副大队长陈铁康亲自率领，以加强领导。

1944年8月20日午夜，海防大队（简称"海大"）一中队76名指战员由副大队长陈铁康带领分乘5艘帆船，从慈溪古窑浦起航，向大鱼

---

① 经过不断调查研究，大鱼山岛牺牲人数为43位烈士。

山岛进发。21日清晨，部队顺利抵达大鱼山岛南水头涉水登陆，只留下班长孙民权和司务长沈长文带半个班负责看守船和物资。其他指战员们一鼓作气冲上海岛，控制山岗。

大鱼山全岛约长6千米，宽仅1.5千米，400多户人家，1000多人口，都以捕鱼、种地、砍柴为生。岛上的居民由于经常遭受盗匪、伪顽的迫害，一见部队登岛，退避三舍，惊恐万分。驻岛伪军俞康祺分队只有七八个人，四五条枪，也龟缩在驻地不敢轻举妄动。

部队暂时驻扎下来。22日，严洪珠对部队进行部署：立即对大西洋、小西洋、湖头庄各村调查访问，向渔民宣传抗日道理。岛上的居民看到队伍整齐，举止文明，嘘寒问暖，把粮食分给特困老人、孩子吃，这些爱民事迹迅速传遍全岛。在进行群众工作的同时，大队副陈铁康、中队长程克明也把岛上保长之类的"头面人物"招来座谈，向他们宣传抗日救国的道理和部队进岛的目的。但是，伪军分队副张阿龙假惺惺地"拜会"陈铁康大队副后，竟在22日当晚和保长驾船暗渡岱山，向日伪定东指挥部李思镜指挥官、大队长郑留忠等告密。郑即向驻岱日寇报告。驻岱日寇又电告舟山司令部："大鱼山来了新四军主力二三百人，请求进剿。"

于是，驻舟山的日军司令官连忙调集了日军正规部队海军陆战队200多人，陆军100多人，伪军一个大队4个中队300多人，分乘1艘大型105号炮舰，大型机帆船5艘、汽艇5艘、中型登陆艇2艘、运载日伪军600余人，还出动2架攻击机参战，总兵力与火力近8倍于我方，向大鱼山岛发动了陆海空军的联合进攻。

25日清晨，施铁山看见了岛上空盘旋的2架日本飞机，瞭望哨钱一宏发现了敌舰，他们立即向大队部报告。陈铁康闻讯，马上集合连排干部商讨紧急部署：以最快的速度抢占大岙岗、打旗岗、湖庄头三个制高点。由大队副陈铁康、李金根、钱一宏带领一个排登上大岙岗阵地；严洪珠、施铁山、陆贤章一个排守在打旗岗；陆林生带领18名指战员占领湖庄头。三个滩头阵地，形成崎角之势。班长孙民权带半个班和司务长沈长文、文书及军籍船老大等12人负责看管5艘船，随时接应部队突围撤退。

8时许，部队刚上阵地，就有敌机开始疯狂向各山头盘旋低射，企图扰乱指战员们构筑工事。大岙岗是一中队的主阵地，左有打旗岗阵地为依托，右有湖庄头为屏障，进能支援，退能固守，且布置了2挺机枪、1门土炮、20多支长短枪。陈铁康带领战士们居高临下，看见敌人战战兢兢爬向阵地，等到敌人靠近，陈铁康一声令下，机枪、步枪一齐开火，紧接着一排手榴弹在敌群中轰轰炸开。战士们顽强抗敌，连续三次打退日伪猛烈的冲锋。

与此同时，日伪军在飞机和炮火猛烈轰向打旗岗时，他们缩头弯腰爬上山坡。在严洪珠的带领下，全班战士奋勇杀敌，直打得日伪军哭爹喊娘。

敌人发疯了，在猛烈的炮火掩护下倾巢出动，全面进攻，三个阵地都各有60个日军和七八十个伪军，妄图南北夹击，分割围攻。从上午八点打到下午一时，经过几小时恶战，战士们已是筋疲力尽、伤亡较大、弹药将尽。但是大岙岗、打旗岗、湖头庄的勇士们依然坚守在阵地上。

下午1时左右，敌人改变战术，调兵遣将，从全面进攻改为集中主力各个击破，以打旗岗为主攻目标，密集的炮弹像雨点般在打旗岗炸开。受伤的严洪珠指导员和陆贤章排长带领战士们顽强抵抗，严洪珠指导员一面带头高唱革命歌曲，一面忍着伤痛爬着把牺牲的、伤重的战士们身上的子弹解下分给大家。到最后阵地上只剩下4个人，严洪珠指导员命令陆贤章等撤退，自己掩护战友。当敌人冲上山岗时，他用最后一颗子弹，壮烈殉国。

打旗岗失守，守卫在湖头庄的陆林生排还在坚持战斗。王根生把腿负重伤的陆林生背下阵地，阵地上只留下张宗发、张小弟和储连排3个人。张宗发仅有手榴弹一颗、子弹5粒。当他把手榴弹扔向敌群时，可惜手榴弹没爆炸。张宗发举枪把日军指挥官当场击毙。不幸的是张宗发和储连排在日寇密集的火力下牺牲。负伤的张小弟趁敌混乱之际滚下山岗。

打旗岗、湖庄头相继失守，日军兵力、火力集中到大岙岗，李金根、钱一宏、朱大钧处于日伪军四面包围之中。阵地上的陈铁康、程克明先后阵亡,钱一宏也受伤,子弹早已用光,他把步枪砸断,紧紧地握着仅剩下的2颗手榴弹,当敌人冲上山岗想活捉伤员时,他待敌人接近时,拉响了2颗手榴弹,与敌人同归于尽。高个子机枪手施铁山手端机枪,对着鬼子拼命扫射,子弹打完,他把枪芯丢入悬崖山岙,同战友们跳出战壕与日军展开白刃战,因寡不敌众,英雄的施铁山和其他战士被日军用刺刀乱捅几十处,光荣牺牲。

激战持续到下午3时许,坚守在大鱼山岛的64名指战员,英勇顽强地与日、伪军浴血奋战7小时,终因寡不敌众,除一部分同志突围外,还有一部分战士落入敌手,惨遭杀害,共有37名指战员在战斗中壮烈牺牲。敌人撤离时已近黄昏,隐蔽在船上的司务长沈长文和班长孙民权等人奔上山岗,清理了战场,和当地群众一起埋葬了烈士的遗体。

1988年4月至7月,中共岱山县委、县政府拨款在大鱼山岛血战的主战场——大岙岗山腰建造了大鱼山战斗"革命烈士纪念碑",在碑座上只刻了37位烈士名字,南汇籍有24名,另有5名无名英雄中3名是南汇籍战士。因为年代久远,当时档案不全,所以石碑上刻的名字有的记载不清楚。

自2005年起,原浦东新区新四军历史研究会副会长林家春与岱山党史研究室、慈溪市新四军历史研究会、档案部门有关方面负责交流、调查、考证、研究、校对、认

大鱼山岛民众自发捐资兴建的纪念碑,上镌"永垂不朽"四字

同,到目前为止,经过十几年坚持不懈的努力调查,确认大鱼山岛牺牲43位烈士,其中浦东籍29位。同时,经过长期寻找,找到8家浦东籍烈士家属亲人。但是遗憾的是,大鱼山岛还有20多位烈士的家属没有找到。

41. 以革命先烈名字命名的乡村、学校和道路

朱力生

无数革命先烈用鲜血和生命，换来了社会主义新中国的建立，换来了人民美好的生活。为纪念革命先烈，在浦东有不少乡村、学校和道路以革命先烈的姓名命名，这实在是一件非常有意义的事。

沈千祥与千祥村

沈千祥（1899—1931），泥城镇千祥村人，是泥城地区早期中共党员、著名的革命烈士。

沈千祥7岁入私塾，由于家境贫困，经常辍学，直到17岁才从大团小学毕业。1919年，沈千祥考入江苏省第二师范在浦东设立的讲习科读书。1925年下半年，沈千祥考进上海国民大学。1927年四一二反革命政变后，他于1928年6月毅然加入中国共产党。是年秋，沈千祥受中共党组织派遣，回家乡泥城搞农民运动。他以泥城小学校长身份为掩护，在盐民、农民和教师中开展革命宣传活动，发展党员。

1929年8月，沈千祥被选为中共南汇县委委员。1930年8月9日举行泥城暴动，沈千祥成为公开的暴动领袖。8月9日晚上，沈千祥作暴动动员后，带领1 000多名群众冲进国民党缉私营盐廒，打垮了警察，将恶霸叶冬生家财物分给暴动群众。又向泥城警察分局进发，与敌人激战半小时，打死敌人7人，俘虏1人，缴获长短枪10余支，尔后又占领

了南横港恶霸地主朱心田的庄园，把暴动旗帜插上屋顶，宣告成立苏维埃政权，建立红二十二军第一师。由于反动派的残酷镇压，暴动失败，敌人悬赏500大洋通缉沈千祥。沈千祥被调任中共淞浦特委巡视员，不久改任中共松江县委书记。他化名顾志高，到浦南开展工作。1930年12月，沈千祥在松江亭林不幸被捕，被押解到镇江，关进国民党江苏省临时军事法庭监狱。面对敌人种种酷刑，沈千祥坚贞不屈，拒不暴露党的秘密和自己的身份。1931年2月，沈千祥被押至镇江北固山刑场（现镇江市烈士陵园），英勇就义，年仅32岁。

中华人民共和国成立后，家乡人民为了纪念沈千祥烈士，将其出生的村命名为千祥村，一直沿用至今。

周大根与秋萍学校、秋祥路

周大根（1906—1938），又名秋萍、务农。1906年，生于奉贤县四团乡五墩村周家宅。后迁居泥城镇千祥村，与沈千祥家只相隔200米。周大根先后就读于泥城小学、南汇师范。1927年5月，周大根参加了讨伐夏斗寅武装叛乱的斗争。同年8月1日，参加了南昌起义，途中与队伍失散，历经千辛万苦，转回到家乡浦东。同年10月，加入中国共产党。周大根以泥城小学教师身份为掩护，从事党组织安排的工作。1928年6月16日，周大根奉命与赵天鹏等同志，处决了四团镇恶霸张沛霖。同年8月，中共南汇县委成立，周大根任书记。1929年1月，周大根调任中共松江县巡视员。1930年初，周大根和林钧在周浦不幸被捕，在被关押3年后获释放。

1938年初，周大根回到泥城，和吴建功等一起创建南汇县保卫团第二中队（简称"保卫二中"），任中队长。保卫二中纪律严明，深受百姓拥护爱戴。不到半年，部队发展到200多人。1938年12月16日上午，600多侵华日军在飞机配合下，在汇角海滩边合击保卫二中。战斗从10时开始，周大根镇定自若，沉着指挥，在敌众我寡、既无援兵又无退路的情况下，与敌激战6个小时，周大根等28名英儿壮烈牺牲。为纪念英雄，他的战友和当地群众筹集资金，在1939年创办了以周大根原名命名的秋萍小学,对外称汇角小学。1991年,复名为秋萍小学,中小学合并后,现名为上海市秋萍学校。

2005年前后,泥城拆迁开始,周大根烈士生前居住的千祥村也在拆迁之列。为纪念革命先烈,在原千祥村址专辟一条以周大根和沈千祥烈士原名命名的秋祥路,寄托了人民怀念革命先烈周大根和沈千祥的无限深情。

陈民生与民生村

陈民生(1928—1948),又名龙生,泥城镇民生村人。1944年,年仅16岁的陈民生参加了新四军,在浙东游击纵队海防大队2连当战士,后升任连队事务长。1948年,奉苏中军区之命,至苏浙边区游击纵队。同年2月13日,部队活动时被敌人发觉,遭到袭击。部队进行了顽强战斗,边战边撤。当部队撤至青浦县沈巷乡安庄地区时,又遭敌人围攻。在敌强我弱、弹尽援绝的情况下,陈民生和战士们与敌人展开激烈战斗,多处负伤。但他以顽强精神,徒手与敌人肉搏,最后被敌人连刺数刀而英勇牺牲,年仅20岁。

消息传来,全村人民无不悲伤欲绝,也为他的英勇献身而感到骄傲。之后,村名就用陈民生的名字命名,曰"民生村"。现在,民生村虽已并入横港村,但老百姓将革命先烈陈民生永远记在心里。

李雪舟与李雪村

李雪舟(1913—1947),号秋水、白萍。小学毕业后因家境贫困而失学。他在大团学医期间,接受革命思想。从抗日战争初期开始,李雪舟在党的领导下,秘密组织了抗日文化研究社,被推选为主任,向人民群众宣传抗日救国的思想和主张。同年,李雪舟建立了秘密武装小组,并担任组长,开展锄奸活动。他以医生身份为掩护,为中共党组织收集情报,为新四军筹款,给伤病员治病,掩护战友。李雪舟还在惠东乡组织农民抗日协会,领导当地农民开展抗捐、抗税、抗粮、抗丁斗争。抗日战争胜利后，新四军淞沪支队北撤，李雪舟遵照中共组织的指示，留在当地继续以行医为掩护，与国民党反动派进行斗争。1947年4月6日深夜，在国民党南汇县保安团"清共"时，李雪舟不幸被捕。敌人施以各种酷刑一昼夜，但李雪舟严守中共党组织和游击队活动情况的机密。敌人恼羞成怒，于4月7日，将李雪舟枪杀在万祥镇金家桥北侧。

中华人民共和国成立后，人民为了纪念革命先烈李雪舟，将他出生地命名为李雪村，直到今天。

黄茂春与汇茂乡

黄茂春（1919—1946），原名黄桂明，南汇县泥城乡（今南汇新城镇汇茂村3组）人。1941年7月，参加淞沪游击队第五支队，参军后改名黄茂春。1942年，赴浙东部队，并加入中国共产党。1945年，随部队北撤，后任华东野战军1纵3旅8团3营8连连长。1946年，在攻打泰安城战斗中牺牲，年仅27岁。1949年5月，家乡人民为纪念烈士，在政权初建时取汇角的"汇"，又取烈士姓名中的一字"茂"为乡名，即汇茂乡，后改制为汇茂村，一直沿用至今。

徐黎与其成乡

徐黎（1921—1945），原名申其琛，南汇六灶人。1939年9月，其琛来到延安，成为抗大第二期学员。1939年底，他加入中国共产党。经过抗大学习和一段工作的磨炼，他已经由一个满腔热血的爱国青年成长为无产阶级革命战士。

1943年，他回到浦东，起初在淞沪支队当文化教员。1944年春，被调至淞沪五支六中队担任指导员兼中队长。他带的中队作战勇敢，纪律严明，受到当地群众的拥护和欢迎。

1945年8月15日，日本帝国主义宣布无条件投降。8月18日，浦东游击队决定攻打顾桂秋伪军部队。攻打司令部的重任落在徐黎身上。战斗打得非常激烈，徐黎不幸身负重伤。通讯员要背他下火线，他坚持不下,说:"我不要紧,快去解决炮楼里的敌人"。在游击队的强攻下,敌人终于投降。徐黎因流血过多,抢救无效,壮烈牺牲,年仅24岁。

乡里还有一位英雄,名叫申士成,1945年参加新四军浙东游击纵队。1948年在淮海战役中英勇牺牲,时任代指导员。

之后,南汇县人民政府为纪念革命先烈,以徐黎原名申其琛的"其"字,和另一位烈士申士成的"成",把他们的出生地取名为"其成乡"。现在为浦东川沙新镇其成村。

以上是浦东新区以六位革命先烈命名的乡村、学校和道路,另外,浦东新区出生的革命先烈在外区县、外省市牺牲后,也在当地被冠以地方名字,以资纪念。如在奉贤县四团镇为纪念赵天鹏有天鹏乡、天鹏村(现在改为天鹏社区),江苏省宝应县为纪念李默有"李默乡"(现属沈伦镇李默村),江苏高邮县为纪念陈志光有"志光乡"(现属周山镇志光村)。

"人生自古谁无死,留取丹心照汗青。"无数革命先烈"位卑未敢忘忧国",英勇斗争,不惜牺牲,用鲜血和生命换来了今天人民幸福美满的生活。浦东人民将永远铭记革命先烈的英名!

42. 延安窑洞对话"周期率"

陈伟忠

1945年春夏之交，第二次世界大战的形势已发生了根本的变化，同盟国的军队攻占了法西斯德国的首都柏林，宣告欧洲战场反法西斯战争的胜利结束，旷日持久的第二次世界大战，只剩下以中国为主要战场的远东太平洋地区还弥漫着战火的硝烟，但日本法西斯也行将灭亡，中国抗日战争已处在战略大反攻的前夜，中国人民经过14年浴血奋战的抗日战争胜利已指日可待。

此时，黄炎培对世界人民反法西斯战争的伟大胜利已成定局虽然感到无比喜悦，但目睹国民党统治区蒋介石独裁专制、经济危机、民不聊生，而国民党蒋介石根本不顾中华民族的利益与人民大众的利益，为加紧准备抢夺人民抗战胜利的果实，特别是对国民党、蒋介石不顾中华民族的前途与命运，为维护他们地主资产阶级的统治加紧内战准备的现象而忧心忡忡。

黄炎培通过调查研究与他几十年的亲身经历，清楚地认识到作为一名国民参政员，决不能袖手旁观，必须行动起来制止国民党蒋介石的倒行逆施。他与褚辅成等爱国民主人士商量，建议尽快恢复国共谈判，反对内战、保卫和平，保卫中国人民为之浴血奋斗而取得的抗日战争的伟大胜利成果。

黄炎培等人向往和平、反对内战的主张，得到了中国共产党的支持。但是国民党当局为了赢得时间，使他们能把国民党军队从后方抢运到东北、华北地区，便假惺惺地邀请黄炎培等爱国民主人士商谈，妄图为他的假和平、真内战争取时间。

此时，黄炎培已对国民党政府大失所望，并开始寄希望于中国共产党，为此他对中国共产党的解放区延安发生了极大的兴趣，从而也萌发了访问延安、了解延安的强烈愿望。于是，他与傅斯年等人为了促进国共在和谐气氛中恢复谈判，就共同起草了给延安的电文：

> 毛泽东、周恩来先生，团结问题，政治解决，为全国国人所渴望。近辅成集同人会商，一致希望继续商谈，托王若飞转达，计鉴及。兹鉴于国际国内一般形势，惟有从速恢复商谈，促成团结，不惟抗战得早早获胜利，建国新猷亦基于此。敬掬公意，伫盼明教。褚辅成、黄炎培、冷遹、王云五、傅斯年、左舜生、章伯钧。

中国共产党中央于6月16日发表了声明：宣布不参加即将召开的国民党参政会，并坚决反对国民党一手包办的分裂人民、准备内战的"国民大会"。同时中共中央给黄炎培等人复电：倘因人民渴望团结，诸公热心呼吁，促使当局醒悟，放弃一党专制，召开党派会议，商组联合政府，并立即实行最迫切的民主改革，则敝党无不乐于商谈。诸公专临延安赐教，不胜欢迎之至，何日启程，乞先电示。扫榻以待，不尽欲言。

中共中央的声明给国民党以明显的冷遇与指责，但是中共中央给黄炎培等人的电报，则表示热情与欢迎。

黄炎培等人看到了中国共产党的诚意，也看出了从中进行调解的一线希望。黄炎培与另6位参政员商定了有关国共团结的三条意见：一是由政府迅速召开政治会议；二是国民大会交政治会议解决；三是会议之前政府先自动实现若干改善政治之措施。这三条意见虽遭到国民党政府谈判代表王世杰的阻挠，但是黄炎培等人并没有完全对国民党蒋介石失去信心，他们面呈蒋介石，陈述他们的意见。

1945年7月1日，黄炎培以及褚辅成、冷遹、章伯钧、左舜生、傅斯年6位应中国共产党领袖毛泽东的邀请赴延安访问,6位热心于国事的国民参政员飞抵延安时,受到中共中央毛泽东主席等党政军领导人的热烈欢迎。

到延安后的第二天早晨,黄炎培就写下了一首七律:

飞下延安城外山,万家陶穴白云间。
相忘鸡犬闻声里,小试旌旗变色还。
自昔边功成后乐,即今铃语诉时限。
鹿州月色巴山雨,一为苍生泪影潸。

黄炎培等人在延安共三天半时间,他们与中共领导人进行了紧张的会晤和社交活动。

在延安期间,黄炎培曾晤见陈毅、丁玲、范文澜、张仲实等进行畅谈,晋见毛泽东,陈述来意并畅谈所见,观看话剧《兄妹开荒》,参观沈华农场,与毛泽东、周恩来、朱德、林伯渠会谈商定"国民大会停止举行,从速召开政治会议",参观延安工农学校,访问陈绍禹、吴玉章、黄齐生等。

在延安访问第四天的下午,毛泽东邀请黄炎培与冷遹到家中做客,促膝长谈了整整一个下午。亲密交谈中,毛泽东问黄炎培:"任之先生,来延安考察了几天,有什么感想?"

黄炎培说:"我生六十多年,耳闻的不说,所亲眼看到的,真谓'其兴也勃焉','其亡也忽焉',一人,一家,一团体,一地方,乃至一国,不少单位都没能跳出这周期率的支配力。大凡初时聚精会神,没有一事不用心,没有一人不卖力,也许那时艰难困苦,只有从万死中觅取一生。既而环境渐渐好转了,精神也渐渐放下了。有的因为历史长久,自然地惰性发作,由少数演为多数,到风气养成,虽有大力,无法扭转,并且无法补救。也有因为区域一步步扩大了,它的扩大,有的出于自然发展;有的为功业欲所驱使,强求发展,到干部人才渐见竭蹶、艰于应付的时候,环境倒越加复杂起来了,控制力不免薄弱了。一部大历史,'政怠宦成'的也有,'人亡政息'的也有,'求荣取辱'的也有,总之没有能跳出这个周期率。中共诸君从过去到现在,我略略了解的了,就是希望找出一条新路,来跳出这周期率的支配。"

毛泽东认真听完这段话后说:"我们已找到新路,我们能跳出这周期率。这条新路,就是民主,只有让人民来监督政府,政府才不致松懈。只有人人起来负责,才不会人亡政息!"

黄炎培说:"这话是对的。只有大政方针决之于公众,个人功业欲才不会发生。只有把每个地方的事,公之于每个地方的人,才能使地地得人,人人得事。用民主来打破这个周期率,怕是有效的。"

当天晚上,八路军司令部举行公宴,为黄炎培等一行饯行,毛泽东和周恩来等中共领导人诚恳挽留他们多住几天,但因重庆派来的回程飞机已定,只好准期回重庆。席间,黄炎培谈了对中共高级将领的印象。他说:"一般人一定想象你们中共许多鼎鼎大名的高级将领个个都是了不起的猛将,说不尽有多可怕,飞扬跋扈了不得。哪里知道,你们一个个都是朴实稳重,沉静笃实中带着文雅,谈笑风生,随便得很,一点也没有粗犷傲慢的样子。我们无话不说,恰如古人说的'如坐春风之中'。"

在延安,黄炎培没有看到一个游民和一寸荒土,延安的人民政府对每一个老百姓的生命和生活都十分地负责任,在政治上团结、民主、人民当家做主等,这一切的一切都给黄炎培的思想产生了深远的影响。面对革命圣地一派清明、团结、向上的新气象,黄炎培连连赞叹"看到了中国的希望"。

延安之行,对黄炎培来说,他认识这块陌生的绿洲,使他想象中一方苦苦寻觅的梦中乐园变成了现实,恍惚之中黄炎培融入不少纯然属于自己的主观化解释和理解。以前他曾一度对延安解放区,对共产党存在着一些误解,现在这种误解奇妙地已构成一条自己为之奋斗的通道,使黄炎培具有民粹意识较强的知识者在观念上未接受马列主义之前,首先在感情上和心理上将自己与共产党作了沟通。这一切感受使他兴奋,使他十分激动。于是,他一回到重庆,就立即写下了《延安归来》一书。用日记的方式,秉笔直书地叙述了他在延安的所见所闻与中共施政政策的伟大成就,并有力地揭穿了国民党制造的各种诽谤中共的谣言,他的这本 70 多页的《延安归来》小册子在国民党统治区与敌占区的上海等地产生了巨大的政治影响。

毛泽东在延安机场与黄炎培亲切交谈

43. 吴仲超：从县委书记到故宫博物院院长

陈志强

37年前，即1984年10月7日，83岁的他辞世而去。讣告称："根据生前遗愿，丧事从简，不举行遗体告别仪式，不开追悼会。"在中国确立以经济建设为中心目标，唱响"春天的故事"的时候，这位老人以最静悄悄的方式远行，且不要人们"送行"。他留有遗嘱：私人存款全部留给故宫博物院，作科学发展基金。于己、于家族，他什么都没"保留"，什么都"不要"。

他留下了姓名：吴仲超，浦东南汇大团人。

大团镇是上海市浦东新区东南片的一个大型集镇，古代制盐业兴旺，商业繁盛，人称"金大团"。走进大团镇老街，两旁都是明清风格的古旧老楼。永宁东路18号，临街墙上有一块醒目的大理石铭牌：吴仲超故居，区级文物保护单位。

穿过老屋过道，出现在我们眼前的是一栋古色古香的二进四合院，中间是客堂，两边厢房，后进为二层楼，属清代的砖木古建筑。老屋建造得坚固精巧，客堂正门是四扇雕花门，每一扇的门板上方，都雕着一匹马，从卧着的，到半起的，到飞奔的。下面是人物雕花，其中一扇雕着书生和小姐，周围有假山芭蕉。这些木雕刀笔流畅，镂刻精致，栩栩如生。

一百多年前，吴仲超的父母当时在大团镇上做小生意，在此置了一方田地，建造起了两层砖木小楼。故居现仅存北侧房屋，有房14间，占地面积209平方米，建筑面积337.28平方米，临街平房4间，靠东第二间为墙门间，重檐二层楼正房8间，一正二厢格局，大厅6扇格扇门裙板雕花，7梁架。都是砖木结构，硬山灰瓦顶。

历经百年沧桑后，故居存在墙体和梁木开裂、屋面渗漏等现象。为此，2018年2月政府部门拨资予以抢救。对建筑主体、屋面屋架、门窗墙面等进行修缮加固，对老化的电路进行改造。修缮工程消除了安全隐患和漏水问题，改善了老建筑的生存环境，达到了保护和再现古建筑的历史价值和审美价值的作用。

走进故居，墙上挂有新四军时期吴仲超与两位战友的合影，还有他的黑白遗像，旁边玻璃框里镶有报纸刊发的讣告原文。只有这些图文资料，才让我们惊觉这座寻常的老屋曾是一位经历了惊涛骇浪的革命家居住过的地方。

吴仲超，1902年出生于浦东大团镇，7岁起就在父亲任教的私塾读书。16岁时，父亲把他送到新场镇信隆当铺当学徒。1927年秋，他考入上海法学大学（今华东政法大学），1928年加入中国共产党。同年，为了在浦东开展农民运动，党把他派回家乡，在大团以教书为职业，在白色恐怖下开展秘密革命活动，不断发展党组织，发动开展盐民抗捐税斗争。

泥城暴动时，他是中共南汇县委书记

1930年8月，吴仲超和沈千祥、姜文奎、宋根生等领导人在泥城发动武装暴动，在浦东大地上第一次升起革命红旗。

泥城是南汇东南沿海的小镇，俗称"泥城角"。1930年7月上旬，中共江苏省委派巡视员黄理文来南汇调研，听取了县委书记吴仲超的汇报。翌日，在吴仲超的陪同下黄理文到了泥城。中共江苏省委考虑到群众已经充分发动起来，时间成熟，决定在泥城进行暴动。

1930年8月9日，在今彭镇南朱木春楼房前的海滩上聚集了农民、盐民1 000余人，沈千祥作了简单的动员，中共江苏省委巡视员黄理文讲话，暴动群众手持大刀、扁担、铁锸向马泐港盐廨进军。驻在那里的30名盐警狼狈逃逸，群众烧毁了盐廨，接着进军大地主恶霸叶冬生家，又向泥城警察分局奔袭，他们破门而入与敌人短兵相接，激战半小时，打死警察 7 人，俘虏 1 人，缴获短枪 10 多支，子弹数百发。接着又进军南横港大地主朱心田家，搜出短枪 3 支。10 日上午，暴动队伍在朱心田庭院设立了泥城暴动指挥部，在大门前升起了中国工农红军旗帜，宣布成立泥城苏维埃政权，建立了工农红军 22 军。泥城暴动是泥城历史上的一件大事。当时的中共中央机关报《红旗日报》在头版头条以《轰轰烈烈，泥城地方暴动——占领市镇，收缴反动枪支，成立苏维埃和工农红军，号召群众实行土地革命》为题，详细地报道了经过情况。

泥城暴动前，吴仲超特地送来 2 支三号驳壳枪。泥城暴动失败后，沈千祥带人潜入大团镇，找到没有暴露身份的县委书记吴仲超报告情况，经研究，决定将暴动队伍暂时分散隐蔽，把武器埋藏起来。

泥城暴动虽被敌人镇压下去，但它在南汇这块土地上第一次升起革命红旗。

据吴宗援回忆，1938 年 12 月中旬，周大根同志在汇角抗日战斗中英勇牺牲后，组织上曾将周大根烈士的后代——当时还不满 10 岁的周到、周文玄秘密送到大团镇上的吴仲超家里，藏在阁楼上，吴仲超的母亲和嫂子给予了生活上的照料。约半个月后，又由组织上同志将周到、周文玄秘密转移。

抗日战争时期，吴仲超先后任新四军战地服务团副团长、中共苏南特委书记、中共苏皖区委书记、江南抗日义勇军东路司令部政委等职。解放战争时期，任中共中央华中分局秘书长等职。中华人民共和国成立后，任中共中央华东局副秘书长、华东局党校副校长等职。

南汇解放时，吴仲超曾回到家乡

吴仲超青年时，曾由父母作主介绍过一门婚事，是镇上一位郎中（医生）家的姑娘，但吴仲超没有答应，他说，我是要出去（革命）的，不愿连累人家。后来，吴仲超把毕生都献给了革命事业，一直没有成家。

1949 年 4 月，南汇解放时，吴仲超曾到大团镇老家来过，是骑着马回来的，有好多站岗的战士，很匆忙，"烧菜都来不及"。吴仲超在出任故宫博物院院长后，因公务繁忙，很少回老家探亲，书信就成了他与家乡亲人联系的唯一方式，在给侄儿吴宗俊的一封信中，他写道："学习是成为有觉悟的有知识的劳动者。一个学生，不管是什么样的学生，绝不可有高人一等的想法。思想好是第一。"字里行间无不流露出他为人正直、尊重知识的思想。虽然吴仲超地位崇高，但他平易近人，刚正不阿，吴仲超的两个侄儿一个是大团中学的教师，一个在金山石化厂工作，都是通过自己的勤奋学习得到的普通工作。

呕心沥血，新中国文博事业的开拓者

吴仲超同志既是一位久经锻炼的革命家，又是新中国故宫文博事业的开拓者。他天资聪敏，过目不忘，在新场信隆当铺的10年学徒经历为其日后的文博工作奠定了基础。解放战争时期就出任山东省文物管理委员会主任，一方面组织工人、农民奋勇作战，另一方面为党和人民收集、保存了大批珍贵文物。

1954年，吴仲超出任北京故宫博物院院长、中共中央文化部部长助理。他担任故宫博物院院长30年，组建了古建研究、设计和维修的专门队伍，经过艰辛努力，终于修复重现了故宫金碧辉煌的庄严面貌。他研究建立文物保护管理机构和规章制度，造就了一批在书画、铜器、瓷器、玉器等文物鉴定方面的人才队伍。他坚持在故宫里不搞假古董，说："否则，可能会给人一种印象：你们的古董都是假的！"他总结的文物工作的五个环节：整理、登记、制卡、庋藏、修复和复制，至今仍为博物院的法则。

"文化大革命"期间，吴仲超遭到林彪、江青反革命集团的诬陷和迫害。在艰难的逆境中，他坚信党，坚信群众，坚持原则，维护真理。1984年10月7日，83岁的吴仲超辞世。根据生前遗愿，丧事从简，不举行遗体告别仪式，不开追悼会。他留有遗嘱：私人存款全部留给故宫博物院，作科学发展基金。

44. 红色版画家江丰

徐文昶

江丰（1910—1982），原名周熙、周介福，浦东川沙人。少年时家贫，曾业余在"白鹅绘画研究所"学习西画。后受鲁迅倡导的新美术影响，开始创作革命题材的版画。1931年参加"中国左翼美术家联盟"（简称"美联"），任执行委员，与张眺、于海等组建进步美术团体"上海一八艺社"（简称"艺社"），并参加鲁迅支持的"木刻讲习会"，1932年3月参加中国共产党。九一八事变后，创作木刻版画宣传抗日救国。七七事变后，赴延安主编《前线画报》。继而被调至鲁迅艺术学院，任陕甘宁边区美术界抗协主席。1949年中华人民共和国建立后，任中央美术学院院长、中国美术家协会主席、党组书记。

抗战时期的江丰

新兴版画运动的开拓者

江丰是我国新兴版画运动的先驱，是鲁迅先生创办的我国最早的木刻讲习班13位学员之一。他不慕名利，埋头苦干，直到生命最后一刻仍然坚持在美术岗位上，忠实地完成组织上交给他的各项工作任务，他自20世纪30年代起便是名副其实的革命美术家，他的创作实践以及他的社会活动和生活作风，都保持了一个革命美术家的特色。当时，他是以中共党员的身份，在一些进步美术团体之间担任组织联络工作。通过冯雪峰然后与鲁迅取得直接联系，亲聆鲁迅的教导和指示。当"艺社"遭到国民党反动派的迫害而不得不解散以后，1932年，江丰又和艾青组织"春地美术研究会"，继续开展革命美术活动，主张"艺术为社会服务，成为教育大众、宣传大众与组织大众的有力工具"。为了使艺术从象牙塔里解脱出来，把美术作品送到广大工人中间去，他们用钟灵印刷机、油印机和石印机为上海的抗日团体印画报，江丰负责此画报的编辑出版工作。鲁迅先生曾托冯雪峰向他们要了一些画报专门珍藏起来，今天这些画报作为革命文物被保存在鲁迅博物馆。

中国的新兴版画，向来是以与人民保持血肉联系，具有鲜明的革命性战斗性为其特色。这一方面当归于鲁迅先生的倡导，另一方面也因为有了像江丰这样的一批老一代版画家，在党的领导下，坚持了正确的革命艺术方向，奠定了牢固的基础。江丰当时是"美联"成员，他除了忙于木刻运动的组织工作外，还创作了带有强烈的革命倾向性的木刻作品，如《劳动》《老人》《示威》《到前线去》《母与子》《码头工人》《要求抗战者，杀！》等。这些作品有的揭露旧社会的阶级矛盾，表现劳苦大众在生活线上的痛苦、挣扎、反抗，有的宣传汹涌澎湃的抗日救国运动，同时在艺术上达到一定的水平。

抗日民族战争的烈火，进一步燃起了革命美术青年们的热情，江丰是最早奔向革命圣地延安的版画家之一。他随身带去的200多幅木刻作品，使延安的美术青年首次得到观摩国内木刻家原作的机会。同时，已先后集中于延安的一部分木刻家，也创作了一批新作常在延安街头展出。除江丰外，尚有胡一川、陈九、温涛等人的作品。那时，江丰在八路军政治部宣传科工作，是他首先注意提出了版画的民族化问题，他在一篇文章中提到："延安的木刻，一个显著的特色，那就是艺术形式的日趋民族化。延安木刻民族化的探索，有明确的目的，是以群众化为前提，促进木刻作品适应工农兵群众的欣赏习惯，更好地成为激发他们革命觉悟的精神食粮"。他还极力主张木刻与年画形式结合，号召延安的版画家学习中国民间木刻年画的优秀传统。他自己以身作则，从事木刻年画创作，在延安最早出现的两张木刻年画的作品，便是江丰创作的《保卫家乡》和沃渣的《五谷丰登》。这两张作品用油彩各套印了40份，供鲁艺春节宣传队分发给农民装饰家庭之中。至此，"新年画逐步成为有组织有领导的木刻创作中的一个重要组成部分，并由延安发展到陕甘宁边区各地"。

中华人民共和国成立后，江丰服从安排，担负着美术领导岗位上繁重的工作，他始终对中国的版画事业予以最大的关心和支持。在他先后主持领导工作的中央美术学院和中央美术学院华东分院，都成立了专门的版画系，使过去在旧的艺术学府里得不到一席之地而遭到歧视、排斥、打击的革命画种，能成为社会主义美术学院的重要组成部分，能有计划地大量地培养版画专门人才。同时，又在他主要负责的全国美协设立了版画组，开展、推进全国的版画创作活动；并于1956年和美协的其他领导一同倡议创办了《版画》杂志，实现了鲁迅先生前的夙愿。他还亲自抓版画队伍的培养，抓版画创作及其理论的建设。每次中外版画展览会和版画座谈会，他都尽可能亲自参加并积极发表自己的见解，提出带有指导性、建设性的意见。根据党的文艺方针政策，按不同时期客观现实的需要，有不同于过去的新要求。如1954年在北京由美协召开的捷克版画展览座谈会上，他提出版画应着重强调艺术性的提高，重视版画的欣赏价值，以满足人民群众日益增长的不断变化的审美需要。他还劝大家向捷克版画家学习善于表现自然风景的才能和技术，使与会的版画界人士同时受到新的启发。1956年，他参观"墨西哥版画展"时，又提出了墨西哥版画不但在内容上富有战斗性，而且在表现形式上也充分发挥艺术的特点，创造了新的独特的版面艺术语言，其"捏刀向木，放刀直干"的精神值得学习。

党的十一届三中全会后，他更加珍惜晚年，表示要努力争取为党和人民做更多的工作，他在百忙中仍然时时刻刻想到中国的版画事业，不仅想到今后版画发展的前途，而且还深切缅怀已故的版画界老同志，他在《永生版画集丛》书刊前言中说："正是他们在党的领导下和鲁迅先生辛勤的培育下，开辟了一条艺术为无产阶级革命事业服务的道路，正是他们为此后的版画艺术奠定了正确发展的基础。他们的贡献与作用理应载入史册。"

也就是在这次会议上，大家根据新形势的需要和广大版画工作者的要求，倡议成立中国版画家协会，江丰接受大家的拥戴，当了名誉主席。

富有开拓精神的美术教育家

在中国美术教育史上，有些人是颇负盛名的，江丰是其中一位。他和美术界的志士同仁一起，在贫瘠的黄土高原，在僻远的河北农村进行着意义深远的美术教育实践，把毛泽东提出的"文艺要为工农兵服务，为广大人民群众服务"的思想，贯彻到解放区的美术教育工作中，开辟了另一条具有崭新意义的康庄之路，使解放区的美术教育率先迈进了"人民美术教育"的新阶段，为实现新民主主义的美术教育向社会主义美术教育的转变，作了理论和实践的有益探索和充分准备。他不仅亲身参加了改造旧式美术学校的实践，而且成功创建了中国式的新型的社会主义美术教育体系，肩负着美术教育史上起、承、转、合的历史使命，为美术教育事业的发展开辟了更为广阔的途径。

早在20世纪40年代于"延安鲁艺"华北联大期间，江丰和蔡若虹、王曼硕等人一起，在毛泽东"为人民大众服务，为政治斗争服务"思想的指导下，创造了解放区美术教育的新经验，这就是艺术教育与政治相结合，理论与实践相结合，把这些原则融注于教学制度和教学法中，又形成了课堂教育与社会教育，业务教育与思想教育，基本练习与创作实习，教与学、学与用相结合的新教学制度和教学方法。这一整套美术教育新经验如同和煦的春风，给美术教育的发展带来了蓬勃的生机。较之"五四"以来历次美术教育变革，它是更为伟大、更为深刻的革命，它是在无产阶级领导下的与各种资产阶级文艺思潮相区别的、人民美术教育事业的经验总结。在革命美术教育新经验的正确领导下，"延安鲁艺"培养和集萃了一代精英。古元、彦涵、力群、罗工柳……

他们投身于火热的革命斗争之中，在艺术创作上取得了重大突破。他们的作品，不仅生动地塑造了工农兵的形象，展现了人民革命斗争的历史，而且形成了老百姓喜闻乐见的中国作风和中国气派，解决了五四运动以来新美术始终未能解决的大众化民族化的问题。

1949年中华人民共和国成立后，江丰从老解放区到杭州主持"国立杭州艺专"工作，江丰在把旧式美术学校改造成新型美术学院的教改工作中，作出了两项大胆的异乎寻常的决定。一是根据我国革命美术事业发展的情况，在中央美院和中央美院华东分院，把版画专业纳入系的体制，使这个在鲁艺精心培育下兴起的，经历了斗争严峻考验的，为革命作出卓越贡献的画种，成为社会主义学院的重要组成部分。二是把素描写生作为国画系的基础课之一，提高写实和造型水平，从而使国画更好地反映现实，为社会主义事业服务。

江丰是一位始终把人民放在心扉的美术教育家，始终坚持美术教学中的现实主义传统，他坚信人民所喜爱的艺术语言是现实主义。我们的艺术，第一，人民要看得懂……艺术要符合今天人民的欣赏习惯；第二，人民看了要能够得到好处，艺术要对他们有意义。

江丰是我国无产阶级美术教育事业的领导人之一，他在美术教育工作中开拓的新领域，成功的治教方针和办学原则，以及在教学方法中的新建树和新经验，不仅至今仍在被效法、沿用，被视为成功之鉴，而且也具有某种未来教育的因素，是对社会主义美术教育思想的重要贡献。

45. 泥城革命先烈创作的红色歌谣

朱力生

中华人民共和国成立以前，流传在泥城地区的红色斗争歌谣，是泥城早年参加革命斗争的革命先烈在投身革命活动中创作的艺术作品。这些红色歌谣的出现，给群众文艺注入了全新的元素，使浦东山歌民谣不再局限于抒发男女之爱，或者仅仅反映家庭生活、妇女苦难、儿童游戏之类的内容，而是反映革命先知者的感化教育、劳动者的觉醒崛起以及他们艰苦卓绝的斗争生活，使传统的温柔婉约的风格为之一变，从而更贴近生活，更富有战斗性，唱出了时代的强音。这些作品很快很广泛地在人民群众中得到传播，达到了很好的宣传效果。

下面一篇是革命先烈姜文奎写于1930年泥城暴动前夕的歌谣：

实行暴动向前进

共产主义真正好，泽东先生知识高，
领导贫农翻身，哎唷哎唷，领导贫农翻身。
亲爱农民团结紧，实行暴动向前进。
贼豪绅杀个干净，哎唷哎唷，贼豪绅杀个干净。
最最可恨日本人，真正凶来无淘成，
打死纱厂工人，哎唷哎唷，打死纱厂工人。
最最可敬好学生，顿时发出爱国心，
去演讲劝告工人，哎唷哎唷，去演讲劝告工人。

这首歌是革命先烈姜文奎同志创作的。姜文奎（1904—1943），泥城镇兴隆村人。1930年春，姜文奎加入了中国共产党。同年8月，在泥城暴动中，他是沈千祥的得力助手。他绘制了泥城暴动旗帜，在横港镇上公开演讲，宣传中国共产党的政策和革命道理，鼓动群众起来革命。姜文奎在暴动前夕，撰写了《实行暴动向前进》，配以老百姓熟知的泗州调，在泥城暴动前教参与暴动者学唱。1943年10月初，姜文奎因叛徒告密，不幸被捕。在狱中，姜文奎受尽摧残折磨，但他始终坚贞不屈，严守党的秘密。10月29日，姜文奎在浙东五夫镇大旗山英勇就义。

再看周大根、郭毅合作的一首歌：

五卅惨案十周年纪念歌

五卅，划时代的五卅，东方大革命胜利。

推动社会进化的巨浪，燃起民族斗争的火焰。

后世纪念年年，已十载。

南京路上血一片，民族仇恨莫忘怀。

继续奋斗，向前冲杀。

完成历史的使命，要我们大众来负担。

这是周大根、郭毅作于1935年的歌。周大根、郭毅20世纪30年代在上海闸北"五卅"小学任教。1925年5月，他俩亲身参加了轰轰烈烈的五卅运动。回想十年前的斗争情况，他俩写下了这首歌，并为它配了曲。作为五卅小学校歌，在这所学校流传歌唱，感动和教育了广大学生。

周大根，又名秋萍、务农。1906年生于奉贤县四团乡五墩村，后迁居泥城镇千祥村。1927年8月1日，参加了南昌起义。同年10月，加入中国共产党。1928年8月，周大根任中共南汇县委书记。1935年，周大根、郭毅到闸北五卅小学任教，合作写下《五卅惨案十周年纪念歌》。1938年12月16日，周大根率领保卫二中在汇角海滩上与日军英勇战斗，与27名英雄壮烈牺牲。

下面是周大根和郭毅合作的泥城崇文小学的校歌：

泥城崇文小学校歌

漫漫的黑夜已将过去，光明的白天行将到来。
恰真是黎明时代，
听吧，大众的呼声动地。
看吧，世界的烽火连天。
醒醒呀，泥城的儿童，莫再酣眠，莫再萎靡不振。
我们要陶冶德行，精求学业。
泥城是我们的工场，泥城是我们的乐园。
来吧，来锻炼我们的身手，
来享受应享受的权利，我们是时代的前驱。

漫漫的黑夜已将逝去，光明的白天行将到来。
恰真是黎明时代，
听吧，大众的呼声动地，
看吧，世界的烽火连天。
醒醒呀，泥城的儿童，莫再因循，莫再犹豫徘徊。
我们要敢作敢为，发挥本能。
历史已决定了我们，时代在鞭策着我们。
我们，要为社会努力建设，
为创造未来的光明，我们是未来世界的主人。

1936年，周大根由组织指派回到家乡泥城从事革命活动，公开身份是泥城崇文小学（原泥城横港小学）教师。周大根和同乡、同学的校长郭毅志趣相投，关系密切。他们以学校为阵地，以教师身份作掩护，进行革命宣传活动。像这首他俩合作的校歌，就是要让学生认清国家形势，陶冶德行，敢作敢为，用自己的行动创造光明的未来。

周大根、郭毅等革命者以教师工作为掩护，还十分关注社会动态。

了解到当地农村中有的人染上打吗啡针、吸食白粉（即毒品）的恶习，就创作歌词，配上民间小调，教会学生演唱，并组织学生到镇区、乡下宣传演唱，以唤起民众对毒品的愤恨，对戒毒的重视。下面是郭毅创作的《戒毒歌》：

> 打吗啡针啥开心，一只针头肉呀里啃，
> 啃得来皮开血崩，啊呀啊呀啃得来皮开血崩。
> 吗啡本是洋药品，开头用来医呀毛病，
> 害人精东西洋人，啊呀啊呀害人精东西洋人。
> 吸白粉呀毒煞人，皮包骨头鬼呀样人，
> 家产末败得干净，啊呀啊呀家产末败得干净。
> 白粉鬼人人见了恨，卖妻卖儿呀绝子孙，
> 这真是害国害自身，啊呀啊呀这真是害国害自身。
> 泥城设有戒毒所，医治病人许呀许多，
> 快快来戒除毒瘾，啊呀啊呀快快来戒除毒瘾。

郭毅这首《戒毒歌》，以浦东方言写作，配上百姓熟悉的泗州调，将打吗啡针、吸毒品的人皮包骨头、卖尽家产、卖妻卖儿、害国害自身的痛苦，写尽写绝，对这些吸毒者是痛彻心扉的劝告，对普通百姓是真真切切的教育。

郭毅（1905—1943），原名郭云舟，泥城横港村人。1926年，经中共组织介绍，考入北伐军前敌总指挥部政治训练班，结业后任北伐军36军某师政治部宣传干事。1936年，郭毅与周大根回到老家泥城，任教于崇文小学。1938年初，周大根任保卫二中中队长，郭毅任参谋。1939年，郭毅由姜文光介绍，打入伪军第13师，在该师创办教导队，担任政训员。1941年，拉出队伍到浙东建立淞沪游击队一支队，郭毅任政训主任。1943年，郭毅因咯血不止，雇船由两战士护送准备返回故里养病，途经芦潮港海域时，被国民党忠义救国军劫持，船至原川沙县（现崇明区）长兴岛时，郭毅等三人被杀害，尸骨未见。

最后看一首由姜文光撰写的悼念歌：

悼一二·一六阵亡将士歌

烽烟起，日寇侵我疆。我将士，誓救危亡。
烽烟起，日寇侵我疆。风云急，浦东沦亡。
烽烟起，鬼子来扫荡。二中队，奋起反抗。
奉命令，奉命令，组织抗日自卫队。
挽危亡，挽危亡，保卫祖国保家乡。
严要求，严要求，纪律严明民众夸。
勤训练，勤训练，阵营整，力坚强。
歼顽敌，歼顽敌，冲锋陷阵杀日寇。
保家乡，保家乡，壮烈牺牲在沙场。
吊忠魂，后世泪成行。
继遗志，责任永不忘。

1938年12月16日，保卫二中周大根等28位英雄在东海芦苇荡抗击日军时光荣牺牲。1939年1月上旬，南汇县保卫团总部在大团镇召开纪念中队长周大根的追悼大会。会前由姜文光谱写了这首追悼歌，教会战士们演唱。这首歌，愤怒控诉了日本侵略者的暴行，歌颂了保卫二中奋起反抗的功绩，寄托了对抗日英雄壮烈牺牲的哀思，也表达了后来者继承先烈遗志、将抗日进行到底的坚强决心。

姜文光（1909—1941），又名姜耀，泥城镇兴隆村人。1924年考入厦门集美中学。1929年回乡在泥城小学任教，并加入中国共产党。1930年8月，他参与组织泥城暴动。1938年姜文光任保卫二中政训员。1941年5月，任大队长的姜文光等带领50多人组成的先遣队赴浙东"三北"地区，开辟抗日根据地。曾率部于浙东相公殿两次伏击日军，两战皆捷。1941年10月22日姜文光率部开赴横河镇时，遭日军伏击，姜文光等29名指战员壮烈牺牲。

以上这些红色歌谣，在泥城地区的革命斗争中发挥了极大的作用。

泥城人民在历次革命斗争中，听从革命先驱者的号令，紧跟革命潮流，高唱革命战歌，认清形势，投身革命，踊跃参军，英勇杀敌，先后涌现出 97 名革命烈士，为建立新中国、为保家卫国作出了巨大的贡献。

  选录的这些歌谣只是泥城革命先烈撰写的红色歌谣的部分作品。革命先烈在革命斗争之余，在戎马倥偬之中，写下富有战斗性的歌谣作品，不仅反映他们能文能武、多才多艺，而且表现了他们对革命宣传工作的高度重视，更展现了他们的革命乐观主义精神。他们的作品永远留在了泥城革命斗争的史册上，为我们后人留下了一笔宝贵的精神财富。

46. "民进"前辈张纪元

奚德昌

张纪元是位对革命事业忠心耿耿的坚强战士。无论在抗战时期,还是解放上海的日子里,他听从党的安排,在隐蔽斗争和统一战线工作中,不怕艰难险阻,尽心竭力,其奋斗终生的事迹感人肺腑。

张纪元(1919—1978),暮紫桥人。其家庭为暮紫桥地区的望族,父亲张竹溪,与黄炎培是世交。母亲是位贤妻良母,对张纪元教育甚严,立志要让他做毕业歌里高唱的"明天是社会的栋梁"。

张纪元从小热爱祖国,富有正义感。在中华职业学校读书时,随进步同学上南京向蒋介石请愿要求抗日。1935年夏,考入北平汇文中学,参加了"一·二九""一二·一六"学生运动。1936年春,加入中华民族解放先锋队,积极参加各种革命活动。卢沟桥事变和八一三淞沪会战爆发后,在上海参与平津流亡同学会的联络工作,同时借读于上海清心中学,后因在该校开展工作困难,转入华华中学做学生会工作。张纪元通过社会实践,懂得只有共产党才能救中国的道理,于1938年9月,由莫振球同学介绍加入了中国共产党。从此,他一直无条件地服从组织分配,千方百计完成党交给他的各项任务。1938年9月考入大同大学,搞学生运动工作,宣传抗日救国,组织参观团、演剧团等,同时还积极动员同学们到党组织主办的社会科学讲习所听课。1939年遵照组织指示转入大夏大学,组织学生开展抗日反对汪精卫运动。其间,兼任"启秀女中"等学校的教师,讲授时事等课程,引导青年学生走上革命道路。

1940年，他遵照党组织的决定，打入国民党内部，以高度的革命热情，尽心竭力，机智灵活地完成隐蔽斗争的特殊任务。由于他的特殊身份，生活上他适当随和，而在思想上特别警惕。他给自己规定两条禁令，一不酗酒，二不上舞池。但在大庭广众之下总是西装革履，一副绅士风度。如果需要进入某些社交场合应酬时，不忘携带爱妻蒋群明一同赴约。夫人平时不爱张扬，但为了革命需要，也只得身穿旗袍，佩戴首饰，打扮得时髦得体，不失贵夫人的形象。搞隐蔽工作危机四伏，稍有不慎，全盘皆崩。有一次，张纪元按计划在舞厅与一位"客人"交接情报，不料突然来了几个商界朋友，定要与他共舞，一曲之后，又有几个舞女过来拉这几位朋友灌酒，也把张纪元拖上，夫人见此情景及时过去应付周旋，总算帮他解除了困境，与"客人"交接的任务也顺利完成。他还利用夫人与客人的交往聚会，收集到一些意想不到的重要情报。张纪元有一个姓王的同学，也是中共党员，因病借住在蒋群明表姐家疗养，小王不慎露出破绽，被同楼居住的国民党三青团骨干怀疑了，在一次聚会中，一位客人提醒他夫人说："住在你表姐处的王，据说是个共产党，你们要离他远点。"聚会后，他们立即设法通知了小王转移，避免了一场危险。

1941年12月8日太平洋事变后，日伪进入上海"租界"，形势非常险恶，组织上决定让张纪元留下，他毫不犹豫接受组织的安排，以有病为名暂时辍学回暮紫桥老家。不久，就在川沙城厢老街开出一爿"恒鑫杂货店"。该店由张纪元与两个亲戚合伙开设，他借商店作掩护，隐蔽下来，并配合党组织搜集情报。半年后他又回上海大夏大学复学。1943年大学毕业后，张纪元利用父亲和亲友的关系，经组织同意，先后参加了浦东同乡会和慈善团体的活动，积极开展党的统一战线工作，动员有财力的人士捐款办学校、办教养院。由于赵朴初的协助，在上海打浦桥贫民区创办了"继儒义务学校"，吸收贫民子弟入学，以教学为掩护，进行党的秘密工作。张纪元任该校校长，一直干到1949年上海解放。与此间同时，他还兼任浦东儿童教养院常务董事、"益友社"理事等职。

1945年日本投降后，张纪元同马叙伦、王绍鏊等前辈一道发起成立中国民主促进会,他参与筹备,并于1945年12月30日出席了民进成立大会,被选为"民进"理事。之后,他又热心筹募经费,创办培养民主运动干部的民本中学,任校董会董事。

张纪元经党的培养和考验,已经成长为一名斗争经验丰富忠诚党的革命事业的战士。1945年9月,组织派他到中共上海局书记刘晓同志负责的秘密经济机构"东方联合贸易公司"任副经理,对外以实业家身份,在工商界上层人士中开展统战工作。对内负责开辟秘密交通运输线。张纪元为了确保完成向苏北游击队根据地运送药品及急需物资,经常临危不惧,亲自出马。他乔装打扮,以经商为名带领车队出入封锁线。利用国民党内的朋友,疏通关节,沉着应对,总能安全完成各项运输任务。由于他肩负重任,日夜操劳,年纪不大却常犯腰痛病。一次在护送药品经过苏北途中,正巧遇到一场风雨,不慎受凉,腰痛得难以站立,他仍以顽强的意志,坚持到底。完成任务回到家里,立即躺倒,动弹不得,但他非但不说一句怨言,还乐呵呵地对妻子说:"只要完成党的任务,腰痛也是值得的。"由于他在国统区工作中勇于开拓,不畏艰险,加之年轻有为,东方联合贸易公司刘晓书记等年长的同志都很器重他,亲切地称张纪元为"张三弟"。

1946年初,组织上派张纪元参加工商界组织的星五聚会,以联络感情,宣传党的统战政策,揭露蒋介石制造内战的阴谋。1947年冬,组织决定让他回到暮紫桥家里,以其父亲张竹溪的名义创办"竹溪小学"作为掩护革命同志的据点。学校开办在他家老宅的东西厢房里,东厢房是一、二年级,西厢房是三、四年级。张纪元任校长,他爱人蒋群明负责具体校务工作,教师则聘请之江大学教育系顾怀涵等进步同学担任,广泛招收失学儿童入学,直至上海解放。

1949年上海解放后,张纪元历任中国实业银行副总经理、公私合营银行总管处副秘书长等职。他贯彻统战政策,尊重资方代表,努力做好金融业的改造工作。在此期间被选为上海市第一届人民代表会议代表。1953年,中国实业银行迁京,他调北京工作。同年,被选为全国青年联合会委员,并参加赴朝慰问团。1957年赴苏联参加第六届世界青年联欢节,任中国代表团副秘书长。1957年后,张纪元主要从事"民进"工作，历任"民进"中央理事、常委、组织部副部长、副秘书长等职。他认真贯彻统战政策，严于律己，宽以待人，以诚相待，团结群众。1959年起，他历任第三、四、五届全国政协委员。1963年，张纪元患真性红细胞增多症后仍坚持工作，并以革命乐观主义精神与疾病作顽强斗争。

"文化大革命"中，张纪元被诬陷为特务，遭遇隔离审查，但他坦然处之，坚信乌云定能驱散，雨过必来晴天。在审查期间，他实事求是，刚毅顽强，坚持学习，坚持锻炼身体，以备恢复工作。粉碎江青反革命集团后，他以奔放的政治热情投入工作中去，更加努力地做好党的统战工作，甚至在病上还惦念民主促进会和政协工作，直至生命终止。1978年，在张纪元同志的追悼会上，全国政协副主席赵朴初送上挽诗一首："……交友笃以诚，尽瘁忠于党。狂风恶浪中，直道行不狂。……"

47. 牺牲在山东战场的林达

林家春

林达，原名林有璋。1914年出生于江苏省南汇县老港乡（现属上海市浦东新区老港镇成日村）的一个农民家庭。林达的父母都是勤劳俭朴的农民。他曾有两个哥哥，但相继夭折，因而他备受父母疼爱，为他取奶名"野宝"。他天资聪明又好学，从私塾到小学，成绩优秀，高小毕业成绩全校第一，并以优异的成绩考取上海市立新陆师范学校。

九一八事变后，林达和他的同学们积极地投身于抗日救亡学生运动中。其间结识了共青团员蔡志伦（又名蔡辉、蔡悲鸿）。1933年，林达从新陆师范学校毕业，经人介绍，进入江南造船所（现为上海江南造船厂）任职员。

1937年11月4日，日军从金山卫登陆，路经南汇老港二灶泓时，一路大肆烧杀，林达的婶母、堂弟、外甥女惨遭杀害，林达及其二弟、三弟亦被打伤。国恨家仇，如烈火燃烧，更坚定了他抗日的决心。1938年初，中共江苏省委派陈静在蔡志伦的陪同下，到南汇开展抗日救亡运动，并组建了中共浦东工作委员会（简称"中共浦委"）。在中共浦委的领导下，林达和连柏生、王才林、王义生等积

林达

极筹建抗日武装。为建军需要，党组织授意林达出任长沟乡（解放后改名东海乡）乡长。

1940年3月25日，日军对林达的家进行了疯狂的报复。他家财产被抢，房屋被烧，父亲（林思礼）被抓，五位亲人被枪杀。二位弟弟（林有德、林有仁）和贤弟潘锦国都受伤。这不仅没有动摇他的革命意志，反而加深了他对日寇的仇恨。林达鼓励当地很多青年加入了抗日游击队。他的胞弟、胞妹和堂弟林志才（于1940年10月22日在浙东余姚横河战斗中牺牲）、贤弟潘锦国、龚银龙和友邻青年如杨定（1942年7月，杨定奉命调任浙东任三北经济委员会二科科长）等都在他的动员下加入了抗日队伍。

1940年5月，林达奉命赴江南人民抗日救国军东路指挥部（简称"江抗"）教导队受训。9月，返回浦东部队，任抗卫二大中队副兼教导队队长。不久，抗卫二大改编为"国民党第三战区淞沪游击第五支队"。1940年底，任淞沪游击第五支队第四大队（简称"五支四大"）副大队长，大队长周振庭因病离职休养，林达代行大队长职责。

1941年6月16日，蔡群帆、林达率领淞沪五支四大136人南渡杭州湾，进入浙东登陆（余）姚北后的第三天，就在相公殿的向天庵打了一个漂亮的伏击战，这是浙东敌后抗日的第一战，五支四大无一伤亡，毙伤日军各8名，迫使日军弃尸两具狼狈溃逃，其中一名割下一条手臂窜回敌营，首战告捷。

林达不仅是一个带兵打仗英勇机智的指挥员，而且是一个出色的统战工作者。他主动派员拜访薛天白，薛天白对林达赞扬备至，当场许愿将五支四大扩编为第三战区淞沪游击第三支队，任林达为支队长。因林有璋的名字在浦东已经很红，要林有璋改个名，于是以林达的名字上报加委了，这就是林有璋改名林达的由来。

从此，林达驰骋浙东疆场。1942年七八月，林达在司令部首长统一指挥下，与兄弟部队一起，向国民党顽固派"忠义救国军"艾庆璋、平湖抗日自卫总队和海匪王八妹等部2 000余人展开了自卫反击。连续作战半个月，彻底歼灭了艾庆璋部，夺取了浙东第一次反顽自卫战的胜利，巩固了"三北"抗日根据地。三五支队的威名震撼了浙东地区。

1943年初，何克希率司令部和三支队从"三北"到四明山区，林达率三支队一部挺进鄞西，配合地方党开辟新区工作。林达深入虎穴，与郭青白会谈，共商合作抗日大计。当宁波日军决心向西樟村地区实施报复性扫荡时，郭青白部为保存实力不敢迎战，请求林达派兵驰援。林达为了打开鄞西局面，亲率三支队一部，连夜冒雨翻山越岭，赶赴樟村东南之郑家迎战日军，战斗达6小时之久，为郭青白部解了围。郭青白为此感激涕零，致函林达相助之恩。

1943年11月，浙东第二次反顽自卫战爆发，国民党调集3万多兵力向四明山进犯。林达和第三支队奋勇迎击顽敌，大俞一战，击溃"挺三"疯狂进攻，突袭奉化东西岙，顽军遭我沉重打击，溃退嵊县。在与敌激战中，林达身先士卒，负伤后仍继续指挥作战，使纵队首长和司政机关安全转移，与"三北"自卫总队胜利会师。

林达在浙东敌后创下了许多出色战例，如仅耗弹4发，10多分钟解决战斗，生俘日军少佐军事顾问吉永久寿秀、伪军上校总队长及以下官佐11人、士兵17人的奇袭洪桥之战，便是其中的一例。

1944年1月5日，浙东游击队正式宣布改编为新四军浙东纵队，林达改任三支队政委。

1944年7月，洪魏之战，当场击毙伪营长麻应理之卫士等10余名，击伤伪军20余名，缴获快慢机、步枪、子弹、装弹机等全部武器等物。林达亲率第三中队和第一、四中队勇猛冲锋，击溃武器精良弹药充足的伪中警团4个连，给敌人以惨重杀伤，我部也有些伤亡。此战受到司令员的表扬和嘉奖。

1945年5月，林达和副支队长周瑞球率领三支队参加围攻田部坚固设防的军事重地许岙，部队以"消灭田胡子，为浙东人民除害"的战斗口号投入战斗。当上虞敌人一批批增援时，林达指挥部队将其一次次打退。经过14个日日夜夜英勇奋战，攻克大小碉堡28座，除田岫山带几个随员潜逃外，横行一时的"挺四"全军覆灭，解放了第一座县城上虞。

林达从浦东到浙东，肩负党的开辟浙东敌后抗日根据地的重任，率部驰骋在"三北"、四明广大地区，直至抗战胜利。在历时四年半的艰苦卓绝的对敌斗争中，出色地贯彻执行了党的统一战线政策，取得了粉碎日伪军无数次的"蚕食""扫荡""清乡"和三次反顽自卫战的胜利，战功卓著，为创建和发展浙东敌后抗日根据地作出了重大贡献。

抗日战争胜利后，为谋求和平，浙东纵队奉命北撤。1945年11月，在江苏涟水整编为新四军第一纵队第三旅，林达任该旅第九团政治委员。部队进入山东，驻防于泰安地区。林达按照今后大兵团作战高度统一的要求，重视部队的管理教育，严格组织纪律，克服存在于部队中形形色色的游击习气，他举办连以上干部学习班，学习朱德总司令的《怎么带兵》《怎么练兵》各个章节，亲自上课。历经5个多月的战备训练，九团这支新部队的政治、军事素质得到普遍提高。

1946年6月，全面内战爆发的前夕，林达率九团会同兄弟部队一举攻克伪军长期盘踞的泰安城，全歼守敌4 000余人。

当全面内战爆发，林达率九团投入了伟大的第三次国内革命战争，为完成作战任务，倾注了全部的精力和智慧，奋战在齐鲁战场。1946年12月，宿北战役开始，林达率九团为旅前卫团，指挥部队向曹家集之敌发起猛烈攻击，歼敌工兵营、骑兵营大部，俘敌600余人。拂晓，当敌人发现我部孤军深入，兵力不多，部队却被敌包围。林达临危不惧，血战曹家集，为宿北大捷作出了贡献。

1947年5月，在震惊中外的孟良崮战役中，林达率九团担任坚守界牌、天马山阵地，阻击敌二十五师东援敌七十四师的艰巨任务。1947年7月，为配合刘伯承、邓小平大军南下大别山和粉碎敌人重点进攻，华东野战军向鲁西南出击，转战于津浦路两侧。18日，当九团强渡沙河时，敌人轮番俯冲扫射，狂轰滥炸，林达为了指挥部队隐蔽，不幸中弹负伤，流血不止。在生命垂危之际，他对身旁的同志说："我不行了，没有完成任务，光荣的任务要你们去完成。"当天下午林达光荣牺牲。

林达从24岁参加革命起，一直英勇顽强地战斗在抗日战争和解放战争的烽火中，唯独不想着自己。在浙东抗战时，浙东游击纵队司令员刘享云、何克希同志给林达介绍了一位女同志付尔（后曾任河南省中共洛阳市宣传部办公室主任，1984年离休），同志们都劝他们结婚，但他总是说他俩的婚事要等到革命胜利后办理。

林达的一生是短暂的，但他把一切都献给中国人民解放事业，他那百折不挠的革命精神，将永远留在浦东和浙东人民的心里。

48. 上海解放前夕川沙地区的党组织

乔鼎人

上海解放前,经邱忠民同志的不懈努力,中国共产党组织在川沙发展了一批党员,于1948年4月在养正小学内成立了党支部,我任支部书记。

我小时在川沙观澜小学上学。小学毕业后到浦西民立中学求学。在上中学期间,我祖父、父亲相继去世,家庭经济陷入困境,靠我母亲帮人干活,有点微薄收入,勉强维持家境。高中毕业后,我无法继续升学,便回到川沙。

当时我找不到工作,靠我母亲帮工绝非长久之计。我就去找朱有福,让他介绍工作。朱有福是我上小学时的语文老师,此时他已是国民党县党部书记,川沙五虎将之一。他办了一所川光小学。朱有福见当年的学生找他帮忙,就爽快地答应了,让我到川光小学教书。教了一段之后,朱有福介绍我到南海滨小学当校长。这所小学只有两间教室,条件很差,天下雨房子漏水。我在那里教了两个学期。此后我还到剑三小学当过一阵校长。

靠近川沙有座艾巷桥,那里有所养正小学,校董是艾中仁。艾中仁是个很有学问的人,他认为养正小学现有的校长水平太低,不能胜任工作,他向上面写信要求换一个校长。我有个叔伯姨父在川沙开了一家纸坊,他与艾家是亲戚,他向艾中仁推荐了我。艾中仁经过考察,认为我可以,于是我便成了养正小学的校长。过了一段时间,我把爱人杨蕙清和弟弟鼎森(后改名为鼎声)也介绍进了养正小学工作。在养正小学工作期间，我认识了邱忠民同志。

邱忠民是南汇县坦直乡人，1943年加入中国共产党。1944年11月，他受命到川沙开创新局面，发展新党员，加强川沙地区的对敌较量。邱忠民同志接受了这一任务，就与陆心一、朱绍康一起到川沙，在东门街租了一间店面房子，三人各出2石大米作资本，并从邱、陆家里搬来货架、柜台等，开了一家名为"万利"的小烟纸店。邱忠民同志以小老板的身份出现，热情接待顾客，买卖公平，生意倒也兴隆。

我有个小学同学叫陆定安，他与邱忠民同志在江镇中心小学共事过。通过陆定安的介绍，我结识了邱忠民同志。邱忠民同志系教师出身，我也是教师，二人是同行，有共同语言，谈话很投机。通过多次交谈，他发现我人很正直、规矩，便有意识地要发展我入党。他跟我谈时局形势、国家前途。我认为当时的国民党腐败，弄得民不聊生，这样下去前途可悲。我向邱忠民谈了我的家庭情况，家中有老母和比我小7岁的兄弟鼎声。鼎声在铁沙初中毕业，到药店做过练习生。邱忠民同志为了了解我，到我家里去，有时住在我家。他向我介绍共产党和延安，还让我看一些进步杂志。他说，浦西霞飞路（上海解放后改为淮海路）有一家书店，里面有进步书刊，让我去看。我去了那书店，书店的边上有些小册子，是进步刊物。我看了这些书刊后，对共产党逐步加深了了解，认识到只有共产党才能救中国，只有在党的领导下中国才有前途。在一次谈话中，我向邱忠民同志表示，要到延安去找共产党。他微笑着说，要找党不一定去延安，许多地方都有党。我问他，你是否是共产党。他后来告诉我他是共产党。我让他当介绍人，他答应了。过了一些日子，他告诉我，他向上级已作了汇报，组织上已批准我入党，是中共党员。他让我留在川沙，处处需要党员，川沙尤其需要，因为川沙还没有党的组织。他向我布置任务：要多交朋友，多找青年谈，揭露国民党内部的黑暗。

有一次，邱忠民同志问我，你的兄弟鼎声人怎么样。我说，他很纯洁。他在中学时有个代课老师叫蔡明（是蔡经伟的女儿，后来知道她在浦西时就是中共党员），蔡老师给学生讲过共产党的事情。鼎声是有些基础的。他毕业后没工作，对社会不满，想去投奔共产党。邱忠民听后，说：对你弟弟要加强培养。我通过谈话，给他看进步书籍，逐渐提高了鼎声的觉悟。在时机成熟后，邱忠民同志将鼎声吸收为党员。

我在川沙只读过小学，后来就到浦西去读书了，在当地认识的人不多。而我兄弟鼎声同学较多，我让他把好的同学介绍给我。其中有一个同学叫陈金良，我找陈金良谈话，一年下来，陈金良进步很大。经过邱忠民亲自考察，认为不错，就发展陈金良入党。

到1948年初，川沙有了7名党员：邱忠民、我、鼎声、陈金良、川光小学的两名学生，还有一个工人。养正小学房子、课桌椅坏了，要请工人来修理，陈金良请来了一个工人。此人很正直，手脚灵巧，木匠、泥水匠全会。我让陈金良对他进行启发，争取能发展他。经过一段时间工作，此人觉悟有很大提高。邱忠民还专程跑到他的住址作调查。最后吸收他入了党。

川沙有了7名党员，经上级批准，于1948年4月，在养正小学内成立了党支部，我任支部书记，由邱忠民同志单线联系。这个支部是邱忠民同志在解放战争前后领导的五个支部中最早建立的一个支部。

1949年初，解放军直逼长江，胜利在望。邱忠民同志根据上级指示，要我们支部搜集地方政治、军事、经济、社会、人物等有关情况，编印《川沙调查》，绘制地区简图、工厂平面图、军事碉堡分布图，提供给解放军。我们还以浦东人民解放军总队名义，发布《告浦东人民书》，并组织群众，采取各种措施，保护工厂、学校、机关、商店，迎接川沙解放。

1949年5月15日，解放军挺进川沙，川沙解放了。18日上午，组织派人通知我速去南汇县城浦解总队队部。我立即前去，见到了我的单线联系人邱忠民同志和浦解总队总队长吴建功同志。吴建功同志给我两点指示：第一，回去后立即向30军89师报到，公开身份，今后在军管处和县委的领导下工作；第二，当前的主要任务是组织党员和党外积极分子向群众宣传党的政策，消除群众的顾虑，并了解掌握没有逃离川沙的国民党人员的情况。

我回川沙后，马上按以上两点指示开展工作……

1949年5月，南汇解放后，邱忠民同志任南汇县人民政府首任秘书兼中共南汇县县级机关支部书记。后来到江苏工作，1983年离休，1990年病逝。

上海解放后，我到川沙县文教科当副科长、科长。1955年调任川沙中学校长。

上海解放初，我的兄弟鼎声被抽去做团的工作。后到北京学习了两年，调到无锡工作。最后是在南京紫金山天文台任党委书记，从这岗位上离休。

49. 从护丁总队到浦解总队

张银根

1945年8月15日，日本宣布无条件投降。10月上旬，根据中共中央电令，新四军浙东纵队及地方干部撤到苏北解放区。在浦东隶于新四军浙东纵队的淞沪五支队及地方党政干部和已经暴露身份的党员都同时北撤。

合法斗争反抓丁

1946年10月中旬，中共中央华中局城工部指示淞沪工委：浦东应善于运用不同地区，不同对象，不同要求，提出不同的对敌斗争口号。据此，淞沪工委决定以南汇县为中心，在浦东开展反"三征"（征丁、征租、征税）斗争。10月下旬，国民党在浦东强行抓壮丁，由军警抓来的壮丁，像囚犯一样关押在看守所，等待押解到蒋军部队。国民党抓丁的暴行，被抓丁家属凄惨的哭诉，激起了民愤。地处川沙、南汇交界的中共长沟乡支部因势利导，发动群众进行反"抓丁"斗争示威游行，提出"反对抓壮丁""反对征粮""反对苛捐杂税"等口号。其中"反抓丁"的口号，最符合民众的诉求。因为大多数民众的家庭中都有壮丁，国民党的抓壮丁，使他们日夜惶惶不安，担心亲人被抓。"反抓丁"的号召，一呼百应。队伍从长沟乡出发，开始时数千人，到南汇县城时像滚雪球一样，已增加到1万余人。"反抓丁"的口号，同样得到县城中工商各界及市民的支持，迫使南汇县政府答应群众的要求，释放被抓的壮丁。当示威群众大部分撤离后，国民党当局竟派军警镇压，抓捕群众11名。中共长沟乡支部立即召开会议商讨营救办法，决定一面继续组织群众示威声援，一面向南汇县政府发出警告，要求立即释放被押群众。国民党当局迫于众怒难犯，使用缓兵之计，释放了关押群众。事后反攻倒算，暗中抓捕并杀害了5名群众。

反抽丁农民运动集会遗址

针锋相对，成立护丁总队

这次声势浩大的"反抓丁"运动，使民众认识到人多力量大，也看清了国民党反动派凶残的真面目。"反抓丁"成为群众和国民党斗争的热点。党组织趁热打铁，向群众进行武装斗争的教育，面对拿枪的敌人，只有针锋相对，用革命的武装，打倒国民党反动派的武装，才能取得"反抓丁"的最终胜利。

1947年1月21日，中共淞沪工委在南汇县老港召集王新章、祝发初、张水奎3人会晤，分析了"反抓丁"运动的形势，决定因势利导，在浦东重建党的武装，定名为"浦东人民护丁总队"。"护丁"体现了群众的诉求和愿望，有利于团结广大群众，开展合法斗争，又可以在"反抓丁"斗争中，吸收觉悟高的青壮年，秘密参加党的武装队伍。时过一月，护丁总队的武工队员发展到50多人，总队决定建立武装基干连。

淞沪工委将隐藏在浦东和浦西的一部分枪支弹药取出，分发给武工队员。同时，淞沪工委决定重建中共浦东工作委员会（简称"浦委"），统一领导浦东地区党的工作和武装斗争。

到5月下旬，武工队员发展到70多名。中共淞沪工委书记顾德欢率领基干连40余人南渡钱塘江进入浙东，支援浙东人民武装斗争。淞沪工委同时决定从护丁总队抽调陆文杰、张震言、祝发初等10多名武装骨干前往浦西，重新恢复青东地区武装斗争。留在浦东的10多名武装骨干，分别由杜林、王新章、周牧雷、丁金山负责，组成4个武工队（组），就地坚持武装斗争。

队伍壮大了，缺少武器。护丁总队向各区武工队（组）发出指示，要求各队想尽一切办法搞武器。

当时浦东各个较大集镇都有"自卫队"，这些自卫队大多由商家子弟组成，平时手持武器在镇上耀武扬威，帮国民党反动派为非作歹，但未经严格训练，没有战斗力。从自卫队手中夺取武器，成为武工队的首选目标。

路北区武工队副队长王新章通过内线，摸清了南汇县瓦屑镇自卫队活动情况和存放枪支的地址后，于1947年10月，率领武工队员和积极分子20余人，在护丁总队短枪队长王菊林、指导员李铁锋的配合下，前往该镇，不费一枪一弹，一举缴获步枪10支、短枪3支及部分弹药。

迎接解放，改名浦解总队

1947年12月下旬，中共淞沪工委在南汇县新场镇附近召开中共浦东工委扩大会议，根据解放战争节节胜利，全国解放即将实现的大好形势，会议决定：（1）将浦东人民护丁总队改名浦东人民解放总队（简称"浦解总队"）；（2）加强政治形势和纪律教育，整顿部队生活制度；（3）经济上以浦解总队名义，实施征收公粮等。

1948年1月初，浦解总队对队伍的建制也作了相应调整，除总队的主力武装独立第一中队外，其余的各区武工队（组）分别改组为独立一中、二中、三中、四中4个独立中队，赋予各独立中队更多的独立性和灵活性。各独立中队都积极寻找战机，仅在1948年上半年，浦解总队的武装就多次袭击一些集镇的自卫队，缴获了一批枪支弹药。

1月9日，有内线向独立一中报告，江镇自卫队有2名队员，身带短枪，往返于八灶港和陈家桥之间。中队即派3名战士在小普陀伏击，击伤其中1名。缴获短枪1支。

4月11日，独立一中副中队长带领积极分子10余人，在总队一中的配合下，袭击南汇县祝桥镇自卫队，缴获卡宾枪和步枪各1支、子弹数百发。接着，独立一中队长张震言、副中队长王新章又率领武工队员夜袭孙小桥自卫队，缴获短枪数支和部分弹药。

在南汇六灶，驻有国民党军百余人，附近陈桥镇自卫队常跟随国民党军下乡"清剿"共产党的隐蔽武装。4月15日，浦解总队决定组织主力一中和独立一中40余名指战员袭击陈桥镇。当晚，以小部分兵力"调虎离山"，开枪向国民党军驻地射击，待国民党军离开驻地追击时，边打枪边撤退，诱使敌军远离陈桥镇，总队主力则直插陈桥镇，捣毁自卫队队部和乡公所，击毙自卫队员3名，俘4名，缴获长短枪10余支，营救出被捕武工队员1名。

4月25日，由肖方、张世楼和张震言带领浦解总队短枪队和独立一中指战员40余人，于深夜分三路冲入王港镇自卫队，缴获轻机枪1把、长短枪18支和各种弹药。

一次次的胜利，彰显了浦解总队的军威，打击了地方反动势力的气焰，有些自卫队因之而收敛，求得自身安全。在浦东的国民党驻军，开展的所谓"清剿"，因失去了帮凶，最终以失败而告终。

同年10月上旬，中共浦东工委和浦解总队在南汇县路南地区召开骨干会议。会议历时3天，总结3个月反"清剿"斗争情况，学习毛泽东《目前形势和我们的任务》，部署继续开展反"清剿"任务，并具体布置迎接解放军南下的筹借粮草等事项。

为改变屡"剿"屡败的尴尬局面，1948年12月，国民党淞沪警备司令部第三战区第二分区指挥部张榜，以"优厚赏格"通缉浦解总队的领导和骨干等12人。其中，活捉浦解总队政治委员王克刚或总队长吴建功，均赏米500石（每石为156市斤），击毙赏米300石；活捉"英勇中队"队长张震言赏米 300 石，击毙赏米 150 石；活捉"英勇中队"队副王新章赏米 200 石，击毙赏米 100 石等。缴获共产党完整武器弹药亦给予赏格。历史证明，国民党反动派失道寡助和彻底失败，不是赏格能改变的。那些被悬赏通缉的浦解总队领导和骨干，因为受到民众拥护，继续活跃在浦东坚持斗争，直到浦东全境解放。

1949 年 1 月 1 日，中共浦东工委以浦解总队的名义，制定《浦东人民解放总队十大行动纲领》，号召浦东各阶层爱国同胞与人民武装一致团结起来，为争取解放战争的早日胜利和人民和平、幸福生活的实现而斗争。《纲领》要求浦解总队各连队和一切人民武装，学习人民解放军的优良传统，随时随地倾听群众意见，保护人民利益，广泛开展群众性的游击战争，为巩固和扩大浦东革命阵地，不断壮大革命力量，配合南下大军解放浦东而斗争。同时，对国民党各级党政官员、军队官兵等，讲明政策和指明前途。指出：只有认清大势，不再危害人民利益和进行破坏革命的活动，才能得到人民的宽大处置；执迷不悟，继续进行反革命活动，必将遭到逮捕与惩处；有立功表现的，将论功行赏。还重申浦解总队拥护并坚决执行中共中央关于土地改革的政策、关于保护和繁荣工商业的城市政策及实行广征薄收的税收政策，力求通过发展生产改善人民生活，联合一切爱国力量，巩固与扩大反对帝国主义、反对封建制度、反对官僚资本主义的统一战线，"为广泛实现各民族阶级人民的民主权利，建立独立、统一、富强的新中国而奋斗！"这一纲领性文件经油印后，在浦东地区广为散发，2 月 5 日又再次油印后分发。

这一纲领，犹似一声惊雷，响彻浦东全境，以高屋建瓴之势，彰显了党的方针政策，扬了军威，鼓舞人民，震慑敌人。

同年 4 月 26 日，浦解总队以总队长顾复生、副政委王克刚的名义，对国民党县、区、乡（镇）以及地方团队发出通令，命令他们严守岗位，维护地方秩序，对本单位、本部门的一切档案、物资、武器弹药等应迅速编造清册，妥善保管，待命接收，如违令破坏者严惩不贷，立功者将论功行赏，并告诫他们切勿再因循苟且，一误再误，沦为千秋万世之罪人。5 月 2 日，中共浦东工委以浦解总队名义，发布《告浦东人民书》，号召浦东人民行动起来，沉着、镇静地维持地方治安，采取各种措施保护工厂、学校、仓库和其他部门，从各方面配合、支援人民解放军，为争取最后的胜利而斗争。同月，浦委和浦解总队为迎接浦东解放，发动群众征集到军粮 33 万公斤，供解放军解放浦东时的军需。

同月上旬，浦解总队"英勇中队"通过策反，使周浦镇自卫队 80 余人，在队长陆介禄的率领下，携带轻机枪 11 挺，步枪 86 支，快慢机枪和盒子枪等短枪 44 支以及全部弹药、军用设备，向"英勇中队"投诚，并被改编为"光明中队"。

1949 年 5 月 25 日，浦东全境解放。浦委和浦解总队的响应配合作出了重要贡献。

浦东人民解放总队《告浦东人民书》

50. 解放战争时期的南渡浙东

李国妹

1947年6月7日，担任中共淞沪工委书记兼浦东工委书记的张凡，第一次带领浦东部队南渡浙东。但到浙东后被敌军处处围追堵截，最后大部分战士只得返回浦东，只剩下张凡和小沈通过蒋军控制的地区到达四明山根据地，会见了顾德欢同志并汇报了情况，并留下了一批武器弹药，后只身返回浦东为第二次南渡浙东做准备。

1948年1月，中共浙东临时工作委员会（简称"临委"）召开首次扩大会议。接着，浙东临委决定成立浙东主力武装——浙东人民解放军第三支队，由张任伟担任参谋长。同年5月，临委派张任伟到浦东接引两支革命武装南渡四明山，于5月18日与第三支队胜利会师。

张凡同志回浦东后，仍任淞沪工委书记兼浦东工委书记，并将浦东人民护丁总队改为浦东人民解放总队，自兼总队长。他总结了第一次渡海南下失败的经验教训，向上海局领导要求加派骨干力量以加强部队。1948年5月，浦东部队在张凡等同志的领导下已在思想上、组织上做好渡海的充分准备。

解放战争时期，在浦东有两支用不同方式和国民党反动派作战的革命武装，他们是中共上海淞沪工作委员会（简称"淞沪工委"）领导的、在解放战争初期重新建立起来的浦东人民解放总队（简称"解总"）和长期潜伏在国民党军队内部的同志于抗战胜利后在南汇组建的国民党"大团镇自卫队"储贵彬部（简称"储部"）。这两支武装能经常互相提供情报，在敌人内部制造各种矛盾，秘密配合作战，消灭敌人。因部队活动逐渐暴露，引起了敌人的注意。

鉴于浦东的情况和浙东的形势，浙东临委在第一次扩大会议后，向中共中央上海局外县工作委员会（简称"外委会"）提出建议，将解总和储部撤往浙东。但考虑到在撤走时，储部的困难可能要比解总多得多，如果储部一上四明山参加三五支队，他们的家就有可能遭受敌人的摧残。

经过林枫、浙江临委书记顾德欢、"小海委"洪舒江等研究决定，于5月初，张任伟与储贵彬、奚德祥、戚大钧（化名周善新）、刘路平等同志进一步商讨解总和储部撤离浦东的计划。具体实施由张任伟安排，决定浦东部队于5月中旬到达余上，由十六户选派了3个政治上可靠的船老大钱珊实、姚毛继、奕五九到南汇小洼港候命接应浦东部队。登陆地点选择在余姚、上虞交界处的余姚临山区上塘乡十六户。

储贵彬接到南渡浙东的通知后，又喜又惊。自1946年6月被选为大团镇长后，他兼任大团镇自卫队队长。按照中共党组织的指示，开展统一战线工作。大团地区的"赤化"，引起了国民党反动派的恐慌，特务机关经常派特务到大团地区刺探军情。当时储贵彬和大团地区的党组织已处在国民党反动派的监视之下。

储贵彬的部队分驻在大团镇和所辖各乡，而大团镇离小洼港港口约15千米，小洼港是重要的出海处，要把这支部队神出鬼没地调离原驻地，拉到出海口，是一次极为困难的军事行动，稍有疏忽，就会功亏一篑，其后果不堪设想。

正在储贵彬为这次行动绞尽脑汁、举棋不定的时候，他的几位叔伯父到大团，与他商量5月14日如何操办其祖父"五七"（当地的风俗人去世后的第35天是个大忌日）。储贵彬一听，计上心来，他想可以办丧事

储贵彬

为名，把部队拉到小洼港，一部分人到家里（储家新宅原址，现为书院镇政府院内）"帮忙"，另一部分以防止共军偷袭为名，在小洼港附近警戒。主要干部可住在储家宅内，随时可以商讨处理南下前的事宜。中共上海党组织批准了这一方案。

5月13日晚，储部在奚德祥、戚大钧、刘路平等同志率领下，开抵小洼港担任警戒，解总在张凡同志率领下也于那天晚上开抵小洼港附近隐蔽。

储家操办了这次有三天三夜道场和堂会戏曲、耗资10亩良田资金的隆重丧事。那天，储家多次用"小摇舟"送到老家的机枪和冲锋枪以及美式手榴弹与鞭炮同时试射鸣响，声振四乡，热闹非凡。

5月14日，储家新宅四合院内人头济济，笙笛并发。灵堂内白蜡高燃，烛光通明，香烟缭绕，左右挂满悼轴挽联。前来吊唁的有国民党南汇县政府参议员、国民党军官、大地主、大商人等。储贵彬身披孝服，奚德祥、戚大钧等自卫队员以及中共党员扮成"相帮"，一起迎候在大门口。

南下行动总指挥张任伟扮作大盐商，坐镇厢房搓麻将。两支武装部队的战士都扮作吊唁的乡邻，陆续到来。时近下午4时，吊唁的人逐渐离去，此时，二团乡乡长顾训维带4个卫兵突然来到。顾训维曾是汪伪特务，他和储贵彬虽是世交，但道不同，双方心知肚明。顾训维原不知储贵彬要带走队伍，是在二团乡自卫队长黄兴华告密后才知道的。这次来，他心里充满矛盾，想探探虚实，兴师问罪。储贵彬主动向他摊牌，并对他进行一番形势教育，晓以大义之解说，顾训维感到大势所趋，自己不如做个顺水人情，为今后留条后路。他从衣袋里摸出几排手枪子弹送给储贵彬作为礼物，站起身来准备告辞。为防意外，储贵彬挽留了顾训维，吩咐设宴招待，拖延时间。

酒过三巡，菜过五味，已是晚9时许，准备工作一切就绪，储贵彬一看时间，潮水涨得差不多了，遂将顾训维送出小洼港。

晚10时许，解总主力和储部大部分指战员（缺二团自卫队）会合在一起，共300左右人枪，在小洼港塘外的海滩上列队待命。不久，储贵彬、奚德祥、张任伟等与中共淞沪工委书记张凡和吴建功等领导同志相继汇聚到一起。张凡向解总宣布党领导的大团镇自卫队一起去浙东，顿时群情振奋，无不兴高采烈。储贵彬同志向自卫队战士作去浙东四明山游击根据地的动员讲话，战士们对投奔浙东游击队一致同意。

正当成功在望时，却发生了一个十分严重的意外：已经到了预定上船的时间了，竟未见来接应船只的影踪。

此时，已是5月15日凌晨3点多了，但未见海上有信号发来。等待船只的指挥人员紧急商量应急措施，冒着被敌人发现的危险，用手电向海上频频打出信号，但一时仍不见船来。正在众人焦急万分时，只见海上出现一人泅水而来，是负责率船接应的储贵彬的警卫员张根全同志，他不顾浑身水湿，立即报告了发生的情况，原来船在小洼港搁浅了，大家知道真相后，悬着的心才开始放下。于是，一部分人帮忙推船，300余名指战员也一个不漏地涉着齐腰乃至齐胸的海水，陆续登舟，扬帆出港，趁强劲的东北风，向浙东挺进，航行10小时左右就到达预定登陆点——余姚、上虞接合部的十六户村。部队离船上岸，余上县工委书记余先带着武工队前来迎接，当晚为他们安排食宿。次日晚急行军，越杭甬公路，渡姚江，经上虞水和市、牛栏口直上四明山。5月18日晚到姚南左溪乡章雅山，与浙东主力第三支队会合，上海局外县工委副书记林枫、浙东临委领导和四明工委与他们亲切会见。

浦东部队到达姚南后，林枫宣布上海局的决定：浦东南渡四明的部队，改编为浙东人民解放军游击第五支队，储贵彬为支队长，奚德祥为副支队长，张凡为政委，吴建功为政治处主任。下辖两个大队，分别称为第一大队和第三大队。第一大队由解总改编，番号"反攻"，谈仲华

1948年5月接应浦东部队到浙东十六户的三位船老大，左起：钱珊实、姚毛继、栾五九

为副大队长，李铁峰为教导员，大队下辖一、二两个中队；第三大队由

大团自卫队改编,番号"解放",戚大钧为大队长,刘路平为教导员,大队下辖七、八两个中队。下午4时,部队胜利到达四明山。

此次浦东部队到四明山共带重机枪2挺、轻机枪16挺、冲锋枪15支、卡宾枪80支、步枪180支、手枪80支,各种子弹5万余发,手榴弹500个。

储贵彬上四明山的第二天,国民党就到他老宅、新宅搜家抓人,家里的贵重物品全被洗劫一空。家里人被抓的抓,逃的逃,储贵彬弟弟被抓后吊在电线杆上毒打一顿,并被带走。国民党还四处散布谣言说,储贵彬上四明山后,就被人抓去,杀头后挂在余姚城示众……后来,经过各方四处活动,反动派同意储家将储贵彬的弟弟赎走,但要储家出200担白米赎。储贵彬为了防止怀孕的妻子在他去浙东后发生意外,派他的警卫员小金提前护送他的妻子以去上海检查身体为由,安排她住在一位医生的弟弟家,躲过了这一劫。

大团自卫队的诸多子弟后代都由海东中学校长盛幼宣负责加以保全、掩护或转移,包括储贵彬的两个儿子储企中、储企华和两个妹妹储锦英、储锦莹,还有奚德祥的兄弟和许多战斗人员的后代等!

1948年5月19日,上海《新闻报》刊出"浦东大团镇长储贵彬叛变潜逃"的时事新闻。《申报》在第四版也刊登了"浦东大团镇长储贵彬率部投匪"的报道。国民党内部怨声载道,南汇县县长简涤初为此被撤职。储贵彬等到四明山五六天后,浙东国民党当局方才发现,《东南日报》《余姚报》均以头条新闻惊呼:"叛员储匪,已越东海,跨杭甬公路,渡姚江,上四明山!"国民党浙江省当局也为此以"海防疏忽罪"撤了慈溪、余姚两县县长的职务。储贵彬队伍南下浙东,极大地震惊了敌人,鼓舞了人民的革命斗志。

张凡率浦东部队的第二次南下浙东,大大地鼓舞了浙东人民的斗志。国民党淞沪警备司令部和浙江省保安司令部大为惊恐,一面将南汇县长和浙江上虞、余姚的县长撤职,一面出了6 000余兵力进行"追剿",对浙东游击队进行了牛塘、红岭、大山等几次"追缴"。特别是6月5日的上王岗战斗,二、五两支队经过8个多小时的战斗,打退了蒋军7次冲锋,毙伤和击溃浙江省保安团约200余人,取得了反"追剿"的重大胜利。

1948年8月6日,中共浙东临委书记顾德欢给淞沪工委和浦东工委来信说:"这次浦东武装行动,增加了浙东很大一部分力量,特别在部队会师后,在姚南上王岗一战……打了浙东恢复武装以来第一次大仗,大大提高了我们的军事威望,迫使敌人现在不敢分散驻防……造成四明山及浙东敌我斗争的有利形势。这是你们过去一年为浙东工作的重要成绩之一。"

51. 学校中的中共党组织

陆晨虹

抗战胜利后，浦东沿江地区的党组织遭到国民党特务的破坏，损失惨重，20多名党员被捕，党组织被迫停止活动。为了恢复党的组织，1948年3月，中共中央华中局城工部和上海市委教育界运动委员会、学生运动委员会以及学生联合会党组织，分别派中共党组织干部隐蔽到市立中学——洋泾中学、高桥中学、陆行中学、杨思中学和花木地区龙王庙穗成小学等处，开辟党的工作和发展党员。川沙、南汇等地的中学、小学，如周浦中学、川沙中学、养正小学等校内的中共党员，也积极发动群众，宣传党的政策，发展党员，为迎接解放开展工作。

洋泾中学首位党组织负责人陆桢秀同志，曾在2010年洋泾中学校庆之际，撰文回忆了黎明前浦东校园中共党组织的情况：她当时所在的中共党组织建立于1948年初，"当时党员之间不能发生横向关系，我任教时只知道陆行中学马问蕊同志、高桥中学刘继璋同志，我们三人组成混合支部（都在浦东），我任书记。代表上级党来领导我们的是马问青同志。记得当时工作的主导思想是教好书，对学生负责。树立威信，隐蔽精干，广交朋友，了解情况，积蓄力量，提高教师与学生的觉悟，宣传形势，要和平，反内战，要团结，反分裂，要进步，反倒退"。

以市立洋泾中学为例，当时学校内实际存在至少三个党组织的条线在活动：

一是教育系统的党组织。在国民党白色恐怖统治下，进步教师、中共党员曹文玉、马问青老师（支部归属浦西鄞光中学）在同学中建立党的外围组织——学联,团结广大师生以办墙报、传阅进步书刊等形式,宣传革命,宣传共产主义,反对国民党统治,参加党组织和学联领导的活动。1947年五二〇惨案后,部分学生在曹文玉老师带领下参加了上海学生反饥饿、反内战、反迫害大游行。

随着革命形势的迅速发展,浦东沿江地区因为紧邻市中心,受政治影响和波及,同学们的思想日益活跃,市立学校党组织的党员发展学联,利用读书会,与学生谈思想、谈心得,传阅学联的小报,将思想进步的学生发展成为学联的成员,使他们成为党组织直接联系的外围群众,通过他们贯彻党的工作思路,成为党的群众工作的积极助手。

二是交通大学毕业后到洋泾中学任教的张为濂老师。解放战争时期,张为濂先生利用自己党组织关系隶属于交大,与浦东教育事业党组织没有联系的隐蔽身份,积极支持学生运动,掩护《新少年报》在校内发行,保护学生党员。他每上一节课,总是先向同学们讲形势,解放军打到什么什么地方了,还讨论式地问大家:"解放军能渡过长江吗?"直到大家讲"能"字,才开始上课。

三是后来党员曹文玉老师把《新少年报》传播到浦东。1946级学生章大鸿参加了记者和发行工作,受《新少年报》所属的党组织领导,后来章大鸿成为上海少先队首批23名队员之一、浦东唯一的少先队员。

党组织的不同条线之间虽有默契,但是互不发生关系,使得抗战胜利后,国民政府空降的叶奕颐校长根本无法阻挡蓬勃兴起的学生运动、学联的活动和《新少年报》在校园内外的传播。

高桥中学解放前最早的学生党员是陈华和汤德奎。上海大同中学学生党员汤德奎1948年2月转入高桥中学,他创办流动图书馆。在进步思潮的影响下,越来越多的学生向往革命。1948年下半年至1949年上半年期间,先后发展了陆景明、方毓风、朱葆玛、刘惠民、王村民、虞承源、虞承如、浦祖德、李敦等同学入党,成立了高桥中学党小组。为了广泛地开展思想教育,联系群众,1948年秋,以刘惠民、陆景明、方毓风等党员为骨干,出版"火车头"墙报,在发刊词中有这样的话:"时代的列车开进了高桥中学,同车共济奔向进步和光明",墙报前后共出了七期。汤德奎等人将墙报内容编写成"火车头"歌，在师生中传唱，歌词简单、顺口，仿佛火车头拉响汽笛车轮滚动，带领同学们加入革命的滚滚洪流中来。1949年4月，党员金声穆老师受上级党组织委派，接管高桥中学学生党小组。

1946年3月22日至25日，因为物价飞涨，教职员生活严重困难，浦东地区的洋泾中学、新陆中学等学校的教职员与育才中学、格致中学、缉椝中学（今市东中学）、务本女中（今市二中学）、幼师、吴淞中学等市立中学教职员联合宣布怠教。

1948年春，上海党组织发动教师学生借春游悼念浙江大学学生会主席于之三同学为在"反内战，要和平，要民主"斗争中被当局迫害致死一周年，宣传反内战，要和平，要民主。陆桢秀老师带领部分学生借春游之名，到杭州参加了悼念活动。

1948年11月16日，浦东洋泾中学、高桥中学、陆行中学等市立学校，随上海31所市立中学教职员举行"总请假"形式的罢课斗争。

随着解放战争的节节胜利，1949年3月，周浦党组织秘密串连浦东地区各所中学的进步学生，对外以组办周浦中学、海东中学（今大团中学）、江东中学（今海事大学附属北蔡中学）、张江惠民中学校间篮球赛的名义，在周浦召集各校进步学生代表举行秘密会议，组建"浦东民主青年联合会"，号召大家"团结一致，积极活动，保护学校，迎接解放"。推选周浦中学陆文龙、海东中学叶福祥分别担任"浦东民青"正、副主席，约定回校后秘密发行油印刊物，扩大宣传。

1949年南京"四一"惨案，激起了全国人民和广大学生的愤慨及强烈不满。响应上海市学联号召，高桥中学等浦东市立学校的党小组向同学们宣传南京学生的正义行动，揭露反动派的无耻罪行，激发师生的爱国热情，同学们纷纷捐款、捐物、捐书，声援南京学生爱国行动。

在黎明前最黑暗的日子里，在进步思想的影响下，1948年底，洋泾中学的陆敏芳和高茵两位女同学写下了入党申请书，这两位女同学成为烽火黎明中入党的学生党员。其中高茵是洋泾中学抗战时期校长、1925年加入国民党的高克继之女。

解放战争烽火燃起，国民党特务将魔爪伸进校园，到处疯狂捕杀师生中的共产党员。在紧要关头,曹文玉老师悄悄地提醒高克继校长,叫高茵不要到学校来也不要待在家里。虽然高茵一直没有将自己的政治身份告诉父亲,但高先生早已察觉了一二,只是没有把事实真相捅破而已。于是,高克继把女儿高茵转移到了朋友、教育家黄炎培先生在江苏路的家中隐藏起来。同为浦东人的我国著名教育家黄炎培先生,他的夫人姚维钧既是高克继的学生,也是高夫人的同学。出于这些盘根错节的关系,高茵得以在黄炎培家隐蔽了下来,在黄炎培一家人的保护下,终于躲过了国民党反动派的追杀,迎来了上海解放。

1949年5月20日,党组织动员同学们做好迎接解放军入城的准备工作——准备红旗,写标语,组织秧歌队、腰鼓队……5月27日,许多同学在党的组织下参加了上海解放大游行。

中国人民解放军第三野战军叶飞的第十兵团在解放上海之后,立即准备解放福建。1949年6月,上海市学联接受党的嘱托,发动青年学生组织"华东随军南下服务团",参加革命,随军入闽。浦东市立学校的青年学生在党组织的带动下,踊跃报名,以高桥中学为例,报名参军的学生达80多人,最后经批准随军南下编入革命队伍的学生共32人,其中有共产党员7人。

中华人民共和国成立后的学生党员陆文华曾回忆起中华人民共和国成立前的党员教师形象:"在洋泾中学迁到现校址时,曹文玉(初一的班主任、英文老师)和马问青(初二班主任、化学老师)老师住在南大楼的二楼小阁楼上,上下阁楼没有梯子,是用一个木制的小梯子爬上爬下的。她们就是在此小阁楼上从事工作。她们两位在我们班上办了一个小小的图书馆,我负责每天早上从阁楼上把书搬到教室,下午课后又从班里把书搬回小阁楼。久而久之,我和她俩结下了深厚的感情。她们就是这样通过这个小小的图书馆,向我们传播先进思想,还通过我在班上发行《青年报》《少年科学》之书传播先进思想和科学知识。曹文玉老师还个别借给我看苏联卫国战争时期的名著,如《钢铁是怎样炼成的》等书。她们两人还将保尔的名言写在我的纪念册上,叫我背出来,'熟读牢记心中'。我就是在这种情况下不知不觉地接受了党的教育。在临解放前夕的一天,我上小阁楼,曹文玉、马问青两位老师严肃地对我说：你参加女青年会吗？我想教师叫我做的，总是对的，也就欣然答应了。由于快解放了，也没参加什么大的活动，仅在解放后一天，我和石淼、高茵、陆敏芳等数人在上海黄炎培家里开过一次会，当时讲，现在形势还比较复杂，以后不再开此会了，大家回去后，可各自参加青年团组织。"

1949年春天，洋泾中学陆文华和高茵、陆敏芳，石淼、薛顺生等一批同学参加了上海市青年干部训练班，学习《社会发展史》《新民主主义论》《青年团章程》等，会后这个"干训班"的很多同学参加了南汇修海塘抢险工作。

1949年5月28日，人民政府接管上海市教育局，至6月底止，上海市市立中等以上学校、市属社教机关和各区的中心小学，全部由市政教育处派军代表一一接管，市立小学则由区的接管系统分别接管。市立中学校长原来大多为国民党党团分子所把持，早已潜逃。党组织选派学历高、富有办学经验、有一定名望的人士担任校长，如高桥中学程应缪、洋泾中学李象伟、陆行中学李之朴及留任杨思中学热心办教育的原校长张乃璇。师生们剪了很多五角星，人人佩戴在身上，校内一片欢腾。1950年，浦东教育系统的党组织先后公开身份，领导浦东教育走上了新的征程。

1948年洋泾中学女生在俞家庙校址前合影（第一排右四为中共学生党员高茵、第二排左四为中共学生党员陆敏芳）

高桥中学南下服务团全体同学合影

52.《新少年报》走进少先队

陆晨虹

1946年2月16日，中共上海党组织创办《新少年报》，传播科学理念，倡导进步思想，直面社会问题，抨击反动统治，引领少年儿童走向自由解放。这份知名的红色报纸，与上海学生运动紧密相关，与中国少年先锋队的前身——上海少先队血脉相连……

2016年2月16日，《新少年报》创刊70周年之际，中共上海党组织历史陈列馆和上海市洋泾中学在愚园路81号刘长胜故居举行"为着理想勇敢前进——纪念《新少年报》创刊七十周年座谈会"。座谈会的来宾中，有《新少年报》党支部成员、编辑、早期少先队员、报童近卫军，还有当年浦东地区传播过《新少年报》的洋泾中学、泥墙圈小学（今浦师附小）、张楼小学（今竹园小学）、其昌栈小学（今梅园小学）的师生代表。

浦东洋泾中学是《新少年报》在浦东地区的重要发行点，70年前，《新少年报》如星星之火，点燃少年儿童的梦想和希望，在黄浦江东岸留下了闪光的足印。

《新少年报》走进浦东大地

洋泾中学创办于民国十九年（1930），是浦东最早的市立学校。八一三淞沪会战火炸毁洋泾中学教学楼，学校改名"私立江东初级中学"，迁址租界，坚持教学，历时八载，直至胜利。

1946年秋，洋泾中学重返浦东复校。章大鸿同学考入这所浦东名校。那天上数学课，曹文玉老师（中共党员）捧着一叠红绿纸走进教室，对同学们说："这是新出的报纸，专门办给少年儿童看的。"章大鸿一看，是《新少年报》："审判汉奸时，怎么没有大汉奸周佛海？""中国一直在打仗，打了日本鬼子，现在自己人打自己人，弄得大家生活不安定！""国家把钱用在打内战上，老百姓越来越穷；读不起书的孩子越来越多了！"《新少年报》解开他心中一个个谜团，尽是大家的心里话。于是，章大鸿把自己周围的事写成一篇篇稿子，请班主任杨百素等老师指正后，寄给了报社，习作《小铁匠》发表了，写的是邻家铁铺里小学徒的悲惨遭遇。编辑在《给小作者》中说：它"有很丰富的爱与恨，要产生这种感情，最要紧的是'观察、观察、再观察'，更需要弄清造成这种悲惨生活的原因"。在评语的指引下，章大鸿曾到杨家渡芦花滩等同学居住的棚户区观察，那里老百姓谈的，大多是失业、涨价和内战……《新少年报》引领着章大鸿思想的启蒙。

《新少年报》多次发起"征求订户运动"，章大鸿成了《新少年报》的义务小发行员，除了在洋泾中学同学中发动征订外，他还约请同班同学鲍文祥、毛昭宇、张四维等，利用放学和假期，到浦东地区的知仁、正谊、市范、光辉、震修、海兴、塘桥、其昌栈、泥墙圈、张家楼等中小学向教师同学宣传这份报纸。章大鸿清晰记得其昌栈小学里的天主堂和塘桥小学外浦建路上熙熙攘攘往南汇县去的车流。当时从洋泾中学到泥墙圈小学，没有道路，他沿着蜿蜒的唐家浜河道，不知跨过多少田埂泥潭，才来到张家浜北岸、唐家浜口的北泥墙圈，当时协助联络的泥墙圈小学学生张氏兄弟热情地把他引到了平民子弟之间……

中共党组织通过《新少年报》
在浦东发行的《青鸟》丛刊

《新少年报》在浦东订户发展很快，每期销售到一二百份；一直骑车送报的段镇大哥一再来信鼓励："我们大家都是苦难的朋友，更应不分彼此地为解脱我们的穷困而努力！……我们有机会在一起工作，将少年自己的文化推广出去，满足很多朋友的精神需要，帮助了许多朋友获得很多活知识、新学问，使大家都进步起来，这是一件多么光荣的工作呵！"

"假如我是匕首……"

《新少年报》在同学中的影响扩大了。章大鸿还和洋泾中学的同学们一起在陆家嘴办起影光书室，传播交流进步思想。最初推荐给同学们看这份报纸的曹文玉老师，已引起学校里反动势力的注意，墙上出现了攻击她的文字。过不多久，段镇大哥突然不来送报了。浦东几位帮助发报的中小学老师纷纷催问，海兴小学的陈志毅老师写来字条："大鸿弟：怎的《新少年报》尚未来？脱期几天了，小朋友们焦急着要看呢！请转知报馆要紧！"

这以后，报社派小陶哥送报来了。谁知一天，小陶哥急匆匆骑车到了章大鸿家，说他过江前，被一个骑车的特务盯上了，好在他机灵，闪进一条弄堂，甩掉了这条"尾巴"，看来恶势力在步步进逼《新少年报》！1948年12月2日该出第100期报纸了，可迟迟不见送来。章大鸿焦急地盼了几天，突然邮局寄来了这期报纸，可只有一份！头版头条是写给读者的告别信——《暂别了，朋友！》："亲爱的少年朋友们：我们被迫地痛心地和各位暂别……编辑们卖掉了纪念戒指，当去了冬季大衣，凑了一笔钱来创办这张属于少年的报纸。我们在极端艰苦的条件下工作。大家都说：为了国家的未来，应该牺牲自己。但是我们被迫停刊了！我们不要为离别而悲伤，相信黑暗定会过去，光明是属于大家的。在未来的光明日子里，我们不会再有任何恶势力的阻碍。在不远的未来，我们一定会再见的。让我们为未来的再见努力吧！"

读到这里，泪水已滴湿了章大鸿手中的报纸。《新少年报》被反动当局查禁了。国民党教育局下文给一些中小学，说《新少年报》系共产党少年先锋队所办，专煽动青年反抗政府"，"应予以禁止推销阅读"。

就在这份报纸上，登着章大鸿的小诗《假如我是匕首》："假如我是匕首，誓以我自己锐利的钢刃，剁碎那贪官污吏和野心家的深褐色的心！"

从浦东走出首批少先队员

1949年初，章大鸿收到邮寄来的一本新书——《青鸟》丛刊。原来，《新少年报》的中共党员建立了"青鸟读书会"，"青鸟"飞回校园，带来了祖国之春即将来临的喜讯。1949年2月，《新少年报》党支部书记胡德华（"文化大革命"后任团中央书记）传达了党中央关于建立少先队与儿童团的决议，先以"铁木儿团"为组织名称，以青鸟读书会成员为基础，商讨确定了组织形式和队员名单，第一批少先队员共有23人，章大鸿是浦东地区唯一的队员。

1949年4月4日，那是旧中国的儿童节，上午章大鸿跟段镇大哥、马云连一起参加了宋庆龄举办的"三毛乐游会"。下午他照约悄悄来到黄浦区一条弄堂里的三层小阁楼上，参加少先队"铁木儿团"成立仪式。"铁木儿"是苏联作家盖达尔写的儿童小说《铁木儿及其伙伴》的主人公，他是一位爱国、勇敢的少先队员，为打击德国法西斯的卫国战争贡献了力量。铁木儿团是中国少年先锋队前身——上海少先队首批队员组织。在那个小阁楼里，床上、桌上、地板上甚至木桶上都坐满了人，在轻轻地唱完了"山那边哟好地方"之后，大家起立，跟着段镇大哥一句一句念誓言："我向祖国向人民庄严宣誓：我自愿遵守团规，积极执行团的任务，决心为新中国而奋斗！""铁木儿团"——少先队立即投入了迎接解放的战斗行列！

理想引领洋中师生

1946年到1949年间，以《新少年报》在校园内外发行为代表，一批中共党员组织领导洋泾中学学生运动和党建工作如火如荼：党员陆桢秀、马问青、曹文玉老师在同学中建立党的外围组织——学联，团结广大师生以办墙报、传阅进步书刊等形式，宣传共产主义，反对国民党统治，参加党组织和学联领导的活动。1947年五二〇惨案后，同学们在曹文玉老师带领下参加了"反饥饿、反内战、反迫害"大游行；1948年春，陆桢秀老师带领一批同学赴杭州，参加浙江大学自治会主席于子三烈士安葬纪念活动；1948年底，陆敏芳和高茵同学写下入党申请书，成为烽火黎明中入党的学生党员。在黎明前反动派的疯狂追捕中，著名教育家、爱国民主人士、中国民主建国会主席黄炎培先生曾援手保护高茵度过险境。1949年5月，党组织动员同学们做好迎接解放军入城的准备工作——准备红旗，写标语，组织秧歌队、腰鼓队……5月27日，许多同学渡江到市中心参加了上海解放大游行。

2011年10月5日，当年的学生党员、文化部教育科技司司长高茵携其老师——党员张为濂老师重返洋泾中学细叙沧桑。2014年10月13日，在纪念中国少年先锋队建队65周年之际，已是著名作家、新闻记者的章大鸿带领耄耋之年的第一批少先队员重返洋泾中学寻访足印。2015年秋，见证红色往事的洋泾中学4号楼（今校史馆）等历史建筑，被列入上海市第五批优秀历史建筑保护名录。

今天，洋泾中学每年8月在校史馆开展新生入学教育活动，每年5月组织高三毕业生重温"邦国才俊"展厅，切身感受那一代洋泾中学师生为民族复兴和中国梦想的实现作出的伟大贡献，为自己的未来理想许下愿望，学校在这里恢复了"影光书室"，同学们在这里举行入团仪式，接待海内外友人，把宝贵的历史积淀和精神财富传承光大。

章大鸿同学在洋泾中学发行《新少年报》初期的俞家庙校址

53. 黎明前牺牲的李白等十二烈士

亚　州

1949年5月，中国人民解放军的隆隆炮声已逼近上海，国民党反动派不甘覆灭的命运，进行垂死挣扎。特务头子毛森根据蒋介石的手令，大肆逮捕屠杀共产党人和政治犯。

5月7日下午，国民党军队派兵对浦东戚家庙一带实行戒严。乡民们预感到大祸即将降临，纷纷躲避，在屋内观看外面的动静。翌日凌晨1时，一辆辆汽车疾驰而来，只见囚车的门猛然打开，从车上推下十几个人。他们深沉地唱着《国际歌》，高喊"共产党万岁"的口号，一步步从容地走向刑场，使行刑的士兵惊恐不已，一时不敢开枪。特务们只得自己动手，将李白、秦鸿钧、张困斋、杨竹泉、郑显芝、周宝训、吕飞巡、黄秉乾、严庚初、焦伯荣等12位烈士杀害，并就地掩埋。

中华人民共和国成立后，人民政府将12烈士的遗骸迁至虹桥公墓，后又迁至龙华烈士陵园。并在烈士牺牲处（原严桥乡张楼村戚家庙北100米处）树立"李白十二烈士万古长青"的标志，以示纪念。

现将李白、秦鸿钧、张困斋、焦伯荣、郑显芝五位烈士的简况介绍如下：

李白，湖南浏阳人，1910年出生。青少年时参加农民运动，15岁加入中国共产党，是民主革命时期情报战线的忠诚战士。1930年参加红军，从事无线电报务工作，历任师、军、军团无线电队（台）政委和台长，1934年10月随军长征，1937年受党中央委派至上海建立中共秘密电台。他视电台重于生命，曾三次被日本帝国主义和国民党反动派逮捕，身受酷刑，坚贞不屈，至死不泄露党的机密，敌人始终无法知道他的真实身份。上海解放前夕——1949年5月7日，特务头子毛森根据蒋介石亲笔批文"坚不吐实，处以极刑"将李白等12位烈士秘密杀害于浦东戚家庙。

秦鸿钧，山东沂水人，1911年出生，北伐战争时期在家乡参加革命活动，1927年加入中国共产党，1935年后曾两次到苏联学习无线电报务技术。他工作细心专业，经手电报始终未被敌人侦破。他说：要有牺牲自己的决心，即使牺牲了也是光荣的。1949年3月17日深夜，他和往常一样在小楼上收发报。楼下十几个特务破门而入，他镇静地迅速拆毁了机器，烧掉了电文。但他和爱人同时被捕。国民党警备司令部第二大队特刑庭对他进行了秘密审讯，还扒掉他身上的衣服，动用了老虎凳等酷刑，以致他两条腿骨被压断。但他不吐一点真情，使敌人一无所获。

1949年5月7日深夜，秦鸿钧等12位革命同志被押往浦东戚家庙。临刑前敌人问他们：还有什么话要讲？秦鸿钧坚定地回答：用不着讲什么！少数人倒下来，千万人会站起来继承我们的事业！在庄严的《国际歌》和革命口号声中，他们视死如归，英勇就义。

张困斋，浙江镇海人，1913年出生，学生时代常阅读进步书刊，1934年加入左翼社联，1935年参加抗日武装自卫会，一二·九运动后，参加上海职业界救国会，是上海银钱界爱国青年中的核心分子。抗日战争爆发后，组织战时服务团，宣传抗日，募捐财物，救护伤员和受难同胞。1937年加入中国共产党。1938年到江南敌后根据地工作。抗战胜利后，奉命负责上海党组织领导机关的掩护工作。后领导上海市委的秘密电台，报务员是秦鸿钧。他们密切配合，在极为困难、艰险的情况下，出色地完成通讯联络任务。1949年3月19日被国民党反动派逮捕。在狱中备受酷刑，坚贞不屈，保护了党组织和战友的安全。5月7日深夜与秦鸿钧、李白等12位同志同时被国民党反动派秘密枪杀于浦东戚家庙。

焦伯荣，江苏涟水人，1922年出生。抗日战争初期，焦伯荣随他就读的中学迁往重庆，中学毕业后，考上了中央大学历史系，就学期间，积极参加学生运动,1948年春来到上海,经郑显芝介绍加入了中国农工民主党,担任农工民主党上海市党部宣传委员会主任,与郑显芝等参加上海进步青年组织"新青联"(新民主主义青年联盟),任宣传部部长,并负责"新青联"刊物《新青联丛刊》的编印工作。1948年10月,因利群书报社案的牵连,焦伯荣去通知一名"新青联"成员转移时,被守候在那里的特务捕去。他为人忠实笃厚,待人和蔼可亲,处事有条不紊,在困难面前坚毅顽强。被捕后,备受种种酷刑,英勇不屈,牺牲时年仅27岁。

郑显芝,又名郑伟,1921年出生,广东汕头来顺县人,1946年在重庆中央大学机械系毕业,爱好文学、写作、音乐、舞蹈等,在中央大学读书时,积极参加学生运动。他负责的中央大学青年歌咏队,蜚声全校,参加者常有百余人,大学毕业后来到上海,任上海高级机械学校教师,并任进步青年组织"新青联"的副主任。当时"新青联"成员遍及全市大中学校,在立信会计学校和中华职业学校内建立了小组。"新青联"积极配合学联开展活动,对全市爱国民主运动起了积极的推动作用。1948年2月,郑显芝加入中国农工民主党,任农工党上海市党部青年运动委员会委员,领导青年运动工作不遗余力。因利群书报社案牵连,他在回宿舍取文件时,被守候的特务逮捕。在狱中他不畏强暴,还教唱革命歌曲,鼓舞难友斗志。牺牲时年仅28岁。

1948年9月,上海曾经发生一起震惊文化界的政治大案——"利群书报社案",此案迁延达9个月之久,先后因涉案而被国民党反动派拘捕的达200余人,而最终不幸牺牲、后被人民政府追认为烈士的有7位。其中,农工党员有3位:赵寿先、焦伯荣、郑显芝。另4位是中共党员。此案足以证明中国农工民主党是同中国共产党长期并肩战斗的,农工党员的鲜血同共产党员的鲜血是流在一起的。

位于上海世纪公园内的
李白等12烈士纪念地

54. 他在黎明前捐躯
——记黄竞武烈士

徐文昶

在苍松翠柏丛中，在小溪清流岸畔的川沙烈士陵园里，安静地长眠着一位民主斗士——黄竞武同志（原名敬武）。民主建国会中央领导胡厥文为他撰写墓碑。碑石前常有几束含着芳香的鲜花，人们怀念着这位为人民解放事业英勇献身的忠贞战士。

可以留在美国，但是他不……

黄竞武，黄炎培的次子。1903年8月2日生于川沙。黄炎培夫妇十分注重对子女的教育，竞武还未上学，就教他读书写字。上小学后，竞武勤学苦练，成绩优异。1916年小学毕业，考入北京清华学校中等科，四年后直升高等科。1924年考取公费生赴美留学，先在安抵克大学学习文科，然后进入哈佛大学攻读经济学，同时，在福特汽车厂勤工俭学。1929年秋，黄竞武学成毕业，获硕士学位。这时，是返回祖国，还是留在美国谋取高位高职、赚取高薪，摆在了他的面前。"祖国灾难深重，新军阀混战不休，没有一个安定环境，怎能施展自己的才华？美国经济发达，生活优越！可是一想到落后的中国更需要人才，不能忘记父辈的教导，要为祖国的复兴贡献力量。作为中国人，要用学到的知识和技能报效祖国，改变祖国的穷困落后面貌！"经过一番思考，他决定回国，踏上建设祖国的征程。

可以升官发财，但是他不……

黄竞武回到上海，任上海盐务稽核所会计，恰巧他的美国老师经济学家葛利佛被聘请来华考察，指导盐务会计业务。他被选派担任葛利佛的助手兼翻译。他跟葛利佛在两年的考察活动中倾注了自己的全部精力，帮助葛利佛提出改进中国盐务会计的意见，同时也接触到了社会的实际，看到了劳动大众生活的艰难，使他更坚定了改造社会造福人民的决心。

1931年结束了盐务考察工作，黄竞武被任命为蚌埠稽核所所长。他走马上任后，一心扑在事业上，积极整顿盐政，决心革除弊端。他廉洁自守，拒绝与奸商同污合流。可想不到的是他的廉洁奉公却触犯了上司，先受到停职处分，再被贬到僻处海隅的青口稽核所任所长。黄竞武起初愤懑不平。国民党官场如此昏愦腐败，使他大失所望。不久，黄竞武抖擞精神，又以坚定的意志投入青口的工作中去，以身作则，以诚待人，青口风气为之一变。他又热心地在青口与板浦之间解决了交通问题，便利人民来往，活跃市场，受到当地民众的一致赞赏。

可以安享高职厚禄，但是他不……

1937年7月抗战全面爆发，继而华北失陷，东南地区也很快陷于敌手。黄竞武被迫中断了在青口的工作，辗转西撤，退到湖南，任沅陵稽核所所长，不久入川，转任重庆中央银行稽核专员。重庆尽管是战时的陪都，但照样灯红酒绿，纸醉金迷，花天酒地大有人在。黄竞武身为重庆中央银行高级职员，尽可以养尊处优，不问政治，安享高职厚禄。然而，这一路烽火，他目睹国家危亡，人民离散，心情十分沉重。而国民党官员贪赃枉法，荒淫腐败，军警宪特到处横行，天怨人怒，民情悲愤。他对国民政府已失去信心。作为一个爱国志士，他不能不投身到抗日民主运动中去。

1941年，黄炎培、张澜、梁漱溟等人发起成立中国民主政团同盟

（1944年改称中国民主同盟，简称"民盟"）。黄竞武加入了这一组织，并任总部组织委员会委员和国外关系委员会委员。他接受中国共产党抗日民族统一战线主张，积极参加各项政治活动，为推进抗日民主事业，发展民盟组织，联络海外人士不遗余力。他曾一度担任周恩来与美国人士会谈的翻译。他作为民盟青年骨干，起了日益重要的作用。

1945年8月，全民族抗日战争终于取得了胜利。黄竞武随中央银行迁回上海，担任上海中央银行稽核专员，继续参加民盟组织活动。1946年2月，他被选为民盟上海市支部筹备委员会召集人之一。8月，民盟上海市支部临时工作委员会成立，他当选为执行委员。1947年5月，民盟上海支部改组，他仍被选为执行委员。与此同时，他加入中国民主建国会，团结民族工商界爱国人士，积极开展民主革命运动。

1947年，国民党军队在内战中节节败退，国统区民主运动蓬勃兴起，国民政府对民主党派活动恨之入骨，污蔑"民主同盟及民主建国会等组织已为中共控制，其行动亦系循中共意志而行"。10月，公然宣布民盟为"非法团体"，加以取缔。民建也不得不转入地下。黄竞武激愤不已，他对同事说："国民党反动派严禁民主党派活动，目的是想分化、镇压民主力量，孤立中共，这是万万办不到的。"他知道只有跟着共产党，只有同国民党反动派坚决斗争，中国才有出路，才有前途。他积极投入争民主、反内战的斗争。此时，黄炎培已受到国民党特务的监视，不能公开活动。民建的重要事务就由黄竞武代为联系。1948年下半年，民建处境愈加困难，为了适应形势需要，经民建在沪理监事讨论，决定由黄竞武等15人组成民建会临时干事会，黄竞武为常务干事，负责组织工作，并以红棉酒家等为秘密联络点。经黄竞武筹划，又在川沙等处开设商店作为秘密转移站，协助中共党组织做好保护和撤退民主人士的工作。之后，国民党反动政府张贴通缉布告，也危及黄竞武。他临危不惧，仍把他在外滩中央银行的办公室作为秘密活动据点。1948年11月，黄炎培在中共党组织的安排下撤离上海赴解放区。黄竞武对父亲说："中央银行叫行员签名，愿去台湾者给予重赏，愿辞职者发给17个月薪金，我是要留下来干革命。"表示了他坚持革命斗争的意志和决心。

可以避危趋安，但是他不……

1949年，为了迎接上海的解放，根据中共党组织要求，黄竞武经常彻夜不眠，收集整理国民政府"四行两局"（中央、中国、交通、中国农业四个银行和中央信托、邮政储金汇业两局）的情况和有关金融资料。中共上海党组织发动和领导群众性的反破坏、反屠杀、反迁移和开展护厂、护校、迎接解放的斗争。当国民党把中央银行重要档案、账册装在"太平"轮上运去台湾，途经舟山海域时被撞沉，消息传出，群情激愤。国民党还要把黄金、白银、美钞、英镑等巨额财物偷运去台湾。在中共党组织领导下，黄竞武以稽核专员身份发动银行职工抗运，又通过工商界、新闻界揭露中央银行的偷运阴谋，团结金融界出面干涉。这样里应外合，共同抗争，使国民党偷运计划慑于舆论压力，未能全部实现。

1949年4月，人民解放军渡江战役前后，国民党反动派加紧对民主力量残酷镇压。黄竞武身处险境但从容镇定，他嘱咐同志将民建会的组织名册和重要文件，转移到安全地方妥为保藏，他自己坚守在原来的工作岗位上。这时，黄炎培已绕道香港进入解放区，参加新政协筹备工作，解放区电台广播了这一消息，上海党组织秘密通知黄竞武注意隐蔽。民建临时干事会的一些同志考虑到黄竞武目标较大，多次恳切地劝他离沪暂避，并替他联系了苏州、川沙两处安全处所避居。可是黄竞武坚定地表示：越是紧要关头，越要坚守岗位，我决不能为个人安危而使工作陷于停顿。黄竞武此时正在从事一项重要的策反工作。

1949年2月，经中央银行吴藻溪介绍，黄竞武已与中共上海局策反工作委员会李正文接上了联系。他利用同学关系，使国民政府财政部所属武器装备十分精良的税警团同意在条件许可时弃暗投明。他还辗转与国民党某军的要人取得联系，谈判"虚江湾闸北一线，俾我军入沪"。经过反复商谈，正当约定垂成的时候，5月12日上午9时，距上海解放仅13天，当他再约对方代表到中央银行四楼他的办公室面议时，被预伏着的国民党保密局特务绑架，蒙上眼睛，押上警车，飞驰而去。

黄竞武被押往南市车站路 190 号监狱。据幸存难友回忆：5 月 12 日那天，我们看到特务押送进来一位戴玳瑁边眼镜，身穿浅色西服，身材胖胖的"新犯人"。面对特务的吆喝，从容不迫地走进 5 号监房。特务们为了得到民建的名册文件，对黄竞武使用酷刑，拔掉他两手指甲，逼他招供。但黄竞武坚贞不屈，敌人一无所获。5 月 17 日深夜至翌日凌晨，特务们每隔 20 分钟提审一人，严刑拷问，先后有 13 位革命志士遭受不幸，黄竞武是第 8 位被传讯出去的！他们都没有回监。

　　上海解放后的 6 月 2 日，在解放军的帮助下，从监房北角一块掩有浮土的菜地上，深挖 4 尺，找到遗体 13 具，都被五花大绑，头缠布套，遍体鳞伤……其中一具体形较胖，颈缠绳索，指甲剥落，小腿断缺，一目被挖，血肉模糊、惨不忍睹。经亲属辨认无误，黄竞武已被敌人特务残害，英勇就义。

　　1949 年 6 月 3 日，上海《大公报》《新闻日报》同时以《匪党杀人，惨绝人寰，爱国志士被活埋》的醒目标题，刊登烈士遗体照片，揭露了国民党特务的这一残暴罪行。噩耗传出，上海人民为之震动。6 月 4 日，周恩来同志代表中共中央赶到黄炎培住处表示慰问。上海市党政领导陈毅、潘汉年、沙千里等纷纷电唁黄炎培家属。民建会在浦东大厦为烈士举行了隆重的追悼大会。忠骸公葬于川沙烈士陵园。一代英烈，永为后世敬仰。

55. 兵贵神速，活捉敌中将军长

谢振华 *

由于国民政府拒绝在和平协定上签字，人民解放军百万雄师于1949年4月20日，发起了强渡长江的伟大战役，一举突破了蒋介石苦心经营号称天险的长江防线，敌人全线崩溃。南京的解放，宣告了蒋家王朝反动统治的结束。

上海战役，是继胜利渡江之后的最激烈的一仗。这次战役，于1949年5月12日开始，到27日胜利结束，历时16天，歼灭蒋军汤恩伯部15.3万人，解放了中国当时最大的城市——上海。

川沙歼灭战，是上海战役的一个组成部分。我30军遵照三野首长的指示，担任上海守敌侧后实施迂回的作战任务。我军占领平湖后，迅速穿插到上海守敌侧后的川沙、白龙港地域，以果断的作战行动，解决了川沙、白龙港之守敌，截断了沪敌从浦东向海上逃窜的要道，关起门来打，为正面部队合围和全歼上海守敌创造了有利条件。

一

1949年时的上海是我国第一大城市，有500多万人口，商业网密集，高楼鳞次栉比，各国外侨不少。上海的解放，对世界影响很大。

---

* 本文选自原载《星火燎原》1984年第1期的部分内容。作者系当年中国人民解放军30军军长。本文经作者于1988年5月复审。

国民党反动派在辽沈、淮海、平津三大战役大败之后，又失长江天险，但还是不甘心，仍想凭借这个城市，屏障东南，等待"第三次世界大战"的爆发，以求能进一步借助帝国主义的力量和世界性的大冲突来挽救他们的彻底失败。

蒋介石给京沪杭警备总司令汤恩伯的命令，是要他死守六个月到一年。敌人退集上海的部队有20多万人，凭借众多的钢筋水泥碉堡与野战防御工事，妄图负隅顽抗。

中共中央的决策，不仅是要尽快解放上海，而且要争取在这场双方各以重兵攻防的争夺战中尽力保全上海这个城市和人民的生命财产。这样，作为上海外围的川沙歼灭战，就具有特别的重要意义。这一仗打好了，不仅可以把敌人防守上海的一部分精锐部队歼灭于市郊，减轻兄弟部队下一步攻打上海市区时的困难，还可截断敌人从浦东向海上逃窜的退路。

二

我第30军的任务是，作为攻打浦东之敌的第一梯队，直取川沙、白龙港之线，然后，协同由黄浦江西面进攻的我第十兵团，截断吴淞口，对上海市区守敌形成合围之势，以求全歼上海守敌。

当时，困守上海的敌人有8个军，20多万人。敌京沪杭警备总司令汤恩伯深知守住浦东极为重要，5月14日就从市区内调敌第51军增防浦东的川沙、白龙港地区，15日得知我军正日夜兼程多路向上海合围，又急令敌第54军军长阙汉骞匆忙赶赴高桥镇组成浦东兵团，统一指挥敌第12军、37军、51军以及当地军、警、宪等土顽部队，这样，浦东守敌共有3个军、8个师。

浦东位于上海黄浦江东面，是市区通往海上的交通要冲，也是上海守敌从海上逃走的必经之地。地形狭窄，河川纵横，东南临海，利守不利攻；敌人还可利用他们拥有的军舰、交通艇运送部队从海上支援，而我大部队想要快速运动和展开却有不少困难。川沙又是浦东水网中的江岸城镇，西邻上海，东连白龙港、林家码头，也是敌人准备一旦溃败，从海上逃跑的重要港口。拿下川沙、白龙港又是浦东作战的重要一仗。所以，第三野战军首长电令第九兵团的迂回部队，应不迟于5月16日攻占川沙、白龙港。这任务是紧迫而又艰巨。

三

5月9日，我和李干辉政委去第九兵团司令部开会，听取有关上海战役的作战部署。会上，兵团首长交给我军的具体任务是：我第30军为第九兵团向上海以东实行迂回作战的第一梯队军，应于5月16日24时前攻占川沙、白龙港地区，以切断敌人向海上逃跑的退路。

我和李政委从兵团返回军部驻地后，随即召开了有师长、政委参加的军党委常委扩大会议。大家一致认为，我们军从4月20日南渡长江以来，连续行军作战，没有很好休整，但这次上海战役给我军所担负的作战任务重大，应不顾一切疲劳，坚决完成野司和兵团所给予的作战任务。经讨论决定由第88师、89师为军第一梯队，我带精干指挥所人员随一梯队指挥，于5月13日下午4时，由平湖出发，兵发两路沿着公路、海堤向金山卫、奉贤、南汇、川沙、白龙港方向疾进。

农历的三月末四月初，正是江南梅雨季节。一连几天，雨下个不停。雨后的道路在经过兵车的辗压和无数行军队伍的踩踏后，更是泥泞难行。入夜以后，乌云压顶，天昏地暗，部队只能在风雨、泥泞、黑暗中摸索着前行。这江南水网地区，三里一河，五里一湾，过河的桥和摆渡的船已被敌人拆毁烧掉；连日淫雨以后，河湾都已涨水，小河沟还可以涉水而过，河宽而深时，部队只得临时停下来寻找渡河办法。这些天然障碍给部队的行进带来了困难。兵贵神速是一个指挥员的起码常识。因此，要想稳操胜券，只有加快行军速度，督率部队克服各种困难飞速前进。

我随第88师的先头部队沿海堤上的公路行进。开始还可以坐车，再往前走遇见断桥和无船的渡口，就只好改为骑马。但马又过不了独木桥，只好弃马步行。那时候，我才32岁，身体好，长征以来都是在行军作战中度过，戎马关山，何惧艰苦！也就能和年轻的战士们一样在风雨中夜行。

部队的干部战士见我和他们一起步行，很是振奋，从我的行动中得到启示，明白任务的紧急，也就不顾疲劳，相互督促和扶持奋力前进。有的滑倒了，一声不吭地爬起来继续往前赶。部队连吃饭的时间都没有，只能边赶路边吃干粮，每个人都忘了自己的疲劳困苦，只想着怎么能快速到达指定地点，消灭敌人！我们只用了不到两天时间，经金山、夺奉贤、取南汇，中途还边走边打，扫除了一些小股敌人的阻扰，走完了200多华里的路程。

就这样，我们军比野司规定的期限，提前了一天，于15日17时逼近了川沙以南的江镇。虽然只提前一天，可不同于平常的24小时，这是我们在夺取胜利的竞走中，已经比敌人抢了先。这时，已是日暮黄昏，阴雨中四野苍茫，更增加了战地的萧瑟气氛。

川沙，是白龙港至上海的连接要地。敌人虽然已把浦东一线列为防御重点，但匆忙间还来不及完全部署就绪。我迅速观察了地形，并从战俘口中得悉敌第51军已在5月14日进驻川沙、白龙港地域，正忙于部署，准备顽抗。川沙城里只驻了不足千人的敌军和地方土顽部队。我当即命令第89师的先头部队265团不要停顿，直扑川沙，给敌人来一个出其不意，攻其无备。

善于夜战、近战的我军从两翼包抄，攻势凶猛。仓促间，敌人惊疑飞兵从天降，完全处于措手不及的境地。我们只用了2个多小时，就攻占了川沙县城，歼敌700余人。

当时，已近午夜，枪声尚未完全停歇，天空乌云滚滚，阵阵雨点扑在人身上，凉意袭人。按常情，部队经长途行军，和沿途几经战斗后，应该休息一下了。但战况逼人，怎能按常规办事？我当即作出部署：命令第88师的两个团迅速插往敌后，向北迂回，拿下顾路镇，截断敌第51军和12军的联系；同时，又用五个团的兵力（88师的另一个团，89师及后尾的90师先头团）向当面之敌发起猛攻。

我们攻得突然，敌人从睡梦中惊起仓皇应战，风雨黑夜中，只听得枪声四起，一片杀声，已失去了斗志的敌人，不知我们来了多少部队，稍一接触，即纷纷后缩。到了午夜12时左右，我们已把敌第51军及暂编第 8 师完全包围，压缩在陈家宅、林家码头、青墩镇、小营房、唐家宅、白龙港、三甲港，从东至西只有 4 千米，由南往北也只有 5 千米的狭窄地域内。

敌人虽然已被我们严密围住，但我们是用急行军速度逼近敌人，火炮还掉在后边，一时间难以赶上来配合步兵打击敌人。在一阵短兵相接之后，敌人也判明了我们重火器还没有赶到，攻击部署也还没有完全就绪，就在 16 日拂晓组织了三个团的兵力，在重炮的掩护下，由白龙港沿海堤出击，扑向我处于三甲港、王家宅、唐家宅的 263 团，企图撕开一个口子，杀出重围，与敌第 12 军重新连接上。

敌人拥有美制的山炮、野炮、榴弹炮、步兵战防炮、82 迫击炮、60 炮，火力凶猛。而我军这时只携有 60 炮、轻重机枪等轻武器，火力悬殊，只能就地构筑工事，顽强阻击。

263 团全体指战员深知自己这一环节关系全局，他们面对凶狠的敌人，毫不畏惧地顽强抗击，并不断地改防守为进攻。经过近一个白天的苦战，终于把这三个团的敌人打得一败涂地，缩了回去，从而严实地封闭了合围的口子。

在这段时间，我已迅速调整好各师的部署。掉在后边的炮兵团也克服天雨路烂、河川难过的困难赶了上来。在当天晚上 7 时发起了攻击。

我第 267 团像一把尖刀，直插敌军的心脏，连续拿下青墩镇、林家码头，又猛扑敌军部所在地白龙港。这种猛虎掏心、勇往直前的打法，是敌人难以料及的，开始还想顽抗，等我军一打进去，他们很快就陷入了混乱，首尾难以相顾。我们的部队只费了一个多小时就攻占了敌人的军部，打乱了他们的指挥系统，俘虏了敌 51 军中将军长王秉钺及军部人员，歼灭了一个山炮团，并把敌人第 41 师及 113 师分割成两块。

为了更有力的杀伤和摧毁敌人，我们把从敌人山炮团缴获来的 18 门火炮和我们的炮兵一起编组，向敌人轰击。

敌人在军长被俘、军部被歼后，已成无头之蛇，一片混乱，难以相顾，任由我们分割、突击。有些敌人想凭险顽抗，但在我们的大炮配合、部队猛烈冲击下，乖乖地投降或迅速被歼。

这一夜，炮声震天，喊杀声不断，远近火光时明时灭，有时把天边照得火红瑰丽，有时又被乌云细雨吞灭……打到17日拂晓，终于全歼了敌第51军和暂编第8师，除被击毙者外，还俘敌近8 000人。不少敌兵在黑夜乱窜时，失足掉进河里被淹死。

攻下白龙港，我军也就完成了野司交给我们的战役穿插任务，摧毁了敌人的外围防御体系，截断了上海守敌经白龙港向海上逃跑的退路。

56. 上海战役中的高桥之战

周志坚*

1949年4月20日，国民党政府拒绝在和平协定上签字。毛泽东主席、朱德总司令当即发布《向全国进军的命令》。

4月20日，我第二、第三野战军百万雄师横渡长江，以破竹之势，直捣宁沪杭。

4月23日南京解放，标志着蒋家王朝的覆灭。5月3日，人民解放军解放了杭州，截断了浙赣路。此时，上海这个冒险家的乐园，帝国主义侵略中国的重要基地，完全陷于我第三野战军的三面包围之中。5月4日，我带领的31军奉命由宜兴出发，沿太湖北岸东进，准备解放上海。

南京、杭州解放后，麇集在上海周围的国民党汤恩伯集团8个军25个师约20余万人，在蒋介石的亲临指使下，妄图凭借上海丰富的资财和其长期构筑的永备工事，负隅顽抗，以达到争取时间妄图挽回败局之目的。为了实现这一企图，敌人以6个军防御市区和吴淞要塞，以2个军防御浦东地区。

我们31军在浦东外围连续作战5昼夜，共歼敌4000余人，控制了东沟镇和高行镇以南地区，粉碎了敌在外围阵地阻我国军队前进的企图，胜利地完成了第一阶段的作战任务。

当我沪西和浦东两线作战部队，像一把铁钳，迅速向黄浦江口之高

---

* 作者系当年中国人民解放军31军军长。

桥和吴淞形成合围之际，汤恩伯为确保浦东高桥地区，急忙调整部署，于5月19日急调守备沪西南的第95师到高桥，妄图阻我国军队于高桥以南地区，解除对黄浦江口的威胁。

根据第三野战军和第九兵团首长关于"乘敌部署未定，首先歼灭浦东之敌，由黄浦江东岸封锁黄浦江及吴淞口，以便彻底解决上海之敌"的指示，军队决心以第92师（欠276团）加强第91师的第272团和军炮团一部，先行攻歼高桥西南、正南外围守敌，尔后会同第30军攻占高桥镇。

19日晚上，第92师接替了第30军张江镇至高桥镇外围的部分防务，于20日晚对敌发起攻击，先后攻占杨家宅、黄家码头、中镐宅和陈家荡等敌阵地。敌为阻我进攻，在海军、空军、炮兵和坦克的支援下，先后向我正面的第272团、275团和侧翼的277团阵地发动了从一个营到一个师规模不等的疯狂反扑。

高桥地区面积狭小，水网交错。公路、桥梁大部被敌破坏，部队运动受到很大限制，大口径火炮跟不上，弹药输送、物资补给和伤员转运都遇到很大困难。这一带村庄的房屋都沿河沟稀疏构筑，我国军队占领后又无坚固的建筑物作依托。而敌人筑有永久性的钢筋水泥集团堡，各地堡之间有盖沟和交通壕相连接，周围设置了铁丝网、鹿寨、木城等各种附防工事和障碍，配备了重火器，并能得到黄浦江西岸的炮兵和黄浦江上、长江口外的军舰炮火的支援，以及飞机、坦克的掩护。在这地区内，敌人无论兵力、火力、地形、工事、补给等诸方面都占有很大优势。我军就是在这样不利的情况下，极其艰苦地与垂死挣扎的敌人连续进行了5昼夜的激烈战斗。

21日，敌人在重炮、海军和空军掩护下，向我277团的庆宁寺、第272团陈家荡、第275团的黄家码头等阵地凶猛反扑。

拂晓，敌人约一个团的兵力，由上海市区东渡黄浦江，向我第277团庆宁寺阵地反击。其先头上岸的一部被我军全歼。11时，敌方又以一个多营的兵力，在对岸炮兵和江中军舰炮火的掩护下，再次渡江向我阵地扑来，激战至黄昏我方将敌击退。

同时，高桥守敌以一个团的兵力，凭借地炮、舰炮和飞机的支援，在一个坦克连的掩护下，向黄家码头、察司庙我第275团2营阵地冲来。4连顽强抗击，由于三面受敌，人员伤亡过大，弹药耗尽，被迫撤出了阵地；5连的察司庙阵地也被敌人突破；3营的中镐宅阵地，经过反复争夺，于黄昏将敌击退。

是日上午，高桥守敌约一个营的兵力，向陈家荡我第272团3营阵地猛扑并突入了阵地。该团一面组织1、3营进行正面反击，一面令2营从侧翼迂回到敌后，插进敌群内，配合1、3营击退反扑之敌，并乘敌溃退之机，夺取了公路以西一个集团堡和几幢独立屋。敌人调整兵力，对我楔入敌阵地内的2营实施夹击，由于涨潮，沟渠水深，有的重伤员还没有来得及包扎，就被淹亡，地形对我方十分不利。2营撤回原阵地，后撤时遇敌步兵、坦克阻截，营长、副营长先后负伤，担任掩护的5连两个排，在掩护4、6连撤出后，遭敌合围，激战至午夜，大部分英勇牺牲。

经过一整天苦战，我军终于恢复和巩固了既得阵地，封锁了北起老王宅、南至居家桥间的黄浦江。

当天晚上，我与姚运良副军长、方中铎主任研究，决心以第275团坚守正面的杨家宅、中镐宅和孙家宅一线阵地；将272团调到黄家码头、蔡家宅地区，以抗击敌人更大规模的反击。

这时，我沪西一线兄弟部队逼近江湾机场，敌空中联系中断，海上退路也受到严重威胁，为确保黄浦江退路，汤恩伯于22日拂晓，急调第75军增援浦东高桥地区。

22日，从拂晓到黄昏，敌人向我阵地倾泻了大量的炮弹和炸弹，其步兵在坦克掩护下，向我方发动多次反扑。我阵地多次被突破，全体干部、战士与敌人展开激烈争夺，浴血奋战一整天，予敌以重大杀伤，巩固了阵地。

23日，敌人先后以约五个团的兵力，向我第275团阵地发起了轮番的猛烈反扑。激战至午后，敌人突破了我1营的杨家宅阵地。营长刘金文组织1连向敌反击，将敌击退。2连在抗击敌人反扑时伤亡很大，连排干部多数伤亡，部队撤离了阵地。敌人1部突到营部，1营教导员杨品一命令司号班长殷明义代理2连连长，组织营部及2、3连仅有的

30多名战士坚决向敌反击。正在这十分危急的时刻,营与团的电话联系中断,副团长王亚明带领警卫班赶到,同阵地上的部队一起将敌击退,恢复了主阵地。与此同时,另一路敌人从1、3营阵地之间冲进来,逼近小杨家宅西南,距团指挥所仅200米。副政委林风组织团指挥所的参谋、干事、侦察兵和前去送弹药未及返回的随队民工同敌人战斗,打退了反扑之敌。

5月23日下午,我重炮兵赶到,即自黄家湾以西阵地,对高桥东北海面之10余艘国民党兵舰猛射,当即击中7艘,余者争向外海逃窜。

经过5天激烈战斗,粉碎了敌人的疯狂反扑,夺取和巩固了我军在高桥镇外围的主要阵地,为攻克高桥镇创造了有利条件。

23日,敌仍以第12军的353师、95师共约五个团的兵力,在舰炮掩护下,赖在高桥镇及其周围地区,以第12军的324师防守老宝山城和三岔港地区,妄图掩护其指挥机关和部队从黄浦江口逃走。

第三野战军和第九兵团首长命令我31军,并统一指挥第30军沿海岸、江岸夺取高桥镇,直插三岔港,切断敌人海上逃路。

我受命后,在军指挥所和姚运良副军长一起,向第30军饶守坤副军长及本军各师长,传达了第三野战军、第九兵团赋予的任务并分析:浦东地域狭窄,地形开阔,敌工事坚固,兵力集中,火力较强,从而构成以高桥镇为中心的坚固防御体系。我军经过连续作战,伤亡很大。据此我提出,我们如果沿海岸、黄浦江岸实施钳形攻击,就不能集中兵力迅速攻占高桥镇,插进三岔港,封锁吴淞口。若采用中间突破的手段可能较好地完成任务,请同志们研究。

在研究中,91师师长高锐首先发言提出,根据上级给予的任务与实际情况,采取从高桥突破,直插三岔港的方案。经研究,大家一致同意之后,即进行部署和协同,迅速组织战斗,抓紧时间进行准备。同时,令各部队隐蔽地推进到进攻出发阵地,进行近迫作业,做好各种战斗准备。第91师(欠272团),配属274团,及军山炮团担负高桥西南和东南方向的主攻任务。271团自高桥东南实施攻击。第273团为预备队,待敌阵地被突破后适时进入战斗,以增大突击力量,高桥阵地被攻击后,以最快速度向三岔港方向猛插,组织火力封锁吴淞口,断敌海上退路。同时,第

30军部队由高桥东侧攻击。第93师除278团沿黄浦江向西警戒外，277团和279团向高桥以西之敌攻击，保障主攻高桥部队左翼的安全。

25日18时30分，我向高桥守敌实施炮火准备，并以山炮、92步兵炮抵近射击，摧毁敌人永备火力点。19时，向敌发起总攻。第271团5连趁我方炮火延伸的瞬间，攻占了敌集团堡。4连突入镇内，占领一幢大楼。该团副团长田军率领二梯队突入镇内后，经过激烈巷战，占领了镇中心的桥头堡，歼灭敌人一个营，迅即过河。为争取时间，增大突击力量，在271团突破后，273团即从271团左翼投入了纵深战斗，迅速向北和西北方向发展进攻，沿河北岸攻击前进，至26日拂晓歼敌两个营，俘敌千余人。

第274团3营经一个多小时的战斗，由西南方向突入镇内，占领了几幢楼房。7连3排在排长、战斗模范蔡萼的带领下，连续爆破，攻占了敌人一个集团堡，当继续向纵深发展时，遭敌反击，该排英勇顽强，击退敌人3次反扑，并乘胜夺取了一个桥头堡，消灭敌人一个排，为后续部队向纵深发展扫清了障碍。接着，1、3营加入战斗，向东北和正北方向发展进攻，消灭敌人1000余人。同时，在我方右翼的第30军也从高桥正东突破，进入纵深。我93师第277团、279团先后攻占了高桥以西凌家宅、南塘宅和徐家宅等沿江阵地。

26日上午，高桥守敌在我猛烈攻击下一部被歼，大部仓皇向三岔港方向逃窜。我命令：第271团、273团、274团主力迅速向三岔港方向追击，歼灭逃敌。我军在第30军配合下直插三岔港，将该地区之敌全部歼灭，随即急调远程火炮，发扬火力，封闭了黄浦江口。

战斗至中午结束，浦东守敌被我全歼。浦东地区战斗，我军毙伤敌人2600余人，俘敌16000多人。

浦东之战是上海战役的重要组成部分。由于我军与兄弟部队在浦东和沪西等上海外围地区大量歼灭了敌人有生力量，封闭了黄浦江口敌之海上退路，对全歼上海守敌起了重要作用。

但是胜利来之不易，仅我军就有1000多名指战员长眠在浦东这块英雄的土地上。我们永远也不会忘记他们的功绩，珍惜他们用鲜血换来的胜利，继往开来，把烈士未完成的事业进行到底。

57. 共产党来了
——王退斋在迎接解放的日子里

王佩玲

上海解放前夕，物价飞涨，民不聊生。自 1948 年冬季开始，报纸报道了很多消息：9 日，"电车工怠工"；24 日，"四十余万学生学业陷于停顿"；12 月，"市立中学及国民学校的教职员联谊会代表同赴市府教育局请愿，要求发放 12 月份薪金"；……共产党的反抗斗争也愈加紧张。中共市教委领导的"上海市教育协会"发表《告教育界同仁书》，号召教师迅速进行护校应变，以保财产、保生产、保地方为口号。当时，王退斋正在上海浦东的公立国民学校（在今高行镇）当校长，调研民众教育，白天给学生上课，晚间有成人来校学文化。

时局尽管紧张，学校依然运转。一天黄昏时分，学生已散课放学。正值轻松时刻，学校迎来了一位陌生的人。他身穿长衫头戴礼帽，温文尔雅一派文化人的样子，彬彬有礼地开门见山就说要找校长。当时情况复杂，门房并不直接接口，跟他绕来绕去，见此人坦然诚意，不像坏人，就予放行。王退斋一见此人风度翩翩有文化的样子，却并不认识，心怀忐忑地接待坐下。此人开口就说：战事就要降临上海，上海必将迎接解放！你这个地段距离战事前线较近，炮火将可能影响不小哇！中国共产党重视教育、重视文化资料以及一切生命财产，作为一校之长，要积极保护好学校的一切，避免毁于战火。最后握住王退斋的手语重心长地道："战火开起来以后，这个不容易做到哇！"王退斋一生追求的就是教育，一生信仰的就是为国为民，"护校"这样的话语，真是让他的心坎热起来了！哪还有什么"怕"字呢？今天，见眼前这位知书达礼的先生秘密传话，便问"大概你是共产党的代表吧？"那位先生不答，只是微笑着给予了一个十分信任的眼光，自信十足地跨出了校门。王退斋当时深为感动，不由十分敬佩中国共产党对教育事业的重视，共产党员勇于敢冒风险做这么细致的工作，难怪得民心者得天下啊！这是党的嘱托，于是他立即秘密策划护校方案。

王退斋和夫人徐庆祯商讨后，遣散部分不必要的员工后，决定：（1）停课、疏散学生；（2）组织几名年轻力强的教职员工协助整理清点所有资产；（3）动员群众捐献棉花毯，动员周边群众集中客堂的八仙桌，作为防炮火的栖身之地；（4）拆下房门板以作为担架备用；（5）打开门窗防震；（6）将棉花毯淋透水，盖在档案柜子上，盖在大桌子上，既能阻燃炮火，又能防弹片肆虐……在没有任何资助的条件下，王退斋运用了当时可能的所有力量，保护学校！而耳边却不时传来一些同仁校长弃校追随教育局国民党官员逃离了的消息。甚至有恫吓说：凡配合共产党的人将来都要秋后算账！王退斋不惊不乍，坚定从容。

一切安排妥当后，战火烧了！一天傍晚，正值密集的枪声稍稍稀疏的片刻，学校冲进来两个国民党残兵，破烂的军装，满脸的灰尘，帽子不见了，长枪也没了。他们急吼吼地直叫：赶快拿两套便衣来！赶快拿两套便衣来！结果一扫眼没看到啥就急急逃命而去，原来是国民党军队的逃兵。

隔天清晨，爆了2天的密集枪声稀疏了些。防空躲避的大人小孩就想到外面伸伸腿。有人发现学校西面的高墙上全是枪眼，墙皮剥落，有人惊呼一条看门的大黄狗躺在地上，已中弹而死。这时又有零星冷枪呼啸，大家不敢滞留，纷纷返回躲避处。突然，学校的职员马先生摔倒，他的脖子后面有一片血，并立刻昏迷了，仔细一查，是后颈部有对穿的两个洞，中流弹了！人们又慌又急时，还是王退斋和夫人徐庆祯双双当机立断，抬人！趁枪声稍稀的间歇，赶快将人送往解放军战地医院。夫人紧急中扯下一条门帘把马先生的颈脖紧紧包扎起来，抬上了预先准备好的门板。王退斋和夫人、两名员工抬着马先生，冒着尚未停熄的炮火和枪弹，高一脚低一脚地穿行在乡间小路，焦急、担心，肩负着平时不可想象的重任……

炮弹不时飞来，趴下，起来抬人，再趴下，再起来，十几里地一路磕磕绊绊，终于找到了解放军医疗队。解放军为此非常感动，立即对马先生进行紧急处理。当时王退斋看到前线下来的伤病员，感动不已。又见解放军对马先生就像对待火线上下来的伤员一样立即治疗，更是感动万分！所幸马先生经由手术、上药包扎后，基本无生命危险，王退斋为了尽量减少解放军的麻烦，决定自己承担起护理的责任，再抬回去！战斗又要打响，备好药，记住养护方法，一路冒着硝烟又抬着门板走了十几里地。

5月28日，共产党正式接管国民党市教育局。几天后，宣布"热心办教育的原校长予以留任"，王退斋的名字出现在宣布的名单之中，并受到表彰。

58. 抗击潮灾　修建海塘

谷　梁

1949年7月24日，上海刚解放2个月，一场空前的特大潮灾正面袭击上海。台风、暴雨、大潮汛"三碰头"，浦东沿海地区更是首当其冲，灾情严重。浦东沿海大段海塘垮塌，208.3万亩农田被淹，6.32万间房屋倒塌，因灾死亡的灾民多达1613人。抗击潮灾，确保民生，恢复生产，成为党和各级政府面临的最紧迫的任务。

陈毅市长亲临抗灾第一线

通江达海的浦东高桥，是受灾严重的地区之一，尤其是沿海地区的海塘，被冲毁极其严重，决口多达20多处，导致海水大量倒灌，其中炮台浜的决口竟达30米，农村成为一片汪洋。

灾情发生以后，当时的高桥区接管专员张绍文和副专员许思潮（后任高桥区区长），当即向全体干部发出号召，要求大家迅速投入抗灾抢险斗争，救人民于水深火热之中，组织一部分干部到海塘抢险，另一部分干部下乡帮助和救济受灾群众，动员生产自救，将2 000多灾民转移到安全地带。

海塘抢修工程从7月31日正式开工，到8月6日，除炮台浜一处决口外，其余20多处决口全部抢修成功。炮台决口因为同当地的一条重要河道吴家湾相通，潮水涨落时水势湍急，冲刷剧烈，决口最深处达到吴淞口基点零下4米，两次抢堵采用抛麻袋、抛石块和沉船的措施，但都没有成功。

8月29日，陈毅市长亲临高桥视察抗灾抢险工作，他先在高桥小学礼堂向当地干部以及参加抢险工程的干部和技术人员发表讲话，鼓励工程技术人员认真总结经验教训，争取早日完成炮台浜的抢堵工作，以防即将到来的中秋节大潮汛。接着，陈毅市长又提出要求，必须搞好受灾群众的生产自救，修复家园，渡过难关。随即陈毅市长在工务局局长赵祖康和许思潮的陪同下去炮台浜海塘视察，慰问正在抢险的工程技术人员和民工，赵祖康在现场向陈毅市长汇报了几次抢堵失败的情况，并打算邀请几位全国著名的水利专家来沪研究部署抢堵方案。陈毅市长身穿短袖衬衫，站在海塘决口处岸边，手指前方，殷切地希望大家抓紧时机，夺取胜利，救人民于水深火热之中。

经参战军民和工程技术人员的共同努力，炮台浜决口终于在下一个大潮汛到来之前抢堵成功。陈毅市长亲临浦东高桥，指挥抢修海塘的故事，在人民群众心中留下了永久的印记。

令人感动的抗潮救灾一家人

面对特大潮灾，沿海群众主动到海浪中抢救落水灾民，救灾中留下了一个个感人的故事。江苏省南汇县老港区五桥乡第一村（现属上海市浦东新区书院镇四灶村果园4组）的黄矮弟，带领全家人从潮灾中抢救100多落水灾民的义举，尤其令人感动。

黄矮弟曾在抗战时期，利用从事海运及商贸的有利条件，不仅从经济上大力资助抗日武装，把大批军需物资运往浙东抗日根据地，还把开设的茶馆作为党组织联络站，收集、传递情报。他创办的五桥小学，教师中就有中共党员。连柏生、朱亚民、张大鹏等抗日领导，也多次到黄矮弟家中借宿，相互间建立了很深的革命友谊。可惜的是，1952年黄矮弟被错打成"反革命"，1961年含冤去世。经黄矮弟子女不断上访，直至1985年在朱亚民、张大鹏等关心下，才获得平反。

1949年7月24日的半夜里，海水冲溃了彭公塘（清乾隆三年筑）东面2里地的李公塘（1906年南汇知县李超群主持修筑），彭公塘外成了一片汪洋。当时彭公塘外住的大都是逃荒来垦荒的穷人，茅草房全冲倒了，有的一家人全淹死了，损失很惨，黄矮弟家能运350担的大船也被海潮冲得倒扣在海滩上。第二天天刚蒙蒙亮，黄矮弟就带着几个儿子和商行的伙计、船工和附近年轻力壮的青年潘金楼、施阿江、毛胡子、奚进才、汪洪章、王能狗、潘阿根等20多个伙计，撑着内河的一艘载重100多担的大船赶紧去救人。因担心大船搁浅，黄矮弟就叫四儿子黄志伦（11岁）骑在水牛背上向前探路，沿着彭公塘寻找生存者，他们先后救起了100多灾民。

海潮冲垮了海塘防线，数万亩良田尽成泽国，来不及逃避的人和牲畜全被海浪吞噬。灾民的惨状，黄矮弟看在眼里，痛在心里，他倾尽全部力量救助灾民。他立即让家人将自己家所未被海浪冲垮还能住人的房屋腾出来，让灾民们住下。由于人太多，连大床上也坐了20来个人。于是，黄矮弟家的店堂里、库房里，甚至是家里的偏屋里，都挤满了灾民。他还让家人拿出了所有衣服、鞋袜，让灾民们穿；拿出棉被、垫被给灾民们御寒；拿出家中没有被海水冲走的所有粮食，给灾民们充饥。灾民病了，黄矮弟掏钱请医生治疗，懂得医道的黄矮弟母亲瞿阿奶也给轻症病人看病。有灾民不幸亡故，黄矮弟把自家木作铺的棺材送上帮助安葬……不够，还向别的老板借，事后再还给他们。后来，有更多的灾民闻讯而来，到他家暂避难关，他也尽其所能予以帮助。一个多星期后，海水慢慢退去，黄矮弟又组织人员帮助难民建设家园，把他们安置好。黄矮弟的所作所为，受到了广大灾民的崇敬和极力赞扬，也受到了政府有关部门领导同志的表扬。

青干班到修塘第一线经受锻炼

特大潮灾对当时的江苏省管辖的川沙、南汇两县也造成重大灾害。尤其是当时南汇县境内的李公塘（1929年建，长52千米），连同外侧的袁公塘和预备塘一起被冲垮，10余千米的塘身被夷为平地，万亩良田瞬间变成白茫茫的海滩，来不及逃避的百姓和牲畜被狂风巨浪吞噬。幸免于难的灾民躲避到李公塘西南高地上，望着昔日的家园浪涌尸漂，家产荡然无存，许多人痛哭失声。南汇全县在这次巨灾中死亡1 211人，淹死牲畜26 702头，冲塌房屋1.8万间，农田被淹面积达17.5万亩，受灾人口达3.57万人。当上海市市长陈毅听取江苏省松江地委书记张彦和专员顾复生就南汇等地灾情的汇报后，当即表示："我代表上海800多万人民表示全力支援。上海工人阶级是有光荣革命传统的，是与浦东人民血肉相连的，生死与共的。你们要人有人，要物有物……"

南汇的海塘抢险工程从1949年8月3日开始，利用李公塘原址进行修筑，至9月下旬基本完成，共筑土约65万立方米，并在决口处、新筑处和险工弱段加添木桩1.2万根，使用麻袋堆土30多万包、芦枕266.5吨。修好的海塘高3.5米，顶宽3米，底宽13米，坡高1∶1.5。10月6日中秋节，在南汇海塘工地上举行了工程验收庆功大会。

参加南汇县海塘抢修的，除了南汇的干部、群众外，还有来自上海的工程技术人员，他们中还有浦东青年干部训练班的全体学员。

1949年7月，上海团市委为了培养开展青年工作的骨干，举办了全市性的青年干部训练班（简称"青干班"）。当时上海浦东的高桥区、洋泾区、杨思区各中学的一批青年积极分子在学校党组织的推荐下，都有机会到青干班学习。浦东区团工委副书记周蔚芸担任青干班的指导员。

为了给青干班的学员提供锻炼的机会，浦东区团工委安排青干班的全体同学到南汇参加防汛修塘，在艰苦的修塘劳动中磨炼意志，经受考验。修塘工程竣工后，青干班的同学还合影留念，为浦东共青团的建设留下了历史一页。经培训的青干班同学，后来在各项工作中发挥了积极的带头作用，毕业后在社会主义建设中也作出很好的成绩，多位学生还成了各领域的专家、学者或企事业单位的骨干。

陈毅市长命名新海塘的"人民塘"

在当时上海市市长陈毅亲自指挥下，广大干部群众全力以赴，经3个月的突击抢修，一条北起吴淞口，贯浦东新区、奉贤区南境，讫柘林乡夹路村，全长112.26千米的新海塘修成了。修成的新海塘，经陈毅市长命名为"人民塘"。沿海老百姓听说后,激动地说:"人民海塘人民建,人民海塘为人民,有了共产党的领导,再大的灾害也能战胜!"

修建的人民塘,高桥一带的海塘在原址抢险堵口,全长16.6千米。川沙段在外圩塘旧址修筑,长28.5千米。南汇段基本上在袁公塘(筑于1934年)和李公塘(筑于1906年)旧址兴筑,北接川沙段,南至汇角泄水漕,长41千米。奉贤段在20世纪50年代自东而西分段筑成,长26.2千米。70年代后,人民塘外又建了新塘。

59. 江心沙，上海石化工业诞生地

潘建龙

1937年，日本帝国主义加紧了侵华步伐，在军事侵略的同时，加紧经济侵略。日本丸善石油株式会社凭借日本侵略者在中国的势力强占浦东高桥江心沙土地19.8公顷，建成储油所和制油所。抗战胜利后，国民政府经济部资源委员会将敌产日本丸善石油株式会社在江心沙的石油设施收归国有，并将储油所和制油所分成东厂、西厂。1949年5月26日，中国人民解放军解放高桥地区，并于当日上午8时进驻东、西两厂。5月27日，上海解放，高桥东、西两厂门口及围墙等处张挂着"欢迎人民解放军""和平生活建设""发展石油工业""劳工神圣"等标语。

1950年6月1日，政府在东厂、西厂基础上成立上海炼油厂，成为华东地区的第一家炼油企业。由此新中国上海石化工业在江心沙上起步。1954年11月，玉门油田石油运至上海炼油厂加工，解决了上海炼油厂无油可炼的窘境。

随着上海炼油厂的发展，炼油过程中产生的石油气体如何综合利用，成为国家和上海有关部门思考决策的大事。20世纪50年代中期，上海市政府就以上海炼油厂为基础制定出建设高桥石油化工基地的规划。1957年高桥化工厂开始建设，成为国内第一个综合利用炼油废气为主要原料的石油化工企业。1958年3月，上海农业药械厂制药车间迁址江心沙，在原光华火油公司旧址上新建上海农药厂。上海农药厂投资240万元，主体工程——年产1000吨敌百虫设施于1959年9月竣工投产。当时主要生产"滴滴涕乳剂""六六六粉剂"和"敌百虫"。

1960年10月，自高桥化工厂500吨聚苯乙烯中型试验车间建成投产起，至1971年，在江心沙及周边相继建成上海染化十五厂（在上海农药厂旁）、上海第二化学纤维厂、上海合成洗涤剂二厂、上海合成橡胶厂以及与化工基地配套的高桥热电厂、上海石油化学研究所。上海高桥石油化工基地粗具规模，积累起一定的技术力量。因此，当1970年代初上海市在金山杭州湾畔建设上海石油化工总厂之时，上海炼油厂、上海高桥化工厂、上海第二化学纤维厂共抽调500名技术人员前往支援建设。

位于江心沙路1号的高桥石油化工有限公司

1990年4月18日，党中央、国务院宣布浦东开发开放。凭借独特的地理优势，江心沙又成为浦东开发的前沿、吸引国外投资的热土。在宣布浦东开发开放11天后，4月30日，浦东开发开放后第一个被批准设立的大型外资企业——由江心沙上的上海农药厂、上海农药研究所与美国杜邦中国集团有限公司联合投资2 500万美元的上海杜邦农化有限公司成立，公司主要生产水田除草剂"农得时"。

1994年4月，德国巴斯夫公司与位于江心沙的上海染料化工有限公司合作，成立上海巴斯夫染料化工有限公司，总投资2亿美元，征用土地25公顷，主要生产阳离子染料、有机颜料和纺织、皮革助剂产品，成为当时投资浦东的颇大外资项目之一。2000年，巴斯夫在江心沙建设在德国之外最大的综合性基地，拥有员工约3 000人。2012年，巴斯夫大中华区总部和巴斯夫亚太创新园落户江心沙。2015年11月，巴斯夫特性材料业务部三大重点扩建项目、Cellasto（微孔聚氨酯弹性体）技术中心、亚太创新园二期工程竣工。

60. 解放初期浦东的青年团建设

梁 毅

浦东历史上最早的团组织

上海社会主义青年团始建于1920年8月22日,由俞秀松等在上海的中国共产党发起组领导下成立。

浦东地区的团组织,始建于1925年9月。1925年1月,中共四大召开之后,浦东沿江地区的党组织建设得到了快速发展,至1925年8月,已有6个基层支部,并成立了中共浦东支部联合干事会(简称"中共浦东支联会"),同年10月,中共浦东支联会改建为中共浦东部委员会,部委书记为张人亚。至11月,已发展到11个基层支部。党组织快速发展的同时,共青团组织也得到同步发展。至1925年9月,沿江地区已建立了5个团支部,有团员59名,共青团浦东支部联合干事会(简称"团浦东支联会")也正式成立,支联会书记为叶放吾。团浦东支联会是浦东地区最早的团组织。

上海解放后浦东最早的两位团工委书记

1949年5月上海解放。中共上海市委在落实各区党组织建设的同时,对青年团建设也提出了明确的要求。同年6月,团上海市委决定在十个区建立团工委,其中浦东区的团工委管辖范围包括高桥、洋泾、杨思三个区。

1949年8月,上海市委任命曹匡人同志为浦东区团工委书记,周蔚芸同志为团工委副书记。

浦东区团工委书记曹匡人是一位"南下"老干部,1949年7月从中央团校第一期毕业后被分配到上海工作。团工委副书记周蔚芸是上海交通大学的中共党员。曹匡人与周蔚芸来到浦东后,克服了情况不熟、交通不便、地区又十分分散的种种困难,出色地完成了初期摸底的任务。开始工作时,没有固定的办公场所,团工委一班工作人员十几人先后住过东昌路银行第八办事处、浦东大道震修路2号等处,条件艰苦,没有办公设施,没有床睡觉只能打地铺,日常吃阳春面、啃大饼。全区几十家大大小小的工厂、近十所中等学校、几十所小学,还有广大的农村地区,他们靠双腿走路,逐一进行认真调查,做到心中有数。

建团工作从陆行中学开始

为了积极、稳妥地推进建团工作,经团工委研究,确定了先中学、后工厂、农村逐步发展的方针。而中学的建团,决定以陆行中学作为试点。原因是:

其一,陆行中学在浦东地区是一所有影响的中学。创建于1942年的陆行中学,前身是私立三修中小学,抗战胜利后报请市教育局批准,改为市办中学,1946年开始扩建校舍后,有校舍近百间,有可容500人的大礼堂,学校有高中4个班,初中8个班,学生671人,教职员工54人,学校具有一定规模,是浦东地区的一所名校,又地处浦东沿江地区中部,有上川铁路,交通方便。

其二,陆行中学有一支经过青干班培训的青年骨干力量。上海解放前夕,不少同学在党组织的影响下参加了迎接上海解放的革命活动。经培训后又迫切要求进步,这些学生可以成为建团的骨干力量。

其三,校长李之朴思想进步,作风开明。作为上海解放后陆行中学的首任校长,热爱教育事业,爱校如家,在师生中有较高威信。教师队伍中还有一位教学认真、群众关系好的党员马问蕊老师。建团工作有学校领导及教职员工的热情协助,工作会更有把握。

在学校领导的支持下，1949年10月，团工委书记曹匡人与秘书姚宏昌住进了陆行中学，经两个月时间的工作，建团任务圆满完成。学校经多种形式的广泛宣传，要求入团的青年很多。在隆重的入团宣誓仪式后，按班级成立了团支部，教职员工成立教工团支部，全校成立了团总支。经青干班培训的祝庭骏同学，当选为团总支书记。

陆行中学的建团工作取得经验后，很快在浦东地区全面开花，团工委先后在高桥中学、洋泾中学、杨思中学，以及其他中小学校的师生中分批开展建团工作，也在工厂、农村地区逐步完成了建团任务。

抗美援朝中的浦东团组织

1950年6月25日，朝鲜战争爆发，美国军队把战火烧到我国东北边境。1950年10月，中共中央和毛泽东决定"抗美援朝、保家卫国"，并派中国人民志愿军赴朝鲜作战。

在全国各地掀起轰轰烈烈的抗美援朝、保家卫国的爱国主义运动中，浦东团工委和广大团员也积极开展时事宣传和爱国主义教育，在组织捐献飞机大炮的同时，号召参军参干，奔赴抗美援朝战场。其中洋泾中学的爱国青年近200人分三批参军参干，青年团员在参军中起了模范带头作用。

第一批，1950年10月，80名高一至高三的同学入伍。第二批，1951年1月9日入伍。第三批，1951年7月13日入伍。

巧合的是，曾在洋泾中学担任老师的浦东祝桥人连柏生，一位经历过抗日战争、解放战争战火考验的革命老战士，抗美援朝战场上被任命为中国人民志愿军公路工程总队长，这不仅是洋泾中学的骄傲，也是浦东的骄傲。

50年后拜访革命前辈曹匡人

2002年，我在浦东新区政协工作期间，为了编写中华人民共和国成立后50年的政协发展史，写好《回眸浦东地区政协》一书，有计划地拜访中华人民共和国成立初在浦东地区政协工作的老领导,在洋泾区、高桥区、东郊区担任政协领导的革命前辈曹匡人,也是重点拜访的对象。

2002年的6月19日上午,我走进了曹匡人老前辈的家,零距离倾听前辈讲述革命斗争的故事。从交谈中了解到,1950年浦东的建团工作打下基础后,曹老被分配到上海市洋泾区、高桥区、东郊区等单位担任主要领导,他讲述中深情地说:"在浦东工作了30年,做了两件很有意义的事,一是1956年组织修建杨高路,二是在南汇县时组织开挖大治河。"接着又风趣地说:"解放初我与周蔚芸同志一起参加浦东地区团组织的组建。我俩原本互不相识,是共同的理想,是艰苦的工作,把我们从同志关系发展到革命伴侣。"真是意外的收获,一条重要的文史线索!也许是巧合,说到这里,周蔚芸正好从外面进门,相互间都会心地笑了。

4个月后,曹老不仅撰写了《集各界智慧 修建杨高路》,为《回眸浦东地区政协》一书赐文,还撰写了《浦东地区青年团的发展从陆行中学开始》一文。他的文章,为浦东留下了重要的史料,弥足珍贵。

61. 枪林弹雨中拼出来的四个兵

张建明

看过电影《英雄儿女》的人，无不为志愿军战士王成勇敢杀敌、英勇献身的壮举所感动，也会清楚地记得首长问王成的妹妹王芳："你是从哪里入伍的？"回答："浦东。"浦东数以千计儿女赴朝参战，保家卫国。笔者采访的四位战士的故事，让他们为之动容。在我们后人尤其青年人看来，他们每一位都是令人崇敬的英雄，不愧为王成的战友。

坦克手唐玉楼

1952年12月，在南汇县泥城乡里担任团委副书记的唐玉楼参加抗美援朝动员大会后就带头应征入伍。和未上过学的战友相比，他算是个文化兵，读完初小，又上高小一学期。正因为有这么点文化，被连队领导视为"宝贝"，选当通讯员、无线电员。

唐玉楼所在部队是24军坦克独立团，坦克团可是志愿军大部队中的拳头部队。他勇敢、机灵，很快由通讯员变成坦克副驾驶、机枪手。每辆坦克配员5人，车长为单车指挥。唐玉楼所在三连共有10辆坦克，他在4号车，也是连长的指挥车。连长孙敏带领车长、炮长多次到前沿阵地察看地形地貌及战壕线路。一天，侦察回来，连长说："小唐，把阵地做个沙盘。"唐玉楼就地取材，用泥土沙石做成简易沙盘后，连长笑笑："不错，挺像。"把车长们集合起来，便发问怎么打法。唐玉楼钦佩孙连长，连长常说打仗不仅靠"敢"字，还得靠"动脑"。进攻时，每辆坦克听从无线通讯统一指挥。时而各自为战，专攻前进途中目标；时而聚集火力，彻底端掉敌人据点。4号车炮火命中率特别高，点到哪儿，哪儿就开花，敌人枪炮顿时变哑。战后，4号坦克荣立集体二等功。1953年7月13日，团指挥所命令三连出动6辆坦克，专打美三师坦克、碉堡和炮兵阵地，向前推进大约20千米。美军弃坦克、汽车落荒而逃。连长让连部技术员杨一民开了一辆坦克回来，后来回国时把这辆坦克送往北京军事博物馆。唐玉楼在这次战斗中荣立三等功。

停战回国后部队驻北京昌平，唐玉楼被任命为连俱乐部主任，从四级驾驶员升至驾驶技师、技术员。在培训坦克新手时，采用模具授课法，讲清基本常识，先模拟操作，再实车驾驶，创造了三小时会行车的奇迹，被评为模范军事教员。1956年10月，他出席了北京军区装甲兵积极分子代表会议，1957年春出席了军委装甲部队积极分子代表大会。这是他感到最光荣、最幸福的事，至今还珍藏着大会全体代表与党和国家领导人一起合影的照片。

电话兵毛安铁

毛安铁是志愿军24军74师221团三营营部电话班战士。1953年5月30日进入名叫西方山的第一线。这里是隘口要道，是我军中线门户，在军事上素称"铁三角"。全团正面宽达10千米，面对的是美军"四大主力"之一的第三师。该师曾参加过两次世界大战，装备精良，来到"铁三角"耀武扬威，气焰嚣张。

24军军长兼政委皮定均在部队上阵地前，动员全军指战员："只能我们在敌人头上放肆，而不能让敌人在我们面前睡大觉。"这就是要求进行积极防御。一上阵地，部队就开展"冷枪冷炮""游动火炮""小分队袭扰"等战术，让美军不得安宁。221团驻防"铁三角"阵地，接连进行三次主动歼敌。"三打无名高地"战斗十分漂亮，被誉为"坚固阵地防御中的进攻战"。一打，先发制人，速战速决，生俘美军7人，毙敌130余，我方无一伤亡；二打，持续16天，争夺反争夺，粉碎美军

12次反扑，歼敌450余人；三打，最艰难，最激烈。1953年6月10日21时30分发起进攻，坦克炮、喀秋莎火箭炮等各种火炮急袭五分钟，无名高地被炮火打得一片通红，敌探照灯、照明弹把山头照得如同白昼。六连副连长钱启光率突击队员分两路冲入敌阵，占领阵地，先后打退敌8次反扑。最后敌军蜂拥而上，钱副连长与三战友退据大地堡坚守，用步话机请求："向我开炮！越近越好！"电话机铃声在指挥部此起彼伏，突然有线无线电话全部中断，无法与攻击增援部队联络，电话班立即分头查线接线。毛安铁在交通沟中穿行，在低洼突岩间爬行。一颗呼啸而至的炮弹旋转着落在他前面四五米处，有五磅热水瓶胆那么大，黑漆漆的。他满以为这下"光荣"了，出奇的是炮弹竟然很快不转不响，熄火了。敌集结15辆汽车满载援军，进行疯狂反扑。连长指挥炮手以外的人员紧急从山脚下搬运炮弹，完成接线任务的毛安铁加入搬弹行列，来回几十趟，汗水如注，浑身是泥。敌炮弹片突然击中毛安铁右脚，他踉跄跌倒。战友将他背进坑道，卫生员包扎急救，昏迷一天一夜，后由朝鲜老乡抬下阵地，送后方医院。

治疗期间，毛安铁从《火线报》《志愿军战士》等报刊获得前方信息。那一仗，坚守在411高地的步话机员向团指挥部报告，守着电话机的喀秋莎炮团首长遵照军、师指示，立即下令喀秋莎"一营齐射"。只见火光万道，地动山摇，敌人集结地变成一片火海，增援之举被彻底粉碎。此战，"吃掉"敌10多个连，歼灭1 800余人。美军哀叹：无名高地即无命之地，简直是一块坟地。

警卫员董纯芳

董纯芳，不仅名字像女孩，而且眉清目秀，清瘦精干，长得也像女孩。到部队那天分兵，战友一个个被点名领走，就是听不到点他的名。正发愣时，有人拍他的肩膀："跟我走！"抬头一看是位穿大衣的身材魁梧的军官，后来便知是警卫排排长，自己被选中当团部警卫员。

团长是山东人，叫陈履仁，后改任政委。在前线阵地与美军对峙的那些日子里，警卫员的任务就是保证首长安全，随时听从调遣做好联络工作。白天隐蔽在坑道指挥部，行动一般在天黑以后。战场上经常断水断粮。没水了，要到山下去驮。白天下去非常不安全，敌人封锁得紧。摸黑下山也得小心，若被敌人发觉打照明弹，那就暴露无遗，往往有去无回。后来连续几天下雨，就用搪瓷杯、脸盆接岩隙渗流水喝。团领导与普通战士一样吃压缩饼干，喝沉淀的岩隙水。当然要先证明安全才放心给大家喝，时刻警惕敌人细菌、毒气污染。记得最困难时只用淡黄鱼干当菜，啃干粮，整整11天。1953年7月20日总攻前，班长叫董纯芳跟侦察班长张挺祥去距敌坑道30米的前沿执行任务。在攀越陡坡时，敌连发重炮，巨弹就在不远处炸响，似山崩地裂。董纯芳连人带枪滚下山沟，失去知觉。待苏醒过来，已是漆黑一团。他左右前后各个方向判辨动静，听到叽里咕噜的外国兵说话声，就悄悄避开。伏在地上听到不远处有人对话："找不到怎么办？""哪怕死了也要找着，这是首长命令。"小董觉得有希望，但不莽撞，用小石块丢过去试探。丢第一块无反应，丢第二块时有接应："谁？""掉下来的！""口令？""老虎。"随即碰面，班长见他头上脚上有伤，还伤得不轻，让战友将他背回营地。团长心疼地说："小鬼回来了，好，就好！"听到团长熟悉的声音、亲切的话语，小董泪水盈盈。

停战协定谈了好久才签，27日宣布停战，28日就打扫战场，必须在一周内打扫完毕，警卫排也出动了，董纯芳和战友们一起挖葬穴，抬尸体。尸体用统一的白布裹起，绝对不准在地上拖，不准往坑里扔，要轻轻地小心翼翼地放下去，一人一穴。穴宽80厘米，深1.5米。每葬一个，详细做好记录。在清理过程中，有个叫"马祥根"的战友，是南汇县彭镇马厂人。董纯芳从他贴身衣袋里翻出了新兵集体照，还有一块手表。请示领导后替战友收好，安葬这位第一次也是最后一次见面的同乡，想着他将把消息告诉战友亲人时的情景，他哭了。

在朝鲜战场两年八个月，回国后驻天津杨柳青，组织派其到师教导队学习，考核获一级射手、技术能手称号。回来后提为副排长，授少尉，光荣入党。回乡后几乎没有放下过"枪杆子"，先在南汇县书院乡当民兵大队副大队长、大队长，后乡镇建立武装部，先后当过书院、彭镇、万祥、泥城武装部部长，只是在县"五七"干校、农校当校长、芦潮港拆船总厂当厂长才没有杆枪，从16岁起，保家卫国的枪，扛了一辈子。

踏尸冲锋的施建平

施建平至今清楚记得：1953年朝鲜战场上的志愿军夏季反击战是7月13日打响的。

随着夜幕渐渐降临，全体官兵摩拳擦掌迫不及待。施建平所在的72师215团担任主攻任务，一下出动6个连。他是三营九连机枪班战士。夜9点左右，随着火炮向敌阵地纵深延伸，耳边听到出击命令，他扛起500发的子弹箱紧跟班长跳出坑道，匍匐前进。前面被铁丝网阻挡，三圈铁丝垒在一起，二三米高。班长说了声"不要掉队，跟上"，便率先爬上铁丝网翻了过去。施建平扛着弹药箱怎么也爬不上去，急得一身汗。副班长出了一招："拖死人，用死人垫！"原来到处有敌人丢下的尸体。战场上就是靠勇敢、灵活，想方设法向前冲，他和战友一起奋力搬尸堆尸，然后，踩上去越过铁丝网，弹药及时送达机枪射击地。这一仗打得很艰苦，也很漂亮。虽然牺牲了多位朝夕相处的战友，施建平很伤心，但战火也锤炼了他。他在部队18年，从班长、排长到副连长、指导员，舍命摸爬滚打，加上组织培养，成了合格军人、出色的基层指

左起：毛安铁、施建平、董纯芳、唐玉楼

挥员。

从朝鲜回国不久,他被送到辽阳市炮兵第五预备学校学习,一年后入沈阳高射炮兵学院深造。毕业后分配到浙江台州军分区独立高炮营。与其他志愿军战友不同的是,施建平不仅上过朝鲜战场,而且上过越南战场。在越南郁郁葱葱的丛林里,他与他的高射炮待了7个月,全师击落美机102架,击伤87架,我军无一伤亡。

62. 从合庆镇走出的朝鲜战场英雄儿女

薛敬东

1950年6月25日,朝鲜内战爆发。第三天,美国总统杜鲁门宣布出兵朝鲜。7月7日,美国操纵联合国安理会通过决议,纠集了来自15个国家的军队,组成"联合国军",扩大侵略战争,并不顾中国一再警告,把战火引向中国边境,轰炸中国安东(今丹东)等地。朝鲜领导人金日成致电中国政府请求援助。中共中央毅然决然作出了"抗美援朝、保家卫国"的战略决策,组成中国人民志愿军,任命彭德怀为司令员兼政委。

为了抗美援朝、保家卫国,浦东人民积极响应党的号召,报名赴朝参战。在这些志愿军战士中,有合庆地区的41名农民子弟,其中15名光荣牺牲,他们是毛海奎、张天宝、陈乾轮、杨连福、凌志刚、高野明、倪连初、奚龙根、凌长生、曹友葵、顾乾根、顾锡昌、丁木生等。现在介绍其中三位英雄儿女。

合庆最小的战士

大家看过电影《小兵张嘎》,合庆也有个"小兵张嘎",他叫秦瑞琦,1935年7月生。1949年6月加入中国人民解放军,时年不满14周岁,身高不过1.4米,是267团最小的战士,也是合庆最小的军人。他1950年11月赴朝参战。

秦瑞琦入朝后,随队经连续几夜的急行军,参加了长津湖战役。这一战役，历时14天，1950年12月11日结束。秦瑞琦在政工组，属于文职兵，但也参加战斗，随时有生命危险，他目睹政工组四名战友倒下。一次夜行军，敌人打了照明弹。几架美机发现了中国部队，在部队上空盘旋，轮番俯冲下来，用机关枪扫射，多名战士伤亡。秦瑞琦急中生智，躲在敌人废弃的坦克下面。随着噼里啪啦的声响，他感到热烘烘的东西沾在屁股上。他用手摸了一下，一阵疼痛，黏糊糊的。原来被弹片击中，裤子打了个窟窿，擦破了一层皮，淌了血，但他不想给卫生队添麻烦，就自己忍痛包扎了一下。秦瑞琦在政工组的主要工作是采写、刻印、发行267团的《挺进报》。即使在极其严酷的环境下，《挺进报》也不中断。他们知道：战斗越艰难，越需要精神支持。《挺进报》是旗帜、号角、鼓点。夜晚，秦瑞琦和大家一起行军；白天，还要为出版而操劳，废寝忘食。他表现突出，两次荣立战功，师部予以通报嘉奖。党组织认为他符合先锋队标准，鉴于不到入党年龄，就批准为青年团员，晋升为连级干部，时年17岁。彭德怀司令员接见了他，问："小鬼，什么地方人？""浦东人。"1952年10月他归国，1995年离休。

防疫大队医务工作者

毛主席的名篇《纪念白求恩》广为人知，而合庆也有个白求恩式的人物——顾维祥。顾维祥1950年初中毕业后，在双亲的支持下，报名参加志愿军。1951年1月光荣入伍。他穿上军装，在班长的陪同下，和胞弟在川沙照相馆合影留念。

顾维祥入伍后，先是被分配在华北军区67军后勤部，继而在白求恩医科大学接受医疗培训，任67军200师后勤医院二所见习医助。1951年6月中断学业，入朝参战，部队番号是志愿军67军后勤防疫大队。他身处抗击细菌战第一线，健康风险极大。67军李湘军长，就是因为细菌感染，突发怪病，来不及送回国救治，逝世于异国他乡。顾维祥在防疫大队，为救治伤病员而忘我工作，不怕脏、不怕累。那时，遭受了50年一遇的寒流，深夜气温低达零下39摄氏度。将士衣着单薄，不仅缺少冬衣，有时连粮食也供应不上。无奈，部队向朝鲜老乡借土豆，每人每天发十几个土豆。由于环境恶劣、过度疲劳、细菌感染等原因，顾维祥患慢性肠胃炎、坐骨神经痛等疾病，乃至下肢瘫痪，1953年4月，他被送回国内，住东北陆军医院治疗。同年10月，转业回乡，在上海德昌棉织厂任职工教师。1958年旧疾复发并发综合征而住院。1969年不幸英年早逝。

他未婚，临终前把在朝鲜写的家信、收的慰问信以及革命军人证明书、转业军人公约、抗美援朝纪念章、照片等多件遗物交给胞弟顾宗祥，顾宗祥不负嘱咐，珍藏至今。

合庆唯一的志愿军女烈士张友慧

张友慧是电影《英雄儿女》女主人公王芳的原型之一。这部电影，是以抗美援朝为题材的红色经典文艺的代表作，根据巴金的小说《团圆》改编。巴金在创作过程中收集了多位"上海姑娘"的事迹。在某种意义上说，张友慧是牺牲了的王芳。

张友慧，女，川沙县蔡路乡人，1934年9月30日出生，中国人民志愿军20军文工团团员。

张友慧的父亲是南京一个土木翻样的技术工人。抗日战争爆发后，友慧随父母从南京迁居重庆。1941年进巴蜀小学求学。1945年抗战胜利后又随父母回到南京，进精德小学继续读书。1947年考入金陵女大附中。1948年回到上海入惠中中学（今五爱中学）读书。她勤奋好学，生活俭朴，上学用的书包也是自己缝制的，破了补好再用。每到一个学校，都受到老师的器重和同学们的欢迎。由于经常得到中共党员黄旭华和大哥的帮助教育，懂得了中国要解放，人民要翻身，只有跟着共产党干革命的道理。当时惠中中学校长李象伟倾向民主，对学生政治活动不加禁止。所以，张友慧在惠中求学期间参加了党组织领导的进步组织——旭光生活社。她在该组织的指导下阅读进步书刊，发动募捐，帮助困难同学，协助党组织做宣传工作。她还同母亲一起掩护被国民党反动派追捕的从事秘密活动的黄旭华。上海解放前夕，她积极参加护校工作，有时彻夜不眠，有时还饿着肚子，但从不叫苦，受到同学们的夸奖。1949年5月25日早晨，上海苏州河以南地区获得解放，张友慧出门看到解放军战士抱着枪，整齐地睡在马路旁边，她深受感动地说：这些英雄们多么可敬可爱啊！从此在张友慧的心灵上萌生了参加中国人民解放军的愿望。5月27日，上海全市解放，张友慧和同学、老师们一起书写"欢迎中国人民解放军"的标语，并参加了秧歌队、腰鼓队上街演出，热烈庆祝上海解放。同时，她还积极参加慰劳解放军义卖红星章的活动。

在解放战争胜利形势鼓舞下，1949年9月20日，天刚微明，张友慧悄悄起床，豪情满怀地约好了几个同学去西郊虹桥镇，报名参加中国人民解放军九兵团20军文工团，当上了一名文艺战士。

参军不久，她即随队到太仓、昆山等地驻防，经过短期的学习训练，便开始演出，在嘉定演出了话剧《刘胡兰》，在太仓经常下连队演出，还自编自演快板等文娱节目，使战士和群众受到鼓舞。她以刘胡兰为榜样，处处严格要求自己，进步很快，1950年初加入了中国新民主主义青年团。从此，她对自己要求更高，工作更为积极。由于过度疲劳，张友慧生病住院。在住院期间，她抓紧学习政治和文化，天天写日记，练嗓子，每时每刻她都准备重返部队参加演出。在后勤部医院迁到山东曲阜时，那里条件比较艰苦，她说："这里生活虽然不及南方，但正是锻炼、改造自己的好地方。"

1950年6月，美方侵略朝鲜的战争爆发。10月8日党中央作出了抗美援朝、保家卫国的战略决策，毛主席发出了《给中国人民志愿军入朝作战的命令》。张友慧再三向医院领导请求出院，参加抗美援朝。由于她参战的意志十分坚决，医院领导终于同意了。11月30日张友慧和其他几位战友一起背起背包出发。出发之前她把暂时不用的日记本、照片和一件毛衣、两条毛巾寄回上海。她母亲万万没有想到这些物品竟成了烈士珍贵的遗物。

同年12月14日，部队奉命由山东赴东北，转而赴朝参战。在前线每次行军她都跑在前头，以快板演唱形式激励战友，加快行军步伐。一次急行军，她脚上起了泡，疼痛不止，但她咬紧牙关，一面向前奔跑，一面演唱："同志们，辛苦了，背起枪，举刺刀，还有水壶加铁镐，子弹带的真不少。急步走,快步跑,赶到前线消灭美国佬,为了保卫和平来援朝!"战士们听了她的演唱,个个精神抖擞,意气风发。在战火纷飞的战场上,她以纤弱的身体带病抢救伤员。在部队休整时,她为战士洗补衣服,并不时为战士们唱歌。她那响亮的歌声回绕在朝鲜前线的阵地上。她先后参加了第四、第五次战役,日日夜夜和指战员们在一起,成为一个坚强的革命女战士。

  1951年6月5日上午11时,美军飞机不断向朝鲜金城西南约15千米地区的上空狂轰滥炸。张友慧不幸被敌机机枪射中腰部,经抢救无效光荣牺牲,为中朝两国人民的革命事业献出了年轻的生命,时年仅17岁。中国人民志愿军20军后勤部为张友慧烈士树立了光荣的墓碑。她的遗体被安葬在朝鲜中部金城西泉洞对面的山腰里。

63. 新中国第一批女飞行员中的陆心安

陈志强

一位出生于浦东的农家姑娘，60多年前背着父母踏上了军营之路，并幸运地成为新中国第一批女飞行员之一。她和同机组的姐妹们曾两次受到毛泽东、刘少奇、周恩来等党和国家领导人的接见。抗美援朝期间，她所在的机组担负着周恩来总理和彭德怀司令员从北京到丹东的专机往返任务。她就是曾获全国"三八"红旗手、全国胜利奖章的浦东农家姑娘——陆心安。

命运多舛的童年

1930年11月23日，陆心安出生在大团镇农家，排行老四，上有二哥一姐，下有二妹一弟。迫于生计的压力，在陆心安3岁时，她被以两担大米的代价，过继给坦直镇的一对陆姓夫妇。

陆家在坦直开有米庄，养父母对陆心安视同己出，给取小名顺官。陆心安被村里人称为"野毛头"，因为她倔强、豪爽，喜欢与贫穷的孩子一起玩耍，有好吃的总要与孩子们一起分享。

陆心安在家乡读罢一年初中，在姑妈的提议下，中途辍学到上海妇女职业补习学校学习，专习会计、钢琴和毛线编织。姑妈的家很开明，姑夫是著名民主人士黄炎培的表弟；堂兄陆佩，早在1942年就加入了新四军，解放上海期间，已是解放军的一位营长。正是他后来的一番话，改变了陆心安的一生。堂哥给她讲战斗故事，讲军旅生涯，讲新兴政权的光明前景,鼓动她加入人民军队。

1949年8月,在堂哥的引导下,陆心安背着父母偷偷报考了当时正在上海招生的华东军政大学,成为该校的正式学员,穿上了梦寐以求的军装。

一年后,临近毕业时,机遇又一次垂青了她,刚刚组建不久的中国人民解放军空军来校招收飞行员,而且招的是女飞行员。据陆老回忆说:"招收第一批女飞行员是毛主席决定的。那时,新中国成立不久,为配合《新婚姻法》的宣传实施,决定培养女飞行员,用事实证明男同志能办到的事,女同志也一样能办到。"

陆心安成功地通过了重重考核,从几百名报名者中脱颖而出,幸运地进入了东北牡丹江第七航空学校学习空航机械,成为新中国首批56名女飞行员之一。

初上蓝天的喜悦

1951年,刚入军校的陆心安和姐妹们奉命离开北京,来到冰天雪地的牡丹江海浪机场接受训练。学习飞行原理、飞行发动机原理等课程一般都要求具有高中文化水平,而陆心安到部队前只有初一文化水平,为了跟上教学进度,她和姐妹们白天上技术课,晚上补习文化课。经过一年的理论学习,到期末考试时全班成绩平均优秀,荣立集体三等功。

陆心安学的是空勤机械,即随机执行飞行任务,维护飞机发动机。北方的冬天,室外温度一般都在零下40 ℃～零下30 ℃,手一不小心碰到飞机身上就会被粘掉一层皮。飞机发动机起动前要进行加温等一系列的准备工作,待发动机起动工作正常,姐妹们全身热汗直冒,呼出的热气在耳朵上、眉毛上结成一层层白霜。那时大家苦中作乐,笑称对方是"白雪公主"。

1952年3月8日10时,这是陆心安终生难忘的时刻。随着3颗绿色信号弹腾空而起,姑娘们驾驶的"雄鹰"一架接一架滑过跑道,冲上蓝天,以"一"字形编队轰鸣着飞过天安门广场上空,接受毛主席、周总理等中央领导的检阅。

当时，八一电影制片厂摄制组、首都各大报社的记者都对起飞典礼进行了采访拍摄。姑娘们的飞行相当成功，并得到了领导的充分肯定。

难忘的两次接见

在陆心安的记忆中，党和国家领导人的两次接见令她终生难忘。

1952年3月24日，周恩来总理根据女飞行员的要求，特地安排她们到中南海去见毛主席。当她们一到怀仁堂门前，陆心安与姐妹们显得异常的拘谨，屏住呼吸静静地等待。首先出来的是周总理，当周总理看到姑娘们十分拘谨，便叫大家唱支歌，然后笑呵呵地问大家："你们不让男教员上飞机，否则就要把他们关进厕所是不是呀，你们好厉害啊！"此时，现场响起了一阵爽朗的笑声。有人问总理："您是怎么知道的？"总理说："我有顺风耳千里眼呀。"

谈笑间，毛主席和刘少奇出现在姑娘们面前，这时，大家紧张的神情早已在谈笑中放松了。毛主席和中央首长走到大家中间，问这问那，谈笑风生，姑娘们对毛主席的问话一一作答，并和毛主席合影留念，陆心安因个子小而席地坐在毛主席的左前方。

接见之后，姑娘们羡慕地对陆心安说："你最幸福。"陆心安风趣地回答："谁叫你们个儿高？"这张珍贵的照片现今被陈列在军事博物馆"人民空军"展厅内。

"要当人民的飞行员，不要当表演员！"陆心安牢记着毛主席的教诲。她和姐妹们没有辜负领袖的期望，从飞上蓝天的那一刻起，她们就不是"花瓶"，而是中华人民共和国蓝天长城不可分割的一部分。

20世纪50年代初，正是抗美援朝鏖战正酣的时候，陆心安和她所在的机组，曾多次担负周恩来、彭德怀等中央领导和中央军委领导的专机任务，往返于北京和丹东之间。为中央首长飞专机，每次都要临时拆下机上的座位，安放办公桌、沙发等。由于当时的机型普遍偏小，每次专机任务都要同时起动2～3架。除此之外，她们还和男飞行员一样，多次圆满完成过包机、抢险救灾、支援作战等多种繁重的任务，是蓝天白云间一个不可或缺的女子方阵。

1958年10月1日，陆心安作为女飞行员的先进代表，又一次荣幸地参加了国庆观礼，受到了毛主席、周总理的接见。

平凡的三尺讲台

1958年1月，翱翔蓝天已7个多年头的陆心安被安排到哈尔滨军事工程学院，在空军航空发动机教研室任技术员，主要工作是给学员上发动机实验辅导课。由于她勤学好问、刻苦钻研，很快便进入了"角色"。课堂上，她讲起课来有声有色，并常常结合自己的飞行经历，向大家进行讲解。由此，她也受到了学员们的欢迎。哈工大教师的流动性很大，常常是来了一批，又走了一批，可陆心安却安心于三尺讲台，默默地奉献着自己的一切。

1970年，陆心安服从安排，从空军系调到导弹系并随校搬迁到长沙。那时，陆心安较多的是在导弹液体发动机研究室给学员上热试车实验课。热试车实验危险极大，当时，陆心安是热试车组唯一的女技术员。

那些日子，陆心安一面向学员传授技艺，一面还加紧学习。当时购进的不少仪器设备都是进口的，必须首先要看懂说明书。陆心安一边学习，一边翻字典，终于把各种说明书翻译出来。之后，对于新来的仪器，她不仅能使用，还能判断分析，排除故障，深得领导好评。

平凡的事业蕴含着不平凡的业绩。陆心安曾先后两次荣立三等功，获全国"三八"红旗手、湖南省"三八"红旗手称号，并获全国胜利奖章一枚。

幸福的家庭生活

陆心安的事业是成功的，她的婚姻也是幸福的。

陆心安属于事业型的女性。当同龄人一个个都筑起温馨的爱巢时，她却在忙着自己的学习、工作。记得在航校学习时，有一次空军首长手拿一块红绸布对她们说："为了新中国的军事航空事业，5年内不得谈恋爱。"首长话音刚落，陆心安和姐妹们便毫不犹豫地在红绸布上"唰唰"签了名。她们立誓把心中的爱全部献给蓝天。

5年后，她到哈工大任教，要强的她全身心地扑在工作和学习上。后来，姐妹们给她介绍了同在哈工大任教的何民老师。共同的事业追求很快使两人走到一起。结婚时陆心安已29岁。

1985年，陆心安从长沙国防科技大学离休后和爱人到常州干休所定居。不安于休息的陆心安经常深入中小学，用自己的亲身经历教育孩子们。2001年，她专程回到南汇家乡的母校，和坦直中心小学的孩子们畅谈她成长的经历，勉励大家要好好学习，争当祖国的优秀接班人。

"我的一生其实很平常，我相信一切顺其自然。"陆心安始终保持着一颗平常心。豁达、乐观的她，用一生的信念、用女性的坚强，凝聚提炼出一名女飞行员令人感动的岁月情怀。

陆心安（后排左四）与战友们在一起

64. "赤脚医生"往事记

王桂珍

1963年时，我们江南一带的农村血吸虫病流行。到1964年，我们农村又发生霍乱病流行，公社大队都动员起来，各个大队也专门成立灭钉螺的队伍，由我们大队卫生员负责，在农村各河浜边上铲土洒上药粉，大搞爱国卫生运动。每家人家都在家里打井喝井水，不喝河浜里的水。我当了大队卫生员后，每天去社员家的井里加放漂白粉，进行井水消毒。后来被大队党支部推荐去公社卫生院培训四个月，当赤脚医生。当时第一批培训班有28名学员，都是具有小学、初中文化程度的公社社员。我只有小学文化，因此学起来比一般人吃力，但我能吃苦，我认真学，我连中学的门都没进过，那些化学元素符号，老师讲的内容我一下子搞不懂。我旁边同学读到初中，我就问她，她就给我讲。那时培训班老师要求晚上9点熄灯，我自己买了个手电筒，钻在被子里看书看到12点。当时培训班里的学员都很吃苦，因为大家都知道，要想成为一名医生要读许多书，如今有机会当医生，一定要抓住机会学习！

四个月培训结束后，我回到大队，背起药箱，一边劳动，一边给村民看病。一开始许多人质疑，学了四个月就能看病了吗？有个病人牙痛，我给她扎针，她看我手法很熟练，扎完针后她说确实好点了，之后，村民才渐渐信任了我。当时用一根根银针、一把把草药来给村民看病，草药自己在大队草药园里种的，因此给村民看病大多不收钱，只收5分钱的打针费。

在血吸虫病流行期间，公社把血吸虫病病人集中到公社大礼堂里进行集中收治，给每个病人在地上铺上稻草，摊上席子再铺上被头，类似于现在的方舱医院，我们的赤脚医生和公社卫生院的医生都跪在地上给病人打锑剂针。

我们江南农村种水稻，下田要赤着脚去水田里插秧，我们有时候背着药箱，卷起裤脚管，赤着脚和社员一起插秧，于是社员们开始叫我们"赤脚医生"，也是社员们当时对我们这些半农半医的医务人员的亲热称呼。

我从赤脚医生、乡村医生、医生一路走来，救治了无数病人，这是我应该做的，党和人民已经给了我很多肯定。无论是以前的赤脚医生、乡村医生，还是现在的全科医生、家庭医生，目的都是一个，为老百姓更好地服务，做好老百姓健康守门人，敬佑生命，救死扶伤，甘于奉献，大爱无疆！

退休后，我创办了上海浦东新区振兴印刷厂、振兴润滑油商行，为解决职工就业，为国家增加税收作出了自己的贡献。为回报社会对我的关爱，逢年过节就去慰问生产队里的老人，也赞助关爱老年事业。我先后被镇党委、政府和有关部门评为优秀共产党员、孝亲敬老模范，我家被评为文明建设和最美家庭，也获得"中国农村医疗卫生工作贡献奖"等各种荣誉称号。

2018年9月14日，在浦东新区有关部门的支持和帮助下，我家里办起了一个"赤脚医生陈列馆"。开馆两年多来，来自全国各地的人们以及国外友人都来参观，把厚厚的五大本留言簿都写满了。想到自己是入党已58年的老共产党员，退休后为社会再做一些有益的事，就在陈列馆里既当接待员，又当讲解员。我是赤脚医生历史的亲历者、见证者，我在农村卫生战线上干了大半辈子，直到退

王桂珍与老伴邱水兴在赤脚医生陈列馆前

休。现在让参观的人了解这段赤脚医生的历史，传承这种赤脚医生的精神，中国赤脚医生的经验也被写进了1978年世界卫生组织的《阿拉木图宣言》，到40年后的2018年全球领导人在初级卫生保健会议上批准的《阿斯塔纳宣言》中仍然提到中国的乡村医生（赤脚医生）、合作医疗和三级卫生保健网，这是对中国"赤脚医生"历史的世界公认。

在中国的历史洪流中，"赤脚医生"这段历史将永远被铭记！

65. 响应号召　屯垦戍边

梁　毅

1954年10月，遵照党中央、毛主席的命令，以王震将军率领的久经考验的英雄部队为基础，组建成立了新疆生产建设兵团。

兵团成立后，全国各地的复员转业军人、青年学生、支边青壮年，响应号召，奔赴新疆屯垦戍边。他们在茫茫戈壁沙丘，克服了难以想象的困难，战天斗地，开垦出一片片绿洲，为边疆的经济发展、民族团结、社会稳定作出了重要的贡献。在兵团队伍中，有一群来自上海浦东川沙、南汇、洋泾、高桥等地的知青，在兵团这所大学校中锻炼成长。

笔者在参与浦东新区文史研究的过程中，有缘结识了一批当年响应党的号召，进疆屯垦戍边的知识青年。他们特殊的人生经历，每一个人身上的感人故事，是难得的传统教育素材，可用于当今正能量宣传教育。

现介绍其中的四位。

新疆建设兵团10师188团知青程平

1964年6月20日，浦东洋泾镇（今浦东新区洋泾街道）的80位知识青年，换上崭新的军衣，拍摄了一张支边新疆前的合影留念照片。

程平的母亲周惠芳（1917—2005），是1935年从童工中成长并加入中国共产党的一位优秀女工，也是一位亲历了14年抗战的不平凡女性。1964年5月，当得知新疆需要知青时，她果断地对儿子说："去保卫边疆、建设边疆，让我们家两代人都为国家作贡献。"在边疆十分艰苦的条件下，程平牢记母亲的嘱咐，在艰难困苦中不断成长。

让程平深感欣慰的是，在边疆的阿勒泰地区，程平结交了一群哈萨克族朋友，相互间建立了深厚的友谊，并成为促进民族团结的优秀典型。1986年，中央人民广播电台的驻疆记者把程平的事迹作为上海知青的题材在全国广播，当地哈萨克牧民也赞誉程平为"上海的巴郎哈萨克的妈"，程平被评为阿勒泰市先进个人。

1997年，程平退休后回家乡浦东。

回故乡后的程平，难忘在新疆34年的生活经历，难忘在农场、边防、矿山度过的日子，尤其与难忘少数民族地区的朋友相互间建立的友谊，于是，拿起手中笔，编著了25万字的《梦归阿勒泰》，2004年经出版后引起兵团农10师网站"北屯在线"的关注，书中大量文章被连续登载，在北屯引起很大的反响。

程平回家乡后的另一件大事，就是帮助发掘整理母亲周惠芳参加革命斗争的史料。大量史料提供给浦东新区文史学会后，被发表在书报杂志上，成为革命传统教育的鲜活教材。而对程平来讲，也是告慰父母的最好礼物。

新疆林业厅柴窝堡林场知青盛昌旦

1966年10月5日，从南汇、宝山、嘉定三县赴新疆的264名知识青年，乘上列车离开了上海。南汇的知青中，有16岁的青年盛昌旦。

祖籍南汇大团镇的盛昌旦，父亲盛幼宣（1908—1979）是1924年加入中国共产党、1927年8月1日参加"八一"南昌起义的革命前辈，母亲杨逸菲（1909—1999）是1928年加入中国共产党，长期战斗在隐蔽战线的革命前辈。

作为共和国同龄人的盛昌旦，到新疆后被分配在林业厅下属天山脚下的柴窝堡林场。

"文化大革命"结束，盛昌旦有幸在乌鲁木齐获得破格报名，参加首次高校招生，被录取后入教育学院就读。毕业后任职于中学、民盟、政协等机关。他通过努力，被评为"新疆维吾尔自治区优秀教师"，并被聘为联合国教科文组织新疆儿童发展中心专家委员会委员、新疆维吾尔自治区家庭教育研究会常务理事，并担任民盟乌鲁木齐市委宣传部长、市政协秘书处长等职。

1994年，盛昌旦被调回上海，任职于上海旅游高等专科学校。2009年退休后，仍热心于"关心下一代、服务青少年"等社会公益活动，经常到学校、团体讲革命斗争史，为青少年的健康成长尽心尽力。在上海博物馆，他长期为游客热情服务，因而获得了上海博物馆志愿者荣誉证书。

盛昌旦致力于关心下一代工作和社会公益事业的同时，花费大量精力发掘整理革命斗争史料，他到浙东抗日根据地察访，到母亲开展秘密斗争的上海七宝镇、江苏昆山千灯镇等地调研后整理出珍贵的史料。他是一位为社会正义和民族精神的弘扬传承表示支持与关切的热心人士。

建设兵团农一师10团知青黄素新

自小生长在南汇东海之滨新港（今浦东新区书院镇）的黄素新，父亲黄矮弟是当地一位知名的爱国实业家，抗日战争与解放战争期间，他利用海上贸易的条件，为浙东抗日根据地作出了重要贡献。上海解放初期，黄矮弟又带领全家，在大海潮中救起了100多名落水群众，受到了政府和百姓的赞扬。

1966年7月黄素新到新疆后，被分配在农一师。积极向上又能吃苦、肯学习的黄素新，在戈壁沙丘挖渠、担土、开荒、搭地窝子，什么都干，留下了一件件刻骨铭心的往事，同时也获得了宝贵的精神财富。通过刻苦努力，她成了一位让人尊重的汽车修理八级技工。更让人刮目相看的是，她把三个子女都培养成了有文化的大学生，这在那个年代，在农垦兵团是十分罕见的。

而退休后回家乡书院镇的黄素新，也成了一位社会名人，她参与发掘整理革命斗争史料，为传承红色基因尽心尽力，她捐出自己的住房，用自己名字的谐音创办"舒馨睦邻点"，为社区老人提供活动场所；她借用生产队弃用房屋，创办"返沪新疆知青联络点"，为老知青们交流情谊，重温抹不去的记忆；她又在街道、社区组织的联谊会上，展现优美的新疆舞姿……闲不住的黄素新如此丰富的晚年生活，镇的领导及机关干部都称她是"一位了不起的新疆老太太"，而周围的邻居、村民都亲切地叫她"新疆小娘娘"（当地群众对长辈的敬称）。

张闻天之子张虹生

除了以上三位，还有一位虽不从浦东地区赴疆，但也应该予以介绍，他就是遵义会议后担任党中央总书记的张闻天之子张虹生（1939—2020）。

与前面几位知青不同的是，张虹生1939年出生在新疆迪化（今乌鲁木齐），母亲刘英生下虹生后，因工作需要把他寄养在迪化南梁的老乡家中。直至1949年中华人民共和国成立后，10岁的张虹生才第一次见到父母。另一点不同的是，张虹生曾两次当知识青年。早在1957年张虹生中学毕业时，张闻天就安排张虹生去北京房山的茶淀青年农场，成为"第一代有文化的农民"。作为党的高级干部子弟，能带头下乡当农民，这在当时是少见的。一年后农场解散，张虹生考入北京师范学院。

1962年2月，张虹生在王震老将军的关心下，到新疆建设兵团在阿克苏的农一师九团四连当园林队的农工。其间，他十分认真负责地赶着毛驴为食堂拉柴拉粮，把苹果等送到知青手中，在戈壁滩沙漠经受了磨炼。他对工作的认真态度，在领导和战友的心中留下深刻印象。连一路之隔的农一师10团浦东籍知青，也都知道认真踏实的张虹生事迹。

几年后，张虹生与四川有志青年廖慰训组成家庭，使边疆的生活增加了些许温暖，夫妻俩相濡以沫，又生育了两个女儿。当时仍在被审查之中的张闻天、刘英得知张虹生在新疆成了家，又有了女儿，格外高兴，尽其所能，为两个孙女各留赠1万元，作为将来的教育基金，当时其数额之大，兵团的农友们听说后都戏称他为"万元户"。从中可看出张闻天对后代的关爱，对教育的重视。而张虹生带着妻女看望父亲后回新疆时，在招待所买了两瓶茅台酒，与知青战友共同品尝，可见沉默寡言的张虹生与战友间的情谊。

1979年，张闻天终于获得了平反。不久，张虹生按相关政策，也为了就近照顾母亲刘英，被调往国家农垦部无锡蚕种场工作，后又调往南京大学图书馆。在那里，张虹生"清清白白做人，踏踏实实干事"，在普通的图书馆管理员岗位上，一干又是20年。张虹生始终为人低调，记得笔者去南京拜访他时，他说："在大学图书馆，很长时间单位领导与同事都不知道我是张闻天的儿子。"不善言辞，也不喜欢与陌生人搭话的张虹生，是一个有思想、爱思考的人，他深深地爱着自己的父亲，他用手中的笔，表达对党的领袖特殊的情感。他撰写的《父亲在党的生日远行》一文，这既是对党的领袖张闻天的缅怀，也让人们知道领袖的独子，知青队伍中的张虹生，一位普通的公民。

66. 杨高路：从主干道到上海第一个"一号工程"

庄秀福

杨高路是浦东新区的一条呈西南向东北走向的干道，包括杨高南路、杨高中路、杨高北路和杨高北一路，全长 24.5 千米。它南起杨思镇，北起高行镇，故名。

杨高路始修于 1956 年。那年，上海的高桥区、洋泾区和杨思区合并，成立东郊区。曹匡人任东郊区委第一书记，兼任政协主席。

那时候上海刚解放不久，人民群众政治热情很高，积极响应党的号召，搞统购统销、合作化，抓生产建设。民主人士与党同心同德，气氛很好。

发展生产，搞好东郊区的经济建设，是当时的首要任务。怎样才能把东郊区建设好呢？政协召开各界人士会议，广泛征求意见。大家提出：应该修建一条贯通全区的较宽阔的道路。东郊区是由高桥区、洋泾区、杨思区 3 区合并而成的，原来各区都有一段马路，但比较狭窄，并且互不连通，远远不能适应经济发展的需要。很明显，东郊区内没有一条贯通全区的大路，对全区经济建设和各项事业的发展，都很不利。区委认为这提议很有价值，所以，区里下决心从杨思镇到高行镇修筑一条大马路，这条大马路的北头与高行镇到高桥镇、高桥镇到三岔港的原有道路相连接。这条贯穿全区直达吴淞口对岸的大马路就叫杨高路。

筑这样一条大马路，是东郊区一项需要投入大量人力、物力、财力的大工程。筑路要毁掉一些宝贵的农田，有的地方还需要居民搬迁。区委特地把这个重要决策向人民代表、政协委员通报，征求意见。人民代表、政协委员和各界人士进行了热烈讨论，大家纷纷表示赞同，开源节流，紧缩其他一些开支，以集中必要的人力、物力、财力来修筑杨高路。大家认为，虽然筑路要毁去一些良田，有的农民要搬离祖居，但是这些局部的损失带来的是总体性、全局性、长远性的效益，将促进浦东地区交通便捷，物流通畅，对东郊区未来的发展将会发挥巨大的作用。

组织修筑杨高路的东郊区委第一书记曹匡人

东郊区委、区政府集中群众智慧，上下一条心修路。杨高路于 1956 年开始修筑，翌年 3 月竣工。自杨思上南路至高行镇，长 18.9 千米，面宽 3.5 米，路面铺碎石、煤屑。后来，对杨高路多次拓宽。1967 年拓宽至 4.5 米，1971 年改铺柏油，1980 年拓宽至 6～7 米，同时延伸至高桥（此时杨高路的"高"寓意为高桥）。

1990 年，党中央作出开发开放浦东的重要决策。随着一系列开发区的设立，浦东地区的交通需求也大幅增加，改建落后的基础设施成为浦东面临的头号难题。

1992 年，南浦大桥即将通车，杨浦大桥正在建造，而作为浦东交通干道的杨高路还很狭窄拥挤，并且弯弯曲曲，这导致了浦西、浦东路况严重不匹配，也制约了浦东开发开放的进程。

1992 年初，我国改革开放的总设计师邓小平在上海过春节期间，对上海的领导同志说："我看上海一年会有一个变化，三年会有大变化，我相信浦东开发可以后来居上。"后来，上海人民将此简化为"一年一个样，三年大变样"。

于是，上海市政府决定改建杨高路，把此项工程列为 1992 年的"一号工程"，并要求做到"四个当年"，即当年设计、当年动迁、当年施工、当年竣工，且质量必须优秀。1992 年 12 月 8 日，浦东杨高路改扩建工程竣工通车，工程原计划工期 665 天，实际施工 300 天。

杨高路改建工程总长 24.5 千米，南起上南路，北讫江海路，总投资逾 9 亿元。由上海市政府组织工程实施，成立了由时任市长黄菊挂帅的领导小组。工程拆除了152家工厂约7万平方米建筑，搬迁了395家农户约4.3万平方米房屋，动迁了近200户居民。1992年1月25日开工，同年12月8日竣工通车。

因此，杨高路工程是上海实现"一年一个样，三年大变样"最生动的体现。

原来的杨高路仅宽7米，现宽为50米，道路中央设了3米宽的绿化隔离带，两侧为32米宽的6快2慢8个车道，外侧各为4米宽的绿化林带和3.5米宽的人行道，上铺机制彩砖。

此后，杨高路又有几次整治、扩建。

2005年4月，对杨高路进行综合整治。对成山路至外高桥保税区5号门全长19.5千米路段进行"白加黑"（混凝土路面改为沥青路面）改造。在整治过程中同步实施"架空线入地"方案。在距地面15米下方开掘内径3米的杨高中路电力隧道，沿线10多座高压输电铁塔全部拆除，线路下埋。

2008年，杨高路再度扩建为8快2慢的道路。

杨高路将三林镇、世博园、陆家嘴金融贸易区、金桥出口加工区、外高桥保税区联系起来，它南连南浦大桥，北接杨浦大桥，与浦西紧密沟通，在浦东新区的高速发展中，它发挥了重要的作用，被人们视为"黄金走廊"。

建成的新杨高路

67. 第一个走上银幕的浦东女性：黄宝妹

冯建忠

黄宝妹，1931年出生，浦东高东乡麦家宅人，从13岁进厂到55岁退休，黄宝妹没离开过上海国棉十七厂。她是1953年纺织工业部首届18位全国劳模之一，曾先后7次被评为上海市、纺织工业部和全国劳模，3次出席国际会议，8次受到毛泽东、周恩来等老一辈领导的接见。她1956年当选为中共八大代表，1960年进入纺织大学进修，获大专文凭。20世纪80年代初担任厂工会副主席，是上海市第一至四届人大代表，1986年退休后为启东、新疆等地开办纺织厂出谋划策，1994年开办"劳模公司"，所获利润用于补助贫困老劳模，近年来担任银发讲师团团长，开展宣讲工作，不辞辛劳地宣传党的优良作风和科学养生之道。2019年11月习近平总书记握着88岁黄宝妹的手评价她是国家发展的"见证者、参与者、奉献者"。

黄宝妹最难忘的是在1958年，著名导演谢晋根据其事迹拍摄了同名电影，影片主人公由黄宝妹本人扮演，她被誉为"工人影星"，成为第一个走上银幕的浦东女性。1958年，周恩来总理到上海视察工作时曾说：上海劳模多，电影系统应该

拍一部反映劳模题材的电影。上海市委经过认真讨论，决定以黄宝妹为题材拍一部电影。天马电影厂接到任务后，就让刚刚拍完《女篮五号》的谢晋执导，电影厂齐闻韶厂长向谢晋推荐黄宝妹主演。事也凑巧，因黄宝妹参加党的八大，天马厂齐厂长与黄宝妹一同坐火车去北京开会，结识了黄宝妹，相互比较熟悉，了解到她平时比较活跃，形象气质俱佳，喜欢唱越剧，还喜欢跳舞唱歌。齐厂长以此为理由，推荐了黄宝妹"自己演自己"。尽管《黄宝妹》电影从拍摄至今已经有60多年了，但对黄宝妹来说一切仿佛就是在昨天，回忆还是那么清晰。她说：

> 我拍电影，真是做梦也想不到。一天，党委的一位同志领了一个个子高高的人到我家来，说是上影公司的谢晋导演要把我的事迹编成剧本，拍成电影。我听了一呆，马上说："我有什么事情可以上银幕呢？我做的都是应该做的事啊，上海工人很多，你们选别人好吗？"谢晋导演笑着说："我们不但要把你的事编成剧本，而且还要你们上银幕自己演自己。"我一听更急了。
>
> 这一来，我好几天揣着心事睡不着觉，党委书记对我说："不要怕，工人阶级嘛，文的武的都要来，你们现在是国家的主人，只要有决心，什么都可以做好"。是的，时代是不同了，想起从前我在13岁时，就进了现在的国棉十七厂做工，每天要做12个小时。我住在浦东，船少，每天早上3点多就要起来准备好到江边等船，晚上9点才能到家，黑洞洞来，黑洞洞去，哪有时间看戏！更不要说演电影了。哪像现在，我爱哼哼唱唱，参加了厂里的越剧组，新上映的电影，差不多三分之二我都看过！
>
> 可是，说到叫我上银幕，我还是担心，第一次试镜头的时候，灯光照在我身上，我心一慌，手就乱，生怕浪费胶片，听说几个镜头作废就要花去一百多元。由于灯光温度高，表演难做。一天下来，我几乎连走路的力气都没有了。有些镜

头拍得不够满意，导演怕我嫌麻烦似的，常说："黄宝妹，再拍一个好吗？"我对他说："我不是怕麻烦，是怕浪费大了，你们也有计划，废品这样多怎么行呢？"导演说："如果片子拍不好，耗费更大，如果片子拍好了，这些耗费可以弥补。"我想这对啊，我应该注意力集中，定定神，拍好片子，这是任务啊！想起任务，我觉得我应该努力来完成，领导同志说得对："只要有决心，什么都可以做到。"我想起，我们国家现在不是正在做前人没有做过的许多事，不是正在建设社会主义社会，还要准备向共产主义过渡吗？那么，为什么不能把电影拍好呢？这样一想，我的心就开朗了，就按照导演的指点，集中注意力，便很自然地表现出当时的情景，拍摄工作就顺利地进行下去了。

1958年9月3日晚上7点多钟，我们全小组的同志正在化妆，文化部党组书记、副部长钱俊瑞等几位领导来了，钱俊瑞同志关心地问着我们的生活，又对我们说："你们今天能做演员，将来你们还要成为编剧、导演，要学会自编、自导、自演，自己的生活，要由你们自己通过舞台、银幕表现出来，你们不但要在生产上成为能手，还要在文学艺术方面做积极分子，做专家，你们有信心吗？""有有有！"我们脸上放着光，响亮地回答。这时，拍摄的时间到了，我们信心百倍地走到拍摄地点。我暗暗下决心，要像毛主席所指示的做一个多面手！这些都是我当年拍片子时的一点感想。可是，党的培养教育的恩情，却是远不能用文字语言表达出来的。

电影拍摄完成，很快在全国各电影院放映，受到上至国家领导人毛泽东、周恩来、宋庆龄……下到基层单位干部和工人的普遍好评。此外，各大报纸和电影周刊都发布了放映消息与影片评论，同时，在上海各大电影院门口张贴了大幅《黄宝妹》电影海报。从此，黄宝妹成了家喻户晓的工人影星。她是一名平凡的纺织工人，一个普通的共产党员，同时是一个闻名全国的劳动模范。她既平凡又不平凡。这是黄宝妹的精神面貌的基本特点，也正是时代先进人物共有的特征。

1963年周总理来上海视察时，接见劳模黄宝妹

68. 踏访火箭发射纪念地

张建明

"嫦娥五号"升空前往月球取土采样的时候,我挑了个蓝天白云的日子,到老港镇寻觅火箭发射场遗址。听说我国火箭试验发射首次成功在浦东,浦东有幸,浦东骄傲。生在浦东长在浦东的我居然还不清楚到底在哪里,早就想探个究竟。老港在芦潮港、书院北边,处浦东最东边,靠海,火箭发射地选在人烟稀少的海滩是有道理的。

这天来到沪南公路最东端,紧挨两港大道的西侧,见一枚20多米高的火箭模型,在浓烟翻滚的基座上直刺蓝天。主箭头边附着3枚小箭头并涂粉红色,在阳光下,熠熠生辉,气势恢宏,很有震撼力,很有艺术性。一看就明白,这里有故事。猛然见火箭,兴奋不已。拿出相机,选择各个角度拍摄,绕塔四周,寻觅记载故事的文字。奇怪,除了基座四面16个字外,再无其他文字。方形基座四面有字,南北东西分别为"力飞冲天""不畏艰难""勇攀高峰""开拓创新"。估摸此塔建成不久,未及"树碑立传",让人不知此塔谁建、为何建在这里,尽管留下疑问有点遗憾,然而16字把航天人、中国人民特别是老港镇人民的雄心壮志表达出来了。

这儿是不是火箭发射遗址呢?我跨过沪南公路,南行百米去问村民。正在场地陪一男一女两小孩玩耍的青年女子对我说,她是外地来的,不清楚。领我去问东家。东家阿婆年纪七十开外,正与另外两位老姆妈孵太阳结绒线。听说寻找火箭现场,站起来指点东南方向,告诉我,笔直过去的话,一二里地,只是被好几条河浜隔断,只能绕道。不是东绕就是西绕，空手走路需得半日。东绕穿过两港大道到海边，要到大治河北浜掉头；西绕则到中港沿老芦公路南行，过老港旧镇再朝东，六七里路要的。

真是不近，半天才找到。老芦公路就是老港至芦潮港走公交的干道，在老港车站南一千米有条名叫"火箭路"的柏油马路，北依住宅，南为菜园庄稼田，能通汽车，直走向东，一千米多的样子，过了一桥，快到两港大道，又有一桥，还不见影子。阿婆说老远都能看到塔，怎么没有呀？再向农户打听，一壮年男子告诉我，就在两港大道那边。两港大道因跨河道而高筑，从底下穿过，前行百步，便见一座高塔。走近看，塔顶上有火箭头，直指蓝天。花岗岩塔基上有一行隶书——"中国第一枚实验探空火箭发射成功纪念塔"。我顿时闪出念头，这行字也可加注在沪南公路东端之塔身上，那塔也可这样注解，或将那塔移此，更显火箭发射雄姿。

火箭公园内的火箭发射场遗址

这里已被辟为公园，名"火箭公园"，占地 4.2 亩，有溪环绕，走过小小拱桥就是火箭发射架基遗址。遗址约有篮球场那么大，低栏围成圆，入口处有浦东新区文物保护单位铭牌，上刻"中国第一枚自行设计制造的试验探空火箭 T-7M 发射场遗址"。纪念塔就建在当年发射场上，塔基东侧有一有机玻璃罩护的遗存地基。围墙外四周同样有玻璃罩住的桩坑。透过玻璃依稀可见裸露的钢筋，有单根粗壮的，有多根细线成组的，横竖排排列，一坑一单元（即一个固定装置），有 9 个。与此相对，围墙内有 9 块花岗岩青石板上有文字简介，分别记录我国航天事业发展各个阶段的历史。

这个纪念地，南汇被并入浦东新区前5年，2003年7月已被列入南汇区文物保护单位，建设纪念碑则更早。1997年5月，在我国两枚长征火箭发射成功的时候，上海市科协宇航学会和南汇科协一起寻到了当年首枚探空火箭的发射架基座，在老港镇东进村3组，纪念塔1998年2月19日落成，碑高与当时的T-7M探空火箭总长度5 345毫米一样，碑座上端为高2184毫米的不锈钢火箭模型。

这里有必要弄清探空火箭是怎么回事。在20世纪50年代末，毛泽东提出："我们也要造人造卫星"。卫星要上天，必须要有运载火箭。当时，我国在这领域还是空白。1958年8月，中科院决定将卫星发射作为当年的头等重要任务，并成立代号为"581"的工作组，由钱学森任组长。那时国家财力支持不足，基础工业薄弱，专业人才匮乏。面对困境，钱学森提出从探空火箭研制起步。探空火箭是高空探测的一种手段和工具，具有研制周期短、成本低、发射使用灵活等特点。从探空火箭入手，就可培养人才，锻炼队伍，积累经验。同年11月，承担发射卫星所需运载火箭研制任务的中科院第一设计院迁往上海，并将之命名为上海机电设计院。1959年10月，在十分保密的情况下，从设计到制造都在上海柴油机厂保密车间进行，仅仅用5个月时间，第一枚T-7M探空试验火箭研制成功。然而要发射上天必须有一个既合适又能保密的地方。于是，在1959年10月，也就是在试制火箭的同时，中科院院士、航天部四院副院长杨南生等一批航天科技人员来到南汇沿海的滩涂上寻找，发现老港东南海滩比较理想，虽然是一片芦苇，却连通内河，离能走汽车的马路较近。便在那里设立临时军事禁区，开始了火箭发射的准备工作，建电站、仓库和简陋的发射控制室。那时至中华人民共和国成立刚十年，经济底子很薄，又逢三年困难时期的第一个年头，搞这样高科技试验困难很大。年轻的科技人员，从市区自带铺盖和粮食来到东海之滨，在滩涂上搭起了芦席棚，用草铺就地铺。从市区搬运火箭构件、器具、设备，为了保密，工作总是安排在深夜，而且要转换交通工具，先用车载，车到老港镇再转到船上，然后再送到基地，当场组装。若需改进，又得运回厂里加工。冬天的海边，天气特别冷，地上特别潮，海浪轰轰，海风呼呼，手冻脸痛，条件非常艰苦。就在这简陋而艰苦的环境中，科研人员和员工们用自己的双手，不几天就建起了一座20米高的火箭发射架。1960年1月25日，开始第一次发射试验。当时，没有对讲机和电话，连指挥员下达发射指令都靠喊话、作手势。头两次试发时，还是用自行车打气筒作气源加注燃料，加注结束后，操作人员冒着危险跑到处于待发的火箭边拆下充气阀。直到第五次发射才改用高压气瓶加燃料，用自动脱落器拆卸充气阀。2月19日，这枚T-7M探空试验火箭在第五次发射时获得成功。这是上海机电设计院和上海机床厂、四方锅炉厂、上海柴油机厂、上海汽轮机厂、五七〇三厂全力以赴、通力合作的结果。T-7M火箭在老港发射基地共进行了12次发射试验，由于发射场临近上海，周围地域较小，考虑到安全及保密等因素，1960年3月移师安徽广德山沟。

查资料得知，上海T-7M探空试验火箭试制成功之前，北京工业学院（现北京理工大学）于1958年9月8日在河北宣化靶场发射成功"东方1号"探空火箭，是二级固体燃料为动力的火箭，飞行高度7～8千米。1959年9月22日北京航空学院研制的"北京2号"探空火箭又发射成功。它是固体液体两级动力火箭，飞行高度4～5千米。老港发射的"T-7M"火箭全液体燃料火箭，总重190千克，飞行8～10千米。对于这枚火箭试发成功，业界公认"这是我国火箭技术史上第一个具有工程实践意义的成果"。钱学森曾先后两次前往南汇老港海边发射场观看探空火箭的发射。其后长征一号火箭和东方红一号卫星的发射成功，离不开探空火箭为之打下的坚实基础。上海航天也由探空火箭起步，并最终发展成为集弹、箭、星、船、器和航天技术应用产业于一体、并行发展的重要航天产业基地。

在我撰写老港火箭发射地踏访记时，"嫦娥五号"返回器携月球土壤在内蒙古四子王旗预定区域成功着陆，回到了祖国怀抱。在欢呼中国航天事业蒸蒸日上、走向辉煌之时，我们忘不了也不能忘上天逐梦人起步时的艰难、艰辛、艰苦，我们要继承和发扬他们那种不畏艰险、勇于攀登、开拓创新、无私奉献的航天精神。在浦东开发开放而立之年，欣慰地看到浦东新区有关部门和老港镇正在逐步将火箭发射基地打造成集国防教育、爱国主义教育、航天展览展示等功能为一体的综合性基地。

69. 名扬全国的南汇棉花种植

朱力生

浦东农村，历来有种植水稻、棉花的生产经验。尤其是泥城，更是种植棉花夺得高产的先进地区。1964—1971 年，连续 8 年名列全县第一。其中 1968 年，泥城公社皮棉亩产达到 109 千克，名列全国第一。1971 年 5 月，《解放日报》发表了长篇通讯《远征万里不停步》，报道泥城公社远征大队不断夺取棉花高产的事迹。1964—1977 年，泥城公社代表严林楼、董春棠、顾金龙、宋凤根、陆忠义等公社、大队负责人先后 8 次出席全国棉花工作会议，受到国务院总理周恩来的亲切接见。1970 年时任泥城公社党委副书记的顾金龙同志在全国棉花工作会议上发言，周总理在会上握住顾金龙的手，并称赞：泥城是上海郊区棉花生产的一面红旗。泥城公社棉花生产由此而闻名全国，全国各地的代表纷纷到泥城参观学习。

中华人民共和国成立前，南汇县（现属浦东新区）泥城地区一直种植小棉（俗称"小花"），虽然较省肥，但产量很低，1949 年每亩仅产皮棉 11.15 千克，而且价格也不高。中华人民共和国成立以后，人民政府提倡种植改良棉（俗称大花、大棉），但多数农户思想有顾虑，一是怕种植大棉成本高，要多施肥，不合算，二是因为缺乏经验怕种不好，虽然产量有一定提高，但仍处在低产水平。

如何夺取棉花生产的高产成果呢？泥城人民在种中学，在学中种，进行了有益的科学试验。要说科学试验，就要介绍一位泥城的植棉土专家王文舟。

王文舟，1929年生于泥城镇人民村3组的一个贫苦农民家庭，因家境贫困，只上过3年学，10岁就跟随父母从事农业劳动。中华人民共和国成立后，他响应党的号召，积极组建互助组，为周围农民作出了榜样。1954年，王文舟加入了中国共产党。党和政府提倡种大棉，农户存有疑问。但王文舟坚信人民政府的提倡不会错，种植大棉可以提高产量，增加收入，何乐而不为？于是，他大胆进行试种，并苦心钻研，常到田头观察棉花生长情况，从播种、土壤、肥水，到管理等系统细细观察，认真研究，反复试验，在生产实践中逐渐认识到，棉花产量上不去，根子在于没有掌握棉花生长规律。要使棉花高产，单靠肥水"促"达不到高产的目的。1957年，王文舟担任人民社3队队长期间，带领大家用科学方法种棉花，使所在队成为南汇县第一个亩产皮棉超50千克的生产队。

王文舟的育棉丰产经验在泥城公社和南汇县推广，对提高整个公社乃至全县棉花产量起到了很大作用。1963年以后，王文舟带领泥城干部群众学习外地的植棉经验，结合本地区的实际情况，开展了多种形式的科学试验，进行了各种对比试验，逐渐掌握了大棉的习性和生长规律。棉花在整个生长过程中，存在着营养生长和生殖生长的一对矛盾，要使两者在不同的生长时期互相协调，就要发挥人的积极因素。在不同的情况下，采取不同的促控措施，使棉花正常生长。通过实践、认识、再实践、再认识的多次反复，终于获得了在棉花生产管理上的"三促三控争三桃、三黄三黑夺高产"经验。

在王文舟和他带领的团队经验的指导下，1964—1982年的19年内，泥城公社的平均亩产皮棉年年超过50千克，好几年超过100千克，成为南汇县和上海郊区之首。1973年，王文舟担任南汇县农业科学研究所副所长。1975年，王文舟作为中国植棉专家，被派往柬埔寨帮助试种高产棉。他试种的两季（旱季和雨季）棉花，皮棉亩产达到100千克以上。当时的柬埔寨国家领导人接见了王文舟，对他作出的贡献表示祝贺和感谢，王文舟为国家赢得了荣誉。1978年，王文舟担任南汇县科学技术委员会副主任，同年出席了全国科学大会，受到党和国家领导人的亲切接见。1982年，因身体原因，王文舟回到泥城，任农业科技站站长，直到 1985 年去世。王文舟曾多次荣获上海市劳动模范和先进工作者的称号。

泥城公社以王文舟为代表总结的"三促三控争三桃，三黄三黑夺高产"的经验，来于农田一线，出于科学实践，充满了科学精神。具体的内容叙述如下：

"三促三控争三桃"：

（1）促进壮苗早发，控制蕾期疯长，力争带桃入伏。

根据棉花生长规律，发苗先发根，根壮苗早发，但苗期气温低，湿度大，光照不足，影响根系生长，进入蕾期，又会高温多雨，引起疯长，所以在管理上主要抓住麦收前以全苗为重点的"四早"（即早松土、早施提苗肥、早移苗间苗、早防治病虫害）和麦收后以开沟为重点的"五抢"（即抢中耕灭茬、抢施出苗肥、抢移苗补缺、抢开理墒沟、抢防治病虫害）工作。蕾期还要及时整枝，摘掉疯叶、嫩叶，控制疯长，达到壮苗早发、带桃入伏的目的。

（2）促进花铃旺盛，控制过早封行，力争带桃封行。

花铃期，棉株生长发育旺盛，茎叶生长与蕾铃争夺肥水激烈，此时必须要有足够的肥水条件，才能促其生长旺盛。蕾期生长的棉花，到开黄花时，株高一般在 50 厘米左右，有七八个果枝。这时，必须施好当家肥。到 7 月 20 日左右，如遇干旱而肥料因缺水而不能发挥作用时，坚持"三看"原则（即看天、看地、看苗）合理抗旱，一般是以人工浇水小抗为主。此时，棉株上部倒数第三第四叶柄与顶心基本相平，叶片大小中等，茎的下部有三分之一到二分之一是红茎，故适时封行，就能稳长七月，带桃封行。

（3）促进早熟高产，控制迟熟早衰，力争秋桃盖顶。

花铃期后，中、下部已坐桃，生殖生长占优势，但仍需要一定的肥水条件。此时棉株高度达 100～110 厘米，有 5 个以上的果枝，全柱呈宝塔形。下部铃子突出，中部铃子结牢，上部倒数 4～5 塔正在开黄花，梢上还有二三节青茎，这时应摘取一心一叶。此时干旱还可能出现，但要分别情况，区别对待。因土质、肥料基础不同，应当把肥、水、摘心三项措施综合考虑。一般棉田应追施盖铃肥，抗旱后摘心。这次抗旱宜用电管站大抗方法，做到快灌快排。还要做好剪空枝、剥老叶、打边心等工作，改善棉田通风透光条件，力争秋桃盖顶，中下部正常成熟。

"三黄三黑夺高产"：

棉花生产周期长，在整个生长过程中，经常会受到外界自然条件的影响。苗期，由于苗小需要肥料不多，因此对水要控得紧一些；蕾期，需要肥水量增加，但此时正值梅雨季节，缺水的矛盾并不突出；花铃期，是棉花生长最旺盛的阶段，营养生长和生殖生长争斗激烈，对外界条件的反应更加敏感。如两者不协调，同样会落花落铃。所以，在整个生长过程中，表现在叶色要经过三次由黑到黄的转化过程，即始蕾不带黄，叶厚蕾少要疯长；始花不退黄，棉田郁闭不透光；始絮不落黄，铃轻子疵没有好花囊。实践证明，正确处理好三个阶段的由黑到黄的转化过程，是棉花夺取高产的有效措施。

泥城棉花夺得高产，是农民和农民出身的科技人员在长期的生产实践中不断摸索、不断改进、不断总结的成果。实践证明，农民也能掌握科学技术，也能用科学指导生产，并取得成功的经验，泥城棉花终于成为周总理赞扬的"上海郊县棉花生产的一面红旗"。

1982年以后，随着生产责任制的改变和土地承包方式的转换，本地农民已停止棉花的种植。但是，泥城镇人民村仍然每年种植二三亩棉花。村党支部书记徐亚林说得好："保留这几亩棉田，是想让村民留下一个念想，让我们的后辈一代接一代地接受教育。"

70. 从村级小厂到全国村级第一个上市公司

费钧德

1994年2月24日,"界龙实业"在上海证券交易所正式挂牌上市,成了中国乡村第一股。我和乡亲们欢欣鼓舞,不禁忆起界龙创业的往事……

我是一个土生土长的农民,住在川沙县黄楼乡的界龙村（今属浦东新区川沙新镇黄楼社区）。1962年,我初中毕业,回家乡种地。那时家里穷,生产队也穷。为改变农村落后面貌,我与村里干部商量后,于1968年办了一个小小的五金厂。但经营了几年,市场不大。1973年,我们创办了一家印刷厂。

1978年,是我们界龙创办小印刷厂的第5个年头。改革开放的春风吹来,我们也似乎一下子迎来了好运。我们大胆接下了上海纺织品进出口公司的一笔外贸出口手帕包装盒业务,为国家增加出口创汇22万美元。这在当时是一件了不起的事,外贸部还特地派出摄影师丁师傅到我们这个村办小厂,为我们全厂职工拍摄合影予以鼓励。

1984年,中央发布一号文件和四号文件,明确指出鼓励乡镇企业发展。外部环境的转好,让一直埋头苦干的我感到了前所未有的畅快。那个时候村办企业可以说是没有周末的,我们基本上7天都泡在工厂里,或者在外面跑业务。凭着工人们这种自然迸发的激情,企业获得了较快发展。与此同时,乡镇企业之间的竞争也开始变得剧烈起来,我的压力在不断加大。外国人说中国的商品是"一等商品,二等包装,三等价格",就在我们界龙所处的黄楼乡,冒出来60多家印刷厂,低质低价竞争十分厉害。面临这种现实，一个想法在我心中激荡：我们要升级，不能只做一般的小印刷厂。我们把目光投向了世界最先进的德国海德堡胶印机。但是在那时，好机器并不是有钱就能买到的。1987年的时候，我们要进口这么大型的机器，要国家机械工业部审批。但审批有一些难度。这时，我的老朋友——上海外贸进出口公司的老王，给我指了一条出路。我到了北京，找到中国包装进出口公司，用界龙公司40%的股份换回了高档设备的进口权和外汇额度。这台机器来了以后，成了我们的宝贝，为我们增光添彩。上海市的22家外贸公司，全部跟我们建立了业务关系。

1990年12月19日，上海市市长朱镕基在浦江饭店敲响了上海证券交易所开业的第一声锣，时代正在掀开新的一页。我们准备上市发行股票，这样的想法与政府开放市场的政策不谋而合。1994年2月24日，"界龙实业"在上交所正式挂牌上市，开了中国村办企业上市的先河，赢得了"中国乡村第一股"的美誉。在4个月的时间里，界龙实业的股价从开盘12元的价格迅速攀升到32.6元以上。"界龙实业"的成功上市使企业的发展驶入了快车道，界龙从一个小小村办工厂蜕变成了一个拥有9家印刷企业的现代印刷城，树立了自己在印刷包装领域的领先地位。1999年5月，全国人大常委会原副委员长费孝通视察界龙时欣然题词"界龙印刷独领风骚"。1998年7月1日，我还作为民营企业家代表在上海受到了美国总统克林顿的接见。

20世纪90年代末，乡镇企业由于产权不明晰导致的弊端和矛盾日益显现。就在川沙镇，霞飞等几家曾经赫赫有名的乡镇企业先后倒闭。在我们界龙，有的业务员私拿好处，个别管理人员试图侵吞集体资产，"公"与"私"的斗争也很激烈。那时候，威胁、恐吓围绕着我和我的家人，有人还四处寄匿名信诬告。最让人感到难过的，莫过于自己多年的努力遭到一些乡亲的怀疑……产权不明晰，人人有份，人人没有份。这样的境况下要求生产关系一定要理顺。2000年，浦东新区作出了加快农村改革的决定，计划将浦东辖区内的5000家乡镇企业全面改制。这些政策讲到了我们的心坎里。我们根据国家政策制定了改制方案，对产权和股权进行了清晰的界定，并更多地考虑到了村民和职工的利益。对于企业来说，改制后产权的明晰使得界龙成为一家真正意义上的股份制现代企业，我们的压力减轻了许多。企业家成为真正意义上的经营者、所有者和管理者，经营者的积极性和责任心也空前提高。在新的世纪里，界龙如同一条巨龙获得了腾飞的新动力，企业规模迅速扩大，如今已成为年销售收入超过20亿元的集团企业，名列中国印刷包装前十强。

1994年2月24日，至今已有近30年，弹指一挥间。我们是做事业的人，除非不做，做一定要做出个样子来，一定要向前发展；而这个时代，在经历长久的阵痛之后，也获得了新生和成长，赋予了弄潮者难得的历史机缘，使我们能够不懈地追逐自己的梦想，描绘五彩斑斓的世界。

71. 大治河之歌

陈志强

在浦东，有这么一条河，她从无到有却桑田沧海波澜壮阔；在浦东，有这么一条河，她虽远离喧嚣闹市却举足轻重；在浦东，有这么一条河，她旧任未辞新妆渐披志在千里光追万年。她，就是穿越闵行与南汇两区、连通黄浦江与大东海的"大动脉"、有着"生命河"美誉的大治河。

大治河，1977年因正值粉碎江青反革命集团之后由大乱至大治的"大治之年"而得名，是上海最大的人工河道。40余年过去了，饮水思源，我们应该感谢那一代人的付出……

开挖大河行"大治"

濒江临海的上海，每年汛期的洪涝灾害一直是这座城市的"心腹大患"。1977年，为减轻上海市区和苏浙二省汛期的洪水压力，上海市委、市政府作出一项重大决策：在浦东地区开挖大河行"大治"，为黄浦江分洪，为上海"解患"。其中浦东地区开挖的是川杨河和大治河。

大治河工程规模之大，开挖任务之艰巨，参战人数之多，前所未有。那一年冬天，迎着凛冽的寒风，南汇数十万民工浩浩荡荡奔赴开河工地，绵延数十里的开河工地上，到处红旗招展，人声沸腾，劳动号子响彻云霄。"十万民工一声吼，地球也要抖一抖！""宁吃千辛苦，引来幸福泉！""愿流万担汗，汇成生命河！"当年工地上的宣传横幅，不仅仅是豪言壮语，也是火热劳动场面的生动写照。

从 1977 年 12 月开始，当时的南汇县 20 多万民工、6 000 多辆中小型拖拉机、汽车以及 2 000 多辆独轮手推车，就迎着凛冽的寒风，浩浩荡荡奔赴开河工地，在河两岸搭起了上万个简易工棚。

大治河机械工具上塘

开河工地上，他们迎着招展的红旗，有的用锄挖，有的用铲铲，有的用肩挑，一个个喘着大口粗气，喊出了响亮的口号："宁吃千辛苦，引来幸福泉！""愿流万担汗，汇成生命河！"

当时，开河民工住的是简陋的草棚，而伙食与报酬在今天看来也实在太寒酸了，但他们所迸发出来的干劲却让人为之动容。在《南汇水利志》上，有一张记录了当时女民兵挑河泥的照片，那些巾帼不让须眉的女民兵挑着沉重的泥担子，但脸上的笑容却是那么灿烂。当时有 20 多个国家和地区的外宾来到开河工地参观，当他们看到凛冽寒风中千军万马战河场的壮阔场景时，无不为之赞叹。

上海最大的人工河建成

1977 年 12 月 15 日，巴基斯坦政府首脑齐亚·哈克将军在上海市领导彭冲、外交部部长黄华的陪同下来到南汇大治河水利工程建设工地，外宾们看到了气吞山河的开河壮举：10万余民工手挖肩挑，奋战河场，装运泥土的上千台拖拉机声音轰鸣……齐亚·哈克将军被这火热的场面感动了，他突然走下河场，拿起一把铁铲也挖起了泥，陪同人员笑着劝阻他，将军肃然起敬地说，如此高昂的劳动热情真令我感动，你们一定会成功的！

经过两冬一春的奋战，一条壮丽宽阔的大河出现在浦东大地上。大治河西起黄浦江闸港口，东至东海，横贯闵行、南汇两区，全长39.54千米，南汇境内30.05千米，河面宽102米，河底宽64米，边坡1∶3，河深标高吴淞负2米，蓄水量达1亿立方米。整个开挖大治河工程，共完成土方5 500万立方米。大治河沿线建有公路桥、拖拉机桥13座，河道走向沿原闸港、二灶港、四灶港、三灶港、六灶港，西接黄浦江，东通东海，西端黄浦江口有船闸一座（闸门宽12米，闸室长300米），节制闸1座（共6孔，每孔净宽10米），东端滨海出海口建有同样规横的排涝水闸一座。

由于钦公塘的阻隔，长期以来浦东地区东南片沿海地区水系不畅、淡水资源不足、水土含盐度高，制约了经济社会发展。大治河及配套水利枢纽工程建成后，彻底改变了引排不畅的格局，为实现为黄浦江分洪、提高排涝能力、沟通浦东三个水系为一个水系的目标奠定了基础。大治河的开挖成功创造了上海水利史上的奇迹，成为上海地区最大的一条人工河。

大治河开挖成后，引排畅通了，水源充足灌溉方便，农民种植的水稻、瓜果蔬菜年年获得丰收，大治河在水安全、水资源、水环境、船舶航运等方面发挥了巨大作用。大治河的清水后来也成了南汇农业灌溉、工业生活用水的主要来源，在大治河边建起的南汇水厂，为当时90%以上的南汇人提供了饮用水源（青草沙水库建成后，改用青草沙水源）。因通航船只可达300吨，大治河还成了南汇沟通上海市区及外省市之间的水上"大动脉"，成了市区95%的生活垃圾运往老港地区的重要通道，在后来尤其是1989年排洪时发挥了重要的作用。因此，大治河也被人民亲切地称为"生命河"。

南汇水务部门曾组织过有关"大治河精神"的讨论，邀请当年参加过开挖大治河的一些老同志座谈,后来提炼出了具有时代特征的大治河精神:敢想敢干、奋发有为、艰苦创业、团结奉献。当年曾担任中共南汇县委副书记、大治河工程指挥部副指挥的严林楼说,应该让后人了解大治河,记住像金子般闪闪发光的"大治河精神",这是一笔宝贵的精神财富。

市水务局一位领导感慨说,大治河是上海水利建设史上的一座丰碑。饮水思源,我们应该感谢那一代人的付出。

生态廊道渐可待

走进新时代,大治河迎来新辉煌。在建设国际航运中心进程中,作为水上"高速公路路网"的重要组成部分,大治河与其他几条通往芦潮港的河流一起,均将被打造为Ⅲ级内河高等级航道,由黄浦江直达芦潮港内河港区。

根据规划,未来大治河可通行的最大船舶,将从300吨级升级为1 000吨级船舶或90标准箱的集装箱船,相应地,全线航道护岸将新建,航道将疏浚,桥梁将新建或改建,桥梁数量达20余座。

而作为上海市级生态廊道试点项目的大治河生态廊道(S2-G1501段),规划总用地面积达2 630公顷,比整个黄浦区大6平方千米左右,将成为上海城市边缘居民休闲、休憩、度假、亲近自然的生态场所。其中,总面积555公顷的近期范围中,水域、耕地、林园等生态性用地445公顷,生态功能包括河道绿道、农林复合区、郊野公园、景观风貌区四个功能类型。根据不同生态类型具体的项目、作用、功能,又进一步具化为:河流型廊道+农作型田园+游憩型公园+观赏型丛林。其功能结构则将以大治河及其两侧的生态带为生态轴线,根据类型和建设用地功能,划分为观赏林野、桃林野趣、水乡田园和城市功能组团四个主题区域。

据了解,观赏林野组团是以保护自然性和野趣性的半自然环境为主的农林地区;桃林野趣组团以建设培育大团镇蜜桃园为特色;水乡田园组团以农业生产用地为主;城市功能组团以酒店、文化娱乐、体育休闲、会展服务、研发设计、康体养老等功能为主。

项目建设方上海浦东发展（集团）有限公司透露，已启动了大治河生态廊道概念性综合方案国际征集工作，来自美国、德国、荷兰等国家的著名设计团队都已提交了设计方案，上海市规划设计院正在此基础上，进一步综合、优化。

不久的将来，你就可以看到这样一幅立体画：一艘艘船舶满载集装箱在大治河上劈波斩浪，一辆辆车子在现代化钢拱桥上飞驶，精致的生态组团在河两岸接二连三，开心的人们在生态组团中自由徜徉，成群的鸟儿在生态组团与大河上下自由飞翔……

大治河

72. 一条大河连江海

潘建龙

1991年11月，在川沙人民纪念川沙立县80周年之际，一首县庆主题歌在川沙大地唱响：

> 东海之滨，川杨河旁，翻卷时代的巨浪，勤劳的人民豪情满怀，改革的步伐势不可挡，开发浦东，振兴川沙，我们的前程灿烂辉煌！

"东海之滨，川杨河旁"成为川沙县的两个最显著的地理特征。一年以后的1993年1月1日，川沙撤县、浦东新区管委会成立。川沙县成为一个历史符号，然而川杨河依然默默流淌，滋润着浦东大地！

巨 大 投 入

1978年5月，川沙县在1977年冬至1978春完成南北流向的浦东运河开挖工程后，紧跟着就成立了川杨河工程指挥部。

从20世纪50年代起就在川沙县内从事农村水利工作的陆品刚回忆说，其实川杨河的测量工作大大早于指挥部成立时间。测量标准很高，领导要求误差不能超过1厘米。老陆实话实说，这个要求在当时的测量条件下我们实在做不到。测量工作将近历时一年，在长达28.7千米内，我们最终实现误差不到10厘米，达到了水利测量的优质标准。

按川杨河工程要求，动工前必须清除开挖线两侧各 40 米内一切障碍物。清除工作从 1978 年 5 月开始至 10 月结束，历时 6 个月，共计拆除或移动 10 大类设施和建筑。迁移和拆迁的项目主要有：迁移中日通信电缆 400 米、高压输电线和电话线 6 000 米，拆除废弃碉堡 2 座、上海市汽车五场川沙车库和宿舍 16 间、水利排灌站 20 座、地下渠道 16 千米、水泥场地 5 000 平方米、北蔡人民公社陈桥服装厂和潘姚农机厂及榨菜加工场、川沙县工业局所属蔡路铁木竹社厂房 185 间、杨思人民公社农机厂、沿线居民住房 19 357 间。

当时的居民住房拆迁补助标准，为每间住房县里补助 150 元、公社补助 150 元。按照移地重建的方式，一般以大队为单位，将被拆迁居民住房迁移至原居住地附近再建。在实际建造中不足部分由大队支出或与被拆迁人协商解决。川杨河工程结束时，这些移地再建的农民住房全部建成。今天，如果你走过或乘船于川杨河（东段），间或发现两岸东西一字排开的、10 余间开面的 2 层楼房，并且低矮、破旧、简陋地呈现在你眼前，那就是当年建于川杨河两岸的动迁房了。

川杨河开挖工程全长 28.7 千米，横贯浦东大地。河东端在蔡路三甲港处通东海，西端在杨思连接黄浦江，从东往西流经蔡路、城镇（川沙镇）、唐镇、孙桥、张江、北蔡、六里、杨思 8 个公社，是川沙县历史上规模最大、参与劳力最多、质量标准最高的水利工程，也是到那时为止，川沙历史上投入资金最多的建设工程，直到 1989 年的塘川公路工程才超越它。整个工程（包括三甲港和杨思 2 座水闸）投入资金 3 299.74 万元，使用钢材 9 687 吨，木材 13 497 立方米，水泥 34 729 吨，挖去农田 3 420 亩。全线新建桥梁 29 座、水闸 2 座。

川杨河的开挖标准在各段有着不同的工程标准。从随塘河至沙脚河长 1 千米段，河道底宽由 60 米起逐渐收窄至 30 米。从沙脚河至浦东运河长 5.07 千米段，河道宽底宽 30 米。从浦东运河至上川公路长 0.9 千米段，河道底宽由 30 米，缩窄至 20 米。上川公路至杨东河段，河道底宽均为 20 米。杨东至耀华路桥段，河底宽由 20 米逐渐放宽至 30 米。耀华路桥至杨思水闸段，河道底宽 30 米。整条川杨河底高为吴淞程高负 1.6 米。由于工程量庞大，川杨河开挖工程分成东西两段，分年、分段实施。

无 私 奉 献

1978年11月20日，东段工程动工开挖。东段工程从三甲港起，至川北公路陆家大桥，长13.5千米，共需挖掘运输土方817万立方米。

全县27个人民公社农民，按照指挥部所指定的区段进入开挖工地。27个公社所领受的开挖工程量有所不同。每个公社的工程土方量按照本公社有多少农业劳动力分配。哪个公社劳动力多，所分配到土方量就多，反之则少。每个公社又将所领受的任务分配到所属的各个大队，各个大队又将任务分配到小队（生产队）。开河农民的劳动报酬十分微薄。每挖运1方土补助0.45元，其中扣除0.1元测量费、管理费就只剩下0.35元发放到各个公社。至于实际发放到每个生产队的农民手中肯定会更少。这点钱只能算是一点点补贴。事实上，20世纪50年代至80年代初，每一条河道的开挖或疏浚，每一条海塘的修筑，都是广大农民无私奉献的成果。那是一个艰苦奋斗的年代。参加开河的农民相比关心自身的报酬，更关心的是自己生产队的开河进度。开河农民的报酬，大多采用记工分方式，上一天工地，一般记10个工分，到年终分配时，所处的生产队如果每个工分分配金额是0.1元，那么你每天的报酬就是1元。在当时，一个工分能分0.1元的生产队是属于分配水平较高的生产队，分配低的队每个工分只能分到六七分。

开挖川杨河时，与20世纪五六十年代完全采用人工挖掘已经有了进步。河道上层七八十厘米以上的表层泥土，开始采用半机械化来运输。但是向下深挖仍然要靠人的肩膀挑着一步一步往上搬运。按照工程要求，挖出的泥土必须堆放到离河道40米以外的地方。今天陆品刚还珍藏着开挖川杨河时的工作笔记本，上面详细地记载进入工地的机械：大拖拉机（35匹以上）230台、小拖拉机（15匹，又称手扶拖拉机）1 229台、人力翻斗车7 234辆，卷扬机、斗式输送带、电动泥浆泵332台。

开挖东段川杨河时，每天参加开河的农民在4.5万人左右，占到全

开挖川杨河工地

县农村人口 10% 左右。工地上整天红旗招展、人山人海，劳动号子此起彼伏不绝于耳。最多一天，在川杨河劳动人数达到 5.6 万人，占到整个川沙县农业劳动力的 30% 左右，凡是参加农业劳动的青壮年都上了工地。

从川杨河挖掘工程一开始，工程指挥部每天统计上工地人数和挖掘的土方，计算着完工的日期。抢时间，赶进度，挑灯夜战，不甘人后。夜色降临，一条灯火的长龙横亘在川沙南部的大地上。每个河段的带队人，都掐着手指计算着每天开挖的土方，争取早一天完成任务。大家总是希望每天风和日丽，祈求老天不要下雨。一旦遇上雨天，常常会引发塌方，增加施工难度。如果雨大路滑，就只能停工。如果碰上连续雨天，指挥部领导心急如焚，生怕会延误工期。大凡参加过开河的人都知道，随着河道越挖越深，从河底到河岸距离越来越长，攀登的高度越来越高，一步一步往上的脚步越来越沉重。时值三九隆冬，外面寒风凛冽如刀割，背脊里却热气腾腾流着汗。开河人的艰辛，只有亲历者才能体会。

东段工程经过整整 2 个月的日夜苦干，于翌年 1 月 20 日基本完工。

1979年11月25日,西段工程破土动工。西段工程从川北公路陆家大桥向西至杨思水闸,长15.2千米,共需挖掘运输土方917万立方米。施工期间,共出动推土机10台,大拖拉机156台,小拖拉机734台,人力翻斗车5 728辆,卷扬机、斗式输送带、电动泥浆泵等361台。每天平均有3万多民工在川杨河工地上劳动,高峰时有3.9万多人。在整个川杨河的东西两段开挖过程中,处于地势最高的区段在杨思地区。众所周知,新开河道的底部都处在同一水平线上。然而由于实际地表的起伏,经过杨思地区的这一段比其他地段的地势都要高出许多,从河底到河岸距离长达10余米,因此开挖时劳动强度也就大大增加。这段工程由北蔡公社的农民完成。

1980年1月15日,历时51天的西段工程竣工。在川杨河土方工程全面竣工之时,动迁居民住房、两岸绿化和土地平整相继完成。平整土地达到格子化样板农田标准,面积1万多亩。沿河绿化林带,种植水杉、乌桕160万株。29座横跨川杨河两岸的桥梁同时建成,包括川北公路、上川公路、川南奉公路(今东川公路)等7座公路大桥、2座水闸桥和20座拖拉机路桥(亦称农桥)。位于川杨河东西两端的三甲港节制水闸和杨思港船闸和节制闸,尽管施工难度大,还是在川杨河土方工程结束之前先后竣工。

水 系 沟 通

如果熟悉浦东川沙的水利环境,那么你就会知道,在20世纪80年代以前,川沙地区的水系分为两个不同地区,自成两个系统。一为钦公塘西至黄浦江地区,属于黄浦江水系;钦公塘东至人民塘之间(俗称夹塘地区),属于长江口水系。两大水系自成一体,互不相通。东部夹塘地区地势高,西部地区地势低。两者落差50厘米左右。因此川杨河全线竣工后,横亘在两个水系的钦公塘(时称川南奉公路,今为东川公路)并未立即挖通。如果贸然开通,将会造成无法弥补的后果:出现夹塘地区的河水大多流入西部,造成夹塘地区河流水位大幅下降,某些河段甚至干涸,严重影响农业生产。

为平衡两大水系水位，做好川杨河最后贯通准备工作，川沙县水利局组织技术力量对夹塘内河道进行全面测量，并计算出所要深挖河道的工程土方量。从1981年开始，分步实施夹塘地区河道深挖疏浚工程。需要深挖疏浚的公社、生产大队、生产队三级河道121条段，土方378.7万立方米；移位、新建、改造排灌站29座，改建倒虹管和渡槽220条，配套桥梁150座。工程费用由三方负担，其中县级河道由县财政支出，公社河道县财政负责70％费用，公社负担30％。生产队河道由所属的生产队负责。夹塘地区河道深挖疏浚工程历时3年多时间，于1984年上半年完成。1984年7月11日，阻碍川杨河贯通的钦公塘终于被挖通，实现川沙县境内两大水系统一为黄浦江水系。

从此，川杨一河连江海，西接黄浦，东出海，串联起南北向河流19条，其中骨干河道5条，分别为三八河、马家浜、曹家沟、浦东运河、随塘河。从此以川杨河为中枢，构成了南北呼应、四通八达的水利、水运网络系统。

整条川杨河沿河受益农田面积35万亩，达到300天无雨保灌溉，日降雨140毫米至176毫米，大部分农田不受涝。川杨河沿岸的张江、孙桥、北蔡分布着大利荡、韩家荡、胜利荡三个低洼地。过去一遭暴雨，排水不畅，十年九涝。自从开挖川杨河后，三荡从此远离水害。

除了航运、水利，川杨河在改善水环境方面，也发挥着举足轻重的作用。直到今天，浦东新区水务部门每年在实施引清排污措施中，川杨河的引水排污功能是其他河道所不能替代的，其引进水量和排出水量位居各河道之首。

73. "抓斗大王"的诞生

李文琪

50年前，17岁的包起帆初中毕业，被分配到上海港木材装卸公司，当上了一名装卸工。公司每年要装卸几百万吨原木，不仅劳动强度高，而且生产效率低。加上原木常有晃动流窜，稍有不慎就会发生伤亡事故，装卸工畏惧地称它为"木老虎"。1979年在一个月内竟有3名装卸工丧生于"木老虎"口中，包起帆也因受到"木老虎"的伤害，被调到机修车间当了一名修理工，专门负责修理码头上的起重机。由于钢丝绳磨损严重，一个月要换3到4根，司机们叫苦不迭。

1970年末，包起帆通过半工半读，把学到的知识用于工作岗位。工作之余、午休时间，他就钻进机房反复观察，发现钢丝绳的损坏是由卷筒2层卷绕偏角导致"咬绳"引起的。

包起帆回到家里，把缝纫机上的卷线圈拆下来做模型，作对比试验，发明了"变截面起升卷筒"。这发明，果然见效。码头上20多台起重机全部革新后，效果非常好。日本钢丝绳专家来港区进行技术交流，认为这个发明在日本可以申请"专利"。后来，《文汇报》刊登了一篇小文章，介绍了他搞革新的故事，这是他的名字第一次被印成铅字，包起帆激动得好几夜睡不着觉。

1981年，他从上海第二工业大学毕业后，回到南浦港务公司，在工艺科当工程师。那时，公司码头每年要装卸进口木材200至300万立方米，全靠工人下船舱，用钢丝绳捆扎后，再用吊机起吊。这种粗放的作业方式，险象环生、事故不断。

"码头上面的黄沙、石子能够用抓斗来抓,那么木头能不能用抓斗来抓呢?"包起帆把这个想法告诉工友们,大家都说不行。

1983年10月,他到北京参加全国总工会召开的第十次全国代表大会。会上每人发一支作记录用的圆珠笔,他无意识地将笔抓在手中一揿一揿,那笔芯一伸一缩。揿着揿着,他的眼睛突然一亮,"有啦!"圆珠笔的伸缩原理不是也可以移植到木材抓斗的启闭机构中去吗?回到上海,他就到丰华圆珠笔厂去请教。

经过许多个不眠之夜,终于把圆珠笔的伸缩原理运用到了抓斗机上,试抓的那天,包起帆的心里也没底,因为他也不知道自己设计的抓斗能不能真的把木头抓起来。当他看到门机把12米长、50厘米粗的美国松一大捆一大捆地抓起来了,他的心都要跳出来了。"我们的木材抓斗成功了!"

但包起帆高兴得太早了。一艘2.5万吨的大船,船身宽24米,船舷两边有5米左右宽。原来人工卸木材,是以2米为深度,一层一层地往下卸,船舷两边的木材用钢丝绳拉出来,而抓斗只能在舱口从上往下抓,到了舱底后,船舷两边的木材却倒不下来,形成了一个"V"字形。如果此时再叫工人下船舱去,一旦船舷两边的木头倒下来,更容易把人砸伤。

创新发明不会一蹴而就。包起帆十分理解一些人的责难。他想:如果木材抓斗像开汽车一样有交通规则,就好办了,船舱这么宽,如果总是从中间往下面挖,肯定会挖出一个"V"字形来。如果让木材抓斗贴着船舷的两边往下挖,船舷两边的木头就有可能会不断地往下滚。

经过几年努力,包起帆终于搞成了一个木材抓斗系列。抓斗从3吨到25吨有十几种,有单索的、双索的、四索的,也有电动的,木材装卸全面实现了机械化。劳动生产率提高了2.67倍,卸船期缩短了46%,特别是工人的安全得到了保障。从20世纪80年代初开始,至今40多年了,上海港在木材装卸过程中再也没有发生过一起重大的伤亡事故。国家交通部统计,自从在全国港口推广木材抓斗后,至今没有发生过一起重大伤亡事故。

邓小平同志提出"科学技术是第一生产力"后,进一步坚定了包起帆搞科技攻关的决心。木材抓斗成功后，他又把目光瞄准了"铁老虎"，发明了"单索生铁抓斗""异步启闭废钢块料抓斗""新型液压抓斗"等。这些发明成果创造性地解决了一批关键技术难题，不仅在全国港口推广，还在铁路、电力、环卫、核能等30多个行业广泛应用，并出口20多个国家和地区，创造了显著的经济和社会效益。由此，包起帆被誉为"抓斗大王"。

发明创新改变了包起帆的生活。1996年4月，他被调到上海港龙吴港务公司任总经理，"抓斗大王"成为国有企业"当家人"。

2001年，包起帆调任上海港担任领导职务。在他的倡导下，上海港成立了技术中心。包起帆带着近200名技术人员刻苦钻研，在以后的3年里，技术中心获得或受理的国家专利有101项，超过上海港历年专利数的总和。

2001年到2004年，包起帆指挥着他的科研团队，克服了一个又一个难关，终于实现了码头运输从机械化到数字化的飞跃。国家权威机构做出鉴定：这项技术总体水平高，属国际先进，部分技术处于世界领先位置。

包起帆带领的一支年轻团队用数字化领跑世界港口，建设了我国首座集装箱自动化无人堆场、世界上首台全自动桥式抓斗卸船机、全自动散货装船机和我国首台全自动散货斗轮堆取料机，开了中国港口自动化的先河。他主持了外高桥四、五、六期集装箱码头建设，以现代物流理念规划码头布局，建立新型的集装箱港区功能模块横断面布置模式，率先实现双40英尺集装箱桥吊在港口的应用，为上海港成为世界第一大港提供了强大的技术支撑。

2010年7月1日，国际标准化组织在日内瓦总部正式发布了包起帆领衔制定的国际集装箱标准技术规范文件。它是我国第一项国际公共可用技术规范，拥有自主知识产权。这一标准规范的发布，预示了在未来集装箱标准技术领域，中国将有权引导国际标准讨论，而这对我国推进国际航运中心建设，提升国际集装箱运输透明度会有积极的推动作用。

2011年11月28日，国际标准化组织日内瓦总部以1票反对、16票同意，3票弃权，顺利通过中国制定的"国际标准"——"ISO/PAS18186集

2005 年包起帆（右一）和院士们在探讨自动化堆场

2006 年 8 月 30 日，包起帆在人民大会堂"包起帆科技创新先进事迹报告会"上作报告

装箱—RFID 货运标签系统"。

最终的成功，来自自始至终的努力和奋斗！经过 5 年的精心维护和拓展，ISO 18186 又于 2016 年通过了系统性回顾评审投票，被英国、荷兰、丹麦、捷克采纳为国家标准，日本和俄罗斯也计划采纳为国家标准，美国和德国确认该标准在本国得到了实际应用，展示了中国创新在国际上的生命力。

抓斗的发明使包起帆成为全国劳动模范，并成为享誉海内外的"抓斗大王"。

74. 朱镕基到川沙县调研

唐国良

在党的十一届三中全会精神指引下，川沙在改革开放的大道上快速发展，主要领域不仅名列上海郊区第一，而且多个经济指标也名列全国百强县前列。

川沙的发展过程中，受到市委、市政府领导的一次又一次的关心指导，尤其是1990年1月时任上海市委书记、市长朱镕基的调研，在川沙干部群众心中留下了深深的记忆。

1990年1月8日，上海市委书记、市长朱镕基带领46人的调查组，来到川沙县，就5个方面的问题作专题调研：（1）菜篮子工程的效益；（2）农业收入问题；（3）乡镇工业；（4）党建和精神文明建设；（5）农村造房。

朱镕基带领调研组到川沙，不是一天两天，而是连续半个月时间，不是早出晚归，而是吃住在川沙，是对经济、社会发展中的重大问题进行扎扎实实的调查研究。川沙县委、县政府要配合好市委、市府的调研，首先要落实好调研组的生活、办公地点。

当时，在川沙工作的县委书记孟建柱、县长韩坤林，一个星期只有星期天才回家，平时与远离县城的机关干部一样，住在县委机关大院内的集体宿舍，乡、镇干部如有事汇报，可随时上门，书记、县长也随时在宿舍内接待他们，体现出党的干部密切联系群众的优良作风。

朱镕基带领的调研组到川沙，不住县政府招待所，而是住在离县政府大院一墙之隔的建设局建设培训中心，把用于培训的没有专门卫生设施的教室,临时用作调研组工作及生活场所。教室设施很普通,三层楼建筑,没有电梯,但朱镕基市长入住后,感到十分高兴,还说:"我就是要住在这里。"

1990年1月8日,上海市市长朱镕基到川沙县调研入住的建设培训中心

朱镕基市长下如此大的决心,带领众多领导与专家到川沙调研,是因为党的三中全会后,川沙的经济、社会实现了快速发展,1986年川沙县的社会生产总值和国民生产总值已经稳居上海郊区县第一,上缴国家财政位居全国县级首位,外向型经济及出口创汇也名列全国县级第二位。1986年11月19日总书记胡耀邦到川沙视察时,进行肯定、鼓励的同时,还作了"争做全国出口创汇的冠军"的题词。

1988年初,县委以"做好浦东开发和发展外向型经济两篇大文章"为经济发展战略重点,县的改革开放在众多领域处于全市领先地位。而朱镕基市长到川沙调研,听取县委、县府领导汇报的同时,还多次轻车简从,到乡镇作实地调研,以便掌握更多第一手的情况。而接待朱镕基市长调研的单位,不需挂横幅,不需群众场面,只需如实汇报情况。

朱镕基市长到川沙后不久,就到党的建设与干部教育抓得较好的洋泾乡作调研。在洋泾乡成人学校，朱镕基市长听取乡党委书记朱赐福和乡长陆辉权汇报后，进行了肯定，并提出加强的意见。

川沙的严桥乡是上海重要蔬菜基地。朱镕基向乡党委书记肖德元一起探讨净菜进市区，小包装蔬菜进超市的措施与办法，以及菜篮子工程的效益。

在乡镇工业较为发达的张江乡，朱镕基对乡镇工业发展的方向、碰到的困难进行分析研究，并提出了希望。

在洋泾乡，朱镕基市长不仅听乡党委书记、乡长作介绍，还走进朱湾村，观看"谈乡情、看国情，社会主义好人人讲"的宣传展板，与村民直接交流。

北蔡绣衣厂是川沙的出口创汇大户之一。朱镕基市长到北蔡绣衣厂听完汇报后，了解外向型企业的发展途径。他还进车间，向工人了解生产情况，喜欢摄影的绣衣厂干部赵文蓉抓住难得的机会，留下了珍贵的镜头。没想到，《市长走进生产车间》的照片，后来参加市的摄影比赛时，还获得了一等奖。

让人难忘的是，朱镕基市长在调研期间，还参加了一个有特殊意义的活动。1月14日，团县委举办有39对青年参加的"川沙青年新春集体婚礼"。朱镕基应邀参加婚礼，并致辞赞扬共青团员的先进模范作用和共青团组织为开创一代新风作出新贡献，同时，还为每对新婚夫妇签名和合影留念。市长如此亲民，让参加集体婚礼的每一对新婚夫妇及家庭无比激动。30年前的惊喜，时至今日，亲历者都难以忘怀。

1月24日，县委召开党员负责干部会议，出席会议的干部160多人。市委书记、市长朱镕基应邀到会讲话。他在充分肯定川沙经济有一个比较稳固的基础、党风建设抓得较严、干部培训工作抓得较好后，着重阐述了三个问题：（1）要振兴上海、振兴上海郊区农村，根本的问题是加强党的建设，加强思想政治工作，抓好党风，抓好廉政建设；（2）上海郊区也要以农业为基础，以农为本；（3）从市委、市政府开始，各级党政一把手都要负责抓农业，支援农业。他在谈到浦东开发时，向到会干部描绘了浦东开发与川沙经济发展的前景。并强调，开发浦东是上海城市建设的希望，从现在开始，一抓桥、二抓港、三抓路，先把骨架搞好，带动浦东开发。

三个月后，党中央、国务院宣布浦东开发开放。

自1990年至1992年12月，川沙人民在县委、县政府的领导下，服从、服务、参与浦东开发开放，为浦东早期的开发建设作出了重要贡献。

1993年1月1日，中共上海市浦东新区工作委员会、上海市浦东新区管理委员会正式挂牌成立。川沙县建制撤销，完成了历史使命。

75. 浦东一九九〇年

潘建龙

浦东开发开放是一个老浦东的结尾,新浦东的开始!

如果要将浦东的历史进程划出一条分割线,那么毋庸置疑这条线一定划在1990年!

邓小平鼎力推动 浦东开发揭开序幕

1990年元月,中国改革开放总设计师邓小平在上海过春节。农历大年初一(1月27日)上午,朱镕基、陈国栋等上海市主要领导来到虹桥路上的西郊宾馆。拜年之时,当话题转到浦东开发准备情况时,邓小平表示出极大的关注。邓小平说:"浦东开发晚了,但还来得及,上海市委、市政府应该赶快给中央报。"朱镕基说:"开发建设的报告不理想,不敢报。"邓小平接着说,"不用怕,报嘛!"

回到了北京后,小平心里仍然牵挂着浦东的开发。他对政治局的领导说:"我已经退下来了,但还有一件事,我还要说一下,那就是上海的浦东开发,你们要多关心。"2月17日,邓小平接见香港基本法起草委员会全体委员。其间,他拉住国务院总理李鹏说:"你是国务院总理,你要关心上海的开发开放。"2月26日,上海市委、市政府向中共中央、国务院提交《关于开发浦东的报告》。3月3日,邓小平又找江泽民、李鹏等几位中央负责同志谈话。他说:"目前国际上有些国家发生问题,从根本上说,都是因为经济上不去,长期过紧日子……假设我们5年不发展，或者是低速发展，这不只是经济问题，实际上是个政治问题……机会要抓住，决定要及时，要研究一下哪些地方条件更好，可以更广大地开源。"邓小平强调说："比如抓上海，就算一个大措施。上海是我们的王牌，把上海搞起来是一条捷径！"

从此，研讨认证了近10年的浦东开发进程开始加速推进。

接到上海关于开发浦东的报告没多久，3月28日，国务院副总理姚依林受党中央、国务院委托，率领国务院有关部门负责人来到上海，就浦东开发进行专题研究论证，其间考察了外高桥长江口岸线和正在建设中的南浦大桥浦东工地，完成了上报中共中央、国务院《关于上海浦东开发几个问题的汇报提纲》。4月10日，国务院总理李鹏主持国务院常务会议，听取姚依林关于开发浦东的专题报告，并对开发开放中的若干问题逐个研究。4月12日，中共中央总书记江泽民主持政治局会议，原则通过了国务院提交的浦东开发方案。

事不宜迟，一气呵成。4月14日，国务院总理李鹏莅临上海，实地考察了浦东外高桥地区和正在建造中的南浦大桥工地。18日，在上海大众汽车制造有限公司五周年庆典活动上，李鹏向国内外郑重宣布，党中央、国务院同意上海加快开发浦东、开放浦东。他要求上海的同志充分利用上海优势，群策群力，艰苦奋斗，把开发浦东的事情办好。

在大众汽车公司成立五周年庆典上，宣布浦东开发开放

浦江两岸积极规划　浦东开发办宣告成立

4月18日，可以说是一个老浦东的结尾，新浦东的开始。随着李鹏总理话音落下，紧跟着便是一个接着一个的积极回响，其势如虹般地推进。

4月30日，宣布浦东开发开放后第一个被批准在浦东投资的大型合资企业——中美上海杜邦农化有限公司在浦东成立。上海杜邦农化公司的迅速成立，用实实在在的行动在全世界面前，为浦东开发举旗、张目、造势，影响极大。

同日下午，在茂名南路59号锦江饭店小礼堂内，上海市政府举行新闻发布会。副市长黄菊代表市政府向国内外介绍浦东开发规划、实施步骤和10条政策措施。在介绍浦东开发实施步骤时，黄菊说：第一步，"八五"期间为开发起步阶段，主要是编制规划、整治环境和着重解决交通问题，积极为吸引外资创造条件，建设越江工程、主要干道、外高桥港口和电厂等基础设施，分步、分片建设总面积5~6平方千米的发展出口加工区，首先要建立1~2平方千米的转口贸易保税区。第二步，"九五"期间为重点开发阶段。继续建设区内骨干道路和市政公用设施，初步形成基础设施比较配套的浦东新区大格局。第三步，2000年后的二三十年或更长一些时间，为全面建设阶段。上海将成为以外向型经济为主的重要的现代化工业基地和金融、贸易、科技、文化、信息中心。

新闻发布会召开2天后，5月3日下午3时，上海市人民政府浦东开发办公室在浦东大道141号的那座小木楼挂牌成立。在成立现场朱镕基号召大家，要创造浦东速度、树立浦东风格、培育浦东精神，扎扎实实地苦干、实干、拼命干，披荆斩棘，奋力开拓，把开发浦东的工作做好。从此，小木楼前车水马龙，人流不息，成为开发开放浦东的前沿指挥部。从此，一个伟大的事业从这里起步。

开发区范围扩大　朱镕基香港答记者问

5月4日，上海市委、市政府，向中共中央、国务院上报《关于开发浦东、开放浦东的请示》。请示中将浦东开发的范围扩大至黄浦江、长江口，至川杨河所包含的地区，面积由原来170多平方千米拓展至350平方千米；实行总体规划，分步实施，把浦东建设成为高起点、高层次新区。6月2日，中共中央、国务院批准《关于开发浦东、开放浦东的请示》，并指出："开发和开放浦东是一件关系全局的大事，一定要切实办好，使之与90年代经济发展和建设外向型、多功能、现代化国际城市的要求相适应，成为21世纪上海现代化的象征，成为适应国际性城市及外向型经济发展需要的世界一流水平的新区。"

6月中旬，朱镕基率团出访中国香港。13日下午，在香港富丽华酒店举行记者招待会。会上有记者提问：跟厦门、深圳特区相比，浦东有没有更优惠的条件能够吸引外商投资？朱镕基回答说："关于上海实行开放、开发浦东，其特殊的政策与厦门、深圳相比，基本上差不多，但我认为特点有四个：一、我们要在浦东建立自由贸易工业区，以自由港为目标，实行商品、人员、物资、豁免关税和进出自由，同时允许外国商人在自由贸易工业区内进行转口贸易，我想这个政策在目前中国已经存在的特区里还未有过；二、我们要引进外资银行，开放证券交易所，把金融搞活；三、对吸引外国企业家直接投资方面，我们也有一些改进的办法，那就是在老企业里面可以出让一部分的股份，同时也可以吸收以股票的形式来进行投资；四、在土地的有偿转让和开放房地产市场方面，我们也有一些灵活的政策。"

当记者问浦东将发展为自由港，浦东的发展范围是否伸展至浦西时，朱镕基回答："我并不是说整个浦东都是自由港，我们将在浦东划出一块地区，靠近外高桥港口的附近划出一块自由贸易工业区，在这个区里实行这种政策，取得效果以后，再看如何向前发展。"

打"中华牌" 安徽裕安成第一

8月5日，上海安徽裕安实业总公司签订位于陆家嘴竹园商贸区的土地批租合同，用于建造裕安大厦，从而成为国家部委办、外省市支持浦东开发的第一座省部级楼宇，成为浦东开发打"中华牌"的第一个项目。此后，国家各部委办、各省市纷纷响应，积极跟进。中国电力大厦（中电大酒店）、中国石油大厦（中油阳光酒店）、中国煤炭大厦（浦东假日酒店）、江苏大厦（紫金山大酒店）、云南大厦（瑞吉红塔大酒店）、齐鲁大厦（齐鲁万怡大酒店）、钱江大厦、宝安大厦（宝安大酒店）等项目在陆家嘴竹园商贸区签约落户。

中国农业银行争当先锋。8月24日，其浦东分行在浦建路与浦东南路口的由由饭店挂牌开业，成为浦东的第一家分行级银行机构。紧跟农行脚步，至年末，中国建设银行、中国工商银行、交通银行在陆家嘴地区先后成立浦东分行。

9月10日，上海市政府再次举行新闻发布会。国务院有关部门与上海市政府就浦东开发开放发布9个法规性文件。其中有中国人民银行颁布的《上海外资金融机构、中外合资金融机构管理办法》、财政部颁布的《关于上海浦东新区鼓励外商投资减征、免征企业所得税和工商统一税的规定》、海关总署颁布的《中华人民共和国海关对进出上海外高桥保税区货物、运输工具和个人携带物品的管理办法》、上海市政府颁布的《上海市鼓励外商投资浦东新区的若干规定》《上海市外高桥保税区管理办法》《上海市浦东新区土地管理若干规定》。

三大开发公司成立　金融领头羊意在东进

紧接着9月11日，还是在浦东南路与浦建路口的那家由由饭店内，分别负责外高桥保税区、陆家嘴金融贸易区、金桥出口加工区开发建设的外高桥保税区开发公司、陆家嘴金融贸易区开发公司、金桥出口加工区开发公司同时成立。从此外高桥、陆家嘴、金桥之名越过黄浦江，传向全国、全世界。

1990年的11月1日，更是一个不能忽视的日子。中国人民银行上海市分行与陆家嘴金融贸易区开发公司签署建造分行大楼（银都大厦）的合作意向书，从而成为第一份在陆家嘴建造金融大楼的协议文件。协议背后是陆家嘴公司的深谋远虑。当时资金奇缺的陆家嘴公司开办费只有3 000万元。时任总经理王安德就将这点本钱砸下去，买了

3万平方米动迁房，用于动迁建造银都大厦这块土地上的居民，并补贴一半地价给人民银行，从而将对方"请"进陆家嘴。对此，公司员工颇有意见：一共3000万注册资本，买了动迁房，又补贴给人家，下一步怎么弄呀？王总就对员工说："我们搞金融贸易区，银行不过来，这个金融贸易区不是空的吗？银行看谁呀，看央行。央行上海分行是银行业领头羊，领头羊不过来你再吆喝别人也不相信你。国内海外都在看，看你开发是真的假的，你补贴下去收到的效益肯定会超过你的补贴价值。"

"老八股"上市交易　浦东速度开启

正当大家以为1990年即将逝去之际，浦东开发开放的浪潮终于掀开了新中国资本市场的大门！

12月19日上午11时，关闭了整整40年的中国证券市场重新开启的第一锣终于在黄浦江畔敲响（由于受当时浦东城市基础设施限制，新成立的上海证券交易所只能选择与浦东一江之隔的黄浦路15号的浦江饭店，1997年迁至陆家嘴的浦东南路520号上海证券大厦内）。是日，位于浦东川沙镇、土生土长的申华电工联合公司成为第一天上市交易的八只股票（老八股）之一。申华电工联合公司董事长、浦东孙桥乡农民瞿建国由此声名鹊起，成为中国农民步入资本市场的标志性人物。

1990年，这是风起云涌的一年，激情奔腾的一年，浦东速度开启的一年！

76. 服务服从　参与浦东开发

邹秀珍

1990年4月30日，上海市浦东开发办公室正式挂牌，杨昌基任主任。紧接着在5月30日，川沙县浦东开发办公室挂牌办公，我被县政府任命为办公室主任。各乡镇也陆续建立起相应机构。从川沙县浦东开发办建立到1992年底川沙县建制撤销的两年半多时间内，我们按照县委、县政府提出的"服从、服务、参与"的方针，做了大量工作，主要体现在广泛宣传浦东，接待中外客商，上下左右协调，洽谈投资项目，帮助基层排忧解难等方面。

1992年2月邹秀珍向来宾介绍情况

时代的壮举　历史的重任

中共中央和国务院开发开放浦东的战略决策，犹如一声春雷，震撼着祖国大地，对上海、长江三角洲乃至全国的改革开放和经济起飞都将带来不可估量的重大影响，给川沙的经济和社会发展更提供了机遇和希望。时代的壮举，干部群众的心愿，它激励全县62万人民为实现这一宏伟蓝图去拼搏，去努力奋斗。

1990年5月30日，川沙县人民政府成立了浦东开发办公室，遵照党以经济建设为中心的基本路线，以及浦东新区总体规划和县委、县政府提出的"六字"方针，积极开展了如下一些工作：一是热情接待广泛宣传。半年来共接待中外来宾290批，外出报告100多场次，广泛宣传党中央开发开放浦东的方针、政策、规划设想和实施步骤，宣传艰苦创业、多作奉献。二是搭桥铺路，千方百计为中外客商穿针引线，提供合作对象，加快全县三资企业发展步伐。三是反映情况互通信息，为乡村企业反映实情，争取支持，协调纷争，解决矛盾；排忧解难，另辟蹊径。四是创造地区发展条件，为乡村企业争取发展用地，做好一乡一点工业小区规划。

对川沙来说，应该要抓住这一历史机遇，勇于创新，积极进取，讲速度、重效益、善调节，利用地处新区的优势，用足用好优惠政策。要发展生产，积聚资金，增强实力，扩大外资"跟进效应"。老企业要强化参与意识，瞄准市场，捕捉战机，提高产品档次，加快技术改造，提高国际市场的竞争能力；产业发展顺序不套模式，什么有效益有前途就干什么，只要经济活起来，技术先进的产业不愁发展不起来。

开发浦东，开放浦东，前景诱人，但眼下麻烦不少。大量的动拆迁，众多的劳动力安置，由此而产生的一些社会问题，面广量大，纷繁复杂。这就要求我们头脑清醒，"不唯上，不唯书，只唯实"，本着对党对人民负责的精神，坚持党的群众路线，一切从实际出发，正确处理好国家、集体、个人三者关系。既要服从全局，又要搞活局部，为全局添砖加瓦，给整体减轻负荷；既要讲奉献，又要考虑需要与可能，把奉献变成群众自觉自愿自主的行动；既要着眼当前，又要顾及将来，处理问题要经得起后人的评说、历史的检验。

良好机遇　加强参与

川沙，作为开发浦东的主战场，县委和县政府提出了"服从、服务、参与"的六字方针。"服从"，因这是大局，要坚决服从；"服务"，开发中有大量工作需要我们去配合；"参与"，就是抓住机遇，参与建设。如何"参与"我们提出了五字方针：

一是配。川沙有大小企业4 000多个，通过内贸转外贸，内资转中外合资，让老企业脱胎换骨。

二是补，以原有企业为基础，拾遗补阙。大工业发展新产品，我们搞包装；大企业办第二产业，我们就办第三产业；大企业办"三产"，我们就饭店门前摆粥摊；外高桥建港口，我们就办仓储。

三是联，争取搞联营。我们有土地、劳力的优势，依靠这些优势，争取和人家合作、合资。现在的102家三资企业，除2家独资外，其他都是合作、合资企业。

四是挤，到处找机会扎一脚。杨高路拓宽工程我们派去8个工程队参加承建；外高桥港口和南浦大桥的动拆迁工作我们都去参与，还承包了张杨路一条街的建设。这样到处找机会，"粳里不着糯里着"，川沙经济就发展了。

五是供。浦东开发是一个跨世纪工程，需要我们把农副业生产搞好。现在川沙每天供应市区四个一：1万担菜、1万只禽、1 000头猪、100多吨奶，一年365天，持续不断，天天如此。

随着浦东开发开放步伐的加快，我们要努力实现四个变化。一是思想观念的变化。要从小生产思想中解放出来，形成社会大生产的宏观思路；从循规蹈矩、按部就班的本本主义中解放出来，探索发展经济的新途径；从安于现状的精神状态中解放出来，勇于攀登新的高峰。二是经济战略的变化。我们先是做外向型经济和开发浦东两篇文章，现在要做科技兴县第三篇文章，将劳动密集型转变为科技密集型。三是产业结构的变化。过去以轻纺为主，今天要发展微机电子等行业。四是投资环境的变化。随着浦东十大基础设施建设的先后上马，川沙也相应建造了宾馆、商场、公园、游乐中心等，以增强对外的吸引力。

开发开放浦东，是千载难逢的机遇。我们一定要克服一个"等"字，反对一个"捞"字，防止一个"推"字，提倡一个"干"字。充分利用政策的优势，地价差的优势，时间差的优势，工业基础的优势和灵活机制的优势，在参与浦东开发中，把川沙的事情办好。同时，热烈欢迎国内外有识之士前来投资。1990年，我们接待了40多个国家和地区的来访人员,还有中央和各省市的领导,来者都是客,生意不成人情在,只要各方真诚合作,一定会在浦东这块土地上,开繁花、结硕果。

组成交响乐　吹好前奏曲

　　川沙县浦东开发办公室在1990年5月30日正式对外办公以来的两年半时间中,遵循党中央、国务院提出的开发开放浦东、振兴上海、带动长江流域经济起飞的伟大决策,贯彻县委、县政府"服从、服务、参与"的六字方针,积极宣传各项优惠政策、条例和法规,引进国外资金和先进技术、先进经验,合理规划全县各乡工业小区,调整扩大城厢镇区域规划,加快筹建开发王桥、孙桥、六里3个工业小区。上下沟通,左右协调,给一切中外投资者提供良好服务,为发展和壮大地方经济竭尽绵薄之力。

　　一是当好宣传员和推销员。开发浦东,举世瞩目,为使一切中外投资者迅速了解浦东、熟悉浦东,"县浦开办"利用各种场合,通过各种渠道,大力宣传党中央、国务院以及市委、市政府开发开放浦东的大政方针和有关决策部署,宣传浦东新区一切软硬投资环境和优惠政策。两年来,围绕大开放、敢突破、勤参与、多奉献,共作专题报告300多场,听众共计达50 000多人次,涉及全国16个省市的200多个区、县。在县内还通过有线广播、干部会议、"党风活动日"等途径和场合,作舆论宣传,基本做到家喻户晓。提高了浦东开发的知名度,扩大了浦东开发的效应,形成了一股浦东开发的洪流。其间洽谈项目来访2 400多批,约万余人次,其中国外人士、港台澳同胞2 000多人。接待人员从项目选择、土地规划、环保设施、工商税收等方面,为来访者提供全方位咨询服务,并陪同客户现场踏勘,直接与基层企业洽谈。有时还为基层代拟项目建议书、可行性研究报告,代译外文资料,颇受中外客商的好评。属全过程参与洽谈的项目有110多个,成功率在10%左右。

　　二是协调异同,增进共识,强化总体凝聚力。改革开放是各种不同思路的对撞,是多方不同权益的再分配。市场经济体制不能容忍某一区域或集团利益独沾。开发开放浦东也不是在"一张白纸上画出最新最美的图画",这样必然会产生一些异议、分歧,甚至是激烈的冲撞。如果一味套用计划经济模式来发号施令，不但于事无补，反而徒增阻力。"县浦开办"按照总体规划，在上下沟通、左右协调、增进共识方面做文章。要求基层同志在态度上识大体顾大局，在认识上求大同存小异，在利益分配上实行同方向的妥协让步，细致缜密地处理好国家、集体、个人三者利益关系，千方百计扶持乡村企业的健康发展。

三是合理规划，全面启动，加大参与力度。全县除原有工业布点外，新规划的乡工业小区有32个，总面积约735公顷，平均每个小区为23公顷。位于城市化地区的18个，面积为280公顷。非城市化地区的14个，面积为454公顷。计划用于小区基础设施的投资总额约11亿元，现投入近1亿元，已安排各类工业项目500项，约占小区面积的90%，吸引县外投资40多亿元。小区全部建成投产后，预计每年可增加工业产值100亿元。

经调整后的城厢镇总体规划，由原来的5.4平方千米扩大到10平方千米左右（包括王桥开发区第一期2平方千米在内）。其布局结构基本上由三部分组成：（1）川杨河以南，浦东运河以西，规划上川路以东，距川周公路300米左右的规划线以北，共计8.24平方千米，为综合生活区；（2）川杨河以北2平方千米为工业小区；（3）城厢镇发展备用地。规划年限，中期为2000年，远期为2020年，对全镇工业、仓储、住宅、公共建筑，道路交通、绿化和河道、古建筑、市政设施8个方面作出了全面安排，务必使该镇成为一个现代化新城镇。

属于县级的王桥、孙桥等3个工业开发区也进展神速，形势喜人。王桥开发区原规划面积2平方千米，现扩至4平方千米，区内第一期市政配套基础设施基本形成，2万平方米的通用厂房和5万平方米的动迁房、商品房相继破土动工，吸引内外资金达18亿元。孙桥、六里两个工业开发区也在积极筹建中。

开发开放浦东，前慰先贤，后惠子孙。在近3年的时间中，宏伟壮丽的十大市政基础设施相继竣工，大批中外投资者蜂拥而至，各开发区全面铺开神速启动，金融、商贸、房地产业迅速崛起。盛世宏业，前景诱人。浦东发展至此，深感中央决策的正确及时，干部群众奉献精神的可敬可佩。浦东这方宝地，在中华人民共和国的国土上是一个聚宝盆，如今已发展成为太平洋西岸一颗光辉夺目的明珠。

77. 一九九〇年五月三日

李佳能*

1990年4月18日,中央正式宣布开发开放上海浦东新区的重大决定,这一决定立即在国内外引起了极大反响。这是中国继续改革开放的"破冰"之举。从政治和经济的最高层面,肯定了浦东开发是中国跨世纪的一项宏伟工程。1990年5月3日,"上海市人民政府浦东开发办公室"的成立,则是上海市委、市政府落实中央决定的一个重要行动。随着浦东开发办公室的建立,浦东开发迈出了实质启动的坚实一步。

我是最早参加市政府浦东开发办公室工作的人员之一。1990年4月28日晚上接到通知,要我第二天(29日,星期天)上午到倪天增副市长的家里报到。那天一早,我乘坐公共汽车来到康平路100号大院,倪副市长热情接见了我。当时在座的还有市委组织部经济干部处处长杨定华同志。倪副市长传达了市委、市政府的决定。他要求我到浦东开发第一线后,要尽早和沙麟同志联系,尽快把浦东开发办公室筹建起来,为上海的发展努力工作。4月30日下午,沙麟同志和我作为市政府浦东开发办公室的负责人,立即召集第一批调入浦东开发办的同志碰头。在会上才知道市委组织部张贤训同志为浦东开发办的办公室负责人,浦东开发办下设办公室、研究室、信息处、开发处和规划建设处。市委、市政府将在5月3日举行"上海市人民政府浦东开发办公室"挂牌仪式。

距离挂牌的日期只有两天了。时间就是命令,大家紧急分头做准

---

* 作者系原浦东开发办公室副主任、浦东新区一届政协主席。

备。时任市政府副秘书长的夏克强同志带领有关区、县、局领导察看和选择办公地点。经过比选，最终选定地处浦东大道141号的文化馆作为市政府浦东开发办公室办公场所。

于是，一部分人负责清扫一幢两层的小黄楼和周边环境，将底层一个大仓库改作大会议室，还有个浴室要拆除沐浴设施，清除污垢，改为办公房间使用。从市政府机关事务管理局调来的陈兴来同志负责准备办公用具，他很快从外滩市政府大楼借来了必需的桌椅板凳。市规划院来的几位同志负责准备浦东开发的图纸和模型。第一批图纸和模型就陈列在浦东开发办公室。虽然大家来自各个部门，许多同志并不熟悉，但是大家像奔赴前线一样，精神状态十分高涨。经过开发办全体同志的努力和黄浦区政府及文化馆的大力支持，一个整洁、朴素、实用的两层办公楼装扮得像模像样，按时提供给市政府浦东开发办公室使用。

5月3日下午3时左右，时任上海市委书记、市长朱镕基同志，常务副市长黄菊同志，副市长倪天增同志，市政府副秘书长夏克强同志和市委、市政府有关部门及黄浦区的同志风尘仆仆来到浦东大道141号门前举行挂牌仪式。挂牌仪式十分简单，没有放鞭炮，也没有敲锣鼓，由夏克强同志主持仪式，黄菊同志代表市委、市政府向公众宣布"上海市人民政府浦东开发办公室"成立。在场的领导和市民群众报以热烈的掌声。这掌声真是表达了上海人民盼望浦东开发的共同心声啊！

事后听说，有位来自闸北经贸系统的同志已经在门口站立多时，他就是想要加入浦东开发的行列。不久，这位同志如愿以偿成为开发办的一名干部。有位家住浦东农村的乡民动情地表示，他要将自己的一栋房子捐给浦东开发办公室。有部分共产党员出于对浦东开发的支持，把党费集中起来捐到了浦东开发办公室。

挂牌仪式结束后，朱镕基同志、黄菊同志和倪天增同志等领导来到开发办二楼楼梯旁的一间小房里，观看图纸和模型。我受委托代表开发办向领导简要汇报了浦东开发规划。虽然模型用泡沫塑料赶制，图纸由手工绘成，色彩都不够亮丽，但是朱镕基同志还是点头赞许表扬了大家。随后，朱镕基同志召集参加挂牌仪式的同志，到底层大房间开了一个动员会。他语重心长地告诉大家："浦东开发来之不易，大家一定要珍惜上海发展的大好时机。你们从各单位抽调到浦东开发办工作,第一批来是很光荣的,责任也很重。今天市政府浦东开发办公室挂牌成立,标志着浦东开发实质性启动了。大家要充分认识浦东开发的重大意义,增强责任感和使命感,迎接各方挑战,克服各种困难,齐心协力工作,实现浦东开发的良好开局!"

1990年5月3日是浦东开发难忘的日子。从这一天开始,国内外的访问团、投资者、企业家和新闻记者络绎不绝。当时开发办人手少,接待任务十分繁重。当时,有的外国人是带着怀疑的眼光来的,他们以为浦东开发是中国政府的一个假动作,不久之后,中国的大门会关起来的。为了让那些持怀疑态度的外国人在考察浦东之后能够转变看法,我们身处浦东开发第一线的同志,不厌其烦地陪同他们参观,苦口婆心地讲解浦东开发方案。功夫不负有心人,许多外国人在考察浦东新区以后,对接待他们的同志竖起了大拇指以示赞许。

从这一天开始,随着市政府浦东开发办公室的成立,上海许多区县和委、办、局也相继成立了浦东开发办公室。当时的川沙县浦东开发办公室成立最早,由副县长邹秀珍同志挂帅。他们不仅在本县工作,还到外省市宣传浦东开发。有的兄弟省市呼应浦东开发,也相应建立了支持浦东开发、带动本省本地区经济发展的机制。有的中央部委机关,支持浦东开发,主动来到浦东调研,给浦东送信息、出主意、给政策,共同策划启动开发的有关举措。

从这一天开始,浦东开发事业蒸蒸日上,人才流动也十分频繁。有的同志从兄弟城市调来,有的科技人员从海外归来,有的干部因为工作需要离开了浦东新区……然而,不管是进来的还是离开的,只要在浦东"战斗"过,他们至今仍然心系着浦东。当大家回忆起在浦东开发办工作的3年,在浦东新区战斗的这些年,心中都有一种自豪感。

如今,浦东新区从基础开发到功能开发,再进入综合配套改革试点阶段,正面临一场新的考验。我们深信,在学习实践科学发展观活动的指引下,浦东开发开放一定能够更上一层楼,在推进上海"两个中心"建设中发挥更重要的作用。

78. 难忘的 423 天

杨昌基

时间过得真快，一转眼，浦东开发开放已经30余年了。30余年前，组织上调我参加浦东早期开发开放工作，紧张的岁月至今仍清晰地映现在眼前，令我终生难忘。

1990年5月，一个偶然的机会，经原任中共河南省委书记的上海市委老领导胡立教同志的鼎力推荐，我由河南省人民政府常务副秘书长调任上海市人民政府浦东开发办主任。

1990年5月15日，我到浦东开发办走马上任。当时已年近58岁。我想，我如果干到60岁的话，总共才730天，能干多少事？我是一天一天算，一个小时一个小时算，来日不长，时不我待，我要争分夺秒地干，尽可能地多干点。

当然，多干并不是只靠自己一个人去包打天下，而是调动开发办一班人的积极性、创造性，形成合力去干。我当时的为政"要诀"是：多出点子，用好干部，培养干部。浦东开发开放最缺的是人才，人才引进和人才培养是当务之急。

当时担任浦东开发办研究室主任的王安德要出国培训。有关同志请示我，放还是不放？有人认为浦东开发正处初创时期，人手少、事务忙，主张不放。我说"放"。我把王安德的副手找来，叫他们顶一顶。后来朱晓明、张贤训、舒榕斌等浦东开发办的"大将"都陆续送出去培训。我认为越忙越要出去学，这批人今后回来可以干的时间长着呢。有人担心干部送出去后不回来，我说，浦东开发搞得轰轰烈烈，浦东开发开放的前景那样诱人，他们要有远见嘛！

如今，当年送出去培训的这些青年同志，都成了浦东开发各条战线上的骨干和顶梁柱，出国培训使他们如虎添翼，在浦东开发开放中大显身手。

我到开发办后，和班子成员研究分工。我说，各位原分工干什么，仍干什么。沙麟、黄奇帆、李佳能一个个谈了自己的想法，都对原来的分工没意见。我说，原来怎么分工仍怎么分工，一律不动。

有人问我，班子成员原来分工不动，那你干什么？

我笑笑说，浦东开发要靠大家的积极性，我作为班长，把大家召在一起，谁愿意干什么，想干什么，就干什么。你们没分到的事，如形态规划和经济规划怎么结合？产业政策如何确定？你们没想到的事，由我来管。我来出点子，点子变成决策后，谁愿意干就让谁去干。

在浦东早期开发阶段，钱从哪里来是首要的大问题。我认为，中央关于土地批租的政策是最大的优惠。这就是钱，越快实行越能更好地将其利用起来。

当时，朱镕基市长叫我筹建陆家嘴、金桥、外高桥三个开发区，尽快启动十几平方千米土地。按每平方千米开发成本 2 亿元算，需开发资金 20 多亿元。朱镕基同志说，一个公司给你 3 亿元，滚动起来用。过了几天，朱镕基同志又对我说，三个公司给 9 亿不行，因为振兴和改造上海也要花钱。这样吧，一个公司给 1 个亿，先张罗起来吧。

我回到开发办立即向大家做了传达。"从一家给 3 个亿，砍到一家给 1 个亿，怎么办？"大家感到十分为难。我对大家说，浦东开发主要靠土地增值，土地政策是含金量最高的政策，我们要利用好。过了几天，朱镕基同志即将离开上海赴北京工作了。临行前，他又对我说，先少给一点，马上启动要多少钱？我当时感到难以启齿。想了想后对朱镕基同志说，那就一个公司给 3 000 万吧！

"能行吗？"朱镕基同志问道，可能他也意识到，这一数字毕竟太少了些。当时，我这么说，是经过深思熟虑的。我们已经把三个开发公司的启动资金从向政府要钱转到了向市场筹钱。办法就是"财政投入，支票转让，收入上缴，土地到位"，俗称"土地出让，空转启动"。后来，这一办法被中共中央党校一位副校长概括为"空手道"。"空转启动"的程序是这样的：由市财政局按土地出让价格开出支票给开发公司，作为政府对企业的资本投入，开发公司再开出支票付给市土地局，并签订土地使用权的出让合同，市土地局出让土地使用权以后，从开发公司所得到的出让金再全部上缴市财政局，通过这样一个资金"空转"的过程，达到"出让土地，启动开发"的目的。

当时，我对朱镕基同志说，土地空转，千分之四归中央，叫财政拿空头支票，土地局拨土地，公证处公证，按60元1个平方米算，4平方千米土地财政拿2.4亿元出来。

"那就这样先搞起来吧。"朱镕基同志的话语中寄予信任和希望。我将这情况在班子内进行了传达。

当时，年轻的浦东开发办副主任黄奇帆一听就来了劲，自告奋勇地请战，由他来具体操作，观念一新，土地也能变成金。三个开发公司有了这样一笔"土地空转"启动资金，浦东三个开发公司的实质性启动就加快了步伐。

"领导班子出思想火花，谁愿意操作，谁出来操作。"我当时的领导方法就是这样。

建设一个什么样的浦东，这是浦东早期开发建设中的一个十分重要的问题。我和我的同事们为此花费了大量精力。我们确定了一个重要方针，就是"规划先行"。因为规划是城市开发建设的灵魂，而城市功能的确定，则是规划的关键。我们当时认为，上海作为一个国际大都市，浦东作为上海的一个新城区，必须抓产业制高点，不能单一搞传统工业。要大力发展金融、商贸、航空、航运、信息咨询等服务功能。城市的服务功能越完善，它的辐射力、凝聚力、影响力就越大。

浦东既然要建成国际一流的"外向型、多功能、现代化"的新城区，其形态规划就必须与经济规划相匹配。所以，浦东开发的早期，我们花了很大精力，开展了陆家嘴沿江CBD地区的城市配套规划的国际设计招标竞赛，依靠国际智力，搞出了一个国际一流的城市形态规划以及交通规划，这就为以后的大开发、大建设打下了基础。

以后，市里又叫我兼任市外资委副主任。这样，我常常上午跑浦西，下午跑浦东，两头来回跑。为什么我能在浦东开发办的人手那么少的情况下，腾出精力来两头兼顾呢？因为，我们的班子团结，互相帮助，互相补台，齐心协力干。班子里没有疙疙瘩瘩的事。

我在浦东心情愉快地工作了423天，于1991年8月，奉调北京工作。这短暂的令人难忘的423个日日夜夜，至今仍令我十分怀念。

对浦东的明天、浦东的跨世纪发展，我充满信心。浦东新区，贵在一个"新"字，浦东开发的生命力在于创新。

江泽民多次强调，创新是一个民族进步的灵魂，是经济和社会发展的不竭动力。期待浦东的建设者们争创新优势，更上一层楼，在开发开放大业中，沿着创新之路坚定不移地走下去。

79. 1993 年元旦那一天

赵启正[*]

1993 年元旦那一天，是浦东历史上值得记住的大日子。

1990 年 4 月 18 日，李鹏总理在上海宣布浦东开发，他说，"中共中央、国务院同意上海市加快浦东地区的开发，在浦东实行经济技术开发区和某些经济特区的政策"，浦东开发的帷幕就此拉开了。由于规划的浦东地图包括了上海市三区两县的地域，五个交接面的人财物的划分和交割工作量巨大，浦东一时还不能成为一个整体的行政区。为此上海市及时成立了杨昌基同志为主任的上海市人民政府浦东开发办公室，统筹协调浦东开发的工作。

1993 年 1 月 1 日浦东新区挂牌亮相

1992 年春天，邓小平同志南下视察，又来到上海。他再次谈到了浦东开发的问题。"上海目前完全有条件可以搞得更快一点，"他说，"浦东开发比深圳晚，但起点可以更高。我相信可以后来者居上。"他的话，

---

[*] 作者于 1993—1998 年任上海市副市长兼浦东新区管委会主任，1993—1995 年兼浦东新区党工委书记。

给了上海人民极大的鞭策和鼓舞。为落实他的讲话精神，上海迅速提出一个重要的决策，并经过国务院批复——决定从1993年1月开始浦东新区建制为一个整体的行政区。

从这一天开始，浦东新区在建制上获得了更有利于统一规划和高效工作的保障，也拥有了登上国内外交往舞台的整体身份。

1992年12月31日那天晚饭后，在位于浦东的原黄浦区文化馆，也就是后来的浦东新区办公室大门前，大家为了举行新区的成立和挂牌仪式进行着简单的布置。实际上，这个仪式只是在浦东大道的路面上举行，因为当时浦东也真的找不到一个更为像样的场所。大家在大门的铁栏上挂起了一个红布横幅，写着"庆祝浦东新区成立"几个大字，还搭了一个不高的临时讲台。为了干净整齐，大伙儿准备在夜深人静时再次清扫门前的大道。

晚上11点，天越发冷了，我又去了现场，那里已经清扫完毕。只见在大门前，一辆桑塔纳轿车停在那里，负责仪式安排的王鸿祥工程师坚持留在车里，不肯离去。他说，只有聘用的警卫值班我不放心，我要在此看守一夜，以免出现任何问题而影响仪式举行，明天也可以较早地就地维持秩序。我为王工程师对浦东开发的激情所感动，也就没有劝他回家。这样，他就在大马路上度过了这难忘的一夜。我相信这也是他人生中难以忘怀的。

显得特别漫长的1992年的最后一晚过后，1993年的第一天终于到来了。早晨，阳光特别明媚。来到成立仪式现场的，除了市委、市政府的各位领导，浦东新区和各区县的代表，以及浦东当地的居民代表之外，浦东民众扶老携幼直拥到大马路的对面。有人估计，包括流动的人数，有近千人之多。到处洋溢着欢声笑语。

上午9点半，浦东新区成立的挂牌仪式正式开始了。在锣鼓声和鞭炮声中，上海市委书记吴邦国和市长黄菊为浦东新区工作党委和管委会揭了牌。我作为新区工委书记兼管委会主任走向那个不高的讲台，做了一个三四分钟的就职演说。

整个仪式只用了20分钟，但是人们在结束后还久久不愿散去，就在大道上和浦东管委会的干部们亲切地交谈起来。一位赵姓老人与我谈得兴致勃勃，他说他84岁了，是退休工人，浦东住了快53年了。他问我他能不能看到浦东开发的成功。我说您老好好保养，心情愉快，充满信心，就能益寿延年。不仅能让您看到浦东开发的进展，也许还能让您住上浦东新居。中午我出大门去吃饭时（那时浦东管委会没有职工食堂，大家就在对面的原黄浦区中心医院，后来的东方医院的食堂就餐），发现赵老先生还在那里。他说，我还要跟你说句话，"浦东如果没有开发，我这一辈子也就看不到什么是现代化了，赵市长你可要努力啊！"他的话对我是一直没有忘记的鼓励。后来我还委托一位在浦东挂职的作家替我几次去看他。我和他在街头相谈的照片，也送到他家中去了。这位作家回来告我，他名叫赵寿保，家里十分简陋、窄小，他的期盼就是浦东开发快点进展。我相信，如今，他们家一定早就住上了浦东新居。如果他还健在的话，他一定会为今日浦东的巨变而欣慰。

  人的一生多数时日总是匆匆而过，能够记住的特殊日子屈指可数。但1993年的元旦，是我永远不能忘怀的一天。

80. 小陆家嘴金融城

潘建龙

陆家嘴金融贸易区内的金融中心区俗称小陆家嘴（之后又称"金融城"），面积1.7平方千米，西和北为黄浦江，南至东昌路，东至浦东南路（为黄浦江与浦东南路和东昌路的合围之中）。1990年，金融中心区地域内有企事业单位近100家，其中市属工业企业26家、区属企业14家。工业企业总用地44.34公顷，建筑面积42.51万平方米。除企事业单位外，居民16 945户、49 234人。按中心区建设规划，需动迁各类设施面积223公顷，其中工业企业面积89公顷，居住面积60公顷。

金融中心区规划是上海市政府与法国政府公共工程部合作项目。1991年4月，上海市市长朱镕基与法方签订该项目合作的纪要。1992年4月，中法双方向4家国际著名设计事务所——意大利"福克萨斯"、英国"罗杰斯"、日本"伊藤"、法国"贝罗"以及由上海市规划院、华东建筑设计院、上海市民用设计院、同济大学组成的联合设计小组发出咨询任务书和邀请书。同年11月20至22日，陆家嘴中心地区规划和城市设计国际咨询会议在上海召开。当时的上海市市长黄菊任规划咨询委员会名誉主任，副市长夏克强任主任。5个咨询单位向大会递交了各具特色的设计方案和模型。会议技术委员会经过评议，形成了技术分析报告。高级顾问委员会据此讨论并形成了《陆家嘴中心地区规划及城市设计的建议书》，就分期实施可行性、城市活力、尊重城市历史、创造美好未来、与城市其他地区关系等10个方面提出了建议。根据黄菊关于陆家嘴中心地区规划要体现"中国与外国、浦东与浦西、历史与未来三者有机结合"的指示，1993年1月，成立了由赵启正任组长的深化规划领导小组以及相应的专家小组和工作小组。2月，工作小组交出了3个比较方案。深化规划领导小组根据专家意见，确定以3号方案为基础进一步深化。3月，法国、中国香港等地的专家再赴上海，研讨规划新方案。5月，工作小组携带最新的深化方案分赴英国、法国、新加坡、中国香港等地交流。8月，优化方案最终形成。10月，向上海市人大常委会、政协常委会汇报。12月，陆家嘴中心地区规划获上海市政府批准。这个具有21世纪水平的城市规划，建筑容量400万平方米，绿地面积占30%。气势宏大，构思新颖，突破了以往见缝插针、不讲布局的规划模式。在城市形态布局上，结合黄浦江河湾特点与城市轴线，沿江建设1条高度200米左右的弧形高层建筑群带，与外滩遥相呼应。核心部位建造3幢高度400米左右的超高层大楼。交通有2条越江隧道、3条人行隧道、1条地铁、1条轻轨和双层单向环路。

陆家嘴金融中心区由陆家嘴开发公司全面负责开发建设。1990年11月1日，中国人民银行上海市分行、建设银行上海市浦东分行分别与陆家嘴金融贸易区开发公司签署建造银行综合大楼的合作意向书，从而成为第一份在陆家嘴建造金融大楼的协议书。同年12月，位于丰和路1号的港务大厦开工建设，成为浦东开发开放后，金融中心区建造的第一幢办公楼。1991年7月，东方明珠广播电视塔动工。同年9月，陆家嘴路污水干线工程开工建设。

区域内第一个成片开发地块位于陆家嘴路北、浦东南路西、北护塘路南、海兴北路东的范围内。地属浦东南路和杨家宅居委会区域，需动迁单位3家，居民225户。1991年11月动迁完毕。规划在这一地块上布局4个金融大楼项目，即日后建成的银都大厦、上海招商局大厦、新上海国际大厦和世界金融大厦。同年12月，银都大厦开工建设。1992年末，上海招商局大厦、新上海国际大厦动工。翌年末，世界金融大厦（建设银行大楼）启动建设。1993年底，已有16个项目、总计170万平方米建筑面积在金融中心区落户。1994年5月，高达420米的金茂大厦开工。1995年6月，银都大厦建成启用。中国人民银行上海市分行迁入办公，标志着上海金融重心由黄浦江西岸开始向黄浦江东岸转移。同年9月，浦东第一家外资银行日本富士银行上海分行在陆家嘴成立。

1995年浦东小陆家嘴地区

随着陆家嘴金融基础设施逐步完善，1996年12月12日，经国务院批准，中国人民银行发布《上海浦东外资金融机构经营人民币业务试点暂行管理办法》，允许外资银行在浦东试点经营人民币业务，从政策上加快了外资银行在陆家嘴聚集的步伐。

随着金融中心区建设的推进和以银行、保险为代表的各类中外金融机构入驻，原先以1.7平方千米为金融中心区范围的概念发生变化。金融中心区区域范围向浦东南路东侧周边拓展。中国船舶大厦、金穗大厦、世纪金融大厦、浦东双辉大厦、保利广场、永华大厦、房地产大厦等纳入金融中心区东扩范畴。

在建造商办（金融）楼宇的同时，以旅游、会展、环境为代表的配套设施同步兴建。先后建成东方明珠广播电视塔、滨江大道、陆家嘴中心绿地、上海海洋水族馆、国际会议中心、陆家嘴二层步行连廊穿越黄浦江的交通设施进一步完善，建成延安东路隧道南道和人民路、新建路隧道，以及黄浦江人行观光隧道。金融中心区成为世界上越江交通隧道分布最为密集的区域。

2010年末，金融中心区1.7平方千米内累计建成以金融、办公为主要功能的商务楼宇项目45个（不包括住宅项目和1.7平方千米外拓展区域项目），建筑总面积522.21万平方米，成为中国乃至世界上高楼密集的地区之一。200米以上高度建筑有金茂大厦、黄金置地大厦、交银金融大厦、中国平安金融大厦、上海信息大厦、上海银行大厦、中融碧玉蓝天大厦、中银大厦、上海环球金融中心、时代金融中心、恒生银行大厦（原森茂大厦）、上海国际金融中心，其中金茂大厦、上海环球金融中心和东方明珠广播电视塔高度超过400米。2016年4月，高632米的上海中心大厦竣工运营。

优越的地理环境、良好的软硬件设施，使金融中心区成为中外金融机构高度聚集之地，成为浦东开发开放和上海现代国际大都市的标志之一。

81. 要素市场国际化

潘建龙

在纪念浦东开发开放 30 周年之际，倘若拾级上海期货大厦之巅，眺望浦江两岸，回首上海要素市场所走过的 30 多个春秋，更会觉得这一步走来之不易！

一、在香港，朱镕基发出上海建设要素市场先声

1990 年 4 月 18 日，党中央、国务院宣布浦东开发开放，两个多月后的 6 月中旬，上海市市长朱镕基访问中国香港，在回答记者提问时说，关于上海实行开发开放浦东，其特殊的政策与厦门、深圳相比，基本上差不多。但他强调浦东开发开放有四个特点，其中之一就是要引进外资银行，开放证券交易所，把金融搞活。对于一些具体的政策，我们正在加紧制定，原则上中央已经批准，具体的细则正在制定，准备在 8 月份公布。

朱镕基在香港的讲话引起极大反响。特别是开放证券交易所，搞活金融的设想，让部分先知先觉者，意识到上海将要冲破计划经济束缚，向社会主义市场经济迈进。仅仅过了 5 个月，关闭了整整 40 年的上海证券交易市场，在浦东开发开放的大潮中重新开启。

12 月 19 日上午 11 时，新中国证券交易所的第一锣终于在黄浦江畔敲响。"电真空"成为上海证券交易所的第一笔交易。

浦东开发开放的浪潮终于掀开了新中国要素市场的大门！

二、两年里，诞生 7 家商品期货交易所

随着上海证券交易所的成功开业，要求进一步开放生产要素市场的呼声越来越高。政府和企业联合行动，寻找突破口，重新将上海打造成中国乃至远东地区的经济金融中心。

1992 年 5 月 28 日，上海市政府联合物资部共同组建的中国第一个国家级期货市场——上海金属交易所在中山北路 2550 号的物资贸易中心大厦敲响开市锣声。一分钟后，第一笔生意成交。上海市金属公司以每吨 16 500 元的价格，买进中国有色金属总公司卖出的 500 吨电解铜。

上海金属交易所注册地址浦东张杨路 550 弄 6 号（当年上海要素市场都注册于浦东，由于受当时浦东基础设施条件限制，经营场所都设在浦西）。开业初期交易时间为每周一、三、五开市，分设上午市和下午市，每周二、四、六结算。首批获准上市交易的品种有铜、铝、铅、锌、锡、镍和生铁。

1992 年至 1993 年的中国上海期货市场注定不会平静。事隔 30 年，还能感受到当年那波创办期货市场的热度，那种一往无前，只争朝夕，敢为人先的精神！可谓真正的"先行者""排头兵"！

继上海金属交易所开业不满 7 个月，同年 12 月 6 日，上海煤炭交易所在大柏树开张。煤炭交易所由中国统配煤矿总公司、物资部和上海市政府联合组建。首批 72 家会员单位集中了全国重点煤炭生产企业、煤炭流通企业和大型煤炭用户。开业当天，经过 90 多个回合，首批成交 43 笔，成交总量 26.35 万吨，成交总额 1.078 亿元。首笔交易由长城矿业开发集团公司卖出大同煤 9 000 吨，上海燃料公司以每吨 163 元买进。

进入 1993 年，2 月春风裹着冷气，然而还是没有阻挡住上海人建设要素市场的脚步。2 月 26 日上午 9 时 30 分，位于上海苏州河北岸恒丰路桥堍（恒丰路 1 号）的上海农业生产资料交易所开张营业，注册地址也为浦东。开业时共设 50 个会员席位，会员单位 34 家。会员单位不仅有自营权，而且拥有现、期货交易业务代理权。

紧接着 5 月 27 日，上海石油交易所在上海漕宝路 38 号华夏宾馆内

挂牌开业。交易所设有 61 个席位，首批吸收在全国实力雄厚、影响力强的会员单位 49 家，包含大庆、胜利、辽河等 13 家原油生产企业，茂名、齐鲁、上海高化等 14 家大炼油厂，以及 22 家石油销售及风险投资企业。

一个月后的 6 月 30 日，由商业部与上海市政府联合组建的上海粮油商品交易所（简称"粮交所"）在南苏州河路 1455 号的良友饭店内开业。粮交所注册浦东沈家弄路（后改名商城路）199 号良友大厦。开业时粮交所有会员单位 43 家。首批上市的期货标准合约有白小麦、红小麦、大豆、玉米、籼米、粳米、豆油、菜油八大品种。

同年 7 月，经化学工业部和上海市政府同意，由中国化工供销总公司、上海市化工局、中达化工联合总公司和中国化工供销华东公司联合筹建，上海化工商品交易所开业。

到 11 月 18 日，由上海市政府和国家建筑材料工业局联合、上海市建委和上海市建材局负责筹建的上海建筑材料交易所开业。

至 1993 年底，上海先后创办了金属、煤炭、农资、粮油、石油、化工、建材 7 家期货交易所，其中 1993 年一年内就成立 5 家。正如某些经济学家当年所说的那样，如果说 1991 年的上海是"股票年"，那么走上社会主义市场经济"快车道"的上海，1993 年无疑是"期货年"。

上海并未仅仅满足于资本金融领域的证券、商品期货市场的建立。进入 1994 年，创办要素市场的热度依然没有退去。4 月 20 日，上海城乡产权交易所正式对外开业交易。是日，交易所推出转让交易企业 220 家，包括本市产权转让企业 120 家和全国 10 多个省市推出的 100 家外省市产权出让企业。同年 10 月 20 日，由上海市政府和国家人事部共同组建的中国上海人才市场在中山西路 620 号成立开业。国家人事部部长宋德福莅临上海与上海市市长徐匡迪共同出席开业仪式。

三、整顿中，浦东成为中国要素市场重镇

商品期货市场的建立，使上海出现一批新兴的投资者。期货交易以"挡不住的诱惑"，开始闯进上海人的日常生活。

然而，由于期货市场迅猛发展，开始出现一些问题。进入 1994 年，期货市场开始清理整顿。1994 年 10 月，中国证监会发出通知，批准全国 11 家交易所为我国试点期货交易所，其中包括上海金属交易所、上海粮油商品交易所，上海煤炭交易所因无业务量，停止期货交易业务；农资、石油、化工、建材 4 家交易所合并成立上海商品交易所（简称"商交所"）。

1995 年 6 月 5 日，商交所在漕宝路 38 号挂牌开业，首批推出胶合板、天然橡胶、聚氯乙烯 3 个上市品种。会员单位 271 家，交易席位 255 个，规模在国内同类商品期货交易中居领先地位。

1996 年 5 月初，鉴于浦东基础设施逐步完善和建设金融中心的需要，在上海市浦东开发领导小组第二次会议上，上海市委、市政府作出决定，要求位于浦西的粮油、金属、证券、产权、人才等生产要素市场，于 1998 年底前先后迁入浦东。

1996 年 11 月 18 日，上海产权交易所迁率先从浦西迁至浦东新上海商业城乐凯大厦。12 月 18 日，粮交所从南苏州路 1455 号迁入新上海商业城良友大厦，并于 12 月 30 日下午 2 时 40 分开业。时任上海市市长徐匡迪在粮交所东迁仪式上敲锣开市。

1997 年 2 月 28 日，上海市房地产交易中心在浦东陆家嘴房地大厦（南泉北路 201 号）正式挂牌开业。同年 12 月 19 日，在上海证券交易所（简称"上交所"）成立 7 周年之日，从浦西迁入浦东南路 528 号上海证券大厦后，上交所正式开业。当日，邯郸钢铁股份有限公司成为上交所在浦东开业后上市的第一只新股。

1998 年 8 月 18 日，上交所从漕宝路迁入浦东福山路 455 号新建的商品大楼（后改名全华信息大厦）。迁入浦东的商交所由 1.9 万平方米的交易办公楼和 1.6 万平方米的会员商务楼两部分组成。交易大厅拥有 500 多个席位，配备先进的计算机交易和信息通信系统。

在要素市场大举迁址浦东之时，上海期货市场面临再次整顿规范。根据中国证监会要求，上海金属交易所、上海商品交易所、上海粮油商品交易所合并筹建上海期货交易所。1999 年 5 月 4 日，新建的上海期货交易所开始试运营。上海期货交易所位于浦电路 500 号新建的上海期货大厦内。当年上市交易品种为铜、铝、天然橡胶 3 个期货品种。

经过两次整顿与重组，上海的商品交易所由 7 家整顿为 3 家，再由 3 家合为 1 家。时至今日，还有多少人记得南苏州路上的良友饭店、中山北路的物资贸易大厦曾经的荣耀，恒丰路 1 号与漕宝路华夏宾馆内紧张热烈的交易。

然而，位于浦东的上海要素市场注定不会就此落寞。

2000 年 10 月，经国务院批准，浦东新区政府与陆家嘴集团力推的中国第一家钻石交易所——上海钻石交易所（简称"钻交所"）在世纪大道 88 号

上海期货大厦（1998 年）

金茂大厦创立。同年 12 月，为钻交所配套的陆家嘴钻石加工区和龙华钻石加工区成立，从而形成"一所两区，东西联动"的经营发展模式。

2006 年 9 月，在上海浦东世纪大道 1600 号陆家嘴商务广场（曾名浦项广场）诞生又一家要素市场——中国金融期货交易所。中国金融期货交易所由上海期货交易所、郑州商品交易所、大连商品交易所、上交所和深交所共同发起设立，注册资本 5 亿元。2010 年 4 月 16 日，首批 4 个沪深 300 股票指数期货合约上市。

再说随着时间的推移，上海期货交易所交易品种逐年增加。至 2020 年末，已上市铜、铝、锌、铅、镍、锡、黄金、白银、螺纹钢、线材、热轧卷板、原油、燃料油、石油沥青、天然橡胶、纸浆、20 号胶、不锈钢、低硫燃料油、国际铜 20 个期货品种及铜、天然橡胶、黄金、

铝、锌 5 个期权合约。

四、新时代，要素市场开启新征程

党的十九大召开，中国进入新时代。新时代的上海浦东要素市场将向何处发展？

一时难以有正确的、令人满意的答案。然而，2018 年 3 月 26 日，上海期货交易所以人民币计价的石油期货挂牌交易，或许为中国上海浦东要素市场在新时代开了一个好头，交出了初步的答案。

回首 30 余年浦东要素市场发展演变之路，不仅仅是怀念，而是为了向前。始终保持浦东开发开放初期那股勇立潮头、敢试敢闯的劲头，才能让开发开放的浦东进取不止、青春常在！才能无愧于"先行者""排头兵"称号！

82. 外高桥保税区

潘建龙

1990年9月8日,《解放日报》第一版报道:国家海关总署署长戴杰宣布国务院批准外高桥设立保税区。

1990年9月11日,全面统一负责陆家嘴金融贸易区、外高桥保税区和金桥出口加工区的三家开发公司在浦东南路2111号的由由饭店对外挂牌正式成立。

外高桥保税区位于浦东东北部,东临长江入海口、西濒黄浦江,距离市中心约20千米。四至范围,北起港九路、南迄五洲大道、东绕外环运河、西沿杨高北路,规划面积10平方千米。

为了外高桥保税区和外高桥港区的开发建设,多少居民离开了世世代代居住的故土。《浦东开发开放录》记载,外高桥保税区区域涉及川沙县高桥、高东、高南、杨园、东沟5乡,共计35个行政村、78个生产队。1991年,保税区一期4平方千米区域启动开发建设。一期地块涉及高桥、杨园、高东、高南4乡农村土地。同年完成1.11平方千米土地的征用和3.06平方千米的预征,拆迁民房400户、建筑面积10万平方米。同时在保税区杨高北路西侧建造富特新村动迁房。动迁居民大多被安置于富特新村内。1993年,继首期开发地块后,新发展公司与三联发公司实施保税区南块与中块各3平方千米的开发建设。1995年,新发展公司开发区域累计动迁居民746户、吸收征地人员2 880人,安置劳动力1 531人。三联发公司开发区域至1995年末,累计动迁居民474户、单位7家,动迁居民1 592人,撤销生产队17个。2001年,保税区

10平方千米开发区域内动迁安置工作基本完成。共计动迁安置居民5 583户。

保税区建设成就，离不开当地人的奉献，自然也离不开保税区建设者的殚精竭虑和艰苦创业。

保税区开发建设起步于高南乡友好村。若干年后，外高桥保税区开发公司总经理阮延华还能十分清晰地回忆起第一次到外高桥时的情景："唯一看中的是当地的友好小学，因为学校邻近杨高路有三层楼房建筑，可以作为保税区的临时指挥部。"

按照"统一规划，滚动开发"原则，保税区在首期开发区域内，率先启动开发0.7平方千米。1992年海关验收时，只同意验收0.453平方千米。阮延华后来说，我们想不管多少，哪怕只有0.1平方千米通过验收，那么中国第一个保税区就诞生了，我们就可以享受保税区的优惠政策，因此我们排除万难力争半年通过验收。临近验收时，分管保税区的赵启正副市长提醒我们："你还是让海关提前来预验收一下吧。"经过预验收，果真发现了问题。保税区属海关监管区，"境内关外"是以铁丝网为界，而铁丝网的高度规定为3米。开建时，我们以当时的杨高路为基准，杨高路海拔标高为4.2米，我们就以此为标高，修建铁丝网。结果到了1992年海关验收时，新的杨高路建成，而新杨高路标高为4.5米，这样我们的铁丝网比要求就矮了30厘米。其实少了30厘米也无妨，人要爬铁丝网也是爬不过来的，但不管怎样，与国家规定相比就有了缺陷。我解释了由于标高发生变化的问题，并保证一周内坚决改正。事后，启正副市长对我说，你们这么做，在海关方面树立了非常好的信用，保税区的隔离设施都建得这么认真，以后对国家的法规执行也会同样认真。这反映了我们对国家规定、海关规定不折不扣地执行，让国家放心，上海的保税区不是走私区，是海关的监管区。

1992年3月10日，保税区0.453平方千米面积通过海关总署验收，中国第一个保税区诞生运营。1992年7月26日，中国大陆第一家外商独资贸易公司日本上海伊藤忠商务有限公司经外经贸部批准在此注册成立。同年12月21日，保税区第一家出口加工企业——上海JVC电器有限公司生产厂房竣工并投入生产。1993年4月17日，外高桥保税区

2平方千米封关运营，国务院总理李鹏出席封关运营剪彩典礼。至2007年4月16日，经过第七次封关验收后，保税区封关面积达到8.96平方千米，成为全国13个保税区中封关运营面积最大的保税区。

外高桥保税区招商引资成绩斐然。1998年2月26日，浦东第5 000家外商投资企业、全球电子行业最大的专业生产连接器系统企业——上海莫仕连接器有限公司注册保税区生产经营。2003年12月17日，浦东第10 000家外商投资企业德尔福中国科技研发中心落户区内。2010年，保税区累计引进项目10 774个，世界500强企业中，有107家进区投资经营；累计吸引总投资额196.89亿美元，从而形成了保税区贸易、物流、出口加工三大产业，建立起以三大综合保税市场为主导，10个专业贸易平台为特色的国际贸易基地，各项经济指标在全国保税区中始终处于前列，诸多创新制度推广至全国，成为中国在国际贸易领域先行先试的典型。

2009年11月18日，上海综合保税区成立。外高桥保税区成为上海综合保税的核心区域。

2013年9月29日，外高桥华丽转身，以其为主体成立中国（上海）自由贸易试验区（简称"自贸区"），迈入新的发展期，外高桥保税区勇于开拓，务实创新，是全国13个保税区中的佼佼者，取得了令人瞩目的经济成就。

2009年，保税区以占全国保税区24.4%的面积，占全国保税区物流企业营业收入的74.45%、进出口额的45.5%和税收的45.8%。

自贸区成立后第一年的2014年，保税区继续保持领先优势。是年，经营总收入14 002.04亿元，商品销售总额12 786.96亿元，集装箱吞吐量1 716.4万标箱；实现利润553.42亿元，缴纳税金1 107.49亿元，占2014年上海市税收的9.17%。进出口总额983.6亿美元，占全国保税区的42.38%，其中进口额743.5亿美元，占全国保税区的50.07%，出口额占全国保税区的28.72%。

回首前路，时代选择了通江达海的外高桥：栉风沐雨，始见彩虹，岁月流逝，方显英雄。保税区人用行动验证了当年选择的正确！

写作本文期间，再次阅读《川沙县志》和《高桥镇志》，其志载录

2013年9月29日，中国（上海）自由贸易试验区在浦东成立，图为2号门入口

外高桥一二事：1955年10月11日凌晨，高东乡牌楼宅（今珊黄村三队、四队）出现当地历史未见鱼汛。约1万平方米海滩插网区域内捕捉到青鱼、白鱼、鲢鱼等500余担，尚有半数因涨潮而来不及捕获。1959年，高桥乡新建大队王家浜塘外捕获一条大黄鱼，长1.5米，重78千克，由市鱼品加工厂制成标本，送至上海自然博物馆陈列展览。

忆往昔，外高桥鱼米香，长江口外碧波扬。看今朝，自由贸易试验区，联通五洲四大洋，辐射长三角，服务全中国。

83. 开发先声新商城

潘建龙

一

1982年8月9日,《新民晚报》头版刊载《张杨路将建成"南京路"陆家嘴将建成"新外滩"》一文,成为张杨路商业设施开发建设的第一声。

1984年,张杨路商业设施建设被列入上海市总体规划。1989年3月,上海市副市长倪天增、庄晓天主持召开专题会议,研究张杨路商业、金融、文化中心整体详细规划方案。浦东开发开放后,随着陆家嘴金融贸易区的设立,浦东开发办公室在给上海市计划委员会《关于张杨路基地开发计划的意见》中提出:"基地名称不宜称'张杨路商业、金融、文化中心',以免与已经设立的陆家嘴金融贸易区相冲突。"

1990年9月11日,在上海市副市长倪天增、庄晓天召集的有关部门参加的协调会上,明确其"为地区性居民生活服务的商业购物中心",对外名之"张杨路商业购物服务中心"。在规划功能上侧重发展商业,以免与整个陆家嘴地区为金融贸易区的整体功能相混淆。

二

新上海商业城是上海市商业系统支持浦东开发,实施商业"东进"的重大举措。在上海市政府商业主管部门牵头下,联合成立了浦东商业建设联合发展公司,全面负责新上海商业城的开发建设。

1991年8月23日,成片出让浦东南路以东、沈家弄路(商城路)以南、张杨路以北、崂山东路以西土地,面积12.70万平方米,出让金6524万元,受让人浦东商业建设联合发展有限公司,用于建设"张杨路商业购物服务中心"。1994年,"张杨路商业购物服务中心"定名为"新上海商业城"。

新上海商业城总规划面积14公顷。总体建设规划从最初设想,到1992年部分项目开工,经历3次调整。其地时属黄浦区崂山西路街道,共计动迁居民1154户,企事业单位29家,其中有海港新村、浦南体育场、黄浦区浦东少年宫、市建新村、坟塘桥、草庵陈家宅等居民聚落和单位。新上海商业城规划建设新大陆广场、新梅联合广场(联合广场)、新世纪商厦(第一八佰伴)、良友大厦、远东大厦、银都商城、三鑫世界商厦(食品总汇)、内外联大厦、乐凯大厦、福兴大厦(服饰总汇)、华诚大厦(国药大厦)、新亚汤臣大酒店、福使达大厦(石化大厦)、银河大厦、胜康廖氏大厦、华东石化大厦、新力大厦(有些大厦名称后来有所变化)等18幢商贸楼宇,建筑总面积80万平方米,其中包括商场26万平方米,办公娱乐用房25万平方米,宾馆10万平方米,餐饮5万平方米,地下车库等14万平方米。区域实施集中供热,配备了120吨级热力站,专设了35千伏变电站,2万多门程控电话机房等配套设施,是上海"四街四城"市级商业中心中最大的一个市级商业中心,入列上海市"八五"期间重点工程。商业城楼宇建筑各具特色,蕴含东西方文化神韵,集购物、游览、餐饮、服务、办公、展览、娱乐、休闲于一体,内设1万平方米中心广场,有绿地、喷泉、雕塑小品,可供人们观赏、漫步、休闲。

1991年12月29日,由上海石油总公司主建的福使达大厦和良华股份企业有限公司主建的良友大厦率先动工建设。翌年8月至12月,三鑫世界商厦、福兴大厦、华诚大厦、内外联大厦、乐凯大厦相继建造。1994年,包括新世纪商厦在内的各类商业楼宇设施全面开工。同年底,内外联大厦、三鑫世界商厦、福兴大厦、华诚大厦、福使达大厦5幢大厦底层商场试营业。

新上海商业城

  1995年12月20日，由国务院批准设立的中国第一家中外合资零售企业——上海第一八佰伴有限公司投资建设的新世纪商厦竣工开业。新世纪商厦营业面积10.8万平方米，配备各类电梯87部。试营业第一天，近百万客流蜂拥而至，争相参观购物，首天商品销售额逾500万元，被评为上海市1995年十大商业新闻之一。翌年6月，具备五星级设施的新亚汤臣大酒店建成开业，1999年1月，新亚汤臣大酒店通过国家旅游局五星级评定，成为浦东首家五星级酒店。

  至1997年底，新上海商业城除银峰大厦、新梅联合广场外16幢大楼竣工开业。后来，银峰大厦延时至2004年竣工并更名为生命人寿大厦。新梅联合广场自1994年7月动工后，一度停止建造，直至2005年11月竣工。

三

  在商城规划建成和开业经营的同时，商业辐射拓展效应逐步显现。1994年1月，由香港华润集团公司与上海华联商厦共同投资的时代广场破土动工，从而标志商城开始向张杨路南侧、浦东南路西侧拓展。至

2010年末，商城的张杨路南侧已建有时代广场、中融恒瑞国际大厦、长航大厦，浦东南路西侧建有鄂尔多斯国际大厦、上海湾室内商业步行街、中融大厦、隆宇大厦，商城路北建有世界广场，并将商城及周边商业建筑和设施统称为张杨路商业中心。

　　随着时间的流逝，建成后的新上海商业城，为适应新业态的出现，社会消费观念的变化，后来有过设施的改造和调整。

84. 践行"工匠精神"的地铁建设者

张红维　陆晨虹

建造地铁的建议

1950年2月6日,一个苏联专家访问团到上海访问,正遇上国民党飞机轰炸上海,于是他们就向陈毅市长提出了一个建造地铁的建议,平时可以解决交通运输,战时可以用来防空掩蔽。还建议派苏联的地铁专家来帮助建造。但考虑到当时国家经济状况,直到1958年才请来了苏联的地铁专家。苏联专家到了上海,查阅了上海的水文地质资料,有的眉头紧皱,有的连连摇头。最后得出了一致的结论:你们上海的土质又松又软,地下水位又高,在上海挖隧道,就好比在豆腐里面打洞,不可能,不可能。一句话:上海的土质不适合建造地铁。要知道在那个年代,苏联专家就是绝对权威,是不容质疑的。不久中苏关系恶化,苏联专家撤走了。

地铁盾构从塘桥入土

面对一句:上海的土质不适合建造地铁,我们工程技术人员面对困难毫不退却。制服软土层的关键是建隧道,而建隧道用什么材料呢？1960年至1962年,上海地铁筹建处试设计组主要承担了饱和含水软弱土层中盾构法隧道拼装式钢筋混凝土衬砌的研究任务。当时一批地铁建设的先驱者开始在浦东塘桥镇进行探索,在浦东第一装卸区煤站的一个草棚子里，开始了试验性施工。他们苦苦探求从结构、防水、生产、拼装施工等诸环节上实行综合处理的办法，经过无数次的试验，终于诞生了第一个盾构模型。当时的聂荣臻、徐向前、彭德怀等元帅都前来浦东塘桥视察，并鼓励一定要把这一工程做好。

当时，中国在隧道技术方面是一片空白。盾构是建造隧道的主要施工工具，研制组既无感性认识，又无资料，但研制组坚持独立自主设计研究，经模拟试验、反复论证，对各项疑难课题深入分析、各个突破。1963年，在浅推进试验时，研制组发觉正面开挖和支撑的劳动强度大，且有不安全因素。为改进开挖和支撑工艺，研制组尝试以一种网格板代替正面支撑板，既可起到支撑板作用以稳定开挖面，又可同时从网格孔中缓慢进土，比大面积暴露开挖提高了安全度并减轻了劳动强度。这一技术，通过以后的多次工程实践和改进，逐步发展形成具有上海特色的网格挤压切削式盾构。历时两年余，直径4.2米、总重55吨、总推力2 000吨的第一台国产盾构终于问世，并且在塘桥地下软土中开挖出几十米长的试验段，开创了豆腐渣土层中打洞的先河。今天，南浦大桥桥堍下的繁华的塘桥地区，成为上海轨道交通的发源地。

排除万难，研究方案

在没有外援、缺少参考资料的情况下，就凭借仅有的几本教科书，以及有限的西方书刊，团队通过不断学习和反复研究，得出只有用国际最先进的盾构掘进技术才能在上海这样松软的地质条件下施工的结论，并取得了盾构机设计、制造、施工等方面的基本知识，并由此带出上海地铁的第一支设计和施工队伍。在成功建成地铁1号线的基础上，1988年，上海市地铁公司、上海规划院、上海市综合交通规划院（后改名上海市综合交通规划研究所）联合与德国柏林交通咨询公司（BVC）合作，编制了上海地铁2号线可行性研究报告。当时的线路走向由虹桥机场到河南中路后折向北，跨苏州河向东，到达终点站森林公园殷航路。

1990年4月，时任国务院总理李鹏来沪宣布开发开放浦东后，东端线路作了调整，即过了河南中路后继续向东，穿越黄浦江后直达陆家嘴、花木地区，远期将延伸至张江高科技开发区，与通往浦东国际机场的轻轨线路相衔接。

这一线路走向的改变，意味着人们对"交通先行"规划理念有了新的认识。2号线的建设不仅使沿线的黄浦、静安、长宁等区直接受益，为浦江两岸的市民提供了一个安全可靠、便捷高效的大容量客流交通工具，还形成了以西促东、东西联动的架势，特别对浦东的投资环境，促进浦东的进一步开发开放具有不可低估的作用，从而也为上海的经济发展打下了良好的基础。

2号线二期开始动工

1995年6月，地铁2号线二期工程开始筹备，全长13.6千米，浦东段7.9千米，沿线设6个地下车站，由于浦东段由浦东负责建造，经新区管委会批准，成立浦东新区交通建设发展有限公司（简称"交建公司"）。经组织研究决定由吴重威担任总经理，王翔凤担任交建公司的党总支书记、副总经理。要担任交建公司总支书记的王翔凤开始时有些犹豫，一个已经50岁的女同志长期在机关工作，到企业去工作能行吗？但想到组织的信任，想到老百姓都盼望着早点坐上浦东地区的第一条地铁，她愉快地接受了任务，第二天就到交建公司上班工作。当时公司的工作环境很艰苦，在东方路搭了一个临时的简易房，夏天又热又闷，一线的工程技术人员都吃住在工地，冒着高温来回奔波，大家一起研究探讨一个个技术难题、设计方案。

在当时碰到的最大的困难是征地动迁时间紧、任务重。动迁户对建地铁不理解，不支持。施工队刚围好的施工现场，一会儿就被动迁户给推翻了，就这样推了围，围了推几次后，交建公司后决定在现场开动员大会，告诉动迁户建造地铁的好处。

记得又一次王翔凤书记到一家动迁户家，对方说有事不方便接待，于是就约了晚上7点再来。晚上7点王书记自己掏腰包买了水果上门，同时一次次上门拜访，一次一次做工作，终于感动了动迁户，大家都愿意支持和理解这个项目，纷纷签下了动迁协议。

经过一段时间的努力，陆家嘴站、东昌路站、东方路站（现世纪大道站）、杨高路站（现上海科技馆站）、中央公园站（现世纪公园站）、龙东路车站（现龙阳路站）6 个车站终于按时开工建设。

新区领导对 2 号线建设也十分重视，1996 年 7 月 31 日举行开工典礼时，时任浦东新区党工委书记的周禹鹏和管委会主任胡炜到工地向交建公司授旗。总经理吴重威从领导手中接下旗后又一次感到责任的重大。

建设中碰到的困难

浦东地铁 2 号线建设中，难度最大的是东方路站，当时不仅要高质量地完成车站的建设，还要为长远发展的地铁 2、6、9 号线预留通道，成为上海当时规模较大的地铁枢纽站之一，其难度之大、要求之高可想而知。设计者们对换乘站方案进行讨论、研究和设计。但是，要设计一条方便乘客换乘的通道谈何容易。每一次设计后总会被推翻，每一次讨论后一直都会有新启发。在团队们一次一次地讨论，一次一次地修改后，地铁 2 号线换乘的一个全新的设计图终于呈现在了大家的面前。

设计图纸出来了，如何高质量地完成工程？施工队通过多年的大胆创新和试验，在经费有限的情况下，首先提出了"阶梯式盾构"施工开挖方法。针对上海地质状况的特殊性，想到了一个有效的方法：浅的地方做一个井，盾构进去到这个井里面，然后把这个井沉下去，到下面一层再出去，所以隧道是"Z"字形的。这种"空前绝后"的施工方法，既节省了大量经费，也证实了在上海利用盾构法建隧道是可行的。

在对世纪大道站施工时，1 号出入口发生了险情。记得那是 1997 年 3 月的一天，吴重威接到了施工现场打来的一个紧急电话："吴总，不好了，施工现场出问题了"。原来，工人在挖到地下 15 米左右深时地下发生了震动，工地乱成了一团，周围的支撑架开始动摇。由于上海土质松软，地下水位高，挖深后地基开始松动。

吴重威来到现场先是了解情况。他当机立断把工人全部叫上来，而他自己却毫不犹豫地下到深井勘察现场。大家担心他的安全拦着不让他下去："吴总，下面很有可能塌方，那可是攸关性命的事啊！"但是作为一个中共党员，作为领导他义无反顾，责无旁贷。吴重威发起了脾气："如果我不下去怎么判断情况？"大家都不顾自己的安危，自告奋勇地要下去。可和他一起工作过的同事都知道，吴总说一不二，他决定的事谁也拦不住。他对自己、对工作的要求非常高，对每一件事都要尽力做到最好，他对工作的严谨和严厉那是出了名儿的，几乎到了苛刻的程度。他一直说："在豆腐里打洞怎么能马虎呢？一个小细节的失误，就有可能会给国家和人民带来损失。"当时，有的人不太理解，会觉得他很"凶"。

吴重威是近一米八的大高个，人又很胖，要下到井里行动非常不方便。但他在里面经过艰难的爬行，终于到了最底部。到下面，他果然发现地下水一直在往上冒，泥土非常松软，真的像20世纪50年代苏联专家说的一样，下面的泥土软塌塌的像豆腐一样，两边的支撑开始摇晃，完全有塌方的可能。吴重威当机立断，立刻让工人们开始回填泥土，用土压住，让水位不再上升。果然，填了1米多时支架不再晃动，他连夜召集技术人员开会商讨处理的方法。最终在他的带领下，施工的地方没有坍塌，也没有人员伤亡。当天回到家已是半夜11点，吴重威却忙得连午饭和晚饭都没有顾上吃。回到家里，他也没有向自己的爱人提起这事，他怕自己的家人会担心。

交建公司在全体工程技术人员的共同努力下，用"工匠精神"团结拼搏，工程按时完成。在1999年9月20日试通车，2000年6月11日正式通车。浦东人的地铁梦也成为现实。

85. 努力破解"天下第一难"

朱岳群　曹晓刚

2001年，在《中华英才》杂志第七期刊登了一篇《巧治天下第一难》的文章，讲的是上海市浦东新区劳动部门在浦东开发初期，用改革的办法解决征地农民工安置的难题。

1990年4月18日，国务院总理李鹏宣布浦东开发正式启动，在以后的几年里，外高桥、金桥、陆家嘴、张江四大开发公司及孙桥现代农业开发区等相继建立。大量的基础设施及招商引资项目，引发了几十平方千米范围大批的土地被征用和批租，征地农业人口的安置数每年成万地增长。1990年当年全区产生征地农业人口2 296人，到1992年已增加到18 783人，1993年到1995年的3年里，每年以3万左右的人数快速增长，1996年下半年启动的浦东国际机场一个项目就需安置1.4万人。如何安置好这么多的征地劳动力，确保浦东快速平稳地开发，是摆在新区管委会面前的一个十分困难和严峻的课题。

为什么说十分困难和严峻呢？一是因为对征地农民工的安置政策上，当时市政府还是采取原来的"谁征地、谁吸劳"的传统指令性的办法，这对市场经济运行下浦东大规模的开发已无法适用；二是因为大量基础设施项目产生的征地劳动力，原沿用的在全市国营企业范围内，由劳动部门统一调配的办法，在当时面对劳动用工制度改革的背景下，已无法实施，而大量外商对土地批租投资项目要他们吸纳征地劳动力的做法更是无法理解和接受；三是征地处的农民工在思想上进工厂捧"铁饭碗"的观念已根深蒂固，而征地劳动力的文化素质、年龄层次与进区企业对人员素质要求形成的反差，以及企业自主用工制度的建立，让他们都进工厂捧"铁饭碗"已是不可能。显然，现行的政策和做法在浦东已行不通，必须改革。但要改革这一在计划经济下运行了几十年的征地农民工安置办法，谈何容易！一是当时国内没有现行的经验可供借鉴；二是制定这样的政策，区里的权限不够；三是它可能会触及十几万征地农民工的切身利益，如稍有不慎，就会出乱子。这个工作的难度之大显而易见。

好在上海市政府为了支持浦东开发，要求各部门都要为浦东下放事权，市劳动局下发了（93）53号《关于浦东新区劳动工作事权移交有关事项的处理意见》，其中明确指示："浦东新区区域内征地劳动力安置工作由新区统一负责管理。新区管委会可以根据有关政策、法规，结合新区实际情况，改革现行征地劳动力安置办法。"有了这一"尚方宝剑"，浦东新区管委会把制定征地劳动力"新办法"的责任落到了新区劳动部门。1993年浦东新区建立管委会后，为了精简机构，劳动部门没有单独设置，而是和人事部门一起都放在组织部，在组织部内设一个劳动处。劳动处仅有18个人员编制，在浦东大道141号二号楼里办公，下设一个劳务管理中心，承担了浦东新区劳动部门的所有职能。为了认真制定征地农民工安置新办法，劳动部门抽调了得力干将，组成了工作小组。在分管部长的带领下，深入第一线开展调查研究，在广泛听取征地单位和征地农民意见的基础上，形成了改革征地劳动力安置办法的基本思路，制定了《浦东新区改革征地劳动力安置办法试行规定》。

这个办法的基本思路是：征地单位一次性支付征地安置费用后，由劳动部门接受征地单位的委托对征地劳动力实行"社会保障＋经济补偿＋就业服务"三位一体的安置办法。也就是由劳动部门负责按月为征地劳动力缴纳养老、医疗保险，并按不同年龄支付一次性生活就业补偿金后，为他们提供就业服务，实行市场就业。在解决征地劳动力近期基本生活，并落实养老、医疗长期保障的前提下，鼓励其自主择业，鼓励就业多元化。

"新办法"对传统的"谁征地、谁吸劳"安置模式是一个根本的变革，它的优点是：对征地单位（开发商）来说，有利于控制成本、不承担安置劳动力责任，有利于同国际接轨；对征地农民而言，将社会养老、医疗保险与就业相剥离，实行无风险的社会保障和灵活的市场就业，做到与劳动用工制度改革的有效衔接。最根本的是有效保护了征地农民的基本利益。有人将它比喻为"铁保障、活就业"。

"新办法"制定后，为稳步推进，工作组选择了"汤臣高尔夫球场"土地批租项目进行试点。这个项目共涉及征地劳动力1 513名，在具体落实过程中，许多群众开始对新政策不理解，有300多人集中到市政府上访。集访群众反应之激烈、规模之大，对刚刚成立的浦东新区管委会形成了极大的压力。但是，在管委会领导的关心支持下，工作小组没有退缩，本着一定要闯出一条新路的决心，会同所在乡镇领导深入田间地头、农民住宅召开座谈会，宣传新政策。同时，为了满足不同人群的需求，"新办法"还补充推出了"自谋出路""提前养老""待工过渡"等辅助方式。具体灵活的安置方式，大大调动了群众参与改革的积极性。经过艰苦的工作，1 513名征地劳动力接受了"新办法"，全部签约。以后，工作小组又选择了外环运河、江海路建设等项目2 200多名征地劳动力进行扩大试点，都得到顺利推行。所有征地劳动力都接受劳务管理中心委托管理和服务，从1993年到1995年的3年内，委托浦东新区劳动部门安置的征地劳动力达到16 000多人。

"新办法"在以后的实践中，不少内容又不断得到补充和完善。比如接受征地单位委托安置的单位从原来只有浦东新区劳动部门一家，发展到各大开发公司和乡镇，形成了覆盖全区的征地劳动力安置管理网络；为征地农民工缴纳养老、医疗保险金，从按月缴纳变为一次性缴纳15年。1994年4月，浦东新区管委会发布了浦管（94）52号文，1995年3月，又发布了沪浦管（95）160号文，从而使"新办法"更具规范性和操作性，这为1996年下半年启动的浦东国际机场项目和外高桥港区（二、三、四、五期）、浦东造船基地、外高桥电厂（二、三期）、外环线、徐浦大桥和外环500米绿化带等重大项目产生的征地劳动力安置打下了基础。据统计，从1993年到2003年的11年间，浦东新区共计安置征地农业人口191 393人，其中征地劳动力131 450人，征地养老人员59 943人，约占全市安置数的32.4%。通过改革征地安置办法，化解了浦东"天下第一难"的矛盾，确保了浦东的社会稳定和浦东开发开放的顺利进行。

"新办法"的实践，广大征地农民工充分认识到"铁保障"，使他们的个人利益得到了基本保证；"活就业"使他们能有利选择走自己的路；各受托单位的有效服务，可以帮助就业困难人员解决困惑。另外，"新办法"也得到了广大开发商和各开发公司的拥护和肯定，为浦东新区创造了一个宽松的投资环境，这充分说明"新办法"是成功的。1997年，浦东新区劳动部门的《彻底改革传统安置模式采用保障和就业分离新方式安置征地劳动力的研究》一文，获得了上海市决策咨询研究成果奖（1995.01—1996.12）三等奖。

86. 难忘浦东司法行政十二年

小 草

1996年元旦一过，徐鼎茂就来到浦东新区司法局报到上班。

为了满足人民群众法律咨询需求，当时司法局设想：只要市民拨通电话，经语音提示，就能听到法律专题的语音解答。浦东新区管委会批准这一设想，并将其列为1996年度为民便民利民实事工程。6月，局领导从各处室抽调10位懂法律的同志，组成法律咨询软件项目工作小组（以下简称"项目小组"），并让徐鼎茂担任组长。

全组同志集思广益，不分昼夜，收集、整理、审定群众法律需求中的热点、疑点等法律答案。100多万字的题库，工作量之大，难以想象。全局动员打印，挑选人员解答录音。1996年底，当浦东新区和市司法局领导拿起电话听到亲切的语音法律解答时，项目小组的同志，个个眼含泪水。这是全国第一条法律咨询热线，尽管还不完美，但是我们努力了。

1997年元旦刚过，徐鼎茂接到了律师公证处处长的任命，他深感组织的信任和责任重大。

浦东开发开放是国家战略，"招商引资"是重中之重，涉及众多法律问题，需要高水准的律师队伍。浦东律师素质水平，队伍数量，关乎开发大业。徐鼎茂在此时提出，在发挥现有律师作用的同时，应该要特别注重"招所引才"，招一流律师事务所，引一流律师参加浦东建设。广东省司法厅黄武副厅长曾在徐鼎茂赴广东"招所引才"时提问，为什么各地都在保护本地法律服务市场，而浦东反而反其道行之？并饶有兴趣地听取了徐鼎茂浦东开发开放战略急需，律师业本身集群发展战略急需的观点。

1998年，徐鼎茂提出把党的支部建在律师事务所上的建议得到局领导支持。不久，符合条件的所都建立了党支部。党员少的按地域或专业相近自愿原则组成联合支部。占律师人数三分之一的党员律师在浦东找到了家，这是在全国第一个区域全覆盖的律师党建组织。2008年司法部正式发通知，把党组织建在律师事务所上。

按照浦东新区和司法局领导指示，徐鼎茂所在的部门积极推行政府法律顾问工作。探索向浦东新区主要领导推荐资深律师担任法律顾问，向外高桥保税区和各委办局委派法律顾问小组；试行浦东新区领导信访接待由资深律师随接访制度；浦东新区重大疑难事件法律顾问会商、资深律师担纲接案等，都取得积极的成果。

浦东新区党政领导对浦东律师十分关心重视。1998年7月，浦东新区党工委书记周禹鹏、管委会主任胡炜率领全体党工委委员、管委会委员考察律师事务所。1999年，在中国"入世"（加入WTO）前夕，新区政府决定给浦东律所实行高新科研企业最优惠财政政策，支持浦东律师参与法律服务业国际竞争。2002年10月，浦东新区召开专题新闻发布会，邀请新华社、人民日报等50多家新闻单位，由区委副书记姜平介绍浦东律师业发展状况。

2003年春节过后，徐鼎茂调任法律援助指导处处长兼浦东新区法律援助中心（以下简称"中心"）主任。他在工作期间，参与接待300多批境内外贵宾，外宾中有美国国务卿奥尔布赖特、乌干达议长等。

浦东司法行政工作具有勇立潮头、敢为人先的优良传统。在中心工作时，根据业务拓展需要，与公安局共商，由"中心"接受看守所转送的法援案件申请，使刑事案件法律援助延伸到公安侦查阶段，和检察院签订《关于进一步加强未成年人刑事法律援助的协议》，法律咨询热线由二级平台向三级平台升级。

中心全体同志团结奉献，从环境布置到现场接待，从咨询热线到案件质量管理，从自身队伍到法援律师队伍建设，徐鼎茂率先垂范，身教言教。2005年，中心被市政府命名为"人民满意的公务员集体"，并代表集体单位在命名大会上发言。中心还多次受到市和司法部的表彰,被授予集体一等功。

2003年7月,上海市委常委、浦东新区区委书记兼区长姜斯宪考察中心,并深情地对区委常委、公安局局长田卫华说:"他这里好了,你那里就顺了。"2005年,市委常委、区委书记杜家毫会同中央党校7位省部级领导组成的调研组来到中心,对"政府主导、律师主体、社会参与、财政保障"的运行模式欣赏有加。

在浦东家乡参加司法行政工作12年,徐鼎茂多次荣立二等功、三等功,多处受到嘉奖和表彰。他的工作精神是时代精神的体现,是一名优秀的中国共产党党员为党和人民服务精神的体现。

2005年上海市浦东新区法律援助中心工作人员合影

87. 人杰地灵话名镇

周敏法

浦东有3个千年古镇被评为国家级历史文化古镇，它们是通江达海的高桥镇、名人辈出的川沙镇，以及浦东最早被评为国家级历史文化古镇的是新场镇。这3个古镇就像镶嵌在浦东大地上的3颗璀璨明珠，向人们展示着浦东悠久的历史底蕴。

高 桥 古 镇

高桥古镇位于浦东新区东北角，紧邻长江口。有"万里长江口，千年高桥镇"之美誉。高桥古镇名人辈出，古迹众多。著名的有老宝山城、明永乐御碑、太平天国烈士墓等，还有一批古建筑。2010年高桥镇被评为中国历史文化名镇。

高桥因海而生，因海而盛。唐代基本成陆，原本是吴淞江出海口北岸的沙岛。宋代设置清浦盐场，人口骤增，市集渐成，修建有法昌寺、顺济庵、北庵等一寺五庵。但明代时青浦古镇被倭寇付之一炬，十室九烬，集镇南移，遂兴高桥。高桥古镇有"丁"字形的河流，形成了"丁"字形的三条老街：东街、西街和北街。居民依水而居，沿河设街。在一张民国4年的高桥地图上，标注有100多座桥，30多座庙，繁华由此可见一斑。古镇白墙黛瓦，小桥流水，宁静而淡雅，犹如一幅水墨画。

高桥除了具有一般"江南水乡古镇"特点外，与众不同的还是"滨海重镇"。有海塘：林则徐和陈毅市长先后在此指挥抢修海塘。有海运：

元代高桥张瑄首辟海上漕运，被皇帝封为万户侯；明代永乐皇帝在高桥修筑"宝山"，并亲撰御碑；清末朱其昂负责轮船招商局，开中国现代航运之先。有海防：高桥三面临水，扼守长江、黄浦两江，历来为海防重镇，明代为抗倭前沿，洪武年置清浦旱寨，万历年筑宝山城，清康熙年重筑宝山城，乾隆年修建东炮台，清末太平军与洋枪队在此激战，上海解放前夕高桥是解放上海的外围主战场。有盐场：高桥宋代始置盐场，直到清代。还有海滨浴场：民国时期成为沪上夏季著名的旅游景点。一方水土养一方人，高桥从成陆开始就带有"海"的味道。

古镇虽遭严重破坏，但遗留的历史建筑依然完好，有西色的花园洋房姜锡年和谢秉衡住宅，有中式的传统建筑江东书院、黄氏民宅、凌氏民宅、蔡氏民宅、王松云住宅和养和堂等，有中西合璧的仰贤堂、至德堂、钟氏民宅等。这里的许多老宅至今还是原来的居民在使用，如敬业堂、蔡氏民宅、至德堂、成德堂等。小巷庭院深深，老宅历经沧桑。有人说这是一个真实、有烟火气的古镇。

古镇上有很多免费参观的陈列馆。如高桥历史陈列馆是一个全面反映高桥历史、名人、名宅、名品的综合馆，里面有600多件真古董。2010年世博会时曾被作为指定参观点，如今成了古镇高桥的一张名片。陈列馆本身仰贤堂也成了上海市文物保护单位。高桥绒绣馆展示国家级非遗珍品，其中有不少大师作品在世博会参展，并在国内外工艺美术展中获奖。钱慧安纪念馆展示"海派源流"钱慧安的生平事迹，以及钱氏后人提供的佳作。高桥人家陈列馆展示民国时期四世同堂的生活场景，里面有几百件原汁原味的老古董。在这些陈列馆里，可浏览高桥历史，倾听地方故事，欣赏民间珍宝，亲近文化遗产，品味古镇魅力。还有江东书院、叶辛书房、徐建融艺术馆、龙身太极拳馆、三峡奇石馆等，各具特色。

川沙古镇

川沙古镇最早的历史大概要从护塘街讲起，这是北宋皇祐年间（1049—1054）华亭县令吴及修筑的老护塘。川沙古镇东面与此接壤。

老护塘不仅抵御海潮,也成了南来北往进入川沙的必经之道,护塘街由此应运而生。民间有"先有护塘街,后有川沙城"之说。

南宋建炎年间置下沙盐场,川沙属于下沙三场。为了防止走私,盐场实行半军事化管理,元代沿老护塘一线,从南到北依次被划分成九个团,川沙属于八团。上海东南沿海都是铁板沙,船无法停靠。而船通过川沙涯能够直达老护塘脚下,是理想的运输港湾,八团镇应运而生,成为盐商云集、帆樯林立的大镇。被明弘治《上海志》列入十大古镇,明万历《上海县志》称为"滨海巨镇"。嘉靖三十六年(1557)为了抵御倭寇侵犯,修建川沙城墙。清嘉庆十五年(1810)设川沙抚民厅,辛亥革命后改称川沙县。

2014年川沙被评为中国历史文化名镇。过去常说川沙是"百年古镇",历史从"筑城"开始。其实川沙是"千年古镇":近千年的筑塘史,900年的制盐史,500年的集镇史,470年的筑城史,200年的建县史。

明嘉靖年在当地抗倭英雄乔镗带领下修筑川沙城墙,长2千米有余,四周挖有护城河,设城门4座。在上海残存的10座古城中,唯有川沙护城河至今完整,保留明代县城轮廓。

明代古城墙尚留东南一角,辟为古城墙公园。东侧城墙半空砖缝中长出的几棵古树,仿佛在向人们叙述着城墙的历史。城墙顶上设有古炮一门,那是抗倭的象征。岳碑亭内有南宋抗金名将岳飞手迹,大概是想鼓舞军民抗击倭寇。古城墙上高耸的魁星阁,是清代川沙厅同知何士祁创建,以祈愿当地文运昌盛。城墙脚下是观澜小学,前身是何士祁创建于1834年"观澜书院",1903年改为"川沙小学堂",黄炎培曾任校长,现为"观澜小学"。

川沙城由南市街、中市街、北市街、西市街组成,四面围绕着护城河。川沙是一个文化重镇,有着极其丰富的人文景观。

南市街南端,有著名的"内史第",为清代著名金石学家沈树镛祖屋。沈树镛官至内阁中书,此宅称为"内史第",现被辟为"黄炎培故居"。黄炎培在此居住,黄竞武烈士、著名音乐家黄自及会计学家黄祖方出生在此。宋氏家族的宋庆龄、宋美龄、宋子文在此诞生。著名文学家、史学家胡适儿时在此借住。一座清代老屋居然与这么多的历史名人联系在一起，这在国内实属罕见。

南市街北段，有纪念抗倭英雄乔镗的"钦奖武功"石牌坊。中市街北侧有川沙天主教堂，建于清同治年。它藏在场署街小弄里，保存完好，哥特式风格，高高的钟楼直插云霄。

北市街南端有"川沙营造馆"，川沙营造商曾经参与"外滩万国建筑"建造，享有"一把泥刀走天下"的美誉！馆是由民国"丁家花园"改建而成。还有"宋庆龄史料馆"和"戏曲馆"。西市街有城隍庙、关帝庙和仰德祠，都是明清时期留下的古寺庙。

在古镇南面，川沙公园里有座"鹤鸣楼"，正匾"鹤鸣楼"由赵朴初题，其威武壮观不亚于武汉黄鹤楼。

当你慢慢浏览完浦东这三个国家级的历史文化名镇，也许你会对浦东有一种全新的认识：浦东不仅有亮眼的高楼，也有古朴的老街；不仅有繁华的现代，也有深厚的历史。

新 场 古 镇

浦东的新场，是一个已有800多年历史的文化古镇，素有"十三牌楼九环龙，小小新场赛苏州"之誉。新场古镇上，河道穿镇而过，高垒的石驳岸，雕刻精致的一座座石拱桥，傍水而筑的大量成片的古民居，勾勒出其别具一格的江南景象。新场文化底蕴深厚，历来就是名人荟萃的文化沃土。

新场，古称石笋滩。南宋以前，新场一带就有人居住。据传包家桥的河滩中曾有一根根礁石形的石笋（即所谓"石笋"）。久而久之，石笋滩成了一方地名。石笋滩也称为"石笋里"。"里"，是居民聚居之处。先秦时期，25户人家为一里。以后各个时期，每里聚居户数都不相同。里设里尹、里宰等负责人。据几部清代《南汇县志》记载，北宋哲宗元年（1086），石笋里瞿士彦已在石笋里营置义学。而在公元1086年之前，"石笋滩"已改名为"石笋里"。南宋高宗建炎年间（1127—1130）石笋里成为下沙盐场的南场，又称"石笋里"为"南下砂（沙）"。

87. 人杰地灵话名镇

元初太宗时期（1229—1241），下沙盐场的场都迁到石笋里，并在石笋里设两浙盐运司署松嘉公司，则将"石笋里""南下沙"改名为"新场"，意为开辟的新盐场。自此以后，新场在漫长的历史发展中，成为相对固定的居民活动舞台，孕育了更为深厚的历史积淀，其文化在继承和创新中不断发展，后被定为浦东第一个历史文化古镇也是情理之中的事。

新场古镇也是浦东出进士、举人最多的地方，能在历史上产生如此多的进士、举人，究其原因，首先与制盐业有紧密的联系。

浦东靠海，浦东靠大海发展起来的古代第一产业，便是制盐业。而新场在南宋后期已是重要的盐场，元初又成为两浙盐运司署松嘉公司所在地。作为地区最重要的经济活动的制盐，必然带动相关的河道、水利工程的开挖，以及航运、商业、贸易等事业的发展，也带动了社会的进步。随着劳动人民的大量迁入，娶妻生子，繁衍后代，新场人口数量迅速增加，尤其是水陆交通带来了商贸繁荣、市镇兴旺、人文荟萃，涌现出了一批很有才华的文人雅士。

治国之道，在于得人才；鉴史之法，在于鉴人物。自明代起，浦东文风日盛。现浦东新区范围内明清两代曾产生380位举人（其中119位举人后再中进士），可谓文脉绵绵。其中新场进士19人，举人46人，占380位举人中的17%。可见古镇新场文风兴盛，地灵人杰，英才辈出。

新场也是浦东新区保护建筑最集中的地方。历尽岁月沧桑，千年浦东至今仍保存了古文化遗址，以及近代重要史迹和代表性建筑。在2007—2011年全国第三次文物普查中，浦东新区共完成了472处不可移动文物的调查，其中复查文物305处，新发现文物167处。古代的新场就以"四时海味不绝、歌楼酒肆贾炫繁华"闻名遐迩，近代曾有"银新场"之说。新场历来是富商大贾汇聚之地，也成了文人雅士赋闲、修身养性的绝佳之处。新场目前保存较好的三进以上厅堂宅第有30多处，留存的古建筑记录着曾经的辉煌。

88. 港台同胞、海外侨胞捐建的四所中学

季 平

为侨乡争光的侨光中学

1987年7月2日，浦东地区第一所侨胞资捐赠的中学——侨光中学在川沙县城（今浦东新区川沙新镇）落成。县委书记孟建柱主持了落成典礼，上海市副市长谢丽娟向捐赠者陶伯育先生颁发了荣誉奖状，市教育局局长袁采挥毫书写"为侨乡争光"题词。

步入侨光中学校园，棕红色的教学大楼巍峨气派，蔚蓝色的塑胶操场醒目宽敞，陶育亭掩映在假山与翠绿的紫藤架之间，整个校园给人以舒适流畅的感觉。

捐建侨光中学的陶伯育先生是香港陶记企业股份有限公司董事长、香港苏浙同乡会常务理事。1906年生于浦东蔡路镇益民村，泥水匠出身的他，一生就热心于家乡教育事业，曾与其堂兄陶友川共同担任王桥小学校董。1949年前，他去香港发展，经营房地产有方，在香港、台湾各捐资兴办学校一所。

1985年4月的一天中午，年届80岁的陶伯育先生找到市侨办负责捐赠的同志，表达了要在家乡捐资办学的愿望。当天，捐赠心切的陶先生顾不上午餐，就匆匆赶往川沙县教育局，对姚金梧局长说："我小时候家里穷，爹娘子女多，经济困难，没读过书。我想捐资80万元港币办个学校，让川沙的小囡有个读书的地方。"

陶伯育先生的肺腑之言，在座的同志都情不自禁地对陶老先生肃然起敬。1986年5月动工建造学校，同年12月竣工，终于了了一位爱国爱乡老人的桑梓之情。

一生艰苦朴素，经常吃自带馒头的陶伯育先生，1987年后的10年间，他对川沙地区的侨光中学、城厢小学、少年宫、王桥中学、园西幼儿园等单位先后捐资达200余万元。陶伯育先生的一颗拳拳赤子之心，一片浓浓桑梓之情，为川沙人民树立了恩泽楷模。

爱国侨胞助建吴迅中学

浦东新区的康桥镇，有一所用爱国侨胞吴迅的名字命名的中学，叫吴迅中学。

吴迅，原名民孚，1918年1月生于浦东周浦镇北梓潼村（现属浦东新区康桥镇）一个贫困农家。一家七口，住半间草屋。吴迅6岁那年，贫病交迫的父亲吴木铨因在冬天下水打捞沉船，不幸身亡。12岁时，吴迅背井离乡到上海一家香烛店当学徒，尝尽甜酸苦辣，也让吴迅有了去《申报》馆学英文的机会。英文的进步和在贸易公司的工作，使吴迅在实践中学到了做出口生意的学问。1937年初，吴迅在上海江西中路办起了一家小小的报关公司，并担任老板。1949年5月，吴迅一家前往中国台湾。1980年，吴迅到达美国，定居在旧金山，成为一家电脑销售公司的总代理。

1987年初，吴迅有了在家乡捐建一所学校的想法。当时，吴迅想，自己英年早逝的父亲，深知不识字的苦，极想让子女受教育，却又家贫如洗无法实现。为纪念父亲，我一定要办一所学校。经过来回沟通协商，实地考察，终于确定在周西一中建造一幢教学大楼。开工后，吴迅又多次到现场巡查监督。1988年8月在周西一中建成"吴木铨教学楼"，学校也改名为吴迅中学。以后，吴迅先生每年都会回到学校视察慰问，与师生谈心，并亲笔题写校训——"信心、毅力、自爱、责任"。2000年，他又动员老朋友董允生先生在吴迅中学建了一幢"思瑛图书楼"。这两幢楼，是吴迅中学初中部最漂亮的建筑。现在，吴迅先生的女儿吴忆芬继续在为"吴迅奖学金"贡献力量。

"上海市白玉兰奖"获得者王佰生

在浦东,香港同胞王佰生因助学助医作出了重要贡献,上海市人民政府授予"上海市白玉兰纪念奖"。

王佰生先生1916年出生于南汇县祝桥镇,自幼家境贫寒,父母早亡,13岁离乡学裁缝,1950年赴香港以缝纫为生。历经风风雨雨的王佰生,在纷繁复杂的社会竞争中,靠艰苦拼搏经营服装与房地产生意,在香港站稳了脚跟,不但自己发家致富,也为香港的建设和繁荣作出了贡献。

王佰生先生虽远离故乡,但始终把家乡的经济发展、慈善事业放在心上,对家乡的教育、卫生事业尤为关心。1983—2006年间,他先后33次向南汇县捐赠1 000多万元,用于助建光明职业学校,扩建原南汇中学南校门及综合楼、艺术教育楼,帮助迁建南汇县光明中医医院及病房大楼、职工食堂餐厅。助建祝桥光明医院住院部,从而形成了南汇四大"光明系列"。另外,对南汇光明福利院、祝桥镇敬老院、上海第一聋哑学校等慷慨解囊,捐款相助。光明学校的成立与发展,更是离不开王佰生先生的拳拳爱心,他先后捐资200多万元用于学校的硬件建设。

王佰生的一系列义举受到了家乡人民一致赞赏。1999年9月,王佰生被上海市人民政府授予"上海市白玉兰纪念奖"。

王佰生先生曾说:"我所捐献之款,均出于我对祖国的一片赤诚之心,并非图谋任何回报。捐赠学校、医院乃是乐育英才和解决病家痛苦,这是身为一个中国人为祖国繁荣富强应尽的一份义务和责任。"

三代台胞捐建进才中学

1996年9月1日,一所新的高级中学在浦东建成开学,这是上海市第一所现代化寄宿制高级中学,学校被命名为进才中学。来自全市350名高一新生幸运地进入这所新学校学习。消息传出,国内外友人纷纷前来考察参观。参观者对学校现代化的建筑交口称赞，更为三代台胞的"一个心愿"、捐资助学、造福桑梓的爱国爱乡精神深深感动。

台胞叶财记工程公司董事长叶根林先生捐助 1.3 亿元建造的进才中学，是中华人民共和国成立后上海市基础教育接受捐资最大的一个项目。叶根林先生捐赠巨资建造学校，首先应介绍他父亲叶进财的经历。叶进财先生 1904 年出生于南汇县江镇乡（今浦东新区祝桥镇）。年幼时家贫失学，14 岁时到上海拜师习木工，24 岁时创建叶财记营造厂。抗战胜利后，叶先生转赴台湾发展，在台北建筑界有"叶半城"之誉。叶先生一生识字不多，故常言他日返乡必兴学以造福乡里。1969 年当他病重时，嘱咐儿子叶根林："我一生唯一未了的心愿，是能够有一天返乡兴学造福乡里，希望你能替我了却。"叶根林先生继承父志，捐巨资兴学。

令人遗憾的是，叶根林没有等到建成的这一天，于 1995 年病逝。临终前他立下遗嘱：由他夫人叶周妙凤接替他，任叶财记工程公司董事长，特别要求将进才中学的建设费用留出，专款专用，任何人不能随意动用，并要求其子按进度拨款，保证按质按时竣工。

为纪念叶家父子捐资兴学的义举，市教委委托著名雕塑家参仿照片设计雕塑出叶进财先生的半身铜像，立在学校中央教学区中间的草坪上，并面向家乡江镇。叶根林先生的铜像则安放在教学楼的阅览室里，他们将永远和学生在一起，在这里静听书声，并激励莘莘学子勤学向上，为国争光。

89. APEC 会议在浦东召开

潘建龙

2000年，浦东开发开放进入第十个年头，取得了阶段性令人瞩目的成果。开放的浦东注视着世界，更需要世界目光的聚焦。此时此刻，在此地召开一个具有广泛影响的国际性会议，全面展示浦东经济社会的崭新面貌，进一步吸引世界的目光，必将产生深远的意义。

2000年，在文莱召开的亚太经合组织（APEC）第八次领导人非正式会议上，国家主席江泽民介绍说，明年第九次领导人会议的会场全部放在新开发的浦东新区，浦东是上海现代化建设的缩影，中国改革开放的象征。

APEC会议是亚太地区级别最高、影响力最大的区域性经济组织和行政间论坛，也是当时中华人民共和国建立以来承办的层次最高、规模最大、影响最深远的一项多边国际活动，更是浦东新区政府和人民政治生活中的一件大事，是浦东在世界舞台上进一步开放的重要标志、重大举措。

为了迎接APEC会议在浦东召开，在陆家嘴黄浦江畔建造了上海国际会议中心、上海国际新闻中心。在陆家嘴中心区域、花木文化行政区和世纪大道两侧等重点区域整治环境，布置绿化景观，以及夜间灯光设施。

进入2001年6月，APEC系列会议在浦东陆家嘴地区先后召开。6月6日9时，2001年APEC贸易部长会议在上海国际会议中心开幕。会议主席、中国对外贸易经济合作部部长石广生主持开幕式，并宣读了国家主席江泽民致本次大会的贺信。参加这次会议的21个成员代表团总人数 423 人。在为期 2 天的会议中，各成员就 5 方面感兴趣的议题展开讨论，确定了"新世纪、新挑战：参与、合作，促进共同繁荣"为今年 APEC 会议的主题；就推动 WTO 新一轮谈判、贸易投资自由化和便利化、经济技术合作、新经济和电子商务等一系列问题达成了共识，并发表了《主席声明》。

8 月 13 日上午，2001 年 APEC 海关与商界对话会在上海国际会议中心开幕，600 多名海内外海关与商界代表出席。中共中央政治局候补委员、国务委员吴仪发表主旨演讲。在两天的会议中，代表们围绕"推动实施贸易便利战略，迎接新挑战""电子商务及无纸贸易对海关与商界的影响"和"海关与商界的合作——实现保持经济竞争力的共同目标"3 个专题进行广泛、充分、坦诚的对话。对话会达成的共识和成果最终形成公报，并报送 10 月在浦东召开的 APEC 领导人非正式会议。

8 月 29 日上午，APEC 中小企业部长会议在上海国际会议中心召开。APEC 21 个成员中负责中小企业事务的部长和代表、太平洋经济合作理事会、太平洋群岛论坛两个观察员组织的官员和代表、APEC 秘书处官员等近 200 人参加了会议。在一天半的会期内，围绕"推动技术创新""便利融资"和"改善中小企业发展环境"3 个领域进行讨论，并通过《第八届亚太经合组织中小企业部长会议部长联合声明》。

10 月 15 日上午，APEC 第四次高官会议举行。21 个 APEC 经济体的高管均出席了此次会议。原定两天的会议议程在一天内全部完成，这是因为高管们就许多问题已经达成了共识。

10 月 17 日上午，APEC 部长级会议在上海国际会议中心召开。APEC 21 个成员的外交、主管外经贸事务的部长及代表参加了会议。在为期两天的会议上，与会者围绕"新世纪、新挑战：参与、合作，促进共同繁荣"主题展开讨论，并通过了《部长联合声明》，为即将举行的领导人非正式会议奠定了坚实的基础。

10 月 18 日上午，APEC 工商领导人峰会在上海国际会议中心举行，550 多位工商界人士出席，众多世界知名的大公司、大企业首席执行官、董事长与会。本届会议代表之多、层次之高、范围之广，创历次 APEC 工商领导人峰会新纪录。

峰会围绕"新世纪，新经济：在全球化中发展"的主题，希望通过亚太地区工商企业领导人对这一主题广泛而深入的探讨，形成一种普遍和清晰的共识，促进本地区乃至全球经济的繁荣和持续发展。时任中国国家主席江泽民、新西兰总理克拉克、俄罗斯总统普京、墨西哥总统福克斯、澳大利亚总理霍华德、菲律宾总统阿罗约、马来西亚总理马哈蒂尔、美国总统布什等APEC经济体领导人到会演讲。本届峰会还安排了中国专题，使得参会的亚太企业家获得最新的中国未来经济发展信息。

10月21日上午，亚太经合组织第九次领导人非正式会议移师在上海科技馆举行。澳大利亚总理霍华德、文莱苏丹博尔基亚、加拿大总理克雷蒂安、智利总统拉戈斯、中国香港特别行政区行政长官董建华、印度尼西亚总统梅加瓦蒂、日本首相小泉纯一郎、韩国总统金大中、马来西亚总理马哈蒂尔、墨西哥总统福克斯、新西兰总理克拉克、巴布亚新几内亚总理莫劳塔、秘鲁总统托莱多、菲律宾总统阿罗约、俄罗斯总统普京、新加坡总理吴作栋、泰国总理他信、美国总统布什和越南总理潘文凯出席会议。当时国家主席江泽民主持会议，并与其他领导人就全球及地区宏观经济形势、人力资源能力建设以及APEC的未来发展方向等议题进行了务实友好、坦诚热烈的讨论。下午4时，江泽民与其他领导人一同步出会场，向新闻界宣读了《领导人宣言》。

前后历时4个多月的APEC会议结束了，中国作为本次会议的东道主，也给与会各方留下了难以忘怀的印象。浦东作为一个新兴城区向世界展示了生机勃勃的魅力。

会后，江泽民说，这次在上海举行的APEC会议，是我国在新世纪初主办的一次十分重要的大型国际会议，意义重大，举世瞩目。从中央有关部门到上海市委、市政府，各级领导和人民群众都高度重视这次会议的举行。各有关方面从两年前就开始工作，精心筹划，大力协同，未雨绸缪，千锤百炼，保证了会议的成功举行。这次会议的举办工作，得到了与会各成员领导人和国际舆论的一致好评，这是大家共同努力的结果，凝聚着全体工作人员的聪明才智、献身精神和不辞辛苦的工作。我代表党中央、国务院，向大家表示衷心的感谢！并通过你们，向为这次会议成功举行付出辛勤劳动的各条战线、各个部门、各个方面的同志致以诚挚的慰问！

90. 圆梦世博会

潘建龙

举办世博会一直是上海浦东人的一个梦想。

1915年4月,中国组织游美实业团,赴美国考察巴拿马太平洋博览会。浦东川沙人黄炎培成为实业团成员一员,并被聘为随团记者。而在这届世界博览会上的中国展馆是一座宫殿式建筑,巧的是也由浦东高东人朱云山创办的朱森泰营造厂承建。

之后的1926年和1933年两届世界博览会,分别在美国的费城和芝加哥举办。中国展团总代表都为浦东龚路人张祥麟。由于经费紧张,在几无政府拨款的情况下,张祥麟四处筹措经费,甚至卖掉自己房产,才得以使中国展团赴美参展。在费城博览会上,上海天厨味精等产品获得金奖。在芝加哥博览会上,由浦东人金鸿翔创办的鸿翔时装公司所制作展出的六款旗袍获得银质奖。

中华人民共和国成立9年后的1958年4月,中共中央政治局候补委员、外交部第一副部长、浦东祝桥人张闻天,在上海调研期间,向周恩来总理、陈毅副总理书面报告,建议在上海举办世界博览会。

历时百年,梦想终于成真!

2002年12月3日,在国际展览局第132次全体大会上,经过4轮投票,中国上海最终以54票对韩国34票,获得2010年世博会举办权。

2010年上海世界博览会(简称"世博会")举办区域位于南浦大桥至卢浦大桥的黄浦江两岸,共计面积5.28平方千米,其中浦东3.93平方千米,占74.4%。浦东成为上海世博会主展地。世博会园区内共计动迁居民 1.74 万户，其中浦东 10 765 户，约 2.8 万人；动迁企事业单位 272 家，其中位于浦东 188 家。浦东新区建设了三林世博家园、南平小区、永泰花苑 3 个世博动迁住宅基地（居住小区）。

为保障世博会举办期间交通顺畅，从 2007 年下半年起，浦东启动总投资 400 多亿元的 25 条世博配套道路（包含绿化和天桥项目）建设。25 条道路总长约 96 千米，包括杨高南路、张杨路、昌邑路、成山路、云台路、东方路、高科西路人行天桥、浦建路、金桥路、中环线浦东段、机场北通道、东西通道、内环线改造、浦东南路、长清路、上南路、高科西路、沪南路、纬一路、林浦路、浦明路、中环线绿带、机场北通道绿带、长清路人行天桥、申江路的改造或新建。

2008 年 9 月 9 日，浦东新区举行迎世博 600 天行动动员大会，推出"八大行动计划"即市容市貌改观行动、市民生活改善行动、城市管理行动、文明培育行动、世博宣传行动、窗口服务行动、功能对接行动、安全保障行动。

2009 年 12 月 25 日，世博配套道路中规模最大的"两环一道"，即上海内环线改造、中环线浦东南段和机场北通道（华夏路高架道路）项目竣工通车。与此同时，其他配套道路也相继竣工。

比梦想更美好的是，实现梦想！

2010 年 4 月 30 日晚，中国 2010 年上海世博会在黄浦江畔世博园区盛大开幕。来自全球 189 个国家和 57 个国际组织参展，创造了世博会 159 年来的历史之最。

5 月 1 日 8 时 30 分，上海世博会升旗仪式在世博园区旗林广场举行。随着中国人民解放军军乐团奏响中华人民共和国国歌，五星红旗在世博园区上空升起。随后，在国际展览局曲和上海世博会主题曲声中，国际展览局旗、上海世博会会旗及本届世博会的全部参展国家和国际组织的旗帜相继升起。

从开幕至 10 月 31 日的 184 天里，7 308.44 万人次入园观展。浦东新区区委、区政府和浦东人民为举办一届"成功、精彩、难忘"的世博会，守望相助、全力保障 2010 年上海世界博览会顺利运营。

以高标准维护园区周边市容环境整洁。做到核心区域道路 168 条段

清晨，世博园 5 号门前已经排起入园的长龙

实行 24 小时保洁，其中景观道路 57 条段，一级道路 20 条段，二级道路 80 条段，三级道路 11 条段。核心区外、中环线内道路 42 条段，实行 20 小时保洁，其中景观道路 1 条段，一级道路 17 条段，二级道路 24 条段。在日常保洁人员基础上，增加 350 人保障浦东园区 5 个出入口的环境整洁。配合园区补绿 5 000 多平方米，清运垃圾 1.2 万余吨。在园区周边重点区域和道路沿线的 700 多幢楼宇布置景观灯光，设计主题景观小品，使用花卉 1 546 万余盆。

保障交通运行畅通，日均投入交通警力 1 600 人次，交通协管员 2 000 人次。4 条世博专线、6 条世博 B 线（大站车）、6 条公交短驳线和 38 条涉及园区的常规公交线，共运送乘客 6 486 万人次。多次动用长 18 米、能一次载客 200 人的"巨龙车"增援园区后滩出入口的短驳线。在上南路、长清路出入口的出租车候车点和轨道交通 7 号、8 号线配备应急大客车，将滞留游客运送至轨道交通世纪大道枢纽站。共计出动应急车辆 8 222 车次，运送游客 76 万人次。在负责运行管理的 4 个园区临时停车场，每日安排人员巡视检查，共计停放车辆 7.47 万辆次。

10月16日,根据多方研判,预计当日入园人数会达到70万。一早,浦东新区四套班子领导来到世博核心区配套工作指挥部应急指挥平台现场,指挥部各工作组全员到岗,指挥部巡视人员和核心区各街镇志愿者、宣传车辆在5个出入口值守,等待入园高峰来临。11时38分,当入园客流创出63.35万人的新高时,应急指挥平台召开紧急会议,会同公安、建交委等部门制定应对措施:一是网格化巡查员和应急队员进一步加强现场巡查,发现异常情况及时上报;二是协调市有关部门在各扬招点增派出租车辆,满足游客的需求;三是抽调部分城管人员和公安民警,进一步充实园区出入口、出租车扬招点、轨道交通站点等处的执法力量,加强对流动摊贩的管理,并做好人流疏导、秩序维持等工作;四是增派20辆大巴分别在后滩、上南路和高科西路出入口待命,随时进行短线接驳。晚上21时30分,进园游客达到103.27万。23时50分,百万游客全部安全离园。

组织各类服务世博的志愿者队伍,合计17万人,建立志愿者外建站点31个、内建站点130个,交通路口服务点300余个、轨道交通站台服务点32个、公交站服务点2 000多个。在园区出入口的8个站点增加晚班,实施"园区不关门,志愿者不离岗"措施。志愿者在城区站点开展咨询、翻译、应急救援服务950万人次,在路口志愿者站点开展服务100万人次,媒体志愿者接待境内媒体1 954批次、记者4 500多人。平安志愿者参与治安巡防8 154万人次。发挥党员干部先锋模范作用,向世博会输送干部536人,其中106人在世博局任职。5批6 000多名党员先后在重要轨道交通线、公交站点开展保畅通服务活动。235名党员干部在24个轨道交通车站的52个出入口开展安全检查工作。3 000多名党员干部在每个周末及世博会指定日的早高峰时段轮流在园区出入口开展志愿服务。

参与园区文化活动,浦东群众文化专场在世博园区演出10天、共30场,演职人员1 400余人次。上钢新村街道大型原创舞台剧《印象上钢》演出16场,观众1.5万人。周家渡街道的"五彩缤纷周家渡系列"展演互动活动,参与6万人次。"红盾情、世博颂"文艺专场演出4天、共12场。传播浦东文化特色,组织"天下一家"浦东新区群众文艺专场,到全市各个城市文化广场演出10场。在区内世纪广场、东方明珠广场、三林世博家园广场、金凤凰广场开展"周周演"活动,共演出215场,累计观众约30万人。在园区周边6个街镇举办"社区文化进世博"系列演出活动,共计7天、51场,观众5万人。在东方艺术中心举行"庆世博交响月"系列演出活动,12支世界顶级交响乐团演出12场,观众2.2万人。

91. 传承"两弹一星"精神的全国先进党支部

尚 钢

在上海市浦东新区，有一个由特殊群体党员组成的党支部——中共上海市浦东新区上钢新村街道"两弹一星"党支部。

这是一群执着的"追梦人"。当年，他们远离故乡，隐姓埋名，以身许国，在戈壁滩上、深山峡谷，一待就是几十年，只为了实现中华民族的强国梦……他们是"两弹一星"的建设功臣，如今虽已步入晚年，却依旧不忘初心，用各种形式发挥余热，传递"两弹一星"精神，为实现心中的"中国梦"不懈奋斗。

党建引领，坚守政治本色

2005年，"两弹一星"党支部成立后，坚持每月组织生活制度，针对老同志的特点和实际，采取自学与集中学习相结合，专题讲座与交流学习心得相结合等方式学习，特殊情况下，为高龄、行动不便的党员送学上门。为方便学习，他们还建立了专属于他们自己的"蘑菇云"学习组。

为将"两弹一星"精神传递给青年一代，2018年11月16日，由济阳三村党总支牵头举行的纪念中国第一个核研制基地成立60周年庆祝活动中，4位青年社工代表与老功臣代表进行了结对带教签约仪式。在"两弹一星"老功臣们的帮助和培养下，其中1名社工被发展为中共预备党员。

党支部先后获得过2011年中核集团公司"五好党支部"、2012年中核工221局先进集体和浦东新区"两学一做"示范支部等荣誉称号。

不忘初心，弘扬爱国精神

2002年，在浦东新区和上钢新村街道的关心支持下，他们筹建了全国第一个由社区主办的"两弹一星"爱国主义教育基地。从此，做好基地参观人员的接待和讲解工作，依托基地开展爱国主义教育，成了"蘑菇云"党支部成员们的重要工作。

为了展现青海基地工作和生活的真实情况，老功臣们自发地把自己珍藏的照片、证书、纪念章和相关物品捐献给基地。他们找老领导、老同事广泛收集资料，还不远千里去青海基地征集史料。党支部还组织撰写回忆录，编印成《红柳》一书。很多读者说，《红柳》的每一个字，都体现了功臣们的胸怀和贡献。

"两弹一星"爱国主义教育基地成立以来，讲解员大多由老功臣们亲自担任。他们用自己经历，用心用情地讲解，把参观者又带回到那激情燃烧的岁月。

陶瑞滨原是221厂保卫部部长。回忆起当年的岁月，他有"说不完的故事"。当年他与另外两位同事，抱着装有中子球的盒子，将它安全地送到1千米外的试验塔，保证了原子弹起爆成功。这是一个极其危险的任务，只要有任何一点小闪失，科研人员的全部心血就会毁于一旦。为了确保试验顺利进行，母亲病逝他都没有回去；父亲去世时，他更是已经开赴原子弹爆炸试验场。他的想法很简单："希望后辈们能将我们当年的精神传承下去，在各行各业发挥作用！"

周玉英也是"两弹一星"亲历者。不同的只是她没在前线，而是在原221厂子弟学校担任教师。学生都是"两弹一星"工作者的子女。"这些功臣们从全国各地而来，他们上不能孝敬父母，下不能照顾子女，全身心地投入建设和研制工作中。子女的教育问题马虎不得，于是我们就成了他们的引路人。"周玉英说。如今，她更是用一段段回忆、一句句讲解，帮助青少年们重温"两弹一星"精神，宣传"中国梦"。

基地建成以来已接待国内外参观者十几万人次；每年还应邀为社区党员群众、机关事业单位、部队学校、企业等上党课，开展理想信念和革命传统教育。展馆还增加了短片《红润》和《初心》，使宣讲效果变得更好。基地先后入选上海市和浦东新区爱国主义教育基地。

无私奉献，传递满满正能量

功成身退的"两弹一星"功臣们，本应在家颐养天年，但他们人退心不退，依然积极参与社区建设，为居民群众服务。在党建中心"阳光讲师团"、文化中心文体团队、小区老年协会、小区平安志愿者、老年活动室义务值班中，都能见到他们活跃的身影。上海推行垃圾分类后，有的老同志不顾年事已高，积极争当垃圾分类志愿者。遇到灾区群众有困难，他们毫不犹豫施以援手，慷慨解囊。许多老同志被评为"浦东新区优秀六大员"和街道"风尚人物""精神文明先进个人"以及"优秀讲解员"。

陈栋标当年是原221厂质管处处长，1995年退休并入住上钢社区后，先后担任过居委会主任、党总支书记兼信访统战工作等职，在10多年时间里，每天工作10小时以上。他带领居委一班人，服务党建、服务居民。在担任"蘑菇云"党支部第一任书记和读书小组长期间，自费购买书籍和活动室报架，主动关心身患疾病的221厂老同志，争取给予他们可能的帮助。他推荐许多221厂老同志参加社区公益活动和加入志愿者队伍。他又是"两弹一星"爱国主义教育基地发起和创建者之一，并亲自担任讲解员。

陈福良，是1965年复旦大学毕业的高材生，主动要求分配到二机部（青海）工作，后来成长为中层领导干部。回上海后，他既是街道讲师团成员，又是第四党支部书记，还是小区夜间巡逻和治安值勤的志愿者。有人问："老陈每天这样忙忙碌碌图个啥？"他总是乐呵呵地说："作为一名共产党员，退休后能为社区发展、社会和谐平安作一点贡献，发挥一点余热，是一大快乐！"

谢仲铨，当年也是从学校毕业不久就参加"两弹一星"后勤保障工作的。有着几十年医务工作经验的他，退休后一直利用自己的一技之长为居民服务。有一位老年病人，医院已谢绝接收其住院治疗，但为了延长病人生命，医院需要每天知道血压变化以掌握病情。谢仲铨知道后二话没说，每天上门为病人测血压，坚持数月，直到病人离世。谢仲铨虽已年近八旬，但有人找他帮忙，总是有求必应，哪怕是深更半夜也毫无怨言。

这正是他们植根于内心深处，比天高、比海深的家国情怀！

92. 轮椅上的白衣天使陈海新

康天悦

陈海新是上海浦东周家渡社区卫生服务中心中医科医生,1970年1月出生,1993年7月毕业于上海中医药大学,2007年2月因病去世,年仅37岁。陈海新自幼身患颈髓空洞症而致残,但她身残志坚,自强不息,以顽强的毅力和坚强的意志顺利完成大学学业,毕业后长期工作在社区医疗工作第一线,视患者为亲人,视工作为生命,在重病缠身、生活不能自理的情况下仍满腔热忱为病人解除病痛,赢得了医院、患者和社区居民的广泛称赞,被誉为"轮椅上的白衣天使"。她摒弃世俗观念,自愿捐献遗体,实现了她毕生为医疗卫生事业作贡献的心愿。2004年她获得浦东新区"三八红旗手"标兵称号和浦东新区"十佳医师"提名奖,2007年2月被追认为浦东新区"新长征突击手""三八红旗手",2007年3月荣获浦东新区"精神文明建设十佳好人好事"特别奖、"2003—2005年度上海市卫生系统先进工作者"称号。2007年4月国家卫生部和国家中医药管理局追授"人民健康好卫士"称号,2007年5月被追授为"感动浦东十大典型人物"。

陈海新

陈海新在上大学时，有一次采集标本，老师让同学每人用一味中药比喻自己，她第一个说：我是一枝"平地木"。

"平地木"不是一棵高大挺拔的英雄树，而是一枝常绿小灌木，它又名紫金牛、"老勿大"。平地木仅两三寸高，生存要求很低，不争阳光，不争肥料，只要依附于一二枝竹子，便能不声不响地生长。

陈海新用"平地木"比喻自己，是很贴切的。"平地木"的长相毫不起眼，但生命力十分顽强。陈海新身材矮小，从小患有先天性小脑扁桃体疝和颈髓空洞症，无法像正常人一样地生活。上初一时在脊椎中植入钢柱，才能勉强坐立行走。但她乐观对待命运对她的不公。她以高分考入上海中医药大学，读书很用功，成绩总是班级前10名，每年都拿奖学金。1993年以全班第七名的优异成绩毕业。毕业后，到周家渡社区卫生中心当了一名中医师。她被誉为"轮椅上的白衣天使"。她用唯一能动的右手为病人搭脉、开方，而用左手搁在桌上撑住严重歪斜的身体。对症下药，一切为了病人，这是陈海新的行为准则。她的同事王医生回忆：她一上班就不知疲倦地工作，始终带着微笑回答病人的问题，为病人诊病特别仔细，开出的药方总是认真核对，然后详尽地向病人交待服药的禁忌和注意事项。她怕老病人记不住，还将事项写在纸上交给老人。往往临近中午，有的病人担心医生要吃饭休息，她一遍又一遍安慰他们："不着急，我一定不会丢下一两人不管，一定要看好最后一个再去吃饭。"

"有病找海新"，是许多病人来到周家渡社区卫生中心的目的。患者对陈医生信任有加，一方面是冲着她治疗胆结石、慢性胃炎等疾病良好的医术而来，另一方面也是因为她医德高尚善待病人，心系患者。14年来她用心看病，给人们留下了深刻的印象。许多第一次看中医的人在她这里就诊后加深了对中医的了解和信任。许多第一次来她这里看病的人把她当作"终生医生"。作为社区医院的医生，她的影响跨越了社区，浦西、南汇一些病人远道而来，排队就诊，许多病人成了她的义务宣传员。

在病人的印象中，陈海新不爱喝水，天再热，口再干也不喝水。不喝水，为的是不上厕所，不耽误病人时间。医院特地为她派了一个小护士,但陈海新从不麻烦她。"我行动不便,上一次厕所的时间能看好几个病人呢。"人们或许不知道,陈海新下班回家的第一件事就是一口气喝下几大杯妈妈为她凉的白开水。就这样,她平均每天要看五六十人,最多的一天看了118个病人。行医14年,临诊23万余人次。

陈海新为病人开方的平均药价,仅五六十元。"陈医生从来不给我们开很贵的药,总想减轻我们的负担。"病人叶某患胃窦炎,看西医,做胃镜、吃西药,一个月下来好几百元,病情并未好转。让陈医生看了,几十元钱的方子,吃了一个星期,病情大为好转。

"平地木"虽然是"老不大",但既可作汤药煎服,也可以制成浸膏或颗粒剂。陈海新以"平地木"自喻,真是太恰当不过了。她像一根蜡烛,从头燃到底,烧到生命的最后一刻。她对妈妈说:"我不能休息,如果因为自己的病不能为病人看病了,就说明我要离开这个世界了。为病人看病是我活着的价值。"她的确像平地木一样,气清香,味微苦,求之于人甚少,给予人们极多。在一间简陋的诊室里,把自己的一枝一叶毫不吝啬地呈给了病人。陈海新认为,自己的存在就是为了治病救人。陈海新说,"我的病无药可医,生命肯定短暂,所以多做一点工作,我的生命价值也就更大一点。"陈海新在生前,用这句话激励自己,也成为她人生最好的注脚。

特别令人感动的是,在陈海新的生命即将结束时,又散射出最后的绚烂余晖。2006年10月,陈海新知道自己可能不久于人世,便作出一个决定,要把自己的遗体和角膜捐献给医疗事业。她说:"我得的这个病很罕见,很痛苦,如果我把遗体捐献出来供医学研究,说不定以后得了这个病的人会有救。我的角膜也还有用,为什么不留给需要的人呢?"父母含泪支持了她的决定。在生命的最后时刻,母亲哭着请医生给女儿用"狠药",海新却拒绝了。她说:"我要把病灶完整地保留下来,不能用药糟蹋了。"这是一种何等崇高的医德,一种何等高尚的舍己为人的品质。

有的人死了,却还活着。陈海新虽已离开人世,但将永远活在人们的心里。

93. 在党旗下茁壮成长

朱 梦

2021年,中国共产党迎来百年华诞。从几十个人的一个组织,发展到拥有9 000多万党员的世界第一大党,百年来中国共产党始终以为人民服务为宗旨,以民族复兴为己任,带领人民艰苦奋斗,让马克思主义在中国大地闪耀出灿烂的真理光芒,让历经磨难的中华民族走上了光明的复兴道路。

徐敏作为20世纪60年代初出生一代人,小时候常说的一句话是"生在红旗下,长在红旗下"。

1978年7月,18岁的徐敏参加了恢复高考后的第一届秋季考,怀揣着梦想从浦东乡间小路,走上了求学之路。三年学医毕业,她留校当了老师。在教师生涯即将满十年之际,1987年7月1日,徐敏加入了中国共产党,她在鲜红的党旗下举起右手庄严宣誓!之后,徐敏进入当时的川沙县委组织部工作。组织部的经历,让她更加坚定了自己为共产主义奋斗终生的决心,全心全意为人民服务的意识也从理论的认识渐渐变为行动的自觉。

1990年,正值徐敏而立之年,她的家乡浦东迎来了开发开放的伟大历史机遇。30年来,和所有的浦东儿女一样,她把满腔的激情和热血投入浦东开发开放、改革创新的伟大事业中,在平凡的岗位上,铸造了自己精彩的人生!

1990年4月18日,中共中央、国务院宣布开发开放浦东,浦东的历史自此掀开了新的一页。徐敏作为土生土长的浦东女儿,被分配到浦东新区工商局工作。

第一次坐在注册窗口前,她略显紧张,但很快,就被来办业务的人员扑面而来的创业热情所震撼。一拨又一拨的人们来到这里,或是申请开办企业,或是前来变更增资。从他们匆忙奔走的脚步里,她仿佛听到了要在浦东"大展拳脚"的声音。

那时,工商局的受理窗口很小,不到1平方米,徐敏注视着小小的窗口却深深感受到了浦东开发开放对外界释放出的强大吸引力。她在心里暗暗告诉自己:自己也要干出点名堂来!

当时一切都刚刚起步,很多事情还在摸索阶段,申请企业登记条件十分严格,她们的工作就像是"守门员",常说的一句话是"要把好市场准入这道关"。当时企业拿到一张营业执照之前,有时要先走上十几甚至几十个部门,不少单位由于政策不熟等各种原因会遇到"难产",办不出证照。

徐敏是一位比较认真、爱琢磨的人,她就考虑:我们的服务是不是可以更主动一点?能不能让企业办照多一点顺利,少一点"难产"?

于是工作之余,她就开始做一份额外的功课,每当遇到有企业办不出证照的情况,她就会主动去找原因、查阅资料、请示领导、请教上级业务部门、咨询相关单位,然后自己归纳总结最有效的解决方案。渐渐地,她的小本子上开始有了针对更多疑难杂症的"药方",找她咨询的人也多了起来,似乎开起了"专家门诊"。

注册窗口是感受企业需求、直面市场冷暖的一线岗位,更需要这个岗位上的工作人员充分发挥主观能动性,开动脑筋,完善办法,从原本政策的执行者,变成改革的探路人。

2005年浦东新区被国务院命名为首个综合配套改革试点区。如何运用浦东综合配套改革试点区的政策优势,降低企业商务成本,让他们轻装入市?浦东新区工商局积极探索一系列全新的改革举措,其中"注册资本分缴制",是颇具影响力的政策之一。这项政策不仅让广大民营企业大大得益,也让众多的国有大企业从中受益。

当时的上海盛东国际集装箱码头有限公司注册资本高达50亿元,但按照当时的《公司法》规定,这笔资金必须一次实缴到位。50亿元即使对大型国有企业也是一笔非常庞大的资金，而且通过验资等一系列程序，资金搁置时间长。但发展机遇不等人，她第一时间向企业宣传了刚刚试点的注册资本分缴新政，按照新政，企业首期只需缴付总注册资本30%的资金。作为窗口受理人，她全程辅导服务了"盛东"的登记。企业既加快了设立登记时间，又有了发展生产的资金。"盛东"成立后的第二年正赶上洋山深水港开发建设，公司就此扬帆起航，为上海国际航运中心建设作出了突出的贡献，而此处试点的"注册资本分缴制"也被新修订的《公司法》吸纳。

2006年，在领导和同志们的鼓励下，通过竞争上岗，徐敏走上领导岗位，成为浦东工商局注册处分管业务的副处长，不再是只做好自己注册官工作就行的"独行侠"。如何为企业提供便捷高效的服务，成了她和伙伴们的日常功课，办照快一点，服务优一点，企业满意度高一点，成了徐敏团队永远努力的目标。

2013年，十八届三中全会的召开，使浦东的发展又进入了新的征程。作为国家战略的中国首个自由贸易试验区——中国（上海）自由贸易试验区正式成立。与自贸区建设同步，浦东在上海率先启动了市场监管体制改革，工商、质监、食药监"三局合一"，成立浦东市场监管局，这也是全市第一个市场监管局，徐敏也成了浦东市场监管局注册许可分局注册科的科长。商事制度改革也在此时走上了快车道。自贸试验区一成立就推出了注册资本认缴制改革。

2014年3月《公司法》再一次修订，注册资本认缴制被全面吸纳。"双创"战略更激发了创新、创业的热情。一时间，注册窗口增加了3倍以上的申请量。她的工作量也随之提升，平均每天受理咨询、审批超过80余户次。一起工作的同事们也辛苦，总的日均接待量4 000人次，受理量达到1 500人次。这么大的工作量，同事们却从不抱怨，相反，他们以极大的热情克服种种困难，投入全新的工作之中。

工作这么多年，徐敏的笔记本换了一本又一本，但最近几年，随着商事制度改革的强劲推进，徐敏却发现记在她笔记本上的东西越来越不一样，笔记本的更换频率也降低了。

以前，她的笔记本上记着各种政策条文和法律法规，还有遇到各种问题的解决方案，满满当当的，不时作着更改，而且用不了多久就要换。但现在，自贸区建设负面清单的推出，证照分离改革的试点，一网通办的启动，都使得她的笔记本上需要记的临时性政策条文越来越少了，而多的是徐敏团队深入企业调研，了解企业需求后量身定制的服务内容，可复制可推广为目标的商事制度改革先试先行政策的灵感和素材。

由于工作上取得了一些成绩，组织上给了徐敏很多荣誉，尤其是光荣地当选为十九大代表，她认为这是党组织对她的鞭策和鼓励。

2018年1月，为了更好地学习贯彻党的十九大精神，局党组决定成立以徐敏的名字命名的"徐敏创新服务工作室"，并为工作室确定了三大目标："学习宣传贯彻十九大精神的先锋窗口，优化营商环境精准服务企业的问需平台，培育青年注册业务人才的优质苗圃。"她的工作也从窗口直接服务企业转变为：上门听需求、精准提方案、服务全流程，真正成了企业家门口的"店小二"。

时光荏苒，30年转瞬流逝，浦东正当而立之年，徐敏也迎来了耳顺之年！如今走在浦东的街头，看到一些企业的招牌时，她常常会情不自禁地露出微笑，这些年，小到个人独资、民营初创小微企业的开办，大到央企、国企的注册落地，经她的手都办了不少。所以每当在街头偶遇他们的招牌时，她总觉得备感亲切。

徐敏曾说，她始终觉得，她是一个很平凡的人，但不平凡的是，她在上海——这个红色基因诞生地工作，植根于浦东这块改革创新无所不能的热土，在党的领导下，和伟大祖国改革开放的历史进程同频共振。这样的历史地位，才让她有机会在改革前沿阵地的平凡岗位上，在鲜红的党旗引领下，在各级组织和领导的关怀培育下，茁壮成长！

94. 一个聋哑姑娘脚下的阳光大道

水晶心

洪泽，上海市浦东新区政协第一、二、三、四、五届委员。她是一个从东北来到浦东的满族姑娘。她从小双耳失聪，成了聋哑人。她说，是浦东开发的热土，给了她拼搏成长的机会。成长路上，党组织给了她很多荣誉，她先后获得"上海市劳动模范""全国自强模范"等称号，并获得"全国五一劳动奖章"。

洪泽

她认为她的成长，离不开组织与同志们的关心帮助。

1997年5月13日，是洪泽终生难忘的一天。那天，她这样一位从东北闯荡到上海浦东的聋哑姑娘，有幸到北京出席"全国自强模范"座谈会，不仅在北京人民大会堂受到了党和国家领导人的亲切接见，还亲手把自己设计的玻璃工艺品《香港回归图》赠给了国家主席江泽民和全国政协主席李瑞环。当时，看着国家领导人亲切的面容，她说有一种自豪感和幸福感油然而生。

洪泽，1970年出生在遥远的黑龙江。不幸的是，在她出生3个月时生了一场重病，可怕的病魔把她永远地送进了无声世界。在她12岁的时候，她的妈妈又因病离她而去。就在她对生活感到绝望时，是她做编辑的父亲、她的老师，还有亲朋好友给了她莫大的关心，让她鼓起了生活的勇气。从那时起，她每天刻苦地读书、习字、作画，终于考上了中国唯一的残疾人高等学府——长春大学工艺美术系。

临近毕业时，她在报纸上看到关于浦东开发开放的报道，深深地被吸引了。比她早一年从长春大学毕业的男朋友是上海人，他也不断来信让她来上海。就这样，22岁的洪泽揣着大学文凭，带着对新生活的理想和希望，以普通打工妹的身份来到了完全陌生的上海。刚到上海，对于一个聋哑人来说，工作是蛮难找的。后来听朋友说浦东的达捷公司需要刻花工，她便去应聘。公司的王董事长留下了她。她开始做车刻花纹，刻花工的工作，较为辛苦。她每天从早到晚都扑在砂轮车刻机上，为了一个图案或花纹，不停地刻，不停地磨，经常磨破了双手，可她还是咬牙坚持，直到刻到满意为止。

在达捷公司领导和同事们的关心支持下，她很快握了玻璃艺术品的生产技术。洪泽对事业的执着，引起了公司领导的重视。半年后，公司让她担任设计员。为了能尽快胜任设计工作，洪泽全身心地投入工艺美术的世界中，结合样品和书籍，从艺术品和书本上获取创作的灵感。她还利用节假日到风景区写生，积累创作素材。1996年，公司提拔她担任了高级设计师。

洪泽设计《香港回归图》这件作品是在1997年5月初，距香港回归祖国还有60天的时候。这一天，洪泽从报纸上看到了香港回归倒计时上的"60"字样，心情久久不能平静。正好再过十几天，她就要到北京去参加"全国自强模范"座谈会了，当时她立刻决定设计一幅《香港回归图》，把它镌刻在玻璃果盆上，并将这份礼物带到北京，用自己的艺术勾勒出对香港回归的企盼之情，表达对邓小平他老人家的深深怀念。

这一个晚上，她失眠了，一幅幅时而清晰、时而模糊的画面展现在她眼前。经过五天的反复琢磨和对图稿的不断修改，终于设计出了很有创意且具有代表意义的作品。在这作品上，刻有香港秀丽的山水，一幅邓小平老人家慈祥的肖像，正笑看香港的回归……《香港回归图》的诞生,是洪泽多年来刻苦钻研的精品。几年来,她把全部精力都用在产品的设计和艺术素养的提高上,共设计出500多件艺术品。每件艺术品各有千秋,栩栩如生,体现了传统与现代相结合、东方与西方共融的艺术特性,产品受到国内外的广泛好评,曾获得了多个奖项。

洪泽当时一直有个小心愿——当一名志愿者,为社会奉献自己的爱心!

机会终于来了,当她听说上海世界博览会(简称"世博会")的"生命阳光馆"需要国际手语翻译时,她毅然报名,最终如愿以偿地成了一名身穿绿白相间志愿者服的"小白菜",在"生命阳光馆"里担任引导员和国际手语翻译。由于她懂得中国手语、美国手语、国际手语、北京手语、东北手语以及上海手语等,于是她又利用双休日,教其他志愿者学习国际手语,为迎接"世博会"做准备。那些日子,虽然辛苦,但却充满激情。

生命阳光馆,是世博会159年以来,历史上首次设立的残疾人主题馆,以"消除歧视、摆脱贫穷、关爱生命、共享阳光"为主题,体现了对生命的尊重,彰显了残疾人自强不息、追求平等、对生活的美好向往以及人类相互融合、共创美好未来的愿景。馆内通过各种高科技展览和体验手段,让观众了解残疾人,了解中国残疾人事业,感悟生命的美好,感知摆脱障碍的方法等。

2010年4月29日,对她来说意义非凡的一天。因为这一天,她见到了来世博会生命阳光馆视察参观的胡锦涛总书记。总书记首先观看了馆里残疾人的才艺展示,并在现场发表了热情洋溢的讲话。她聚精会神地看着总书记,用眼术一字字"听"懂了总书记的讲话,心里十分温暖。没想到总书记对着她微笑着用手语说:"谢谢您!"现场顿时响起了热烈的掌声。新华社记者拍下了这一激动人心的场面。那一刻,她感动得热泪盈眶!因为她说她不仅见到了总书记,还能与总书记亲切握手,用手语交流,真是既幸福又幸运!

5月1日,世博会开幕后,洪泽和"生命阳光馆"的其他志愿者先后接待了来自美国、加拿大、泰国、日本、墨西哥等国的聋人朋友,以及国内众多的聋人朋友和游客们,她每天需要工作12小时,一天下来,双腿站得又酸又麻，但心里却充满自豪感。在此期间，她和来自世界各地的聋人游客成了朋友。

9月22日，美国聋人旅行团来生命阳光馆参观，洪泽用国际手语为他们讲解了馆里的六个单元：序厅、阳光天地、生命舞台、体验空间、智能居室和爱心走廊。有些美国聋人对盲人体验区很好奇，想进去体验一下，工作人员便安排洪泽带领他们去体验。于是，洪泽一行人摸黑前行，左手扶墙，右手搭肩，一个挨一个，深一脚浅一脚、跌跌撞撞地往前面摸索，就好像走在一个恐怖的无人探险区里。洪泽身后的美国聋人紧紧地抓着她的右肩不停地摇晃，她明白他的意思：想要快点离开这个令人害怕的黑暗世界。通过这次体验，洪泽说她也第一次真正体会到，对盲人来说生活在一个黑暗的世界里是多么痛苦，他们必须在黑暗中克服恐惧心理，靠听觉和触觉来生活，难度可想而知。可是，有不少盲人朋友心中依然充满阳光，这不正是我们需要学习的一种生活态度吗？

有一天，洪泽接待了来自日本的聋人旅行团，参观完毕，其中一位日本手语翻译先生还送给洪泽一枚"手语翻译"的标识徽章，别在她的"小白菜"证件上，这也是对她工作的肯定。

还有一次，洪泽在快下班时，临时接到一个协调工作的任务：世博会墨西哥馆请来了一个哑剧团进行表演，哑剧演员都是墨西哥聋人，他们希望能够邀请到上海的聋人朋友们，于第二天前往墨西哥馆观看他们表演节目。由于时间紧张，洪泽和生命阳光馆里的三位聋人讲解员只好连夜分头联系通知上海的聋人朋友们，终于组织了50名上海聋人，于第二天下午4点到世博中心观看墨西哥馆的演出和交流，这次活动深深增加了两国残疾人的友谊。此外，洪泽还常利用"读唇术"，为一般游客服务，解答问题。因为她身着"小白菜"的工作服，向她问询的游客不少。

世博会期间，洪泽由于过度劳累而病倒，住进了医院，还进行了一项手术。在住院期间，她还一心心牵世博会，挂念生命阳光馆，待身体稍有好转，她就归心似箭地回到生命阳光馆，投入紧张的志愿者服务工作中。2010年10月31日，上海世博会圆满闭幕了，洪泽被评为"上海世博会志愿者之星"。世博会，圆了洪泽的志愿者梦，也让她有机会用实际行动回报了社会。在当晚举行的"上海世博会园区志愿者离园仪式晚会"上，洪泽与歌唱家谭晶同台演出了《难说再见》。活动最后，洪泽怀着万分激动的心情谈到，如果以后有机会做志愿者，她依然会义无反顾！

世博会虽然结束了，但"勤勤恳恳、任劳任怨、实事求是、精益求精、勇于奉献"的世博精神将会令洪泽铭记一生，她以世博精神时刻激励自己：在艺术上再接再厉，在自己的本职工作中兢兢业业，为残疾人事业奉献到底。

2007年开始，洪泽被党组织推荐到上海市残联的聋协工作，担任市聋协主席。对此，她说她会尽她的努力，不辜负组织的希望。2019年国庆前夕，洪泽欣喜地收到一枚"庆祝中华人民共和国成立70周年"的纪念章。洪泽热爱浦东，现仍住在浦东，能每天看到浦东的发展，她说可以鼓励她更努力地工作。

95. 疫情防控中的浦东儿女

任梦丽 *

2020年1月底，武汉发生新冠肺炎疫情，全城封闭，全国派医疗队驰援。

面对疫情，上海市第七人民医院儿女总是第一时间站出来，承担医务人员的社会责任，发扬"德仁术精"的七院精神。在这次疫情防控中，也涌现出许多感人的故事。

一

2020年1月24日，除夕夜，上海第一批援鄂医疗队启程出发。上海市第七人民医院骨伤康复科护士长李冬梅就在这支由136人组成的首批医疗队中。接到通知时，她还奋战在医院值班的岗位上，没有年夜饭，没来得及与亲人一一道别，背起行囊马上出发。

李冬梅是一位有着20多年党龄的老党员，曾参加过2003年抗击"非典"的斗争和2008年汶川大地震的救护工作。这次在武汉抗击新冠病毒，她又是第一个挺身而出。没有什么豪言壮语，只有微信报名群里简简单单的话语："我排在你前面，你小孩小，我家里没啥牵挂的。""作为共产党员，我报名！我身体好。""科室其他人，我也不动员了，孩子都小，就我家里没事。"这让无数人泪目。

---

* 作者系上海市第七人民医院党政办公室科员。

熟悉她的人都知道，工作中的李冬梅，可以用"快"和"爽"两个字概括。语速快、走路快、动作快。做事雷厉风行，说话干脆利索。而面对病人，李冬梅却又展现出温柔的一面："作为一名白衣'战士'，我们要用最质朴的情怀，给患者最温暖的关怀。"武汉一位60多岁的老人因聚会感染新冠，刚入院时情况很严重，情绪烦躁，直吵着要回家。"我看得出，他有些坚持不住了。"李冬梅每次进病房，就会紧紧握住他的手，安慰他说"加油"！经过插管治疗，这位老人已经好转了不少。"我们医疗队要回家了，你也要加油，早日回家！"医疗队撤出那天，李冬梅特意和老人告别，老人朝她点了点头，眼神里满是希望。

二

"领导，真的，去之前我有一丝犹豫，担心家里的老人小孩，是我老公第一时间站出来说，有需要的时候，该为家乡做点什么了……你去报名吧，我支持你去。我现在真的准备好了！家乡需要我，随时启程！"

这段话来自急诊监护室的护士吴凡。

2020年2月19日，到达雷神山！吴凡的战疫日记中记录着这么一段话：

> 因为我是当地人，可以充当"小翻译"，那天下午接待了十几名患者，而我接待的患者中，有一名老奶奶，茫然无措，我主动上前，帮她提着行李并主动用武汉话与她交流，我说："大，你莫慌，勒是在雷神山医院，我是你滴护司，您安心住到，勒里环境通风，莫瞎跑！"（奶奶，你不要紧张，这是在雷神山医院，我是这里的护士，你安心住在这里，这里环境通风的，不要乱跑！）老奶奶说："是滴吵，谢谢啊……"（好的呀，谢谢啊）。看到她瞬间放松下来，激动地握着我的手，不知道要说点什么好。那一刻我真的很庆幸，真的来对了。那天我一直跑来跑去主动去帮忙翻译，当地的老乡们，听到

乡音，仿佛都更加安心了，感觉自己是如此被需要着。成就感使我觉得尽管上了12小时班，依然不知疲惫。

"家乡话是温馨又能传递爱心的话语。我很自豪能在他们最需要的时候出现。"吴凡说。

三

路建饶是上海市第七人民医院肾病科主任，从事临床工作37年，具有丰富的工作经验。作为曾经的军人，在疫情来临后，他第一时间积极主动报名，要求参加抗疫工作。作为医疗队中年龄最大的队员，路建饶冒着随时被感染的危险，第一批进舱接收新病人，搬运病人，最后一批出舱，为医护人员作出了表率。

身边的很多同事朋友，包括亲人们都在问他："临近退休了，人生中工作事业到头了，该有都有了，可以说功成名就，为什么在这个危险的时刻还会主动请缨？"他的回答很简单："我们这代人，尤其是当过兵的人，一定会理解我坚决参加医疗队的愿望和决心。我1979年16岁高中毕业，有幸考入第二军医大学，在部队工作生活20余年。我父亲也是参加过抗战的老战士，骨子里有军人作风和情怀。这次出征，非常单纯，是我的经历和性格使然，没有丝毫的犹豫和恐惧。"

四

2020年11月22日晚，上海浦东国际机场组织所有相关人员进行集体核酸检测，各货运站及货运区域所有人员连夜参与。专业检测人员在浦东机场P4长时停车场2层，设置了临时检测区域，现场对人员进行采样。240名医护人员、300名工作人员，从晚上7点工作到清晨5点。240名医护人员中，有120名来自上海市第七人民医院。一张桌子、两把椅子，桌上放着核酸采样拭子、快速手消液、手套，桌旁有医废桶，就这样开始了他们的核酸采样工作。他们纷纷表示"这是难忘的一夜"。

曾代表上海市第七人民医院加入上海第三批援鄂医疗队，驰援武汉市第三医院的肿瘤二科副护士长黄芳说："到了凌晨4点，大家已坚守在岗位足足9个小时。长时间的工作强度以及穿着防护服不吃不喝、缺氧，使得大家疲惫不堪。这么冷的天气，穿堂风把大家吹得瑟瑟发抖，好多小伙伴双手冷到动弹不得，对于采集人员递过来的采样管却怎么也使不出力气，打不开盖子。采样人员看到我们工作人员的狼狈也非常心疼，不断地说：'这么冷的天，辛苦你们医务工作者了''真的很感激你们的付出'，然后顺势帮我们打开采样管盖子递给我们。一句感谢的话语，一个贴心的动作，让我们医务工作者内心温暖无比，让大家觉得再辛苦都是值得的。"

参与采样的七院发热门诊护士长王韶衍说："采样完毕踏上返回大巴，小伙伴们基本倒头就睡。整个车子，呼噜声此起彼伏，在我听来却特别悦耳，特别动听。"

这场艰难的防疫战，因有了李冬梅、路建饶、吴凡这样的七院人，才筑起了一道隔离的防护墙。这个世界因为他们的义无反顾才美丽，愿每天都是艳阳天，愿疫情早日结束！

96. 荣获国家勋章的知名学者徐葵

周伟良

2015年9月3日中午，纪念中国人民抗日战争暨世界反法西斯战争胜利70周年招待会在人民大会堂隆重举行。党和国家领导人李克强、张德江、俞正声、刘云山、王岐山、张高丽等同800余名中外嘉宾欢聚一堂。李克强主持招待会。中共中央总书记、国家主席、中央军委主席习近平出席招待会并发表重要讲话。出席招待会的有一位嘉宾是我们浦东张江的老兵。他是以抗战老战士的身份参加这样的招待会并获得共和国勋章的。他的名字叫徐葵。

徐葵原名黄耀宗，1927年出生在张江原建中村黄家宅，是浦东新区张江镇著名爱国民主人士黄炳权之次子。黄耀宗10岁时，因日军攻占上海，在兵荒马乱的年代，全家迁居上海租界。1943年，日军占领租界，抗日战争如火如荼，徐葵与几个复旦中学同学成立秘密的"星火读书会"，宣传抗日救国的思想，因不甘作"亡国奴"，16岁时，高中还没毕业，就随父亲颠沛流离去重庆，在重庆考入从北平内迁到重庆巴县的朝阳学院法律系，在校期间，开始参加党的一个青年进步学生外围组织活动，抗战胜利后到北平，在北平参加高涨的学生运动，投身革命队伍，其间，改母姓为徐，名葵。

1949年5月，徐葵受黄华夫妇的外语能力面试，通过后到廖承志为部长的中国青年团中央国际联络部工作，翌年，加入中国共产党。那时，他主要的任务就是在团中央国际联络部部长吴学谦领导下从事对苏联青年工作的联络，或随团去苏联考察学习，或陪同苏联访华团到全国各地访问交流。其间的翻译工作均由他任担。1956年，苏联共青团代表团来华访问。刘少奇、邓小平等中央领导同志接见该代表团时的翻译就是由徐葵担任。1958年，徐葵被任命为全国学联的秘书长。是年11月起至1962年，徐葵被派驻捷克布拉格的国际学联工作达四年，在国际学联任书记处书记、副主席。为宣传新中国的革命成就，团结世界各国青年，争取世界和平的工作成绩斐然。1964年，共青团第九次全国代表大会时，徐葵被选为共青团中央候补委员，出任共青团中央国际联络部副部长，兼任全国学联秘书长和全国青年联合会副秘书长。

1964年6月，徐葵参与毛主席接见波多黎各大学生联合会代表团当时留下合影。这幅照片中，连毛主席一共只有七人，是浦东张江人和毛主席合影较为珍稀的一幅。

值得一提的是，自20世纪50年代起，徐葵多次为时任团中央书记的胡耀邦出访苏联或接见苏联代表访华时任翻译。1957年，胡耀邦在莫斯科举行的第六届世界青年联欢节上，曾对外说徐葵是他的翻译及秘书。胡耀邦去世时，这位翻译家偕夫人周抚方到胡家设的灵堂去吊唁。

"文化大革命"时，徐葵受到不公正待遇，但徐葵也不放弃对外语的学习钻研。1975年5月，徐葵从团中央五七干校调到中联部苏联组；1979年，徐葵随同宦乡率领的中国学者代表团去美国参加研讨会时，一位毕业于外国语大学英语系的随团翻译，担任口译遇到困难时，徐葵挺身而出，承担起为代表团翻译的口译工作。在这次出访中，徐葵同志不仅显露出他研究苏联问题的深厚功底，赢得外国学者的高度评价，也展露出他出众的外语才能。令人钦佩的是，这位翻译家不是专业外语出身，而是自学成才。除了熟练掌握俄语及英语外，徐葵还旁及德、法、日语。

1981年，徐葵转入中国社科院苏联东欧研究所，1982年2月至10月，在美国哥伦比亚大学俄国研究所做高级访问学者，回国后出任中国社科院苏联东欧研究所代所长、所长、党组书记，其间，编辑出版了《苏联概览》《东欧概览》等大型工具丛书，系统地介绍了苏联和东欧经济体制改革的思想理论。这些译著对中国的政界、理论界都是有极大的参考和文献价值。《苏联政治内幕—知情者的见证》译著出版后，江泽民同志在1988年初全国经济工作会议上向与会者建议"读一读这本书"。徐葵主持翻译的原苏共中央宣传部部长撰写的《一杯苦酒》一书，中央领导还推荐给政治局的同志们一阅。宋健、钱其琛等中央领导同志阅读这些书后，曾通过不同方式向徐葵致谢。

1988年至1998年，徐葵同志被推荐为第七届、第八届全国政协委员。

20世纪90年代，苏联及东欧社会主义国家发生了剧变，国际共运遭遇了严重挫折，最终出现苏联解体、苏共瓦解的局面。为何会有这样的局面？多少人想寻找渊源。徐葵急人所急，翻译了多批俄国出版的有关文献、书籍，还加上"译者的话""校者的话"，或"译者说明""注释"等导读性文字，充分体现了徐老知识渊博和对国际问题研究的深度。他的译著，语言精练，信、达、雅俱佳，除了得到中国各界的好评，也得到俄方的赞赏。1994年，俄罗斯科学院远东研究所邀请徐葵参加该所学术委员会并授予他名誉博士学衔以资表彰。

徐老于1999年离休后，仍孜孜不倦与研究所里的同志一起翻译了30多部文献类读物，独自翻译了一本《苏联档案集》，为中国的苏联问题研究的学术界和广大读者奉献了一批很有参考和保存价值的读物。2006年社科院成立学部时，徐葵被评为苏联问题研究专家、荣誉学部委员及著名翻译家。

更令人钦佩的是，以徐老为主翻译的两本不同时期的《普京文集》译著，由江泽民及胡锦涛两任总书记分别为之写序。俄罗斯总统普京两次写信表示感谢。这在中俄两国两党的关系史上是史无前例的。

97. 从工人新村到国际社区

潘建龙

早期新村建设

上海解放不久,在 1950 年 10 月召开的上海市二次一届各界人民代表会议上,上海市市长陈毅指出:"目前经济情况已开始好转,必须照顾工人的待遇和福利。"在《上海市人民政府 1950 年工作总结》中指出:"为工人阶级服务,就市政建设来说,目前上海最迫切的工作,就是为工人阶级解决居住问题。"

《浦东新区地名志》记载:1951 年,长江航运局和上海港口机械厂在小陆家嘴开始建设浦东的第一个工人新村——长航新村。同年中国石油销售公司华东分公司在高桥西侧建造工人新村,当时取名石油新村(后改名上炼新村,并扩建为一村、二村)。早期工人新村的一个显著特点是政府规划支持后,大多由企业自主开发建设,并以企业名或行业特性命名。

1952 年,上海第三钢铁厂(上钢三厂)在厂区附近开始为职工建造住宅,即为后来的上钢新村。1958 年,上钢新村作为上海市规划建设周家渡工业区配套的住宅新村列入市政府规划,至 20 世纪 70 年代上钢新村完成 1 至 3 村建设。

1953 年,浦东最大的造船企业沪东造船厂,在西沟港东、浦东大道南征用农田建造沪东新村。沪东新村占地 23.83 万平方米,从 20 世纪 50 年代起建设,至 90 年代初,共竣工建筑面积 12.58 万平方米,其中

50 年代建造平房 182 幢、二层楼房一幢；60 至 70 年代建造三层楼房 80 幢、四层楼房 12 幢；80 年代至 90 年代初，建造五层楼房 29 幢、六层楼房 24 幢。新村还配套建设了职工医院、职业技术学校、小学、电影院、百货店、食品店、招待所、邮局和银行。

在建造浦东工人新村的数十年时光里，如论知名度和影响力，非崂山新村莫属，其住宅结构在当时亦属引领潮流。

1952 年 8 月 15 日，上海市市政建设委员会在研究 1953 年住宅建设计划时，决定在浦东地区开辟住宅建设基地。同年 9 月 30 日选址崂山地区，规划建造 1 500 户。第一批住宅 1953 年 6 月动工兴建。1954 年 4 月竣工后，分配给市劳动模范居住。同年开始第二批 886 户住宅的建设。

第二期工程始于 1955 年，当年建成 47 171 平方米，经市政府同意，第一、第二期住宅命名为崂山一村。此后，1956 年由市统一建造住宅 43 幢、26 506 平方米，为崂山二村。1957 年建造 16 544 平方米，为崂山三村。1958 年至 1959 年上半年，又建造 48 031 平方米，为崂山四村。其时崂山新村住宅面积已逾 14 万平方米，并建有崂山商场、浦东工人文化馆和东昌电影院等生活、文化、娱乐配套设施。

20 世纪 60 至 70 年代，崂山新村实施三期工程，先后建造一批四、五层住宅，但是厨房、卫生间仍为合用。80 年代初开始建造五层、六层住宅的崂山五村、六村、七村。从这时起厨房、卫生间才成为每户独立使用的空间。1993 年崂山新村全部竣工，总占地面积 12.67 公顷，建筑总面积 20.65 万平方米。一至七村，共有住宅 169 幢、6 795 户。历时 40 年建造而成的崂山新村，清晰地刻画出浦东工人新村建设发展之路。

20 世纪 50 年代在浦东沿江地区还先后建设浦电、海港、长田、市建等工人新村。60 至 70 年代，建设塘桥、港驳、浦建、风雷、海洋、东建、东南、大庆、上溶、港机等工人新村。

浦东住宅大发展

20 世纪 70 年代末，上海市委、市政府指示：浦东住宅要大发展。

1979年2月14日，上海市城市规划办公室完成上钢新村规划编制。在上钢新村原有一至三村基础上，新规划增加7个村，分成9个街坊、15个住宅群。新建住宅为行列与点状相结合布置，道路沿线及新村中心的重要地段，安排几组塔式高层建筑，形成高低错落空间。市政设施主要新辟历城路、长清路、昌里路等。居住区内新建长清公园，在各个街坊建设多处绿化园地、街心花园。

20世纪80年代至90年代初，浦东建成东昌、东园、梅园、崂山、莱阳、香山、乳山、竹园、潍坊、泾东、泾西、泾南、罗山、雪野、上钢、上南、德州、临沂、南码头、微山、南泉、云莲、杨思等新村。

大型居住区建设从动工建设到全面建成旷日持久，一般历时10余年甚至30年不等。梅园新村始建于1950年，至1992年建成，历时42年，先后建成各类住宅356幢，其中7幢为高层住宅。

潍坊新村是20世纪80年代上海市政府在浦东规划建设工人新村的典型作品。新村北至张杨路南，西为浦东南路，东临文登路（东方路），南临张家浜，占地89公顷，建筑总面积89万平方米、住宅16 592套，是上海市第六个五年规划中的12个居住区之一。从1981年2月动工建设到1993年10月全面建成，潍坊新村建设历时12年。潍坊新村改变了以往沿马路住宅山墙和兵营式建筑的模式，代之以高层、多层，达到宅群高低错落有致效果，并辅以立体绿化点缀，给人以轻松、活泼的感觉。

动迁房建设

1990年，浦东开发开放，陆家嘴、金桥、外高桥、张江四个国家级重点开发区先后成立，随之大批土地被征用，大量原住民搬离，促使各开发公司建设大量动迁安置房。

开发初期，陆家嘴金融贸易区、金桥出口工区在金桥镇西与北侧建设金杨新村。外高桥保税区在高桥镇、杨园镇建设富特新村、杨园新村，外高桥港区一期工程在高桥镇建设童港新村。张江高科技园区在张江团结村建设香楠新村。1990年9月25日，上海市市长朱镕基对童港新村建设作出指示："包工期，包投资，包质量，如期建成。完不成任

陆家嘴地区住宅群

务，唯其是问。"

在早期的动迁安置房建设中，名声最响、建筑规模最大的莫过于金杨新村。金杨新村东起金桥路，西至居家桥路，南靠杨高中路，北临张杨路，规划占地206.7公顷，分为11个街坊，总建筑面积203.3万平方米，其中多层住宅461幢，高层住宅13幢，住宅建筑面积155万平方米，公共配套建筑面积48.3万平方米，总投资约36亿元。1992年6月开工建设，1996年底基本建成。配套服务设施有金杨路商业一条街，中小学各3所，幼儿园和托儿所8所，电话局1座。以现在的眼光看，金杨新村每种套型的面积是偏小的。小套面积一般在38平方米左右，中套面积在54平方米左右，大套面积也不过在77平方米左右。

随着浦东开发建设需要，新村建设也由政府规划建设向房地产企业开发建设商品住宅并举转变。在环境、房型、面积与原工人新村比较，发生极大变化，向着宜居、中高档方向提升。

这时的动迁房建设与金杨新村比较，无论在住宅结构提升、配套设施完善上，有了极大进步。为2010年上海世博会定向安置建设的三林世博家园可谓代表性作品。三林世博家园地处三林镇境内，位于中环线

97. 从工人新村到国际社区 | 423

以内的中心城区，东至春塘河及三林镇域边界，南至华夏西路，西至浦三路，北至南新小区。占地面积132.91公顷，其中居住用地面积约101.23公顷，总建筑面积约118.5万平方米，被列为上海市重大工程，共建造233幢房屋，定向安置世博基地动迁居民1.2万户、3.8万人。2004年11月8日开工建设，2006年3月31日，第一期31万平方米住宅交付使用。2006年6月30日，第二期住宅开始交付。三林世博家园配套建设中小学各1所、幼儿园2所、福利院1所和社区医疗服务中心。沿小区南北主轴线，建有2.5万平方米商铺，配套了大型超市、商场、社区服务中心、菜场、公交首末站、大型休闲广场、中心绿地。

在建设中高档居住区的同时伴随着老旧小区的改造，许多新建居住小区在拆除老旧新村（小区）基础上建造起来。

菊园旧区位于陆家嘴中心地块，东靠浦东南路，北至陆家渡路，南依杨家渡路，西临荣昌路，面积24.07公顷。整个菊园旧区建筑设施简陋，居住环境甚差，共有企业、居民7 000多户。1996年，菊园旧区改造列入"四个一工程"。菊园小区建设分4期进行，其中一期工程占地4.59万平方米，建筑总面积15.96万平方米，于2000年12月31日竣工。2006年，整个菊园小区改造完成。建成后的居住区分别命名为菊园、汇豪天下和江临天下。除建造商品住宅外，沿浦东南路和张杨路一侧区域，建造了上海湾、中融大厦、鄂尔多斯国际大厦、隆宇大厦等商办楼宇。

2009年，上海市规划建设15个颇具规模、交通方便、配套良好、多类型住宅混合的大型居住社区，其中在浦东建设周康航（居住区后命名为鹤沙航城）、曹路（居住区后命名为金海华城）和临港大型居住社区。周康航规划用地总面积约2.36平方千米，曹路规划用地面积5.14平方千米，为上海市最大的居住区。

三大国际社区

回溯20世纪90年代初，位于浦东大道1097弄珠江玫瑰园和松林路东侧海怡别墅的建成，表明浦东住宅建设迈出了向中高档、商品化、国际化、大型化方向发展的步伐。20世纪90年代中期,金桥集团公司开始投资建设4平方千米碧云国际社区。1997年,外资企业上海仁恒房地产有限公司投资建设的仁恒滨江园,成为滨江国际社区建设的先声。2000年初,联洋社区中的联洋新苑、御景园、天安花园的相继动工,成为联洋居住区建设开端。2010年,滨江、联洋、碧云三大国际社区基本建成,成为浦东房地产业著名的三大地标建筑。此后,森兰国际社区建设也紧随其后,进而成为浦东高档社区建设的后起之秀。

98. 百年东方　与爱同行

晓　方　东　方

说起同济大学附属东方医院建院100周年，必然会回顾百年东方的发展历史，细说几代东方人前赴后继、努力书写的发展史。

浦东原来没有医院，上海解放前浦东是劳动人民聚居的"贫民窟"，卫生状况极为恶劣，没有任何卫生设施。霍乱、天花、伤寒、脑炎等传染病流行猖獗，成千上万的劳动人民被疾病夺去生命。浦东同人会目睹此情此景，萌发了在浦东建造医院的念头。于是，1920年，由浦东同人会陈桂春、虞洽卿、王一亭、朱葆三、朱福田等人奉献仁爱，发起募捐，筹资在浦东建造医院。1922年竣工，立名为"浦东医院"。聘用工作人员6～7人，设床位20张，由陈桂春任院长。

医院开办以后，日常经费由热心士绅捐助的同时，由浦东同乡会（1928年"同人会"易名为"浦东同乡会"）资助，到1933年正式由浦东同乡会接管，改名为"浦东同乡会附设浦东医院"，并成立了董事会及管理委员会，杜月笙任管理委员会主任。订立了浦东同乡会附设浦东医院管理委员会12条章程，并经第十次理监事会议决推潘鸿鼎、傅佐衡、潘志文、张上珍、瞿绍衡等商善后办法，制订了17条浦东医院章程。

订立的条款极其民主和严密，又职责分明，足见浦东同乡会、浦东医院管理委员会、浦东医院这三者之间密切联系。

1937年浦东沦陷，医院被日本宪兵队侵占作为营房，医院业务遂告停顿。日本宪兵队侵占浦东医院院址以后，在浦东原新马路（今浦东南路）48号开设了一所"履仁医院"。1941年3月,上海成立"特别市卫生局",日军将该院移交给卫生局管理,立名为"市立浦东医院"。

1945年,抗日战争胜利后,上海市卫生局将市立浦东医院迁回警局路（解放后改为东宁路）旧址,成立"上海市立第三医院",此时的上海市立第三医院,房屋产权仍归浦东同乡会所有。

1949年,上海解放后,由军管会接管市立第三医院,经过整顿,医院建立了党团组织,组织医务人员学习政治,明确为人民服务的方向,逐步健全各项规章制度……成立上海市立第三人民医院,归上海市卫生局领导。

1956年2月25日,原来由浦东天主教仁爱会创办的仁爱医院（院址在浦东烟厂路124号）,并入市立第三人民医院。扩充了医疗用房,增加了床位,充实了技术骨干力量,扩大业务范围,医院得到一定发展（床位增设到64张,医技人员71人）。烟厂路仁爱医院院址作为市立第三人民医院妇产科病区用。

1958年随着经济的发展,国家实行了劳保、公费医疗制度,人民生活不断提高,市立第三人民医院的规模已不能适应形势的发展。人民政府顺应浦东人民的要求,在现在的院址（即墨路150号）开始建造设300张床位、门急诊日容量为800人次规模的综合性医院。新院1960年落成后,于同年4月10日正式划交浦东县领导（当时正值区、县调整）,定名为"浦东中心医院"。

1960年12月,浦东县撤销,医院划交川沙县领导。于1961年10月改名为"川沙县中心医院"。

1962年上海市府573号文决定,将川沙县中心医院划交黄浦区领导,于1963年4月1日正式改名为"黄浦区浦东中心医院"。自1963年4月1日改名为"黄浦区浦东中心医院"后直至浦东新区成立。

从1941年3月至1963年4月1日,医院先后由姚谟、王瑞之、赵书绅、夏清祥、朱祖尧、瞿祖德、徐剑清、付积仁、赵伟、李更生、吴振国、张慧珍、孙维远、马龙瑞、王海涛、杨润庚、袁福伦任院长。

1993年1月1日,中共上海市浦东新区工作委员会和上海市浦东新区管理委员会宣告成立,建立统一的领导机构,至此,浦东新区正式成立。原属黄浦区领导的"黄浦区浦东中心医院"划归浦东新区领导，遂改现名"东方医院"。

　　东方医院成立初期是一所集医疗、教学、科研、预防、保障于一体的二级甲等综合性医院。随着浦东开发开放和经济社会发展的需要，20世纪90年代后期，浦东新区人民政府投资3亿多元人民币对东方医院进行了全面改扩建。改扩建后的东方医院占地面积22 881平方米，医院建筑系一幢高65米，地下1层、地上14层，建筑面积62 604.24平方米，使用面积37 562.24平方米，将门诊部、急诊部、医技科室、住院部、行政管理、保障系统、院内生活七大功能系统全部融于一体的综合性大楼。配备中央空调系统、中央供氧系统，住院部编制床位650张，实际开放床位720张，最多时达到770张，每间病房均有独立的卫生设施。

　　1997年，不到40岁的上海仁济医院心脏外科常务副主任刘中民，应聘来到只是一家二甲医院的东方医院，要干一番事来，下决心让"浦东人看病不过江"，听患者讲"东方医院是好医院""东方的医生是好医生"。

　　要想梦想成真，首先要解决医院人才问题。借助浦东新区开发的机遇，医院得到了各种政策支持，引进人才也可以不拘一格。刘中民还记得，发展初期，医院因人设科、因科设岗，为引进人才，常常是"五顾茅庐"。而东方医院的独特环境也的确吸引了许多海内外医学人才，走出了一条"超常规、跳跃式"的发展道路。

　　"当时，只要是具有副高职称或者研究生学历的医务人员愿意来东方医院，我们就想尽办法快速引进。"刘中民说。到2000年之后，医院又探索"不求为我所有，但求为我所用"的新路。2001年底，东方医院成为同济大学附属医院。从一家单纯的临床型医院，发展为医、教、研必须齐头并进的名牌大学附属医院，东方医院对人才的需求更高了。依照当时东方医院在上海医疗界的资源地位，引进人才谈何容易。引不进来，那就借船出海；这一时期，东方医院实施了"人才引进与兼职聘任"相结合的路子。

　　另一方面，在"爱在东方"的核心文化浸润中，"东方人"敬佑生命，甘于奉献。早在2001年，东方医院就率先成立了我国改革开放以来大陆医疗机构中第一家医院社工部，经过20年的探索和实践，将人文关怀融入医疗服务的过程与细节之中，形成了以专业服务为主体，以公益慈善、志愿者管理为两翼的东方发展模式，成为医院人文关怀、优质服务的一张靓丽名片。作为浦东新区首家本土三甲医院，东方医院充分依托并联合区域化党建优势，南北两院区因地制宜开展党建联建工作，探索出一体两翼的城市党建新模式。

东方医院有一支通过世卫组织认证的国际应急医疗队。

2008年5月12日，汶川突发地震。6天后，刘中民率领不同医疗机构70余名医疗队员组成上海市第二批抗震救灾医疗队赶赴汶川震区——当时，刘中民已经年过五旬，虽然第一时间向市里申请奔赴灾区救援，但最终没有出现在上海医疗救援队第一批的人员名单上。

连续作战12个日夜后，刘中民艰难完成了63名伤员和100余名伤员家属的转移工作。然而亲历灾区，让他深深体会到灾难中的医学救援与医院急诊室抢救的巨大差别。

内外妇儿、男女老幼的多发伤、复合伤伤员规模性聚集，医疗场所塌陷、医护人员短缺、医疗物资匮乏、转运体系不健全……"灾难"下，医者如何在保证自身安全的前提下，提高救治效率？

2008年9月，刘中民在同济大学医学院成立了国内首个急诊与灾难医学系。与传统临床医学教育不同的是，学生除接受传统临床培训外，还要懂得现代灾难医学救援的科学知识，并亲赴灾难地进行救援演练。

2010年上海世博会召开前夕，上海市卫生应急医疗队初建。队伍由东方医院50余名医护人员组成，配备国际先进救援设备，并圆满完成世博会全程医疗卫生保障工作；2016年，世界卫生组织专家组赴上海，对医疗队展开认证评估，对照40余项评估要求，逐条进行实地查看。最终专家组一致同意，从全世界60个国家的200个医疗队中脱颖而出，成为首支通过世卫组织认证的国际应急医疗队。整建制承建的中国国际应急医疗队（上海）53名队员，2020年，驰援武汉圆满完成各项医疗救治任务后回到上海。一个多月的战斗，他们在武汉市东西湖区方舱医院搭起"生命方舟"，实现了三个零：患者零召回、零死亡、医护零感染。2020年中国国际应急医疗队（上海）荣获"上海市劳模集体"称号。

东方医院现有员工1 385人。其中医技人员近占75%，有高级职称的39人、副高级职称的118人、博士52人、博士生导师6人、硕士99人、硕士生导师28人。医院开设有临床与医技专业学科39个。

因东方医院专业基本配套，设备比较完善，承担了第二军医大学、苏州医学院等高校学生的临床实习及外省市医院医务人员的进修任务。东方医院在国内已具有一定的知名度。

百年征途，"东方"品牌日隆。在百年未有大变局之际，蓄势百年的风雨东方，将勇敢迎接医学革命，屹立于医学科技的前沿，承担起医学真正的使命——用科技与关爱为人类谋幸福。风雨中驰而不息，奋斗中砥砺前行。在发展的同时，东方医院的未来会更有情怀、更有温度。"爱在东方"的核心文化将跟随医院的发展，承担起新的责任，肩负起新的担当。

99. 潮涌东方再扬帆
——以习近平同志为核心的党中央关心浦东开发开放纪实

姜 微 谢锐佳 季 明 安 蓓 何欣荣 申 铖[*]

浦江奔涌，东方潮阔

陆家嘴的大屏上不断跳动的数字，恰似中国金融市场的强劲脉搏；张江的实验室里，科研人员凝神聚气，探究未知的秘密；东海之滨的洋山港内，塔吊林立、舟车穿梭，"无人码头"源源不断输出"中国制造"……

这是上海浦东普通的一天，也是新区开发开放30年来一个生动的截面。

"浦东发展的意义在于窗口作用、示范意义，在于敢闯敢试、先行先试，在于排头兵的作用"——习近平总书记铿锵有力的话语，既为浦东的发展指明了方向，又宣示将坚定不移把改革开放进行到底。

而立浦东，更立潮头。在以习近平同志为核心的党中央坚强领导下，坚持"吃改革饭、走开放路、打创新牌"的浦东，将以"勇当标杆、敢为闯将"的精神，奋力走在新发展阶段前列，不断创造新时代改革开放的新奇迹。

始终如一的关怀

长江入海口，开放新高地。

---

[*] 作者为新华社记者。

挂牌运行一年多来，临港新片区从总体方案中分解出的78项政策和制度创新任务完成过半，已落地45项，另有22项已形成方案。一粒粒制度创新的种子在这片生机勃勃的试验田中发芽成长。

因改革而生，因改革而兴。临港新片区热火朝天的建设劲头，让很多"老浦东"回忆起新区开发开放之初的场景。

对于浦东开发开放，习近平总书记一直牵挂于心。

2007年，时任中共上海市委书记的习近平同志在浦东调研时表示："要按照中共中央、国务院要求，进一步深刻认识开发开放浦东这项国家战略的重大意义"，"充分发挥浦东在加快实现'四个率先'中的示范带头作用、在建设'四个中心'中的核心功能作用"。

示范、核心，赋予浦东强劲的发展动力、无限的发展空间。

历经30年开发，陆家嘴目前集聚了4.4万多家企业，2019年全口径税收超过2 000亿元，占全国1.5%。285幢商务楼宇中，税收亿元楼102幢，税收超10亿元楼30幢，税收超50亿元楼4幢。

2010年，时任国家副主席的习近平同志在浦东调研时表示：浦东发展的意义在于窗口作用、示范意义，在于敢闯敢试、先行先试，在于排头兵的作用。

2013年上半年，中国（上海）自由贸易试验区以超常规的速度完成了从成立联合推进工作小组到形成总体方案的阶段；

当年8月27日，中共中央政治局召开会议，听取中国（上海）自由贸易试验区筹备工作的汇报；

9月29日，中国（上海）自由贸易试验区正式挂牌成立……

2016年，上海自贸试验区运行3周年之际，习近平总书记作出重要指示："大胆试、大胆闯、自主改，力争取得更多可复制推广的制度创新成果，进一步彰显全面深化改革和扩大开放的试验田作用。"

7年过去，改革良种撒播全国，自贸试验区"雁阵"引领开放新格局。

2020年9月，中国宣布设立北京、湖南、安徽自由贸易试验区及浙江自贸试验区扩容。至此，我国自贸试验区达到21个，7年来共形成260项制度创新成果，面向全国或特定区域复制推广。

"上海要努力在推进科技创新、实施创新驱动发展战略方面走在全国前头、走在世界前列,加快向具有全球影响力的科技创新中心进军。"2014年5月,习近平总书记在上海考察时提出。

习近平总书记的话,是对上海说的,也是对浦东说的。

时间是最忠实的记录者,也是最客观的见证者。

30年来,浦东在中国改革开放中始终走在前列,不断打造新时代全国改革开放和创新发展的标杆。

30年来,浦东经济总量从1990年的60亿元跃升到2019年的12 734亿元;财政总收入达到4 316亿元。

30年来,浦东从一片阡陌农田,变身一座功能集聚、要素齐全、设施先进的现代化新城。350家跨国公司地区总部云集,上交所、期交所、中金所等要素市场密布,数千家高新技术企业蓄势待发。

勇当标杆敢为闯将

从上海地铁2号线张江高科站出来,迎面就是中科院上海药物研究所的大门,沿着祖冲之路一直往东走,一路分布着中芯国际、华虹宏力半导体制造有限公司等集成电路领域的龙头企业。

从"药片"到"芯片",张江"片片"都很精彩。张江高科站这个最初开通时没几人乘坐的"荒凉"站点,如今已成为上海科技创新的一大地标。

一个站、一条路、一座科学城。张江的嬗变,是在新发展理念指引下,浦东步入新发展阶段的生动演绎。

始终挺立开放潮头,这是浦东开发开放与生俱来的使命和特质——

2014年,习近平总书记在上海考察时,专门走进上海自贸试验区的外高桥综合服务大厅。总书记强调:"上海自由贸易试验区是块大试验田,要播下良种,精心耕作,精心管护,期待有好收成,并且把培育良种的经验推广开来。"

试验田耕作得如何,企业最有发言权。

18年前,只是一个普通的中国制造工厂,8年前,跃升为中国区总部,如今,亚洲总部也从新加坡搬迁而来——位于上海自贸试验区金桥片区的沃尔沃建筑设备（中国）有限公司，一路"接力跑"，见证中国扩大开放进程。

持续奏响改革强音，这是浦东当好深化改革探路尖兵的职责所在——

今年10月下旬，一辆接一辆的特斯拉电动汽车在外高桥的码头上集结。这批中国制造的Model 3标准续航版汽车，正准备装船发往欧洲。这一刻，距特斯拉上海超级工厂开工还不到两年。

"当年开工、当年竣工、当年投产"的"特斯拉速度"，是上海营商环境的金字招牌之一。

2011年成立的华领医药，如今已成功将一款全球首创的糖尿病口服新药推进到三期临床试验阶段。华领医药创始人陈力说，张江拥有良好的创新生态环境。不出张江，从临床研究到上市药品的工业生产，各个环节、各种人才，样样具备。

习近平总书记时刻惦记着科技创新，也一直关心着张江科学城的发展。

2018年，习近平总书记到张江科学城考察调研时强调，要增强科技创新的紧迫感和使命感，把科技创新摆到更加重要位置，踢好"临门一脚"，让科技创新在实施创新驱动发展战略、加快新旧动能转换中发挥重大作用。

2019年的新年贺词中，习近平总书记再次提到张江科学城，"上海张江活力四射"。

习近平总书记的重要讲话，为浦东建设上海全球科创中心核心承载区提供了根本遵循。

一方面，瞄准基础研究、原始创新，浦东新区已明确，到2025年建成10个大科学设施，形成世界一流大科学设施集群。依托上海光源、硬X射线自由电子激光装置等大科学设施，把张江科学城打造成全球综合能力最强的光子科学中心。

另一方面，聚焦"临门一脚"，浦东加速培育"中国芯""创新药""蓝天梦"等六个"千亿级"硬核产业。

仅以集成电路为例，浦东已成为"中国芯"产业最集中、综合技术水平最高、产业链最为完整的地区，2019年全区集成电路产业规模超过

1200亿元,占上海71.5%、全国16.1%。

三十而立再出发

2020年8月,在安徽合肥召开的扎实推进长三角一体化发展座谈会上,习近平总书记指出,支持浦东在改革系统集成协同高效、高水平制度型开放、增强配置全球资源能力、提升城市现代化治理水平等方面先行先试、积极探索、创造经验,对上海以及长三角一体化高质量发展乃至我国社会主义现代化建设具有战略意义。

贯彻新发展理念,在国家战略的旗帜下继续承担改革新试点——

浦东开发开放,本身就是一项跨世纪的国家战略。2018年,习近平总书记在出席首届中国国际进口博览会时,交给上海三项新的重大任务。创新、协调、绿色、开放、共享的新发展理念,贯穿于三项重大任务中。

设立上海自贸试验区临港新片区,很大一部分区域就在浦东。秉持"起步就是冲刺、开局就是决战"的攻坚精神,今年前三季度,临港新片区产业投资完成202.3亿元,同比增长52.2%,实现"逆风而行"。从去年揭牌到今年10月中旬,临港新片区共计签约项目410个,涉及总投资额逾2800亿元。

在上海证券交易所设立科创板并试点注册制,从地理上看也属于浦东。截至今年10月30日,科创板已上市公司达到191家,总市值逾2.9万亿元。其中,浦东科创板已上市企业16家,占上海的51%。

一流城市一流治理,在新发展阶段贡献城市治理新样本——

新发展阶段之"新",就在于这是全面建设社会主义现代化国家、向第二个百年奋斗目标进军的阶段。如何实现经济社会高质量发展,是新发展阶段的必答题。

"金色中环",是浦东实施"倍增计划"的重要抓手。2020年,全力实施产业能级、项目投资、功能优势、土地效益、服务效能"五大倍增行动",推动浦东经济总量向2万亿元迈进。面向"十四五",浦东勾勒了新的发展蓝图。

高质量发展不局限于经济领域。把经济治理、社会治理和城市治理统筹推进、系统集成，浦东正在探索一条中国特色的治理现代化之路。

智治是浦东的特色。走进浦东城市运行管理中心，大屏幕上实时跳动当日的城市运行"体征"，如垃圾分类、机场客流、河道污染等。分布在全区的近 4 万个物联感知设备，犹如神经元系统一般，将各类数据源源不断回传"城市大脑"。

善治是浦东的底色。新版社保卡申领、城乡居民基本医疗保险缴费……在浦东，百姓日常需要办理的 212 个事项，都可以在"家门口"办理。通过配备高拍仪、读卡器、扫描枪等"五件套"智能设备，分布在全区的"家门口"服务中心成了百姓"政务便利店"。

联通国内国际市场，为加快构建新发展格局探索新路径——

2019 年，习近平总书记在上海考察时，对上海提出强化"四大功能"的要求：强化全球资源配置功能，强化科技创新策源功能，强化高端产业引领功能，强化开放枢纽门户功能。浦东，正是承接"四大功能"的重要载体。

今年以来，党中央又提出，加快构建以国内大循环为主体、国内国际双循环相互促进的新发展格局。以强化"四大功能"为战略着力点，浦东全力构建国内大循环的中心节点和国内国际双循环的战略链接。

探索数据跨境流动、谋划设立国际金融资产交易平台……临港的未来，还有无限的可能。临港将强化全球资源配置功能，统筹在岸业务和离岸业务，支持更多企业"走出去"和"引进来"，在双循环发展中争当"枢纽节点"。

对历史的最好回望，就是创造新的历史。

在以习近平同志为核心的党中央关心关怀下，在国家战略的有力引领下，已是而立之年的浦东将再次出发，奋力打造新时代改革开放的新高地，为实现"两个一百年"奋斗目标和中华民族伟大复兴的中国梦贡献更大力量。

（新华社上海 2020 年 11 月 11 日电）*

---

* 本文为经编辑部修改稿。

后记

经过两年多时间的努力，献给中国共产党成立100周年的《百年浦东的红色记忆》一书，终于呈现在读者面前了。

《百年浦东的红色记忆》是精心策划、精心编辑的一部红色主题图书。此书选题酝酿良久，论证定调，申请立项，组织队伍，讨论纲目。稿子竞出，汇总平衡，集体统稿，初编增删。再配图片，先审后校。绝对不是个人心血来潮之举，撰稿人、编辑者抱着向历史负责、向子孙负责的愿望，满腔热情，尽心尽力，力求做成上品，作为献给党的百年生日的礼物。

我们这本书，定位是记忆，记过去发生的事，是历史。历史不是虚构，不能掺假，客观怎样是怎样。为了真实，撰写者或搜寻相关资料，如报刊、图书、档案；或采访相关人员，如当事人、目击者，同事、前辈、后人等，所有回忆文字、口述资料都细加分析，鉴别真伪。当素材足够多，没有了互相矛盾问题，方才动笔撰文。撰写过程中，斟字酌句，求真求实求恰当。

编书过程，是梳理挖掘散存于书籍、民间的红色故事的过程，也是重温历史、重新认识浦东的过程。浦东滨江临海，处长江、杭州湾之口，是中国漫长海岸线的中点，是中国最大的经济、经贸、金融、航运中心之一的国际大都市上海的重要组成部分。"不忘来时路，方知向何行。"过去，前辈谱写了一首首嘹亮的胜利之歌。如今，胸怀大志的人才从海内外四面八方涌来，浦东成了创业的热土，创造奇迹的舞台。我们为浦东昨天的辉煌而骄傲，为今天接过红旗再启程而自豪，奋勇向前，信心百倍，去迎接第二个百年更璀璨的明天。

编辑部的同志尽管经过努力，实现了共同的心愿。但百年浦东的沧桑，仍有大量珍贵的史料无法入选，一些重要事件、重要人物的照片也无法获取。加上编者水平有限，难免有疏漏和不足之处，诚请专家、学者和广大读者批评指正。

编者　2021 年

图书在版编目(CIP)数据

百年浦东的红色记忆 / 上海市浦东新区档案馆，上海市浦东新区文史学会编 .— 上海 ：上海社会科学院出版社，2021
ISBN 978-7-5520-3736-4

Ⅰ. ①百… Ⅱ. ①上… ②上… Ⅲ. ①革命史—史料—浦东新区　Ⅳ. ①K295.13

中国版本图书馆 CIP 数据核字(2021)第 238616 号

百年浦东的红色记忆

编　　者：	上海市浦东新区档案馆 上海市浦东新区文史学会
主　　编：	唐国良
责任编辑：	邱爱园
封面设计：	裘幼华
出版发行：	上海社会科学院出版社 　　上海顺昌路 622 号　邮编 200025 　　电话总机 021-63315947　销售热线 021-53063735 　　http://www.sassp.cn　E-mail：sassp@sassp.cn
照　　排：	南京理工出版信息技术有限公司
印　　刷：	上海颛辉印刷厂有限公司
开　　本：	710 毫米×1010 毫米　1/16
印　　张：	28
插　　页：	1
字　　数：	418 千
版　　次：	2021 年 12 月第 1 版　2021 年 12 月第 1 次印刷

ISBN 978-7-5520-3736-4/K·642　　　　　　　　定价：99.00 元

版权所有　翻印必究